CS 比较译丛 05

比较出思想

比较
*Comparative Studies*

# SAVING CAPITALISM FROM THE CAPITALISTS

# 从资本家手中拯救资本主义

## 捍卫金融市场自由，创造财富和机会

［印］拉古拉迈·拉詹（Raghuram G. Rajan）
［美］路易吉·津加莱斯（Luigi Zingales）◎著

余江◎译

*Unleashing the Power of Financial Markets to Create Wealth and Spread Opportunity*

中信出版集团 | 北京

图书在版编目（CIP）数据

从资本家手中拯救资本主义 / (印) 拉詹 , (美) 津加莱斯著 ; 余江译 . —2 版 . -- 北京 : 中信出版社 , 2015.12（2021.10 重印）

书名原文：Saving Capitalism from the Capitalists: Unleashing the Power of Financial Markets to Create Wealth and Spread Opportunity

ISBN 978-7-5086-5444-7

I. ①从… II. ①拉… ②津… ③余… III. ①资本主义经济 - 研究 IV. ① F03

中国版本图书馆 CIP 数据核字（2015）第 202751 号



从资本家手中拯救资本主义
著者： [印] 拉古拉迈 · 拉詹 [美] 路易吉 · 津加莱斯
译者： 余江
出版发行：中信出版集团股份有限公司
（北京市朝阳区惠新东街甲 4 号富盛大厦 2 座 邮编 100029）
承印者： 宝蕾元仁浩（天津）印刷有限公司

开本：787mm×1092mm 1/16 印张：23 字数：250 千字
版次：2015 年 12 月第 2 版 印次：2021 年 10 月第 2 次印刷
京权图字：01–2003–5931 书号：ISBN 978–7–5086–5444–7
定价：88.00 元

# 目录

# “比较译丛”序

2002 年，我为中信出版社刚刚成立的《比较》编辑室推荐了当时在国际经济学界产生了广泛影响的几本著作，其中包括《枪炮、病菌与钢铁》《从资本家手中拯救资本主义》《再造市场》（中译本后来的书名为《市场演进的故事》）。其时，通过二十世纪九十年代的改革，中国经济的改革开放取得阶段性成果，突出标志是初步建立了市场经济体制的基本框架和加入世贸组织。当时我推荐这些著作的一个目的是，通过比较分析世界上不同国家的经济体制转型和经济发展经验，启发我们在新的阶段，多角度、更全面地思考中国的体制转型和经济发展的机制。由此便开启了“比较译丛”的翻译和出版。从那时起至今的十多年间，“比较译丛”引介了数十种译著，内容涵盖经济学前沿理论、转轨经济、比较制度分析、经济史、经济增长和发展等诸多方面。

时至 2015 年，中国已经成为全球第二大经济体，跻身中等收入国家的行列，并开始向高收入国家转型。

中国经济的增速虽有所放缓，但依然保持在中高速的水平上。与此同时，曾经引领世界经济发展的欧美等发达经济体，却陷入了由次贷危机引爆的全球金融危机，至今仍未走出衰退的阴影。这种对比自然地引发出有关制度比较和发展模式比较的讨论。在这种形势下，我认为更有必要以开放的心态，更多、更深入地学习各国的发展经验和教训，从中汲取智慧，这对思考中国的深层次问题极具价值。正如美国著名政治学家和社会学家李普塞特（Seymour Martin Lipset）说过的一句名言："只懂得一个国家的人，他实际上什么国家都不懂"（Those who only know one country know no country）。这是因为只有越过自己的国家，才能知道什么是真正的共同规律，什么是真正的特殊情况。如果没有比较分析的视野，既不利于深刻地认识中国，也不利于明智地认识世界。

相比于人们眼中的既得利益，人的思想观念更应受到重视。就像技术创新可以放宽资源约束一样，思想观念的创新可以放宽政策选择面临的政治约束。无论是我们国家在二十世纪八九十年代的改革，还是过去和当下世界其他国家的一些重大变革，都表明"重要的改变并不是权力和利益结构的变化，而是当权者将新的思想观念付诸实施。改革不是发生在既得利益者受挫的时候，而是发生在他们运用不同策略追求利益的时候，或者他们的利益被重新界定的时候"。[①] 可以说，利益和思想观念是改革的一体两面。囿于利益而不敢在思想观念上有所突破，改革就不可能破冰前行。正是在这个意义上，当今中国仍然是一个需要思想创新、观念突破的时代。而比较分析可以激发好奇心、开拓新视野，启发独立思考、加深对世界的理解，因此是催生思想观念创新的重要机制。衷心希望"比较译丛"能够成为这个过程中的一部分。

钱颖一

2015 年 7 月 5 日

① Dani Rodrik, "When Ideas Trump Interests: Preferences, Worldviews, and Policy Innovations," NBER Working Paper 19631, 2003.

Saving Capitalism from the Capitalists

# 中文版序

20 世纪最后 25 年见证了人类在世界范围内史无前例的财富大增长。在中国，人均国民收入增长了 245%，印度则是 198%。按照购买力平价计算，过去 30 年，每年创造的财富增长在 5 万亿美元以上。低于每天 2 美元生活水平的人口数量占全球人口的比例由 41% 下降为 19%。

如何解释这一不平凡的成功？在 21 世纪，我们能够期待类似成功的重现吗？能够使所有国家脱离饥寒之厄，使地球上的每一个人都过上体面的生活吗？如果不能，我们能够做点什么以促使它发生？我们的著作试图回答这些困难重重而又异常重要的问题。我们所提供的答案很简单，不过，这些答案也说明，我们不能把这样的进步视为未来发生的必然。

20 世纪最后 25 年我们所见证的巨大发展是资本主义，或者更准确地说，是自由市场体制在全世界扩展的结果。各个不同的国家，比如美国和韩国、中国和印度，都放松了对其经济的管制，在生产组织和资源配置方面给了市场更大的空间。这一过程促进了更加激烈的竞争，而竞争又导致了更多的创新和更大的资源流动性。

推动这一大变革的一股强大力量是全球金融体系的广泛发展。对于成千上万的人而言，缺乏资本为其创新思想融资是他们致富的最大障碍。传统上，你只能用钱生钱。在过去的25年中，金融市场的普遍发展推动了公平竞争。由于最终能够在全球范围内自由流动，资本被吸引到发展中国家，这极大地提高了这些国家的生活水平。当融资变得更加容易后，创造财富主要依靠技能、创新思想和努力工作，而不是已有的财富。不过，尽管我们在朝着这一目标前进方面取得了重大进展，但对世界上的许多（太多）地区而言，它依然是一个遥遥无期的梦。

如果说20世纪最后25年所取得的成功背后的秘密如此简单，为什么许多国家要花那么长的时间才采纳这些政策？而且，为什么仍然有许多国家落在后面？

答案简单而且有充分说服力。对于市场体系而言，资本主义的运行需要一个基本的规则和规制架构，这样才能使所有人都能够进入该体系并由此产生竞争性。通常来说，这一基本制度需要由政府提供。考虑这样一种情形，如果你想搭乘飞机，却没有对航空产业进行监管的政府部门，也没有管制措施来实施安全标准，这时候你肯定非常不愿意搭乘新成立的航空公司的航班。你会更加愿意选择既有的、拥有良好记录和声誉的航空公司。因此，如果在航空产业完全没有安全监管，这将有利于既有的企业，而新企业的进入几乎不可能，从而扼杀了竞争和消费者选择权。当然，过多的政府干预——譬如，进入权仅仅给那些宠幸者而不给其他人——同样对市场有害。

一定程度上，政府的行为取决于公众的态度。但是，在更大程度上，它也取决于受到监管的特殊利益集团。这正是自由市场体系如此脆弱的原因所在。它的脆弱不是由于经济上的原因（如马克思所分析的），而是由于政治上的原因。尽管所有人都能够从竞争的市场上获益，然而，并没有哪一个特定的个体能够从维护自由市场体系的竞争和公平中得到巨大的利益。因此，在促进和维护自由市场方面，并没有人能够获得牢固的既得利益。

恰恰相反，许多人通过抑制市场能够获得特殊利益。在反对市场的队列之中，不但有在竞争压力下失去工作的穷困工人，而且也包括工业巨头本身：真正的自由市场所形成的竞争削弱了现存企业的地位，迫使它们不得不反复去证明自己的能力。不幸的是，后一个集团非常具有政治影响力，且往往隐藏在前一个集团的后面来为限制竞争和抑制市场进入的政策推波助澜。

真正自由竞争的市场处于一种微妙的中间位置，它介于缺乏规则和太多限制性规则之间。这样一个中间位置如此狭小，因此，最佳形式的资本主义非常不稳固。它很容易蜕变为一种既得利益者所有、所治和所享的体制。纵观历史，大多数时期人们所经历的正是这样一种形式的资本主义，而且，很不幸的是它也是当今世界上大部分地区盛行的资本主义形式。因此，问题不在于为什么真正的自由市场体制在历史上如此罕见，而在于为什么最近30年这么多的国家能够在实现该体制方面取得进展。

为什么在不同的国家，比如法国和德国、韩国和印度，它们的政客们都信奉市场，并且试图提供市场所需的治理？其原因不在于他们突然变得更加具有公众精神，或者说，金钱利益的影响突然消失了，而是因为随着产品和资本市场边界的开放，精英集团的利益发生了变化。一旦竞争来自本地精英分子所不能影响的国外管辖区域，扭曲国内的基本制度对他们并没有好处。相反，既得利益企业希望国内市场能够运行得更好，以便于它们到世界市场上进行竞争。对于至少促使部分国内资本家从反对转而支持更好的、更具竞争性的市场来说，开放产品和资本市场的边界已经成为最重要的途径：对于大多数民众而言，国家之间的竞争正是国内市场能够更好运行的重要原因。

中国政府愿意加入WTO（世界贸易组织），说明它对此是有深刻理解的。为了做到这一点，中国政府基本上同意将本国经济置于越来越激烈的外部竞争之下。反过来，这也给政府以巨大的压力，在外国企业得到竞争所必需的进入权之前，它要完成必要的国内改革。比如，到2007年外国银行可以自由进入时，中国的银行体系必须要进行适应现代化需要的改革。这不仅意味着要对体系内的不良贷款进行清理，提升工作人员的技能，而且也意味着要设置合适的监管体制，以使得公众认为中国的银行从安全与健康的角度看与世界上其他银行处在同样的水平上。

在迄今为止的中国现代化过程中，金融部门只扮演了外围性的角色。国有银行只有在贷款没有政治风险的时候才愿意放贷。值得庆幸的是，尽管投资的质量常常存在问题，但是这推动了经济增长。不过，包括国有银行的金融部门必须逐渐做出更好的资源配置决策，这些决策是基于经济的考虑，而不是基于谁更有关系以及谁具有政治权力的考虑。这一点已初露端倪——改革已经导致对个人购买汽车和住房的银行信贷业务的快速扩张。当然，还需要进行更多的改革，以便于信贷直接面向私人部门，并且从缺乏效率的国有部门转移出来。对外部竞争的预期促成了许多改革，不过，对中国而言，这些改革必须加快进程，以便最终能使它的经济潜力与第一流的金融体系相匹配。

保护主义重新抬头，因此现在尤其需要强调保持市场开放的重要性。反全球化运动在这点上完全混淆了是非。全球化并不会使我们成为跨国公司的奴隶，反而会把人民从把持国内朝政的既得利益集团手中解放出来。

当然，我们并不否认全球化有其负面影响，也不是说现在还没有完全融入世界经济的国家就应该马上放弃对商品和资本流动的一切管制。但是，我们坚持认为，今天的人们在谈论全球化时，反映的问题过多，看到的成就却太少了。

上述讨论还有一层含义，那就是市场体系已经完善的发达国家需要承担特殊的责任，向发展中国家开放自己的市场，使后者成为更具市场导向的国家。在短期内，这会给发达国家的某些群体带来损害（我们在书中也讨论了他们的问题，以及相应的救助方法），但在总体上却是有益的。从长期来看，这会给全世界带来巨大的好处，因为发展中国家的开放有助于发达国家继续保留在开放的市场体系之中。为了全球的利益，我们希望世界贸易组织坎昆会议的失败只是国际贸易发展长河中的小小旋涡。

最后要谈的是，我们的研究对于中国经济发展的未来有什么样的意义？要对中国融入自由市场体系的过程进行总结，并不是件简单的工作。俄罗斯为了引进资本主义体系，摧毁了原有的共产党政府，对企业进行了大规模私有化，而中国的情况则迥然不同。中国政府给新企业的创办提供了越来越大的自由，却依然掌握着主要体系的控制权。这样，避免了国家机器的崩溃与由此可能导致的混乱局面。不过，中国政府也没有给私人部门创造足够的激励与透明度，而私人部门是一个有效运行的市场体系所必需的要素。在今后的几年中，这些是否能得到改善，将是中国面对的最重要的挑战之一。

现在，中国的经济包含着几种日益冲突的力量。一方面，由于良好的基础设施和廉价的劳动力，出口导向型产业有着旺盛的生命力。另一方面，国有部门效率低下，只是因为优惠的信贷和缺乏退出机制才继续存活。

虽然说，中国并没有公开反对市场经济发展的大资本家阶层，但并不缺乏其他的既得利益集团：

在以前，国有企业的工人依靠所属的企业满足其各种需要。由于竞争的加剧，许多企业破产，工人们正在丧失工作和养老金。他们对此的反应现在还算平静，这是因为强劲的经济增长提供了新的工作机会，但是，假如增长率下降呢？

国有部门的经理人习惯于自己的低工资，但是他们拥有的权力和好处甚至令私人企业都感到嫉妒。如果市场竞争将破坏他们的企业王国和个人好处，他们会感到高兴吗？

国有银行的金融家必须学习如何根据信用和收益率来发放贷款，而不是考虑借款人是否有良好的关系。这些金融家是愿意掌握新的经营技能，还是希望阻挠竞争？

中国的地方政府有很强的动力保护本地企业，阻止其他人的进入。这是颇具讽刺意味的，因为中国正在向世界开放，其国内市场却被地方官员树立的壁垒所割裂。这种局面应该如何扭转？

还有，中央政府自身的角色也不够透明。虽然说，中央政府并未被工业利益集团控制，但还是没有完全摆脱对企业的直接经营，不但有国有企业，还有合资公司，以及与官员们有亲友关系的代理人等。政府已经对这些事情制定了纪律规定，但是，在形形色色的私人利益诱惑面前其又能坚持多长时间呢？

中国要想继续保持人民所需要的经济增长，就必须进行更多的面向自由企业制度的改革。然而，正如我们在本书中所分析的那样，这就要求真正采取行动，限制政府的权力。在过去，一个强有力的政府给中国建立了现代经济所需要的物质基础设施。而今天，中国需要更多的软性基础设施——知识产权、法治、透明度、金融自由等，可以把经济决策分散到私人部门，并提高决策的质量。中国的民众也需要积累私人财富，来应付市场经济波动的风险，尤其是在国家提供的安全机制破损之后。当然，国家安全网本身应该得到加强。

全世界都在拭目以待，看中国政府是否能充分认识到这些问题，并采取相应的改革措施。

前进的路程不可能一帆风顺，任何重大的失误都可能使民众对自由企业制度产生怀疑，使他们感到害怕、迟疑。但是，拒绝改革是不足取的，因为中国人内心的渴望已被唤醒。在前进的过程中，很重要的一点是，人们不仅应该清醒地认识到自由企业制度繁荣昌盛的条件是何其脆弱，而且还应该清醒地认识到可能出现的错误。而这份清醒的认识将有助于中国走过这段路程，假如本书能够对此起到一点点帮助，那就是对我们最大的奖赏。

# Saving Capitalism from the Capitalists 英文版序

假如我们的出版商有能力左右时局的发展，又不在乎是否会给人类带来灾难，那么他在最近的所作所为可以说是为本书做了绝好的宣传。报纸上充满了有关公司丑闻的报道，互联网泡沫的破灭摧毁了人类历史上前所未见的纸上财富，反对市场体制的抗议者在一个接一个的国家找到了拥趸……有关资本主义制度的政治脆弱性和可行性的疑问，在三年以前我们开始写作这本书的时候还显得比较荒诞，而如今已经变得非常现实了。

自由的资本主义制度依然是最好的，或者说最不坏的经济体系吗？我们是否还需要改革？改革的方向是对这个制度修修补补还是彻底改造它？股票市场本身的短暂低迷，是否会造成大众对市场机制的长期误解？即便这种误解将很快过去，那么 21 世纪的资本主义又应该是什么样的呢？

虽然本书的构思和写作始于最近的许多公司丑闻被揭发之前，但我们的分析还是有助于读者正视这些事件。市场的每次繁荣之中都会产生新的骗子，而每次萧条以后都会寻找替罪羊。本书则希望超越市场波动的短期效应，探究经济循环对自由市场体系更深远的影响。笔者把论述的焦点集中在金融市场上，以分析资本主义制度的基本优势和劣势，我们的研究不只是针对理想中的资本主义，也包括其在历史中的实际状态。

我们的观点借鉴了大量的学术研究，尤其是最近20年以来的成果。但本书并不是特意为专业人士而写，因为我们提出的思想与更广泛的大众有直接关系。在本书中，我们没有进行详尽的计量经济学分析，并非是觉得这种分析不重要，而是感到面向大众的语言同样可以很好地传达我们的思想，让那些有兴趣深究的读者去查阅其他的资料。然而，本书不仅仅是一个学术综述，还提出了一个普遍适用的观点。我们要列举众多的历史事实，引用作者和其他人的研究成果，并且借鉴历史上出现的几个天然的“实验”环境，从各个方面来验证我们的论点，力图在逻辑的证明和历史的证据上说服读者。

纯粹的理论家恐怕不赞成上述做法。但是很不幸，任何跨越不同领域的研究，涉及不同时期和学科的论证，通常都不能让纯理论家们满意。部分原因是研究者在处理不同因素的影响时总要伴随某些偏见。然而笔者一向坚信，在所有的研究中，偏见是不能完全避免的，而且通常是偏见之间的竞争推动了思想的发展。如果有人不能赞同，我们只能表示抱歉。

本书的研究是一个共同的发现之旅，我们在旅程中从别人那里学到了很多。首先，我们要向那些直接或间接引导过我们的人致敬，现代金融学理论是在我们生活的时代创立的，这个领域的很多学术先驱现在依然非常活跃，他们的成就给我们奠定了良好的基础。在这里，我们要特别感谢那些在早年给过我们直接帮助的人，尤其是奥利弗·哈特（Oliver Hart）、唐·莱萨德（Don Lessard）、斯图亚特·迈尔斯（Stewart Myers）、约翰·帕森斯（John Parsons）、吉姆·波特巴（Jim Poterba）、戴维·沙尔夫斯泰因（David Scharfstein）、安德烈·施莱弗（Andrei Shleifer）和杰里米·斯坦（Jeremy Stein）。同时，我们从芝加哥大学商学院的同事那里得到了巨大的帮助，有些人是我们的发现之旅的同行者，还有些人提供了有益的建议，包括道格拉斯·戴蒙德（Douglas Diamond）、尤金·法玛（Eugene Fama）、斯蒂文·卡普兰（Steven Kaplan）、兰德尔·克罗斯纳（Randall Kroszner）、卡尼瑟·普伦德加斯特（Canice Prendergast）、理查德·塞勒（Richard Thaler）、罗伯特·维什尼（Rob Vishny），以及其他很多人。本书也包含了我们与其他人的合作研究成果，特别要感谢阿比吉特·班纳吉（Abhijit Banerjee）、亚历山大·迪克（Alexander Dyck）、路易吉·圭索（Luigi Guiso）、米歇尔·彼得森（Mitchell Petersen）、保拉·萨皮恩扎（Paola Sapienza）和海里·塞尔韦斯（Heri Servaes），他们提供了很多重要的启示。

许多人阅读了本书的初稿，埃托尔·阿尔梅达（Heitor Almeida）、奥利弗·哈特、彼得·赫格费尔特（Peter Hogfeldt）、斯蒂文·卡普兰、罗斯·莱文（Ross Levine）、拉贾尼什·梅赫拉（Rajnish Mehra）、卡尼瑟·普伦德加斯特、拉吉卡·普里（Radhika Puri）、罗伯塔·罗马诺（Roberta Romano）、詹尼·托尼奥洛（Gianni Toniolo）、安德烈·施莱弗和理查德·塞勒提出了宝贵的意见。乔伊斯·范格龙德代利（Joyce Van Grondelle）非常出色地（一贯如此）审核了参考文献和书目，还有亚当·卡塔比亚诺（Adam Cartabiano）、劳拉·皮萨尼（Laura Pisani）和塔尔哈·穆汉纳德（Talha Muhannad）帮助我们进行了校对。

芭芭拉·里夫金德女士（Barbara Rifkind）帮助我们整理了本书的出版建议，而且最重要的是找到了我们的编辑约翰·马哈尼（John Mahaney）。马哈尼先生发挥了无价的作用，让我们能把精力集中在工作上，并且想到了巧妙的办法来满足不同类型的读者的需要，感谢他为改进本书提出的很多良策。他的助理，夏娜·温格特女士（Shana Wingert），非常耐心地做好了我们写作过程的辅助工作。另外，感谢山姆·佩兹曼（Sam Peltzman）与国家和经济研究中心（the Center for Study of the State and the Economy）给本项目提供的鼓励和财务支持。

最后是我们的个人申明：

**拉古拉迈·拉詹：**希望我的父母能够浏览一下本书，并了解我所做的工作。本书的很多地方反映了他们以前对我的教育，例如在我很小的时候，父亲就喜欢大声读历史书籍，而母亲则谆谆培养我对阅读的兴趣。另外，如果不是我的女儿塔拉（Tara）经常问我，“爸爸，你的书还没有写好吗”，本书也许还没有完成。很遗憾的是，本书并不需要一个讲解员，否则我一定会请塔拉来做。塔拉和阿希尔（Akhil），请原谅我有很多个周末都没能和你们一起去公园或者海滨。最后，要感谢我的妻子拉吉卡（Radhika），谢谢她在这段研究时期的恩爱和建议。

路易吉·津加莱斯：本书是在我生命中的一段困难时期完成的。首先要感谢所有在道义上给予我帮助的人，包括伊丽莎白·帕帕拉（Elizabeth Pap-aro）、玛丽亚·科勒（Maria Coller）、弗兰切斯卡·科尔内利（Francesca Cor-nelli）、玛丽·多希尼（Mary Doheny）、莱昂纳多·费利（Leonardo Felli）、恩里科·皮奇宁（Enrico Piccinin）、卡罗尔·鲁宾（Carol Rubin）、保拉·萨皮恩扎、阿比·史密斯（Abbie Smith）、斯特凡诺·维森廷（Stefano Visentin）、玛丽亚·津加莱斯（Maria Zingales），特别是拉古拉迈本人，他对我的耐心和理解超越了一位普通的朋友。另外，感谢父母给我的良好教育，并把本书献给我的孩子朱塞佩（Giuseppe）和格洛丽亚（Gloria），他们是我生活的目标和快乐的源泉。

# 引　言

资本主义，或者更准确地说，自由市场经济，是人类创造的最有效率的组织生产和安排分配的方式。的确如此，自由市场，尤其是金融市场，给人们带来了滚滚财源，可是它们难以填补人们心灵的空虚。金融市场是整个资本主义体系中最饱受争议和最不被了解的环节，比如，美国金融市场上发生的一系列丑闻，包括著名的安然事件，这些事件让许多人确信，金融市场其实是以牺牲公众利益为代价的劫贫济富的工具。然而，本书的作者要坚持的观点是，健康的、竞争性的金融市场是创造商机、战胜贫困的一件利器。这是因为，金融市场哺育着新的经营理念，不断地推动“创造性破坏”的机制，不断地用新的、更好的经营理念和经营组织来挑战和淘汰旧的经营理念和经营组织。如果没有一个活跃的、有创造性的金融市场，整个经济将走向僵化和衰败。

风险投资是一种重要的金融创新工具，它为许多勇敢的创业者提供了重要的资金支持，这种情况在美国已经司空见惯，但是在世界其他地区，包括像德国这样的发达国家，人们却还是认为这种金融创新工具过于超前。至于第三世界国家的情况则令人绝望：那里的人们哪怕是为了维持生计而需要借区区几美元都很不容易。如果说，金融市场可以促进经济繁荣，那为什么它并没有在全世界范围内得到大力发展？为什么即使在美国，金融市场的发展直到不久以前也还备受束缚？

从历史上看，自由市场经济的发展所受到的束缚，并不是如马克思主义者所预言的那样，是由于它本身的缺陷，而是因为自由市场经济的发展需要一系列良好的制度安排作为其基础设施，而这些基础设施的建立和维护需要一个良好的政治环境。这种政治环境面临着两个方面的威胁，第一个威胁来自既得利益集团，他们已经在市场中占据了强势地位，还企图继续维持其地位。在世界各国的不同历史发展阶段，我们可以看到形形色色的危险的既得利益集团，其中包括封建领主、大企业主、经理人和贷款人，以及工会组织。

第二个威胁来自庞大的贫困人群，他们是经济衰退时期的产物。市场竞争既然是一种“创造性破坏”，那就注定有人会遭受损失，失业的工人、破产的投资者、失败的企业主，都被抛到贫困人群的大军之中，在他们眼里，自由市场制度造成了他们的失败和贫困，这个制度的合理性值得怀疑。他们需要救助，而市场却不能给予，那么他们就转而通过政治途径寻求救助。

这两个方面的威胁，作为既得利益者的工业家（或者说资本家）阶层，和作为贫困人群的失业工人，看起来彼此的地位极其悬殊，可是他们一旦在反对市场经济体制的问题上结成联盟，就会首先在经济衰退时期发挥巨大的影响力。因为在经济衰退阶段，资本家更关心如何缓解市场竞争带来的经营成本压力，而不是去捕捉新的商业机会，而失业工人则很容易找到和他同病相怜的人，并同仇敌忾地组织起来。资本家则打着服务贫困人群利益的旗号，并利用他们的政治组织，开始在敏感的市场经济的政治议题上大做文章。

在这种时候，政客如果还要站出来倡导自由市场经济，非得有一点大无畏的勇气不可。资本家躲在庞大的贫困人群身后，要求约束市场竞争的破坏力量，面对这种复杂的形势，政客们往往会选择妥协，他们也会赞成市场竞争带来了破坏性的消极影响，而不再强调破坏是创造的必要代价。此时会出现许多政府对经济的干预行动，表面上是打着改进市场缺陷、避免未来经济衰退的招牌，实际上却是为了妨碍市场的有效运作。就这样，资本家破坏了整个资本主义体系中最有效率的体制，而大众则呆立一旁，茫然无知，不但不会抗议，甚至还要喝彩，全然没有意识到自己的未来会因此受到损害。

因此，本书开宗明义提醒诸位读者，我们在过去几十年间所经历的繁荣、创新和商业机会的大量涌现，都应该归功于自由的市场经济体系尤其是自由的金融市场体系的重生。接下来论述的是本书的主题：自由市场经济的存在有赖于一个国家良好的政治环境，而在一个国家的既得利益集团中存在着强大的敌视自由市场经济的政治势力，所以，即便在发达国家，自由市场经济的存在和延续也并不是一件自然而然的事情。最后，本书会对近代历史上市场经济体系的兴衰过程和原因进行考察，并且就如何帮助自由市场经济获得政治支持的问题提出自己的政策建议。

我们刚刚经历了近代以来最长时间的经济繁荣时期，同时目睹了一些计划经济体制国家失败的过程，现在来担心自由市场经济的前途似乎显得杞人忧天。或许如此！然而俗话说福兮祸之所倚，最近发生的上市公司丑闻，金融市场给经济发展造成的剧烈波动，以及严重的经济衰退，已经加深了许多民众对市场体制的怀疑。此外还出现了很多令人担心的迹象，从极右势力恶意的反移民宣传，到新左派的反全球化抗议活动，再到世界人口和科技的剧烈变化所引发的许多新型社会矛盾。至关重要的一点是，我们应该明白，自由市场体系在人类的经济生活中取得优势地位，并不是经济发展必然要达到的顶点，也不是社会历史的必然结局，而完全可能只是一段插曲，过去的历史曾经留下过这方面的教训。自由市场经济体系要持续下去，就必须在政治上获得支持，为此，我们必须反复地、大声地向世人宣传，自由市场经济体系的好处究竟在哪里，同时我们也必须承认和弥补市场经济体系的缺陷，从而捍卫市场经济体系，这正是本书写作的目的。

本书开头的章节，将阐释竞争性的自由市场经济的好处。而在整个市场经济体系中，金融市场恐怕是最知之不详、最饱受非议，却对国家竞争力影响最大的一个市场了，这个市场同时也是对国家的政治风向最敏感的部分。而且，在过去30年间，我们的经济生活中发生的若干重要变化都源自金融市场的改革。由于这些原因，也由于其自身所具有的代表性特征，我们把研究的重心放在金融市场上。

我们先来看两个实际案例。第一个案例来自某个根本不存在的金融市场穷国，另一个来自金融市场非常活跃的发达国家。很多时候，人们指责金融市场完全是为有钱人服务的，然而我们的第一个案例指出，如果穷人没有融资渠道，他们要想改变自己的生活恐怕完全无望。而如果要让穷人得到融资渠道，金融市场就必须得到充分的发展、形成充分的竞争。有了充分发展的金融市场的支持，一个人能否在经济上取得成功就只取决于他本人的志向和才华，我们的第二个案例就是明证。

## 案例一： 贾伯拉村庄的制凳工人

如何为穷人提供信用？在这个问题上穆罕默德·尤努斯（Muhammad Yunus）先生——格莱珉银行的创始人应该是权威。在他的自传里，尤努斯讲述了当年他是如何认识到金融活动的重要性的。那时，尤努斯是孟加拉国一所大学的经济学教授，当地发生了一次严重的饥荒，令他触目惊心。于是他步出象牙塔，深入郊外的贾伯拉村去考察当地人的生计。在那里，他遇到了一位以制作竹制板凳为生的年轻母亲索菲亚·贝甘。[1]

索菲亚告诉尤努斯，为了制作这些竹凳，她每天需要大约22美分来购买原材料，可是她一无所有，只能向销售竹凳的中间商借钱。作为借款的代价，索菲亚必须把她制好的竹凳按照既定的价格卖给这些中间商，最后留给她的报酬仅仅是2美分。尤努斯惊呆了，他写道：

> 我看着她又开始了工作，褐色的双手穿梭在竹片之中进行编织，

日复一日，年复一年……她的孩子们长大以后能打破这种贫困的循环吗？索菲亚的收入连给她自己糊口都不够，怎么能让她的家人得到温饱，又怎么能供她的孩子们上学呢？[2]

索菲亚没有这 22 美分，就不得不落到中间商的控制下，不得不以一天的辛劳换取 2 美分的微薄收入。如果穷人能获得融资，她就可以把自己解放出来，把自己的产品直接销售给客户。但是那些中间商却要保持对她的控制，不愿意让她得到融资。就是因为没有这区区的 22 美分，索菲亚的劳动被他人占有了。

金融市场的极端落后，其实在世界上的很多地区是见怪不怪的事情。再看看一些发达国家里金融革新正在给人们生活带来的巨大影响，使人不免有天上人间的感觉。我们的另外一个案例发生在美国的加利福尼亚州。

## 案例二：搜寻基金

凯文·塔维勒（Kevin Taweel）即将从斯坦福大学商学院毕业，他并不打算去某个大型的老牌企业高就，而是热衷于开办自己的公司。

别人提供的工作邀请很多，但没有人会请他去做老板。谁会信任一个初出茅庐的毕业生，把企业全权托付给他呢？答案很明显，如果想自己当老板，他就得先收购一家公司。可是怎样收购呢？他不但没有收购一家公司所需要的财力，甚至连搜寻一个好的收购目标所需要的这点经费都没有。

凯文所面对的情况其实很普遍，对世界上的很多人来说，他们都不缺少怎样致富的好点子，而苦于没有足够的资金来实现他们的梦想。通常是，要赚钱，你必须要先有钱。不过，凯文找到了一种鲜为人知的融资工具，帮助他克服了缺乏资金的障碍，这就是“搜寻基金”。在毕业之后短短两年，凯文就在经营自己的公司了。

搜寻基金是一笔资金，专门用于搜寻那些有被收购意向的企业。[3] 商学院和法学院的年轻毕业生，自己还没有太多积蓄，通常都共同建立搜寻基金。基金为委托人（去从事搜寻的毕业生）提供从事搜寻工作所需的花费和部分生活开支。在明确了某个收购目标后，委托人要与业主进行收购谈判，同时要筹措资金。此时，搜寻基金的原始投资人有权利以优惠条件参与这个收购项目的融资。在成功收购目标企业之后，委托人要负责改进其经营管理，以便在几年后以更高的价格把企业再卖出去。通过这个过程给投资人带来回报，同时也为自己挣下一笔可观的财富。

1993 年 12 月，凯文筹集了 25 万美元来支持他的搜寻项目。一年半以后，在斯坦福校友吉姆·埃利斯（Jim Ellis）的帮助下，凯文确定了一个合适的目标——一家紧急道路服务公司。该公司的老板要价 850 万美元，凯文和吉姆通过银行和个人投资人（其中大多数人正是凯文的搜寻基金的原始投资人）筹措到了这笔钱。当时，他们向那些投资人详细描述了这个收购项目的美好前景，筹资的事情在 24 小时以内就大功告成。

在凯文和吉姆的经营下，这家道路服务公司通过内部的业务增长和对外的并购活动实现了高速发展，销售收入从 1995 年的 600 万美元增长到 2001 年的 2 亿美元。公司给投资人带来的回报更是高得令人咂舌，1995 年的股票价格是 3 美元，到 1999 年末，公司开出的回购价格达到 115 美元！

当然，并非所有的搜寻基金都有这样皆大欢喜的结局。有的委托人还没有找到好的收购目标就花光了钱，有的人找到了收购目标，却没有很好地经营下去。但总体来说，搜寻基金的回报还是不菲的，投资人的年均收益率能达到 36%，委托人的所得更是不在话下。[4]

不过，与这样高的投资回报相比，更不同寻常的是隐藏在这些基金背后的新经营理念。在搜寻基金里，融资的项目不是一项可以作为抵押的固定资产，甚至不是一个现成的商业项目，而是去搜寻这样一个商业项目，搜寻一个好的点子。搜寻基金给我们揭示了一个全新的世界，在这个世界里，一个人要创造财富、获得经济自由，起决定作用的不再是他的银行户头，而是他的头脑、他的素质。

搜寻基金反映了一种金融市场上的革命性进步，更多的人拥有了获得融资的途径，这对他们的生活将产生意义深远的影响，而他们还远没有意识到这一点。举个例子，在很长一段历史时期里，劳动力资源总是相对丰富的，而资本却只有少数特权人士可以获得。其结果是，劳动相对于资本来说总是居于弱势地位——比如在过去的大公司里，资本的所有者（股东）和他们的代理人（管理层）负责经营决策，而低层次的雇员所要做的事情只是服从和执行。但随着金融市场的发达，人们有了更便捷、更廉价地获取资本的渠道，在很多产业领域里起决定作用的因素已经是人而不再是资本。很多人甚至觉得再用“资本主义”这个术语来描述今天某些行当的企业已经不合时宜。

在经济衰退时期，上述观点似乎并不令人信服。但是在今天，一个发达国家的普通雇员或者经理已经远比过去时代的人拥有了更多的选择。我们熟悉的很多经济现象，从授权管理体制到公司经营层次的扁平化，从雇员持股的增加到大公司的解体，都是金融市场发展的典型后果。

## 一些疑问

凯文、吉姆和索菲亚之间有太多的不同。斯坦福大学的 MBA（工商管理硕士）毕业生，即使在休闲的时候也从头到脚裹着时髦的名牌服装，与生活在孟加拉国农村的满手老茧的赤脚村民有天壤之别。但他们却有很重要的相似点，他们都有各自的技能，都需要补充一些资金；他们所需筹集的资金数额，都与他们未来可望创造的收益成正比；他们都没有固定资产和其他财物作为融资的抵押。然而，结果是凯文和吉姆得到了他们所需的基金，而索菲亚还继续在贫困线上挣扎。

为什么索菲亚不能以一个合理的利率为代价借到 22 美分，而凯文和吉姆却可以轻易地为他们的搜寻基金筹措到几十万美元？为什么金融市场在某些国家得到了充分发展，而在其他很多地方却没有？即使在金融体系已经非常发达的国家，我们是会继续享受活跃的金融市场带来的成果，还是会很快回到曾经持续几千年历史的金融压制体制中，过去20年我们经历的金融市场革新风暴难道只是昙花一现？

## “传统的”答案

搜寻基金能获得成功，是因为它为从事搜寻工作的MBA毕业生提供了动力。这个机制的有效运转依赖于一系列“制度”因素，例如，从基金开始建立到以后的运转，委托人和投资人各自的权利义务在合同中都有明确的规定；完善的法律系统可以保证合同的执行成本很低；各方的利益由股份所保障，不需要在其中尔虞我诈；有效的会计制度、信息披露制度、信用记录制度，这些都有利于维护参与各方相互的信任关系。这些因素同时也保证了各方的利益具有流动性。委托人很清楚，他并不需要锁定在这家公司干上一辈子，而只需要改善这家公司的经营，然后在一个开放的资本市场中把他的股份卖掉，从而成功退出。市场可以把未来的利润收入资本化，让委托人取得可观的回报，以此作为他发现和改进这家原本经营不善的企业的报酬。这样的机制可以把最有经营才华的人吸引过来，进一步增强参与人彼此之间的信任……

与此相反，索菲亚之所以不能在一个合理利率上得到她需要的资金，恰恰是因为她所在的孟加拉国缺乏这样的制度环境：财产所有权没有得到明确和保证；没有机构负责收集、整理、发布潜在借款人的信用信息；贷款人之间缺乏竞争；规范信用制度的法律陈旧过时；司法体系腐败无能，不能保证合同的有效执行……

要改善孟加拉国存在的这种情况，“传统的”答案很明确——“完善制度环境”！但是我们并不能仅仅满足于这个答案，我们首先需要弄清楚，这些必要的制度环境目前并不存在的原因是什么？

有人认为，一个国家当前的制度环境与它的历史和民族特点有千丝万缕的联系，因此很难改变。假定如此，那么像孟加拉国这样的国家注定还将继续贫穷下去。幸运的是，本书对于历史的研究得出的结论是，过去的历史并不总能主宰一个民族未来的命运。人类拥有足够的智慧，即使现成的制度不能被轻易改变，人们总会尽一切可能去创造替代性的解决办法。他们的实践表明，不管历史的枷锁多么沉重，制度变革的可能性总是存在的。

也有人认为，贫穷国家缺乏某些必要的资源，例如高素质的人才、财富、先进的技术，因此难以创造出新的制度环境。但是这样的论述往往会陷入循环论证的逻辑：一个国家之所以贫穷是因为它缺乏制度环境，而这个国家之所以缺乏制度环境是因为它贫穷。这种逻辑无助于解决这些国家该怎样打破这种恶性循环的问题，同样也不能解释为什么有的曾经富裕的国家也没有建立起完善的制度环境，反而逐渐走向没落——比如海地，在 1790 年，按人均水平计算它是当时世界上最富有的国家。[5] 还有，这样的论述不能解释为什么有的国家已经具有了市场经济的基本制度体系，却在进一步繁荣金融市场的发展上止步不前。比如在 10 年前的法国和德国，就完全没有发展出类似搜寻基金这类的金融创新服务。这些国家并非没有能力创造有利于金融市场繁荣发展的制度环境，它们同样有完善的、执行良好的法律体系，它们同样有受过良好教育的国民，它们的企业同样依赖于高新科技的进步……

因此，我们需要从别的角度去思考，为什么促进市场，尤其是金融市场健康发展的必要制度环境在许多国家没有发展起来，甚至完全还是空白。

## 有关市场经济的政治学

我们给出的解释非常简单。小规模的、不规范的市场并不需要很复杂的制度环境做保证，但是一个现代资本主义经济所需的大规模市场的发展则离不开一套牢固的制度设施的支持。如果社会的权势阶层担心这些制度环境的建立会危及他们的既得权力，那么他们就会阻挠其健康发展。其原因在于，支持自由市场竞争的制度对人们一视同仁，让有权势的人丧失了高人一等的地位，而且，激烈的市场竞争可能给失败者带来财富上和声誉上的双重损失。一个人获得权势的途径可能是因为以往的成就或者财产的继承，而并非其本人的能力，然而市场却要求已经有权势的人也要在公平的竞争中继续证明自己的经营才能。这些都是权势阶层害怕市场竞争的理由。

当然，在另外一个方面，权势阶层又需要从市场中获益。如果没有市场，即使某个商人垄断了全国的香蕉生产，他又到哪里去销售呢？市场是需要的，然而权势阶层会想方设法去控制它，经济学之父亚当·斯密在很久以前就认识到这一点：

> 扩张市场，缩小竞争，无疑是一般商人的利益……因此，这一阶级所建议的任何新商业法规，都应当十分小心地加以考察。非小心翼翼地、抱着怀疑态度做了长期的仔细检查以后，绝不应随便采用。因为他们这般人的利益，从来不是和公众利益完全一致的。事实上，公众也常为他们所欺骗所压迫。[6]

权势阶层特别反对建立的制度环境，就是那些可能拓宽市场进入大门和使竞争条件变得更平等的制度。控制索菲亚的中间商们在当地有权有势，完全可以排斥其他的高利贷商人渗入他们的地盘。而如果建立起一套更好的法律体系，更好地界定财产所有权，创造出公共的个人信用体系，就可以产生一个活跃的、竞争性的金融市场，引入外来的贷款人，让中间商的原有势力化为乌有，夺走他们嘴里的肥肉。考虑到这些，这些中间商当然不愿意看到这样的金融市场发展起来。而反对建立那些必要的制度环境不就是最好的办法吗？

并不仅仅是在穷国，既得利益集团才害怕金融市场的发展带来的市场竞争。在美国，1985 年按销售额排名的最大 20 家企业到 1999 年已经有一半被淘汰出局；在德国，1985 年的最大 20 家企业到 1999 年还有 80% 保持着自己的地位，而德国的金融市场直到最近几年才刚刚趋于活跃。当然，仅就这个排名而言，还存在许多其他的因素。但即使在发达国家，金融市场的发展也会显著地增强企业竞争的活力，从而威胁到当权者的利益。[7]

所以，我们的观点很明确。当权者——既得利益集团——希望继续当权。他们感到了来自自由市场竞争的威胁，特别是自由的金融市场，因为金融市场为新的竞争者提供了资金，加剧了其他产业市场的竞争。因此，他们尤其反对建立自由的金融市场。

我们提出的并不仅仅是一个共谋理论，我们的研究还将指出，在什么样的情况下市场体系会得到发展。因为，即使是既得利益集团牢牢地控制着政权，假如出现下面的情况，要么他们本身可以从中获益，要么他们为时势所迫，市场体系也有可能发展起来。在历史上，金融市场体系的发展至少可以划分出三个明显阶段：第一阶段，组成了具有广泛代表性的国家政府，私有财产权利开始得到尊重；第二阶段，国门被打开，对民主政府构成威胁的既得利益集团的势力受到打击；第三阶段，倒退时期，既得利益集团借助贫困人群的力量重新掌权。这些阶段的演进次序并不是绝对的，也并不适用于所有的国家，但还是具有相当的普遍性，我们也将对此进行深入的考察。

## 第一阶段： 尊重财产权利

竞争性市场要发展起来，第一步就需要政府尊重和保护公民的财产权利，包括那些最弱势和最无助的公民的财产权利。在人类历史上，对财产权利的最大威胁恰恰是来自政府：政府打着保卫国家和意识形态的旗号，动用军队、警察这些专政力量肆意掠夺自己国民的财产。不过，在某些国家，政府的角色从很早以前就开始发生变化，政府的组成具有了更广泛的代表性，不再实行铁腕式的管理，人民对政府的态度由恐惧转向信任。而在其他地方，统治者依然把国家视为他们的私有领地，可以强取豪夺为所欲为。为什么有的国家是如此幸运，有的却多灾多难？为什么会出现这样的天壤之别？

这个问题的答案恐怕会非常复杂，不过有一个方面的历史事实值得我们关注：在那些幸运的国家里，财产的分布，尤其是土地所有权的分布，相对来说比较平等。以新大陆为例，在加拿大和美国北部各州，土地所有权分布非常广泛，存在大量耕种小块土地的“自耕农”。而在加勒比群岛和拉丁美洲大陆，常见的情况则是大庄园，其所有者是庄园主，使用的劳动力则是奴隶或者带封建依附关系的当地劳工。在这些地区，尊重公民财产权利的政府就发展得很缓慢。[8]

土地所有权的分布状况与当地的政府组织形式之间存在某种联系，这并非巧合。在北美，大多数农民的生产规模很小，他们个人并没有足够的财力来组建警察等机构去管理当地的治安和社会事务。这样，他们就有必要组织起来，联合集体的力量来组建政府，这样的联合政府就一定是公开的、有代表性的，他们要求政府按照法治的精神平等对待每一个公民。另外，从经济的角度上讲，自耕农拥有属于自己的土地，他们有动力去改进生产技术、提高作物的产量。随着时间的积累，他们会逐渐成为农业方面的专家——他们最清楚自己的土地适合种植什么作物，何时耕种，何时收割，应该采用什么样的科学技术。在当初，土地所有权如何分布是由于移民的圈占行为随机形成的，但是随着耕作经验的积累，自耕农会迅速成为他自己土地上的农业专家，成为一个经营效率很高的所有者。那样的话，再贪婪的政府如果想破坏这种所有权也需要三思而行，因为既然农民的经营效率很高，那么通过向他们征税来取得一个稳定的收入不是很好吗？抢夺农民的土地所有权则无异于杀鸡取卵。

简而言之，在财产所有权分布十分广泛的背景下，北美的有产阶级要求建立一个公开、公正、尊重法治的政府。农民个人的经营规模狭小，但他们人多势众，一旦联合起来就拥有足够的影响力。同时，由于农民已经把自己的土地经营得非常出色，那么尊重他们的财产所有权在经济上也是有好处的。所有这些，都为一个强大的自由市场经济的诞生培育了一方沃土。

回头再看看南美洲，欧洲殖民者在那里建立了大规模的种植园，利用贩入的奴隶和雇用当地的下层劳工来从事生产。[9] 这些种植园主与北美的自耕农所处的立场完全不同，他们是当地的权势阶层，并不希望建立一个公平的、有广泛代表性的政府。恰恰相反，他们拥有庞大的私人产业，可以建立自己的军事力量，拥有足够的金钱，可以让政府俯首听命。

随着时代的进步，废奴运动在全世界兴起，当地的下层民众在政治上也逐渐觉悟，这对大种植园经济的影响是致命的。这些种植园主如果还想维持过去的生产方式，维持过去的高利润，就必须保证当地的劳工没有更多的职业选择——例如剥夺他们可能获得教育和获得融资的机会。[10]所以，有权势的既得利益阶层拼命反对建立自由市场经济的制度环境。

当然，不同国家发生的真实历史进程要比我们的理论丰富多彩得多，但大致趋势是相似的。例如在意大利南部和印度东北部，这些地区的大封建主长期占据统治地位，在那里法治秩序的建立和财产所有权的尊重都经历了一个非常艰难的过程。

权势阶层对一个国家的统治并非牢不可破，国内政治的革命和外来势力的挑战往往会带来深刻的变革。在英国，都铎王朝为了维持自己的统治而摧毁了封建领主和教会的力量，从而促成了英国议会政治和宪政政府的诞生。在巴西，19 世纪晚期的革命带来了经济改革。在欧洲大陆，法国大革命和拿破仑征服战争引发了广泛的政治革命和土地改革。这些国家都相继加入了幸运者的行列，而其他很多国家，虽然躲过了国内革命和外来挑战的冲击，却继续生活在旧体制的桎梏中。

## 第二阶段：民主政体，打击权势阶层

宪政民主政体的出现，为公民的财产权利提供了尊重和保证，在自由市场经济的道路上迈进了一大步。但事情并没有结束。即使在一个工业化的民主社会里，依然存在着权势阶层——当权的工业家和金融家。他们已经拥有了自己的财富和地位，不愿意看到活跃的金融市场给他们带来新的竞争者，他们还要设法阻挠人们获得金融自由的权利。

这些既得利益集团拥有强大的政治势力，他们有组织、有目标，手眼通天。比起一盘散沙的大众，他们对国家立法机构和行政部门的影响可谓举足轻重。2001 年发生“9 · 11”事件以后，美国的旅游产业遭受沉重打击，而国会法案的第一个救助对象既不是成千上万的出租车司机，也不是餐厅和宾馆的雇员，而是航空公司，因为它们采取了声势浩大的院外游说活动。

与此类似，工业界和金融界的既得利益集团同样可以利用其组织和势力来干扰金融市场的发展，阻挠政府建立必要的制度环境。这样，即使人们需要金融产业，但假如他们缺乏有效的组织来推动这项事业，金融业的发展同样会踯躅不前。

不久之前发生在美国南部的事情，就证明了部分人的政治私利对公众利益的损害：

> 在20世纪早期，南部各州的农民获得信用的途径非常有限，只有极少数的银行开办农业贷款，而且利率非常高昂。农业贷款都是这些贪婪的银行家嘴里的肥肉，年复一年，农民都要倾其所有的收入以偿付高利息的负担。一旦收成上遇到麻烦，全家未来的命运就完全落到这些人的手中。[11]

问题的根源在于，在当时，美国各州的银行法并不是为公众利益设计的。有的州只允许银行开办一家分支机构，还有很多州完全禁止外州的银行到本州开设分支机构。这样做的原因很简单，就是限制银行间的竞争，让本州银行坐享丰厚的利润。他们并不关心，由于缺乏竞争，本地的银行将变得臃肿懒散，由于限制开设分支机构，银行的经营规模太小，风险承受能力低下，从而无力开办风险性很高的农业信贷。客户从银行得不到高质量的服务，但银行却可以继续为政治活动捐款，在很长时期里无视人民的真实需要。直到20世纪90年代，美国才完全废止了这些陈旧的银行业法规。

如果在一个国家或者一个州里，最有经济势力的权势集团要阻挠自由市场制度的建立，那么还有一种力量可以制衡他们，那就是外来的竞争。这是因为，即使这些权势集团限制了国内市场的竞争，保住了他们自己的企业在国内市场的垄断地位，可他们一旦面对经历过残酷竞争环境洗礼的外来竞争者，就难免暴露出自己是纸老虎的本来面目。其结果是，只要竞争跨越了国界，那么国内的既得利益集团就只剩下两个选择：要么进行改革，废除阻碍国内自由市场发展的陈规陋习，以增强本国企业的活力；要么继续阻挠改革，直到被外来的竞争者消灭。通常，他们还是会做出理性的选择。

实际上，这正是美国的银行管制法律体系发生变革的真实故事。伴随着新技术的采用，美国的银行开始向异地客户提供借贷服务，即使没有在当地开设分支机构，也可以开展跨州业务。而各州的政治势力苦于没有对外州企业的管辖权，无法约束这种异地业务的竞争。在这种情况下，各州纷纷撤销了限制银行开设分支机构的法规，以免自己州的银行因为这种法规的约束而无法扩大规模和提高效率，在外来的竞争面前坐以待毙。研究表明，除了部分未能改进经营效率而失败的银行，绝大多数人都在更灵活的竞争中获得了更多的利益。各州在废除限制性的银行法规后，人均收入的增长速度显著提高了，银行业的风险水平也降低了。[12]

同样，国际贸易和资本流动也使一个国家的既得利益集团面临来自外界的激烈竞争。身处开放的环境，一个国家必须把自己的经济变得更有国际竞争力，而不能仅仅考虑既得利益集团的私利，也就是说，需要加强国内市场的制度建设。

请大家看一个例子，在20世纪80年代初期，日本的企业债券市场规模非常小。其原因是大的商业银行控制了所谓的“债券委员会”（Bond Committee），这是个有官方性质的委员会，企业要发行“无担保债券”（unsecured bonds）必须通过它的审查。在名义上，设置这个机构是为了保证公开发行的企业债券的安全性，但真正的原因在于，商业银行企图利用这个债券委员会来限制企业债券市场的发展，从而保护它们自己的信贷业务。日立公司是当时有名的蓝筹公司，信用评级达到AA级（最高级是AAA级），就没有能够获得这个委员会的发行批准，而只能以高利率从银行贷款。

然而，欧洲债券市场（比如伦敦的离岸市场）的发展以及1980年以后日本资本市场的对外开放，最终解除了日本银行对企业的长期束缚。欧洲债券市场没有关于抵押的烦琐要求，偿还期限和币种的选择非常灵活，对于日本的大企业来说，这些条件远比国内的银行更有吸引力。20世纪70年代早期，欧洲债券占日本公司融资总额的1.7%，而到了1984年，这个比重增加到36.2%。债券委员会最终被迫解散——不是因为政府或者银行觉得这个委员会有些多余，而是因为外来的竞争注定了它的命运。

从宏观上看，在整个20世纪里，商品和资本的国际化流动最频繁的时期（1900—1930年，1990—2000年），同时也是金融市场发展最迅速的时期。而且，在这些时期里，对国际贸易更开放的国家在金融市场的发展上也往往做得更好。一些地域狭小的国家或地区，例如香港地区、卢森堡和瑞士，很多生活必需品都要依赖于进口，所以必须保持对外开放，它们也借此发展成为重要的金融中心。对外开放可以打击国内权势阶层的政治势力，制约他们限制竞争、阻碍经济发展的企图，从资本家的手中拯救资本主义。

这也正是像孟加拉国这样的落后国家的希望所在，如果这些国家融合到世界经济体系中，那么它们就有望革除现存的各种陈规陋习，为国民提供自由的融资渠道，实现它们获得经济自由的愿望。

总之，我们认为，在任何国家经济发展的各个阶段都存在某种既得利益集团，出于自身的利益考虑，他们会影响市场经济所需要的制度环境的建设。如果一个国家的主要经济资源被某些无能的既得利益者控制，例如封建领主或大种植园主，那么他们就会严重阻碍市场经济所需要的制度建设，除非发生激烈的政治变革、建立民主政治，才有可能改变。然而，仅有民主政治还是不够的。因为，即便实现了民主政治，如果大众对于政治活动普遍漠不关心，那么既得利益集团仍然可能大行其道，发挥巨大的影响。新闻自由、公众对政治的积极参与、政党之间的竞争，都有助于制约既得利益集团对国家经济和政治决策的影响，而最重要的制约则是来自外界的竞争压力。在对外开放的背景中，政客就算是为既得利益集团考虑，也必须与时俱进，采取更有利于市场发展的政策。这可以说是不同国家在政治体系上的一种竞争，竞争的结果给了自由市场经济发展的机会。

## 第三阶段：倒退时期

不过，假如仅仅只是因为对外开放，才导致一个国家建立起竞争性的自由市场经济而不是既得利益集团的专制，那么这个市场体系的基础是否稳固呢？一个国家的产品和服务市场是否对外开放本身就是一项重大的政治决策，与国民的政治倾向息息相关。假如国民在这项政策上并不能轻易达成一致，那么自由市场经济的基础岂不是飘摇不定？

的确如此，国民的政治意向会发生改变，但不是任何政治思潮都可以左右大多数人的意志。国家之间的政治边界只是一种形式，如果这个世界总体来说是相互开放的，那么单独一个国家很难严格限制商品、资本和人力的对外流动。面对政府的限制，人们总是能找到逾越或者回避的办法。所以，如果世界经济整体上是相互开放的，那么除了极个别的专制国家以外，大多数国家都会保持对外开放的政策，并且控制国内既得利益集团的私利。这可以解释，在 1998 年亚洲爆发金融危机时，因为世界其他地区的经济还保持着健康有力的增长，所以绝大多数东亚国家和地区的政府都没有改变对外开放的政策。

但是，如果一些大国开始采取封闭政策，那就会带来本质的变化。假如整个风向变了，那么实行封闭政策的国家则更可以有效地限制对外交往，而在继续实行开放政策的国家也会出现更多倡导封闭政策的声音。全球化进程的倒退具有传染性，这种事情并非不可思议，因为全球经济已经融为一体，经济衰退会蔓延到许多国家，而反对市场竞争和反对对外开放的思潮也会蔓延开来。

为什么说经济衰退会滋生反对市场竞争的思潮呢？因为竞争性的市场机制会带来某种必然的后果：它会给人们带来新的风险，并且破坏原来的保障体系。经济陷入衰退以后，人们的生活就要面对这些残酷的风险，感受到缺乏保障体系的切肤之痛，因此反对市场的声音就甚嚣尘上。

更具体地讲，市场竞争总会有输赢，人们被竞争区分为能力强的人和能力差的人、勤劳的人和懒惰的人、幸运的人和不幸的人，这就是一种风险。而市场经济处在周期循环中，在繁荣时期商业机会大增，到了衰退时期经济又趋于收缩，人们的事业和生活如同坐在过山车上一般，这又是一种风险。总体来说，市场经济会给绝大多数人的生活带来改善，但也总会有人成为输家。

同时，在竞争比较缓和的时期，个人和企业会拥有某些潜在的保障体系，而随着市场的发展，这些保障可能消失。例如，假如企业之间不存在对优秀员工的激烈竞争，那么员工的流动性就比较低，且对企业比较忠诚，因此在衰退时期企业也会尽力留用员工而不是裁员，这对员工来说就是一种保障。而在一个人才竞争比较激烈的市场，情况就完全相反，在繁荣时期员工有比较高的流动率，到衰退时期企业也更容易解雇员工，而不是共渡难关，因为企业很清楚，一旦经济情况好转，员工并不会对公司太忠诚。与此类似，在企业与贷款人之间，在供货商与客户之间，在公民与社区之间，原来都存在某些潜在的保障体系，而随着市场的发展，大家的选择都有所增加，原来的保障体系就会萎缩。这种传统的保障体系是过去的经济环境的产物，通常不能被明确的保险合同完全取代。

简而言之，市场竞争不但会产生输家，而且还破坏了他们过去的保障体系。这些人就形成贫困人群——破产企业的员工、损失了全部积蓄的投资人、被沉重的债务负担压垮的小业主和农民……这些人面对一无所有的困境，只能组织起来，希望通过政治行动给自己提供保障。而他们组织起来以后，就不仅仅是要求政府给予生活津贴，而且往往把斗争的矛头指向给他们带来灾难的市场竞争体制，而这样做正好迎合了另一种势力——既得利益集团的需要。这种图景绝不仅仅只是一种理论，而是曾经发生过的事实。

## 大倒退

世界历史上以前就曾经有过全球化进程加快和市场迅速扩张的时期。1913 年，国际历史研究大会（International Congress of Historical Studies）的主席伯莱斯先生（Mr. Bryce）就这样描述过他的时代：

> 我们的世界正在变得面貌一新……科学和技术的进步把地球变得更小……世界各地的政治、经济、思想活动已经紧密地交织在一起……随便某个角落发生什么事情都会给其他地方带来影响，世界历史的潮流正在合而为一。[13]

他发表上述演讲的时候，市场的发展的确相当活跃。但是，不久后第一次世界大战（以下简称“一战”）爆发，大萧条接踵而至，到处是大规模的经济混乱和失业问题。在当时，普通人拥有的社会保障水平非常低，甚至接近于无，1910 年，西欧国家的劳工中仅有 20% 拥有养老金保险，22% 拥有医疗保险，失业保险简直还是天方夜谭。战争唤醒了人们的政治意识，他们开始组织起来，要求建立保障体系，解决经济困难。到了大萧条年代，越来越多的受害者加入他们的行列——农民、投资人、老兵、老年人，他们的要求开始有了反应。

面对群众的要求，政客们不能再无动于衷。在那个年代，政府预算受到金本位制的国际货币制度的严格约束，不能为建立社会保障体系提供足够的支持。于是世界各国就纷纷放弃金本位制，从而破坏了当时最重要的国际自由贸易和资本流动的基础，国门关闭了。

这以后，很多国家的政府控制了金融市场，甚至对银行系统实行了大规模国有化。通过把持金融体系，政府对私人企业获得了巨大的控制权，还有其他的直接干预措施——把工业企业国有化，建立政府支持的卡特尔。这些措施，一方面反映了人们对市场体系的不信任，另一方面也反映了政府的经济政策并不完善。当时的政府未能迅速建立起一个完整的社会保障体系，于是就转而通过限制竞争来控制经济的大幅度波动。

限制了市场竞争，政府的干预政策又倾向于维持就业和企业经营的稳定，既得利益集团此时可谓是春风得意。在这段时期，国际竞争的压力不能再给国内政策的制定施加影响，既得利益集团就抓紧时机，要求从他们的利益出发制定法律体系。他们不但要在短期内攫取垄断利益，而且还要求在经济萧条过去以后，在他们不再能利用贫困人群去反对市场竞争后，还能够从这些法律体系中继续获益。这个大倒退的时期清楚地告诉我们，自由市场体系在什么情况下会遭到压制，而且是确实遭到了压制并持续了很长时间。

竞争枯竭了，大企业控制了大多数产业部门，新来者不再有成功的机会。更糟糕的是，整个国民经济不再能通过“创造性破坏”来推动新陈代谢，推动制度变革。第二次世界大战（以下简称“二战”）以后，各国都在忙于恢复和重建，上述弊端表现得并不明显，但是在这之后世界经济的增长步伐就显著放缓。

直到最近30年以来，人们才认识到各国之间的相互封闭造成了经济发展的停滞，开始采取措施推动世界经济逐步走向开放，世界的经济和金融体系才又重新变得自由起来。

总之，历史经验告诉我们，即使在发达国家里，要让社会大众达成支持自由市场体系发展的政治共识也并非自然而然之事。为了保证经济上的自由，我们必须坚持政治上的斗争。索菲亚的苦难，其实离我们并不遥远。

## 反全球化运动的危险性

对外开放改善了许许多多人的生活水平——但是人们往往没有认识到这一点，也并不清楚活跃的金融市场会给自己的生活带来什么好处，而封闭国内市场会带来哪些风险。人们对这些事情缺乏清醒的认识，而这种不清醒就是反全球化抗议行动能够在世界各地找到众多支持者的原因。在严重的经济衰退时期，对外开放似乎成了一个不受欢迎的话题，而实际上它恰恰是解决经济衰退问题的良药。

市场要发挥作用，就一定会产生输家，而且这些人要更多地负担竞争和变革的社会成本。然而不幸的是，政客们的判断往往过分考虑了这些人的要求，而忽略了沉默的大多数人的利益，以及社会的长远需要。传统的政治保守派往往忽视了市场竞争的失败者的利益，忽视了他们给经济繁荣可能造成的威胁；而政治激进派同样有失偏颇，他们往往过分攻击竞争机制的残酷，却不承认这是让市场发挥作用所必须付出的代价。

最近的某些情况可谓不太美妙。军国主义倾向开始在某些地区抬头，虽然问题还不是非常严重，但是战争狂热往往会刺激民众对政府行为包括经济干预的迷信，而打击对开放的市场机制的信心。同时，世界经济陷入衰退，许多投资人的财富在一夜之间化为乌有，层出不穷的上市公司丑闻令公众对市场的公正性丧失了信心，局部战争久拖不决，开放政策的反对之声四起——这一切在历史上都似曾相识，自由市场体系的未来面临严峻挑战。

当然，人们从20世纪30年代的教训中并非一无所获，今天的发达国家基本都建立了比较完善的社会保障体系。可是历史也往往有惊人的相似之处，在许多新兴的工业化国家和发展中国家，传统的非正规保障体系在市场经济的冲击下正在迅速瓦解，这样反对自由市场体系的势力就完全有可能在那里首先找到支持，然后再传染到发达国家。

其实发达国家也需要解决新出现的问题：中国和印度的经济发展和技术变革逼迫发达国家加快收缩和重组其现有的工业产业；老龄化现象日益严重，来自发展中国家的移民激增，而年轻的移民将担负起给本土居民养老的重担，这给未来的政治矛盾埋下了伏笔；富有的退休者占有大量财富，却并不创造新的价值，这会带来财产权利的争夺……

要设法解决这些难题，我们需要切实可行的政策，而不是意识形态的争论，本书也将提出明确的建议。从广义上说，我们需要坚持开放政策，让世界各国都能够公平参与竞争，并从中获益。然而要坚持自由市场经济和开放政策，就必须在政治上得到支持。自由市场经济与既得利益集团之间的共同利益有限，但我们还是可以利用和扩展这种共同利益。而自由市场经济与贫困人群之间其实更容易求同存异。为了防止民主政治走向市场的对立面，我们应该设法帮助那些在竞争中遭受失败的人，而不是落井下石，我们应该减轻他们的痛苦，帮助他们积极面向未来。

总之，本书的中心点是探讨市场经济与国家政治之间深层的紧张关系。大规模的市场经济的发展需要良好的制度环境作为其基础设施。由于民众组织的松散性，这样的基础设施难以在民间自发地建立起来，而需要政府的参与。但是政府的参与又会带来另外一个问题，同样是由于民众组织的松散性，我们不能保证政府会始终忠实于公众的利益而不偏袒某些利益集团。在政治传统上，左派和右派各自强调了这种紧张关系的一个方面：左派强调政府干预的意义，而右派强调防止政府的腐败。实际上他们都言之有理，都看到了问题的一个方面，所以如果我们要为自由市场经济寻求一个稳定的政治基础，就不能过于偏向一方，而需要更深入细致的研究和考虑。如果想弄清楚其中的细节，我们就需要明白，为什么自由市场经济是有益的，它是如何产生的，谁是它的反对者，什么时候反对者会得势，所有这些都是本书要研讨的课题。

Saving Capitalism from the Capitalists

# 第一篇　自由金融市场的意义

# 第1章　金融市场为谁服务

要捍卫自由市场经济，为这个体系奠定牢固的政治基础，第一步就是要社会公众清楚这个体系的重要性、优越性和局限性。今天，世界上许多国家现行的资本主义制度并不是理想的资本主义，而是一种腐败的资本主义，在那里，既得利益集团的力量阻挠着自由竞争发挥健康的作用，市场体系的政治基础非常薄弱。为了捍卫自由市场体系，击退利益集团的攻击，本书首先要力图证明，自由市场体系对于我们如今的幸福生活究竟有怎样的重要意义，它与近代以来出现的一些冒牌的市场经济体系之间有什么差别。接下来，我们要告诉读者，在历史上，人们并没有更多的选择——要么选择一个腐败的资本主义，要么选择一个腐败的社会主义，而我们今天则存在另外一条道路，一条完全可以行得通的道路。

在整个市场体系中，金融市场尤其饱受非议。在一个发达国家里，那些训练有素的经济学家很少对自由的商品和服务市场抱有疑问，但反对自由金融市场的却大有人在。尽管人们对金融市场的误解非常多，但它却有着极其重要的地位，它是激励经济活动进行“创造性破坏”的良药，使资本主义体系能够保持青春的活力，这些我们在下文将会详细阐述。同样，金融市场也是那些害怕变革的既得利益集团首选的打击目标。考虑到这些原因，本书的多数篇幅都将论述的焦点放在有代表性的金融市场上。

要捍卫自由市场体系，我们还要清楚对它的攻击来自哪里。请大家回顾一下社会公众对金融市场和金融家的印象，在公众中存在一种普遍的看法——华尔街是主流社会的寄生虫，金融家们从甲那里把钱借过来，转手借给乙，给自己留下数目不小的佣金，在豪华的公寓里过着奢侈的生活。汤姆·沃尔夫在《虚荣的篝火》里就描述了大众的这种印象，下文是其中的一个节选，讲述的是朱迪·麦考伊（Judy Mccoy）如何向自己的女儿坎贝尔解释，他——一个债券承销商是做什么工作的：

“爸爸自己不去修公路，也不去盖医院，但是爸爸帮助别人去做这些事情，帮助那些需要钱来做这些事情的人发行债券。”

“债券？”

“对，债券就像是一块蛋糕。这个蛋糕不是你的，但是让你来把蛋糕分给别人。每次当你把蛋糕分给别人的时候，都有这么一小点儿蛋糕渣掉下来，这点儿蛋糕渣就可以留下来给你自己。”

坎贝尔笑了，她知道这是爸爸为了打比方而编的一个童话故事。

“蛋糕渣？”

“对，你想想，就这么一丁点儿蛋糕渣。但是每个人都会留下这么一点儿蛋糕渣，如果你给很多很多人分蛋糕，最后把你自己留下的蛋糕渣加起来就足够做一个大蛋糕了。”[1]

像沃尔夫这样贬损金融家的人并不在少数，从莎士比亚的《威尼斯商人》到左拉的《金钱》，金融家们的品行都被描述得极其卑劣，甚至比娼妓都远远不如。

这些人把金融家看成是寄生在别人身上的吸血鬼，另外一些人却认识到金融家们太有权势，1912 年，美国总统伍德罗·威尔逊在他的竞选演说中讲道：

在我们的国家，最大的垄断是金钱的垄断。只要存在着金钱的垄断，我们在过去的生活中所拥有的自由、丰富多彩和发展动力都将不复存在。过分集中的金融体系控制了我们这个伟大的工业国家，使国家的发展、人民的生活都被极少数人掌握。他们这些人，就算确实打算为公众利益服务，也往往只是关心那些涉及自己得失的项目，由于自身的局限，他们必然要制约、阻挠和破坏真正的经济自由。[2]

威尔逊认识到了金融业的重要性（“金融体系控制了我们这个伟大的工业国家”），但是却为此而悲哀（“必然要制约、阻挠和破坏真正的经济自由”）。这似乎是个有些矛盾的事实——既然金融家们对社会没有好处，那他们又凭什么执掌大权呢？出现这种现象的原因何在？

以上两种情况的确是金融家们的真实写照，但只是在一个不发达的金融体系中的写照——在那样的金融体系里，缺乏必要的基础制度建设，没有规范有效的法律、清晰的会计标准、合格的监管机构。金融家们为什么会表现出这种两重性呢？原因很简单，如果没有资金的支持，商业敏锐的人和经营天才就不能充分实现其价值。发达的金融体系可以大大拓展人们的融资渠道，使人们的商业才能得到发挥，而不发达的金融体系则使人们的行动备受限制。由于资金有极大的重要性，金融家就拥有巨大的权势；同时又由于金融体系没有得到充分发展，金融家就没有很好地发挥资金应有的作用，反而制约了人们的经济自由。他们就好比忠实的看门人一样，让有钱人安全地待在门里，不让其他人进来争夺资金资源。这样，金融家就像麦考伊所说的那样，贪婪地搜罗别人的蛋糕渣，也像威尔逊所说的那样，对社会缺乏贡献，而且“必然要制约、阻挠和破坏真正的经济自由”。

本书的第 1 章就是要解释，为什么在缺乏必要的基础制度建设时，金融业的发展将会受到限制。原因主要在于，金融活动是拿今天的一笔现金去换取对未来收益的承诺，这种交易很自然地潜藏着某些风险。首先，任何投资活动本身都有不确定性，一旦意外发生，再诚实的借款人也有可能无法兑现偿还的承诺，这是出资人需要承担的一种风险。如果风险比较严重而且集中，就很难找到愿意承担的人，融资需求就得不到满足。其次，承诺的可信度事前很难判断，越是不想履行承诺的人往往承诺得越多，这对于不诚实的人是有利的。最后，有诚实意愿的人在得到钱以后也有可能去投机，从而导致出资人面临更大的风险。假如一个经济体系缺乏解决这些困难的制度基础，那么金融服务的对象就只能局限于那些有特殊的关系和财富、能让金融家放心的人，而金融家自己也就满足于当好一个看门人。接下来，本章还将阐述金融业的落后会如何严重制约人们在从业和生活方面的自由选择。

在下一章，我们将解释为什么金融业的落后并非是不能改变的，如果社会建立了合适的制度基础，那么上述的那些风险就可以得到解决，金融家就可以拓展融资渠道，促进经济自由。这不是乌托邦式的理想，在过去的20年里，美国金融市场的深刻变革已经极大地促进经济自由，把经济活动的中心从资本变成了人，这些情况我们将在第3章专门介绍。所有这些论述，反过来也说明一点，如果有人想反对金融自由，反对由此带来的经济自由，那他们只需要集中力量阻止建立现代金融市场所需要的制度基础就足矣。一旦缺乏制度基础，金融自由就会受到限制，金融活动自身的矛盾就带来其他制约经济自由的问题。在读者都明了这些以后，我们再转向本书其他的内容。

## 金融活动本身的矛盾

运气、疏忽和不正当行为都会阻挠金融活动的健康进行，用经济学的术语来讲，分别叫作“不确定性”、“逆向选择”和“道德风险”，下面简单介绍一下其中的缘由。

投资都不是绝对安全的，总会伴随着某些风险。为了吸引投资，从事经营活动的个人和企业就要在安全投资的收益水平之外再给投资人提供一个风险溢价。在发达的金融市场上，金融家可以设法将风险广泛分散，并转移给有承担能力的人，从而把这种风险溢价降低到一个合理的水平上。但是不发达的金融体系却没有这种分散风险的能力，投资人要求的风险溢价很高，从而加大了融资的成本。

除了投资本身的不确定性以外，更严重的问题是有人不够诚实。如果没有以往的信用记录，那么金融家就很难判断一个借款人的品行。因为当借款人出现偿还困难的时候，金融家难以判断是由于借款人运气不好还是由于他成心欺骗。由于金融家缺乏足够的信息，不能有效辨别和惩罚不诚实的人，就只能再提高风险溢价水平。

然而金融家所能要求的收益率是有限制的，他们将面临所谓的“逆向选择”[3] 的问题。诚实的借款人对借款利率非常敏感，因为他们本来就打算偿还借款，并承担利息，一旦感觉融资的成本太高，诚实的借款人就会放弃。相反，那些根本就不准备还钱的人对于再高的利率也不会退缩，这就是所谓的“逆向选择”。简单地说，利率水平越高，继续申请借款的人里面不诚实的人的比例就越高。而不诚实的借款人越多，那么贷款的损失概率就越高，金融家所要求的利率就越高。这样形成一个恶性循环，金融家越是提高利率，他就越需要提高利率，直到把所有的诚实借款人都踢出去为止，到那时，他也不会再贷款给任何人了，他也知道留下来的人全都是骗子。

所以，金融家并不能通过调整利率水平来保证贷款的安全，这样他就干脆不考虑给没有信用记录的人提供贷款。在一个不发达的金融市场里，很多人就因此丧失了融资渠道。

不确定性与逆向选择，还并非金融家所面临的全部问题。当借贷条件比较苛刻的时候，即使一个诚实的借款人也有可能做出危害金融家利益的事情来，这就是所谓的“道德风险”。例如，如果利息负担太重，借款人就会感到要偿还贷款必须追求更高的收益，而追求更高的收益往往预示着承担更大的风险。这种“赌一把”的心理是危险的，因为借款人盲目投入风险过高的项目大多会导致灾难性的结果。而在一个发达的金融体系里，金融家可以得到充分和及时的信息，帮助他分析借款人的财务状况，警惕借款人的心理变化，金融家也有足够的技巧能够及时修订合同，借助良好的法律体系完成债务重组（在一个牵涉到众多贷款人的大项目里这可不是小事），并妥善执行修订后的新合同。相反，如果一个金融体系没有建立起这样一套完善的合同设计、合同变更与合同执行的制度和技巧，那么金融家就不可能在借款期间对借款人进行有效的监督，也就因此更加不愿意向借款人提供贷款。

## 抵押的特权

因为不确定性、逆向选择和道德风险的存在，如果又没有一个完善的制度基础，那么金融家的信贷业务就必然要面临巨大的风险。不过他们还是找到了保证自己利益的办法，这就是抵押——如果借款人出现坏账，他们可以占有作为抵押品的财物。这就是典当行业存在的原理。即便是在最不发达的经济体中，典当行业也很有市场。

如果借款人的投资失败，贷款人可以从抵押品中收回自己的全部或者部分权益，从而降低了投资带来的不确定性。同时，由于判断一件财物（抵押品）的价值比判断一个人的品行要容易得多，抵押也减小了借贷双方的信息不对称。还有，如果一个借款人想中途溜走，他必须要考虑自己的抵押品的损失，这足以让骗子们在进入贷款市场之前好好掂量一番，从而把借贷的机会留给那些打算偿还的诚实借款人。

抵押品的价值也促使诚实的借款人在投资风险比较高的事业前要三思而行，从而遏制了道德风险。抵押品有双重功用，一是把骗子赶出市场，二是降低借款人的冒险冲动，这些对于鼓励借贷是非常有用的。那些提供贷款的人认识到抵押贷款可以降低风险，而借款人则相应可以获得更低的借款利率。[4] 在很多经济落后的国家，也包括在发达国家的贫民区里，人们要想得到借款，除了在亲朋好友的圈子里寻找帮助以外，利用抵押几乎是唯一可行的途径。

然而，人们的感情却往往不能接受也不愿接受抵押这种商业行为，不愿意承认抵押贷款是一种必然的经济需要。当《威尼斯商人》里的夏洛克来索取他的抵押品（安东尼身上的一磅肉）的时候，人们强烈地谴责他的势利和残忍，而没有认识到恰恰是这磅肉——这件抵押品，才使得威尼斯商人可以得到借款。当然，这个故事里面掺杂了夏洛克这个高利贷商人的恶劣品质（又是品行卑劣的金融家）和他与借款人之间的私人恩怨，即便如此，交易本身的逻辑是没有问题的，借款人自己也完全清楚为了获得贷款需要做出的牺性。事实上，如果我们暂时不考虑这件抵押品本身有多么可怕，暂时不考虑当事人之间以前的过节，那么这件抵押品可以说是非常完美的。对于贷款人来说，他真正需要对方偿还的是钱而不是借款人身上的肉，除非出现了失信的问题，他并不情愿索取这个抵押品；而对于借款人，他自己的肉是无比宝贵的，绝不会轻易失信。[5] 所以，我们不能仅仅因为最后发生了不幸的情况，导致借款人无法偿还，贷款人只好来索取他的抵押品，就说这个交易是不公平的。

大量的研究表明，贷款人追偿抵押品越容易，贷款的数量就越多。在不同的国家，贷款人追索抵押品的难易程度有很大差别。例如，在英国，贷款人在索取一个违约的借款人的抵押房产时，通常需要花费 1 年左右的时间，以及大约占该房产价值 4.75% 的手续费；而在意大利，同样的情况需要花费 3 ~5 年的时间，18% ~20% 的手续费。这两个国家的人均 GDP 水平很接近，但是英国的抵押贷款的总金额达到其 GDP 的 52%，而意大利只有 5.5%。[6]

还有一个证据，请读者们看看美国的政客们的所作所为。1973 年，破产法委员会（Commission on the Bankruptcy Laws）提出，为了避免消费信贷机构“强迫”居民家庭接受太多的消费信贷，应该让那些不幸的家庭在申请破产之后有权利保留一部分固定资产。委员会建议把相当大一部分家庭财产排除在债权人索取范围之外（被称为“破产豁免财产”，bankruptcy exemptions），以便使贫穷的家庭拥有从头再来的家底。

部分州议会采纳了委员会的建议并制定出具体标准，其中某些州的规定显得相当慷慨，例如在得克萨斯州，一个破产者可以保留他的房产，而不管这个房产有多么昂贵，此外还有价值 3 万美元的其他财产。破产保护财产是一种保险，使借款人在遭遇不幸时不至于丢掉一切，这种保险使得借款人更愿意承担高负债。但是，由于破产豁免财产不能用作贷款的抵押品，从而打击了贷款人提供信贷的积极性。

法律规定的破产豁免财产越多，在申请贷款时遭到拒绝或者打击的居民家庭就越多。[7] 这对于贫穷家庭尤其不利，因为他们的房产往往是唯一可能被贷款人接受的抵押品，而破产豁免财产的规定却剥夺了他们这件唯一的抵押工具。在破产豁免规定越多的州，人们获得信贷的渠道就越少，利率就越高。相反，对于富有的家庭而言，他们往往还拥有其他不受限制的财物可以用以抵押，因此破产豁免财产对于他们和他们的贷款人并没有什么影响。从实际情况看，在破产豁免财产规定比较多的州，富裕家庭的负债还上升了——因为有更多的财产被豁免，他们更愿意承担高负债。这样，原本打算帮助穷人的法律到头来却损害了他们的利益，帮助了富人。在本书中，我们还将看到许多类似这样的案例，它们令人感到忧虑，这种现象之所以层出不穷恐怕不只是因为立法机构对于经济学的无知。

贷款要求有抵押，会带来一种不平等。这种不平等不是说如果借款人不能履约，债权人可以索取抵押品，而是说贷款人事先就可以限制贷款，结果是，只有有产者才能够得到贷款。这种不发达的、要求抵押的金融市场就像《圣经》的《马太福音》（第25章第29句）中所说的那样：

> 凡有的，还要加给他，叫他有余；凡没有的，连他所有的也要夺去。

在这样的世界里，要想得到贷款靠的是财富，而不是有创造性的头脑。

有人认为，这种情况对穷人来说还不是绝对没有希望。秘鲁经济学家赫尔南多·德索托（Hernando de Soto）出了一本很有见地的新书《资本的秘密》，他指出，如果财产的法律地位规定得非常清晰，那么许多发展中国家的穷人还是拥有可以用以抵押的财产。[8] 例如，在印度孟买的达拉维贫民区中，有很多穷人建造的房屋，由于这些房屋都侵占了政府或者私人的土地，并没有正式的法律地位。德索托指出，这些财产不能用于抵押，使得穷人失去了融资的途径，那么解决的办法就在于把土地所有权明确地赋予当地的穷人。

他的观点很有价值，但并非解决这个问题的灵药。假如大批穷人挤占了别人的私有土地，或者像许多发展中国家那样大量挤占了国有土地，那么一旦宣布这些挤占为合法，则可能导致人们大肆圈占其他土地，导致财产所有权出现广泛的不安全，有违我们的初衷。

但是另一方面，假如这些穷人已经在事实上长时间占有那些土地，并得到了当地社会的默许（插一句，时间和习惯的力量总能够让那些来历不明的财产变得神圣起来，这种力量的强大令人惊叹），那么合法化的动机也许说得过去。不过，如果是依靠当地社会的自发力量来确认财产权利，那么隔得天高地远的国家政府有能力让财产成为有效的抵押品吗？比如，如果没有当地黑手党的支持，有哪个银行经理敢于去索取达拉维贫民区里的一个抵押房产呢？即便有一个勇敢的人能去索取这个房子，还得有一个更勇敢的人能够住进去赶走原来的主人。换句话说，有些穷人也许有抵押品，但除非有一个成型的抵押品交易市场，他们恐怕还是不能得到信贷。抵押品地位的合法化只是创造这个交易市场的第一步。因此，要解决穷人的融资问题，尤其是没有抵押品的穷人的融资问题，必须为金融市场建立一个广泛的制度基础，本书后面还将回到这个话题上来。

## 关系的特权

在一个不发达的金融市场里，即使没有抵押品，如果贷款人对借款人非常熟悉，并有其他的控制办法，他仍然有可能给借款人提供贷款。例如在家庭、朋友、邻里之间发生的借贷关系，假如借款人出现信用问题，他就会受到自己所在的社会圈子的排斥，比如，我们在引言里列举的格莱珉银行，就是利用这样的关系来开展业务的（其实，新兴企业的主要筹款渠道通常都来自家庭和朋友，这并不是因为家庭成员和朋友对创业者的能力过分自信或者溺爱，而是因为他们有共同的社会圈子可以约束创业者）。[9] 然而，穷人却通常没有富有的朋友和亲戚，所以富人在筹集资金时在人际关系方面又占有优势。

在这样的不发达社会里，往往缺乏公开、可靠和及时的有关借款人的信息，从而进一步缩小能够获得融资的人的范围。由于有关借款人声誉的信息至关重要，但是却没有公开、可靠的信息传播渠道，金融家的主要信息来源就局限于他自己的社会关系和商业活动，结果最有可能得到贷款的还是他的朋友、亲属和商业伙伴。同时，由于缺乏可靠的实时信息，借款人更依赖于过去建立的声誉，而那些已经有经营历史的产业自然就拥有这种声誉。这样，金融服务的对象再一次倾向于少数有产者和他们身边的人。

请看一个有关特权关系的例子。在意大利，信息披露制度很不充分，也没有什么可靠的信息传播机制，社会俱乐部的会员资格对银行的借贷政策有显著影响。[10]假如申请贷款的企业的老板与银行的贷款经理人属于同一个俱乐部，那么他获得贷款的可能性要比其他人大 2.5 倍。如果该银行是这个企业的主银行（即该银行是这个企业的最大贷款人），那么贷款申请成功的可能性就要比平常人大 7 倍。同属一家俱乐部，不但会增加获得贷款的可能性，而且也扩大了可能得到的贷款数额，企业从这样的银行获得的贷款金额要比正常情况下多出 20%。

近来，人们把这种信贷关系称为裙带资本主义，这种现象在东方国家和拉美国家特别普遍，很多西方人认为，这些国家对腐败过分宽容，似乎跟当地的文化背景有关系。但是有关的历史研究却表明，向有关系的人提供借贷，主要原因还是出于经济方面的考虑，它表明该地区的金融产业不发达，而不是因为当地的文化背景有什么不良习惯。在 19 世纪早期，美国新英格兰地区的银行也把大部分贷款发放给它们的董事和与董事会关系密切的人。[11]而这种情况后来之所以没有恶化，是因为银行业获得了自由开业的权利。当然，只有富裕和有声望的人士才有能力开办银行，所以金融活动还是局限于当地的权势阶层。所谓的“内部人借贷”，是由于当时的信息披露和合同制度的基础不完备而被迫采取的办法，等到这些基础得到建立和发展，那么借贷的特权可能就不再流行了。

## 我们的忧虑

人们经常批评金融市场对穷人冷眼相看，对有钱人俯首帖耳。希望我们的读者已经认识到，当制度基础不发达的时候，金融活动要面临很多难以解决的风险。金融家更乐意给有钱人提供贷款，是因为这些人有抵押品或者社会关系，能够减轻他们的疑虑。任何理性的贷款人都会这样做，而实际上连经济学家也把这种行为称为理性歧视，以区别于传统的从个人好恶出发的歧视。

然而，即便这种歧视是理性的，我们就可以放任自流，无须感到忧虑吗？恐怕不行，因为在金融市场不发达的情况下，经济就不能充分发挥其生产潜力，产品也不能得到公平的分配。

原因是显而易见的，并不只是有财产和有关系的人士才拥有经营才能。而抵押和关系的特权带来的理性歧视，导致很多拥有经营才能的人得不到必要的资源来实现他们的理想，社会就因此变得更加贫穷。而且，如果没有获得资金的渠道，人们不能自主创业，等于关闭了一条可能的道路。这样的结果使得穷人遭受双重损失，他们一方面失去选择，另一方面在受雇于别人的时候由于没有选择而削弱了讨价还价的能力。

同样糟糕的是，当少数人支配所有资源时，他们更容易勾结起来用不正当手段从其他人手里强取豪夺。比如，由于缺乏关于借款人的公开可靠信息，那些臭名昭著的银行家就容易聚集到一起，关在烟雾缭绕的会议室里，通过秘密协商来瓜分市场，而不是通过公开竞争。这是因为，在信息不完全的环境里，一个“外来”的银行家要想从原来的银行家手里抢走企业客户并不容易，因为“圈儿里”的银行家很清楚客户的各种情况，外来者能抢走的企业恐怕都是圈内人觉得不能赚钱的项目。[12]由于外来竞争不容易产生，银行就倾向于结成卡特尔组织。1911 年，美国国会成立了普约委员会（Pujo Committee），调查金融系统的问题，他们的发现丝毫不令人奇怪：

> 银行之间达成共识，不能以优惠条件从其他银行那里抢走客户……因此大大降低了银行之间的竞争可能性……这种共识甚至成了整个银行业的基本道德准则。[13]

普约委员会把金融业称为“金钱托拉斯”，与当时饱受谴责的铁路、钢铁和石油行业的托拉斯和卡特尔集团相提并论。

当金融家们勾结起来以后，他们就希望一直维持现状，这会给其他产业带来影响——比如，他们不愿意承担鼓励创新的风险。威尔逊总统任命的最高法院大法官路易斯·布兰代斯在其著作《别人的钱》里就对金融业提出了严厉的指控，他指出，银行不愿意为技术创新提供资金，从 19 世纪到 20 世纪早期出现的许多重要的、影响世界的发明，包括蒸汽轮船、电报等，就没有一项得到过银行的支持。

总之，在不发达的体系里，金融业是保守的、缺乏竞争的、会员制形式的，这也是20世纪早期美国金融行业的真实写照。它会给我们的个人选择和经济自由带来哪些影响？请接着看下文的分析。

## 第二次工业革命和金融的重要性

直到19世纪中期以前，美国和世界经济中的企业规模通常都很小，雇员数量几乎没有超过100人的，大多数企业由所有者直接掌管。历史学家艾瑞克·霍布斯鲍姆做了一项研究，比较法国波尔多地区1848年的150个上层家庭和1960年的450个上层家庭的背景，结果发现，在后来的450个上层家庭中最大的群体是企业经理阶层，这个阶层在前一个时期完全不存在。[14]

企业经理层出现的原因，是19世纪后期以来出现了一种新的产业组织形式：大型的、垂直集中型的企业，哈佛大学经济历史学家阿尔弗雷德·钱德勒称之为现代企业组织。有许多这样的企业，它们始建于19世纪晚期到20世纪早期，长期在自己的产业领域里居于统治地位，一直维持到现在，其生存力之顽强令人惊讶。在1994年《财富》杂志评选的（美国）500强企业里，有247家，也就是将近一半，是在1880—1930年间建立的，在这之中，包括创建于19世纪80年代的柯达、强生、可口可乐、西尔斯，创建于19世纪90年代的通用电气、百事、固特异。[15]在德国，大企业的生存力更强，在1994年按销售额排名的30大企业中，有19家始建于1860—1930年，还有4家的创办时间更早，这其中包括很多家喻户晓的企业，例如戴姆勒—奔驰、宝马、赫司特、拜尔、巴斯夫等。[16]

这些庞然大物为什么在当时出现？钱德勒认为，交通（尤其是铁路）和通信（电报）的发展给商品开辟了巨大的市场，而巨大的市场使得制造商可以迅速回收巨大的创办费用和投资。结果导致资本密集型的大型企业迅速扩张，它们可以积极采用新的技术成果，获得比小企业更低的单位产品成本。

例如，在贝瑟姆流程（一种从熔化的生铁中炼钢的技术流程）采用之前，美国有数百家使用高炉技术的钢铁企业，任何一家的产量都不到全国的1%～2%，在贝瑟姆流程推广后，制造商被迫扩大生产规模，到1880年，只剩下13家企业。[17]

生产规模发生了巨大的变革，在1869—1899年间，平均每个美国工人拥有的资本投资按不变价格计算增长了近3倍。经济学家使用“全要素生产率”的概念来度量技术进步带来的生产率提高，具体来说，就是在商品和服务的价值增量之中，剔除了资本和劳动投入带来的增长以后剩下的部分。在19世纪大部分时期里，美国的全要素生产率的年增长率大约是0.3%，而到1889—1919年达到了1.7%。这个时期，工业增长速度前所未有，经济学家们称之为第二次工业革命。[18]

钱德勒认为，这些大企业有三个典型特征。[19]第一，是实现规模经济和扩大产品范围所必需的巨大的生产设备投资。这种巨大的规模经济同时也创造了一种先行之利，一旦这些大企业建立了足够大的生产规模，并且掌握了降低生产成本的诀窍，其他企业要想再进入该产业就非常困难。先入者已经在没有激烈竞争的环境下积累了丰富的经验，在未来的竞争中占据了优势地位。一方面，他们的原始投资非常大，对待外来竞争的反击态度非常坚决；另一方面，他们已经开始盈利，可以有充足的财力来开展价格战。相反，后来进入的企业需要有巨大的原始投入，同时还要为复杂的生产和经营过程交纳不菲的学费，因此，极少有人拥有足够的财力或者能够说服投资人随便涉足。结果使得资本密集型产业很快呈现寡头垄断的局面，少数大企业占据控制地位，鲜有新的竞争者出现，因此这些企业拥有超强的生存力也就不足为奇了。

请看一个典型案例，1882年，洛克菲勒组建了标准石油托拉斯，它由以前的主要石油生产商和提炼商的松散联盟改组而成。后人往往以为建立这个托拉斯的初始目标是为了垄断市场，但事实并非如此。原来的联盟已经拥有市场垄断地位，掌握了美国90%以上的炼油厂和输油管道，[20]而组建托拉斯的目的是为了集中所有权，更好地实现规模经济。标准石油托拉斯建立后，开始关闭、重组原有的炼油厂，兴建新的工厂，最后把所有的原油都集中到少数几家炼油厂加工。1880 年，平均每个炼油厂的日产量是 1500～2000 桶，而洛克菲勒的炼油厂是 5000～6500 桶，[21] 到 1886 年，托拉斯决定在俄亥俄州的利马建立一座新的炼油厂，日产量达到 36000 桶![22] 由于生产规模的扩大，1885 年，标准石油的生产成本下降到每加仑 0.45 美分，而普通炼油厂的成本则是 1.5 美分。[23]

钱德勒发现的第二个特征是，这些大企业向上下游产业同时扩张，建立起全国性甚至全球性的分销网络，不断开拓新的市场。为什么这些企业要选择自己建立销售体系而不是交给别人去卖呢？原因在于，他们的规模太大，产品又太专业，不容易被独立的销售商掌握。如果某个独立销售商把自己的业务过分集中在一个大型企业的产品上，他就会过于依赖这个大企业，在讨价还价中落到下风；反过来，如果他不集中销售某个厂商的产品，同时服务于多个厂商，那么这些厂商每家都不会特别满意。由于市场份额的大小直接影响企业的生产规模和成本，大的生产商就抛开独立的经销商，自己建立销售网络。基于同样的原因，他们也向上游产业发展，以确保自己的供应网络。

标准石油在这方面又给我们提供了一个很好的范例，它拥有自己的输油管道和火车车辆，对铁路公司有巨大的影响力。作为铁路公司的大客户，标准石油不但要求把自己的货运价格降得很低，甚至还对其他竞争者的货运价格施加影响。例如在 1885 年，标准石油与铁路公司签约，规定给标准石油的运价为每桶 10 美分，而给其竞争者的运价为每桶 35 美分，另外，每运一桶竞争者的石油，铁路公司还要给标准石油托拉斯倒贴 25 美分！如果铁路公司不从，标准石油公司就威胁说要另建一条输油管道，把它的生意彻底挤垮。[24] 显然，即便没有建立自己的销售网络，标准石油也有足够的权力控制这个体系。

在生产规模和产业扩张方面的巨大投资，使得许多产业被少数垂直集中型大企业所控制，中间产品的供应也会出现集中的趋势。而且，一旦这种中间产品的市场竞争受到限制，它还有一种自我强化的力量。因为垂直集中型大企业各自有不同的产品和标准，任何中间产品的供应商都必须按照某个大企业的特殊要求进行生产——这对于他们的谈判地位来说非常不利。由于小企业的生存困难，出现了一个必然的趋势，自从大企业在 19 世纪后 30 年兴起以来，在将近一个世纪里，美国的所有非农业人口中自我雇佣者的人员比例不断下降。直到 1970 年，这种情况才发生逆转，而且在其他发达国家也同样如此。[25]

第三个特征在于职业经理阶层的出现，这是前两个特征的必然结果。在以前，企业的资本和生产规模很小，业主和他的亲朋好友完全可以管理好自己的企业。即便别的人拥有更好的经营管理才能，但是把企业交给外人打理总会伴随着被欺骗的风险。而且，即便外来的经理并不成心要欺骗业主，可是也无法阻止他掌握企业的生产机密，如果他在洞悉这个行业的诀窍后自己花钱另建一个企业，岂不麻烦？毕竟当时的企业规模不大，他另外建立一个企业所需要的资本并不太多，同时，如果他的经营能力确实很强，那他一定会成为一个可怕的对手。所以为什么要为了几个小钱冒这种风险呢？

在第一次工业革命中，小企业主没有聘用职业经理人来管理企业（如同霍布斯鲍姆在波尔多的研究结果所显示的那样），而到了第二次工业革命的时候，大企业的所有者们则没有更多的选择。这些庞大的工业巨兽不是随便某个家庭可以驾驭的，而需要职业人士来协调和控制各种经营活动。但是，在此时又如何防止他们自己另立门户呢？即使他们不离开企业，又如何保证他们能够忠心为业主服务，而不是在掌握控制权以后中饱私囊呢？[26]

原因在于，第二次工业革命时期产生的大企业是高度资本密集型的，而同时金融市场又很不发达，这样一来企业主对于经理人就拥有了更大的控制力。即便是地位很高的经理人，也不敢轻易考虑离开企业单独创业。因为中间产品的市场非常小，他们不容易去做中间产品的独立供应商（比如，为汽车生产商提供刹车杆）。假如他们考虑组建一个新的垂直集中型企业，逐渐成长壮大，则需要的投资太多，同时又要面临老牌企业的残酷竞争，所以即便这些人能够提供抵押品，或者拥有良好的人际关系，也很难说服金融家们加入进来支持他们的事业。因此，大企业的垂直集中型生产特点和他们作为市场先行者的优势，不但保护了它们免受激烈的外来竞争，而且也足以对自己的经理人构成潜在威胁。

还有，现代企业制度需要经理人拥有专业化的、与产品相关的特殊技能。[27]由于中间产品市场不发达，这些企业就没有动力在生产的各个阶段推动标准化（意思是说，在整个行业范围内采用共同标准）。每个企业都有自己特殊的业务流程，相互之间难以比较，也谈不上学习产业内的“最佳实践”，再加上缺乏相互竞争，其后果就是造成这些大企业的工作岗位之间没有严格的可比性。何况，即便一个经理人发现在竞争对手那里有类似的职位，但假如业主之间存在不挖对方雇员的“君子协定”，他还是难以跳槽。由于经理人的技能非常专业，他要在产业外找到同等的职位很不容易。这样一来，经理人的工作成了终身职业，即使一个经理人觉得他的老板欺人太甚，或者感到待遇太低，他也没有什么好办法。

反过来，因为工作的专业性太强，企业也同样不容易在外面找到训练有素的经理人。业主们采用的对策是雇用更多的经理人，在内部形成相互竞争，以便控制工资水平。[28]这样，外边的机会不多，内部又存在竞争，经理人就不得不保持对企业的忠诚。

当然，不能把害怕当成唯一的动力。由于现代企业主手中集中了太大的权力，他们也需要给帮助他们行使权力的经理人提供一些正面激励，这种激励在很大程度上是通过建立严格的组织和等级制度来实现的。在这种制度下，企业主通过从高到低的各层经理逐级管理企业的各种事务。由于每个管理者的控制范围有限，那么在管理一个巨大的组织时，这种金字塔式的组织制度无疑是必需的。当业主通过中间的经理人员来管理、控制庞大的雇员群体时，这些经理人手中也积累起一些权力，或者说，业主利用等级制度把一部分管理下层雇员的权力授予了中间的经理人。在等级制度中地位越高，待遇就越好，内部竞争也越少，同时也是对雇员的忠诚品质的奖赏。[29]毫无疑问，什么样的企业就会培育出什么样的企业文化和什么样的雇员。

在金字塔底部的是普通员工。由于缺乏专业技能，他们的待遇比较低微。然而这样的员工并不依赖于某个特定企业，企业也对他们没有特别的控制力。如果感觉不好，这些员工可以马上离开，到别的地方找个一样的工作。而真正处于不利地位的是那些技术工人，他们的技能是专门为其所在企业的特殊生产流程而训练的，因此他们不能随便离开企业，否则就要放弃他们已经积累很久的人力资源。企业对这些技术工人就如同对那些经理人一样有比较强的控制力。但是，与经理人不同，技术工人在等级制度里的位置无足轻重，往往在企业里得不到特殊的位置和权力的补偿。所以，在传统的垂直集中型大企业里，技术工人的工资被压低了，经理人的利益也部分受损，而那些最普通的、没有特殊技能的工人却几乎不受影响。

有数据证明，从 1890 年到 1950 年，也就是钱德勒所描述的大工业企业兴起的时期，受过教育的白领员工的工资与蓝领工人相比被显著压低了。[30] 从 1890 年到 1950 年，办公人员与生产工人的工资比从 1.7 降到 1.1。因为受过良好教育的员工通常也应该具有更高的技能，所以这些数据说明，大企业发展成为庞大的官僚组织，制约了技术工人的选择，并压低了他们和蓝领工人之间的工资差距。当然，造成这种变化的原因很多——如同其他经济资源一样，技术工人的工资水平最终是供求双方的综合力量决定的。我们只不过强调，产业组织形式的变化对此也具有一定的影响。

我们的这些论述并不是说技术工人自身是毫无影响力的。有研究表明，在民主社会里，员工的工资平均来说要高一些，这也许是因为工人通过组织工会或者支持工人政党，利用经济过程以外的政治行动来争取他们的权利。[31] 其实这种现象的发生并不是偶然的，在现代企业组织诞生之后，很快就出现了强大的工会运动。不过我们以后会解释，对于一般的经济活动进行政治干预并不总是有效的。通过政治干预为工人争得的经济权利往往是泛泛而论的，并不适用于很多具体的情形，何况它们还可能有各种漏洞，容易被狡猾的业主钻空子；假如政治性的规定过于僵化，反过来又会制约企业的活力。要争取权力的平衡，我们还需要其他的办法，那将是下一章的话题。

## 小 结

人们一方面指责金融家们是无用的寄生虫，另一方面又害怕他们拥有的权势，在本章我们解释了为什么这两种看法并不矛盾。在现代经济中，金融渠道的畅通至关重要，如果金融体系缺乏发展，少数金融家就控制了有限的信贷资源。特别奇怪的是，金融家越是限制金融体系的发展，他们越有权势。于是，他们只需要当好看门人，把大众挡在外面，让少数有钱和有关系的人能够在里面得到安全融资。金融家们是有权势的，但是他们的权势是一种拒绝别人的权势，而不是创造财富的权势，而且他们还“必然要制约、阻挠和破坏真正的经济自由”。资本主义的许多罪恶——例如，资本对劳动的统治，工业的过分集中，收入分配向资本所有人过分倾斜，穷人缺乏成功机会等——都可以部分地归罪于金融市场的不发达。

但是，在这种金融体系下，金融家个人其实并没有做错什么，他们只是在这个体制的约束之下按照理性的原则办事。即便是《威尼斯商人》里令人生厌的夏洛克，他去索取抵押品也只不过是正常地履行合同。而如果法庭阻止他履行合同，信贷资源将会变得更加稀缺。

在另一方面，如果有了良好的制度基础，金融家们就可以突破抵押和关系的特权限制，让穷人能够得到信贷，他们自己也将成为进步的力量，而不再是保守的现状维护者。下一章我们将对此做详细的阐述。

# 第2章　改头换面的夏洛克

以马克思和恩格斯为代表的社会主义者认为，要限制资本所有者的权力，办法就是由国家掌握权力，并且剥夺作为生产资料的一切私有财产。但这个办法的结果更糟糕。在社会主义国家，财产所有者原有的权力转移到国家手里。在理论上，国家是公道的，是为工人的利益服务的，然而在实际生活中，国家却是为当权者的利益服务的。而且，社会主义国家的政府官员对于普通工人的支配权力，即使同资本主义国家里最贪婪的资本家比起来，都不知还要大多少倍，这是因为社会主义国家的政府能够直接控制竞争的程度，而资本家自己却不容易做到。

任何企业主都知道，竞争是令人不快的，竞争约束着他们的贪婪。也许正是出于这个原因，激进的社会主义政府往往取消任何形式的经济竞争和政治竞争。其结果是，资本主义国家的企业主并不能随心所欲地压低工人的工资水平，部分是因为他们必须和其他企业主互相竞争，部分是因为他们受到社会政治运动的限制；而社会主义国家的政府却完全可以自己决定需要给工人支付多少工资。从理论上讲，政府应该按照最有效率的方式来确定工资（和其他产品的价格），但在实际上，他们是按照最有利于统治集团的方式来确定这些价格水平的。而且，因为没有政治竞争来限制政府，所以有特殊利益的统治集团（而不是政府自己）可以随心所欲地变更有关政策。由此导致社会经济生活缺乏一个清晰的游戏规则，人们也不再有动力来长期投资于自己的人力资本——不管是技能还是体能。于是，社会产出的蛋糕缩水了。并且，由于统治精英们拥有任意决定分配的权力，缩水后的蛋糕也将更多地被他们占有。这样一来，社会主义计划经济必然失败，它既没有把社会产出的蛋糕做大，也没有把缩水后的蛋糕公平分配。

可以说，社会主义者找到了正确的问题，却给出了错误的答案。而正确的答案不是集中经济权力，而是更广泛地分散它，实现这个理想的一个办法就是扩大融资渠道。在本章中，我们将考察一个发达的金融市场如何解决上一章提出的矛盾，如何改善人们的融资环境。

## 降低风险溢价

在一个不发达的金融体系中，阻碍信贷的一个障碍在于风险的集中。而一个发达的金融体系则可以广泛分散风险，并把风险分配给那些最适合承担的人。我们现在就来解释，发达的金融体系如何分散风险，从而降低投资人所要求的风险溢价水平。

在20世纪50年代，哈里·马科维茨（Harry Markowitz）和詹姆斯·托宾（James Tobin）发表了一系列著作，他们后来也因此获得了诺贝尔经济学奖。这些研究显示，某一项投资的风险应该放在投资人的全部投资组合中通盘考虑，而不应该单独计算。例如，黄金价格的变动很频繁，单独来看，购买黄金是风险很高的投资。然而，如果把黄金与股票组合起来投资，整个投资组合的风险却可以降低，因为在经济衰退时期，股票价格通常会下跌，而黄金价格却往往走高（在技术上，我们称黄金价格与股票价格的变化是负相关的）。所以，一位投资人在进行单一种类的投资时不会愿意参加风险很大的项目，但是在做多样化的投资时却可以负担。

投资组合与多样化，与人类所发明的另外一项更伟大的经济制度有关，这就是有限责任的股份联合公司制度。在19世纪中叶以前，法律并不允许自由组建有限责任公司，业主要共同而且独立地承担公司的债务责任（除非是政府特许的几家公司才有股东的责任限制）。这意味着，如果其他合伙人没有钱，有钱的业主就要把自己的个人财产拿出来清偿公司的债务。因此，投资人在决定投资之前需要对公司的经营有非常深入的了解，如果经营者不负责任，那投资人可能遭受的损失将是无限的。这样，一个投资人也不可能同时投资于很多公司，因为他无法对每家公司都进行深入考察。

有限责任制度则规定投资人的责任仅限于他投入的资本数额，由于在每个项目中承担的风险是有限的，这使得投资人可以把风险分散在许多投资项目里。如果他的投资分散到足够的程度，甚至可以完全不用考虑任何单个项目的经营情况，而只需要分析更容易预测的社会整体经济的发展状况。所以，有限责任制度可以把很多消极对待投资的人吸引进来，扩大了吸收风险的人数，也让投资人可以拥有投资组合，降低了单个投资人的风险。这样一来，可以承担风险的资本总量就增加了，市场对于投资风险的承受力也更大了，那些更大型的、风险更高的项目就可以得到融资，金融市场就拓展了。

多样化的股票投资组合并不能完全消除风险（例如，像美国这样大的经济体整体步入衰退时，几乎所有的股票都会下跌，所以不管投资者身在何处，美国经济衰退的风险是很难通过多样化的组合来避免的），但却能有效地降低它。投资人的分布越广泛，承担风险的能力就越强。例如，越南的公民要面临越南经济波动的风险——他们的工作机会与当地的经济状况息息相关，他们的金融资产和房产也同样如此。相反，美国的投资人却很少受越南经济波动的影响，在他们的全部投资组合之中，越南企业的股票只占很小一部分。对于越南的投资人而言，他们没有什么渠道进入国际金融市场，手里持有的都是当地的投资项目，所以本国的经济一旦衰退，对他们必然是一场灾难。而对美国的投资人而言，越南经济的衰退则不算什么。所以，假如越南政府允许美国投资人购买当地企业的股票，那么经济波动的风险就会部分地分散给美国投资人。同时，投资人对于越南的公司所要求的回报率在总体上也会降低，从而减少公司的财务费用，可以吸收更多的融资。

有证据显示，当一个国家向外国投资人开放市场时，公司的证券融资成本会降低，而投资数量会增长。[1] 部分原因正是外国投资人更有能力承受国内的风险。某些风险国内投资人很难分散，但是在外国投资人那里却比较容易，而有这些风险的公司在资本市场对外开放时股票价格的涨幅也就最大。并且，对外国投资人持股比例限制中规定的上限越高（即使在市场开放的国家里，也往往限制外国投资人购买某些公司的股票，或者限制持有的最高比例），上涨幅度就越大。由于股票价格的上涨意味着预期收益率的下降，所以这些证据说明，开放的金融市场可以更好地分散和承担风险，降低企业融资的成本，让风险虽高但更有投资价值的项目得到融资。

金融家的这些作用，《虚荣的篝火》中麦考伊在讲蛋糕渣的故事时并没有完全意识到。例如，金融市场的发展已经大大降低了资本的成本，仅仅在2000年，美国的主要制药企业就花费了260亿美元用于研制人们的救命药物。金融家们不但帮助别人修建道路和医院，而且帮助企业开发新药，但是绝大多数人并不了解他们所做的工作。

股票市场在分散风险方面是一种比较粗糙的制度，而金融衍生工具则可以精确地分割和处理风险，并转移给最适合承担的人，让有风险的项目更容易得到融资。[2] 从1970年以来，金融经济学研究取得的巨大进展极大地推广了衍生工具的应用。在20世纪70年代早期，麻省理工学院的三位教授提出了以他们的名字命名的“布莱克—斯科尔斯—默顿期权定价理论”，可以给这些复杂的衍生工具精确地制定价格。同样重要的是，理论研究还显示，银行可以把这些金融工具销售给顾客，同时在市场上安排一系列交易，以抵消他们面对的风险水平。

我们看一个例子，讲金融衍生工具如何发挥作用，鼓励那些传统上对投资敬而远之的人最终愿意参与股票投资。在1993年，法国政府计划对一家化学工业企业罗纳普朗克公司（Rhone - Poulenc）进行私有化，[3] 为了在政治上争取更多的支持，政府宣布私有化的目的之一是扩大该公司的雇员持股。然而在法国，公众投资股票的现象并不是很普遍。因为担心投资可能带来的损失，即使政府提供的折扣条件非常优惠，雇员也往往不愿意购买自己公司的股票。所以，罗纳普朗克公司的雇员们提出，要求保证他们购买公司股份以后股票的最低市场价格，但是罗纳普朗克公司无法做到，而法国财政部出于政治方面的考虑，同样也不能提供保证。

此时，一家美国银行——信孚银行（Bankers Trust）提出了如下方案，可以满足各方的要求：如果雇员购买股票，他们可以在四年半时间里得到至少 25% 的回报，以及超出初始价格水平的股票增值部分的 2/3。信孚银行承担股票下跌的风险——如果股票不能为投资人提供 25% 的最低回报，信孚银行就必须弥补差额的部分。作为提供保证的回报，信孚银行得到雇员同意放弃 1/3 的股票升值部分。

信孚银行并不需要自己承担风险，通过一种被称为“动态套期”的新工具，它到金融市场上把罗纳普朗克的股票和债券交易出去，把 1/3 的股票升值权利转换成对雇员提供的保证，并给自己赚到一笔可观的利润。这样，它就可以确保对雇员的承诺，同时又足以保全自己。通过这样的安排，政府实现了自己的政治目标，雇员也可以得到能满足他们风险要求的证券。

更广泛地说，利用衍生工具和动态套期这类风险管理技术，商业银行和投资银行这些金融公司把它们的经营活动的风险降到一个合理的水平，使得它们可以从投资人那里筹集资金，支持那些风险较高但有投资价值的项目，从而拓展了融资渠道，增进了社会财富。

风险管理对企业来说很有价值，但做起来并不容易。现代金融产业中出现了大量的创新，主要功能都是更好地分散风险，拓展融资。例如，加州的一个家庭向银行申请住房贷款，而他们的房屋处在地震敏感地带。银行可以把房产作为贷款的抵押品，但是由于担心当地有可能发生地震，他们会要求房主购买地震保险。然而，一家加州本地的保险公司却不能很好地分散地震风险，因为当地的地震会带来巨大的索赔，造成保险公司的倒闭。这同样也是投保人要担心的事情，如果地震发生了，你正需要索赔，可是保险公司那时却面临倒闭，谁又会去买这个保险呢？

这样的大型风险在业界被称为“巨灾风险”，其后果往往非常严重。1992 年，安德鲁飓风给美国保险业造成了 200 亿美元的损失，1994 年的加州北部山脊地震的损失是 130 亿美元。[4] 据估计，如果新马德里断层（New Madrid fault，跨越美国中西部各州）发生地震，损失将高达 1000 亿美元，这样大的损失会让许多保险公司破产。但是，保险公司又发现顾客对于巨灾保险的要求特别强烈，保险可以帮助客户战胜灾难、增强信心，也让他们有可能申请到住房贷款。

然而，如果保险公司接受顾客的投保，他们又怎样保全自己呢？通常，保险公司对付巨灾风险的办法是到再保险公司那里去购买保险，通过再保险公司把风险分散到不同地区。因为巨灾很少会同时在世界各地发生，所以当加州发生地震时，再保险公司遭受的打击与其在全世界各地收到的保费相比还不算太大。于是，个人向保险公司购买保险，而保险公司又向再保险公司购买保险，以此类推……最终，加州地震的风险将转移给这个链条的末端，转移给那些再保险公司的投资人。这时候，风险已经得到了相当的分散，个人投资者也不必过分担心。

不过，假如少数公司垄断了再保险市场，那么再保险服务就可能变得昂贵起来。幸运的是，保险公司还有另外一个选择：直接与个人投资者分担风险。近来，保险公司开始发行巨灾债券，这种债券的发行所得用于购买某些安全的证券，例如政府债券。如果在规定期限内发生某种特别的巨灾（如加州地震），那么这些政府债券就成为保险公司的资产，用以赔付投保人的损失，同时巨灾债券的持有人则丧失债券的投资价值；相反，如果在规定期限内没有发生巨灾，则巨灾债券的持有人将能得到所投资的政府债券的利息（当然还有到期后的本金），另加一个收益作为他们承担巨灾风险的报偿。这个创新工具给各方都带来好处，房产所有者得到了保险，可以申请贷款；保险公司得到了应付地震赔付的巨额资金；在一般情况下（没有发生巨灾时），巨灾债券的持有人得到了更高的收益。只要巨灾债券的持有人自己不住在加州，而且其价值只占他的财富的一小部分，他就不必过于担心遥远的加州地震会给自己带来太大的损失。

这个办法看上去好像很简单，但要设计类似巨灾债券这样的创新工具是非常不容易的。要让投资人愿意掏钱来购买债券，需要预先解决无数的难题。例如，人们要知道，什么情况算是发生了巨灾？因为涉及巨额的资金，巨灾的定义必须非常清楚。假如我们把巨灾损失定义为灾难造成的所有损失，那又该如何估计这个损失？由谁来做这个估计？即使能找到一个公正可靠的机构来收集整理损失的报告，恐怕也需要数月的时间才能得到结果，而在此之前，保险公司就需要足够的钱来应付索赔。假如我们把巨灾损失定义为某个平方英里的地区里所遭受的全部损失，再乘以整个受灾地区的面积，但是这个地区可能遭受的损失相对较小，不能代表整个受灾地区的情况……总之，任何涉及这个债券的定义只要有一点点不确定性，都是一种新的风险，投资人都可能要求给予更多的补偿。所以，在巨灾债券这样的金融创新工具发行前，所有的问题都必须有清晰的答案，让投资人清楚他的权责，能够准确定价。因此，创造这些工具的投资银行家和律师们收入很高，也确实是值得的。

另外一个有意思的例子，也是关于金融创新如何扩大人们的融资渠道，这是最近出现的一种叫“圣餐”（Viatical）的证券，这个名字来自拉丁文 viaticum，原来的意思是“给旅行者准备的路费”。“圣餐”证券的操作方式如下：那些得了艾滋病的人通常没有足够的金钱来支付昂贵的治疗费用，即使有的人在得病以前购买过人寿保险，他本人生前也不能受益；而“圣餐”的基本思路就是，让那些病人把他们唯一有价值的资产——人寿保险单——卖给“圣餐”证券的持有人，换取现金，以便在生前改善自己的生存质量。

“圣餐”在本质上是一种权利的转让，得到这个权利的人在艾滋病人死后可以得到病人生前购买的人寿保险的赔付。这个证券听起来令人感到恐怖，金融家们似乎是在盼着病人早点死亡，但是它其实满足了某种真实的需要——把人寿保险单证券化，金融市场把保险单这样流动性很低的资产转换为病人在生前可以使用和享受的资金。因此，金融创新又扩大了融资的渠道。

当然，“圣餐”的投资人要面临若干风险。病人的死亡时间不确定，有关疾病的可靠数据现在还非常缺乏，另外，医疗技术的发展可以延长病人的生命，从而让投资人的利益受损。考虑到这些因素，最好的办法是把很多病人的保险单捆绑到一起，根据整体的未来收益来确定价格。这样，投资的风险比较分散，容易负担，证券在道义上也更容易让人接受。投资人不需要再盼着某个特定的病人早点死亡，不至于遭受由此而来的道德谴责。

这个例子也可以帮助我们理解，为什么金融活动很容易受到道德上的谴责。一方面，人们可以说冷酷无情的金融家利用“圣餐”证券从垂危的病人身上榨取最后一分钱；可是换一个角度来说，这种债券又起了非常重要的，甚至值得歌颂的作用：给那些艾滋病人（最近还发展到其他的垂危病人）提供了必要的金钱，以减轻他们在生命的最后时刻所承受的痛苦。有意思的是，恰恰是因为存在这种追求利益的投资人（或者说是“贪婪的”投机家），恰恰是因为他们对于所购买的证券的道德意义没有顾虑，才使得这个市场有可能发展起来。正是由于投资者认钱不认人，才使艾滋病人得到了帮助。对于经济学家来说，这样看似矛盾的逻辑其实并不陌生，现代经济学的始祖亚当·斯密早就说过，我们每天早上可以吃到新鲜的面包，不是因为面包师的仁慈，而是因为他需要挣钱。

## 克服信息的障碍

除了不确定性或者风险，我们还讲到了另外两个阻挠金融活动的障碍：金融家或投资人缺乏有关借款人及其盈利前景的信息，此外借款人有可能对于金融家的利益不负责任。随着金融市场制度基础的发展，我们可以克服这两个障碍，首先看看关于信息缺乏的问题。

在传统的自给自足的小社区里，当地的银行家往往是通过传言来获得有关借款人信誉的信息，而今天，一些大型机构建立起来，它们拥有大量借款人的信用记录。例如，美国的邓白氏公司（Dun and Bradstreet）就通过网络或者电话采集很多企业的信息，他们与企业主和经理人直接接触，与企业的银行和商业伙伴进行联系，查阅政府的档案和公开的新闻资料。在过去30年里，邓白氏公司的信用档案记录里的公司数目每年增长6.3%，是经济增长速度的2.5倍。[5]

信息资源的丰富极大地促进了信贷活动的发展。如今，要调查某个借款人的信用记录在美国任何一个地方都很容易办到，使得借款人也不再局限于只和他所在地的银行打交道。还有，中介机构会实时更新有关借款人的信息，使得贷款人在发现借款人出现财务困难后可以及时介入，避免更大的损失。

有数据说明信息的便利如何显著地帮助借款人扩大了信用的选择和成功的可能性，美国的小企业能够从越来越远的贷款人手里得到资金，1976年，小企业和其银行的地理距离平均不到 16 英里，而在 1992 年时达到了 68 英里，是原来的 4 倍多。[6]

## 股票市场

金融市场并不仅仅根据人们过去的表现来评估其接受信贷的能力，而且还可以为我们预测未来的前景发挥指导作用。特别是一个发达经济体中的股票市场能够产生大量信息，指导投资流向，由此在经济生活中发挥核心作用。

为什么我们需要股票市场来发挥这种作用呢？把资源配置的工作交给一批训练有素、能力卓越的政府官员，不是比交给一个无组织的、喧闹不堪的市场要好吗？在芝加哥的商品期货交易所里，那些高声叫卖的连中学都没毕业的交易员，怎么能够和法国国家行政学院培养的政治精英们比肩呢？在 20 世纪 30—40 年代，社会流行的观点是，在资源配置方面，中央计划经济要比市场经济更有效率。

然而，奥地利经济学家哈耶克却对此提出异议。哈耶克认识到，制订计划需要信息，而信息在社会里非常分散。例如，在汽车市场里，每个销售商都有很多关于顾客的经验，每个人对于什么车型流行都有自己的看法，这样一来，如果把所有的销售商的看法加起来，就能很好地预测消费者的需求发展趋势。那么，问题就在于，如何综合这些信息，并传递给投资的决策人。

通常情况下，搜集和传递信息的办法是通过企业内部的管理体制。每个销售员把自己的观点报告给所在地区的销售代表，然后再由他们报告给全国的销售经理，再传递给企业的预算决策机构。但是很不幸，许多信息会在传递的过程中散失。这是因为，大量信息是难以用语言来准确表达的，例如，人们的直觉是许多商业决策的依据，它是定性的、难以解释的，不容易写成标准化的报告。但是，如果不采用标准化，高层管理者就难以处理海量的信息；而采用标准化，又要丢失许多重要的内容。

另外一个问题是，在不同的管理层次中，企业员工是否有动力来准确传递这些有用的信息。我们设想一下，某个销售员掌握了对他本人不利的信息——顾客很喜欢汽车，但不喜欢他的售后服务。那么，他会有动力向上级汇报这个信息吗？如果他不汇报，上层又如何能够知道呢？

企业组织在整体上也会在获取信息时出现有害的偏向，例如，把注意力过分集中在现有的顾客身上，过分集中在改进现有的技术上面，却忽视了对新兴技术的关注，忽视了顾客的未来需要。例如20世纪80年代的磁盘驱动器产业，在每次技术革新的浪潮中都是一家新公司冒出来占据领先地位，其原因正是在于原来的领先企业总是过分关注现有的顾客需求，而没有精力和意识去关注和研究新技术，从而很快失去领先的位置。[7]

这种获取信息方面存在的偏向往往还反映了有关的利害关系。例如，企业经理人通常是靠着过去取得的成就积累才坐到现在的位置的，他们了解以前的技术，对新兴技术可能就不如后来者熟悉，因此他们会排斥新技术，以免让那些后来者分享他们的权力。像公司和官僚机构这样的成熟组织，甚至可以完全关闭某些对当局者不利的信息传播渠道。只有新兴企业才没有老顾客的负担和既得利益，它们需要在大企业的夹缝里发展“异端”技术，直到逐渐成长起来占领整个市场。

哈耶克的主要贡献在于，他发现市场价格可以发挥综合信息的作用，而没有上述的企业和政府组织的缺陷。例如，商品交易所里的原油价格，每天都是通过市场上买卖双方的力量对比来确定的。生产商和销售商不需要给谁写报告，而只需要通过他们愿意买入或者卖出的价格来简单地表达自己的态度——这些价格反映了他们对于未来的全部无偏向的预期。最重要的是，他们行为的动力不是来自某个官僚机构的要求，而是来自最纯粹的动力——自利。不管这些人的信息是定性的还是定量的，不管是对哪些人有利还是对哪些人有害，只要有正常运转的市场，价格就综合了所有个人的信息。

在理论上，哈耶克的描述似乎很动听，但是否能找到充分的实际数据来证明呢？每天，股票交易所都是一片狂热的、乱糟糟的景象（至少那些传统的、还没有完全电子化的交易所是这样的）。很多交易员进行买卖的根据完全是自己的直觉，是他们发现在股票价格中出现了某种神秘的情况，而不是出于规范的分析。这样的股票市场能够给我们提供有用的信息吗？

所幸的是，我们今天来研究股票市场有一个巨大的优势，那就是股票交易所的数量已经大大增加，其中有许多是新近建立的。在发达的股票市场上，有关信息搜集的体系已经比较完备，例如有成熟的会计标准，有大量的分析人员、财经媒体、审计机构等，而这些制度和机构在新兴市场中还没有充分发展起来。如果要研究发达的股票市场会给信息的生产带来什么影响，我们可以比较那些从新兴市场到美国来跨境上市的企业。尽管美国的股票市场最近表现失常，但它依然可以算是世界上最成熟的金融市场。[8]当一个外国企业到美国跨境上市时，关注这个企业的分析人员就增多了，而且最重要的是，对企业未来赢利预测的准确度提高了，从而提高了股票本身的价值。[9]因此，我们可以说发达的金融市场在信息收集方面确实做得更好，甚至可以产生更多的信息。

相对而言，不发达的金融市场产生的信息更缺少价值，这些信息主要是来自经济发展的总体指数和股市的气氛，而不是个别公司特有的信息，在那里，个体股票的价格变化更倾向于与市场总体涨跌保持一致。相反，发达的股票市场会产生更多的有关具体公司的信息，个体股票之间的价格变化差距比较大，相互联系比较少。实际数据可以证明这一点，[10]在美国，市场总体涨跌的影响只能解释个体股票价格变化中的 3%，而在台湾地区是 40%，在波兰是 60%。这样，发达的股票市场就产生了关于个体公司的信息，并反映到股票价格中，越发达的股票市场产生的信息就越多。

同时，发达的股票市场产生的大量信息对于投资决策也有更显著的影响。如果一个国家的股票市场产生了更多个体公司的信息，那就会导致更多的投资发生转移，从衰退的产业转向前景光明的产业。在不同股票市场之间，这种差别十分巨大：如果某个产业出现了一种积极的信号，在美国对该产业的投资会出现 7% 的增长，而在印度只有 1%。[11]

还有，对企业的经理层而言，他们也非常关注股票市场，原因并不仅仅是因为他们希望给股东创造最大的财富，同时还由于市场是一个公告板，反映了他们的经营业绩，股票价格太低有可能引起恶意并购者的注意。所以，经理层要特别小心，不能轻易采取不受市场欢迎的行动。例如在 2001 年 9 月，意大利的第二大银行联合信贷银行（UniCredito）开始为收购一家德国的大银行——德国商业银行（Commerzbank）进行谈判，不幸的是，在最终协议达成以前谈判的消息被泄露了，市场反应非常糟糕。联合信贷银行的股票在消息泄露的当天下降了6.7%，一个月里下跌了17%。[12]这些数字说明市场很不看好两家银行合并的前景，最终迫使双方放弃谈判。联合信贷银行的股票价格在放弃谈判的决定宣布的当天就上涨了6%。[13]

市场价格就是这样影响了经理层的决策，不听话的人会看到严厉的后果。在美国，如果对某个企业并购项目的市场评价很糟糕（就是说，作为收购方的企业的股票价格在收购信息宣布时显著下降），那么收购方可能很快变成下一次被别人收购的对象，有很多公司甚至因此出售了他们刚刚收购的资产。[14]糟糕的市场评价给所有人都发出了警告：收购方的企业经理层缺乏能力，或者不关心股东利益。而这对其他企业来说，意味着新的收购机会，可以通过替换不得力的管理层，优化资源配置——例如出售不良资产——来提升股东价值。

总之，股票市场的确产生了大量有用的信息，使经济资源更好地得到配置，帮助企业获得更好的融资机会。我们并不是说这个机制很完美，其实也不可能完美，因为这个机制实际上是建立在人性的贪婪基础上的：它鼓励交易员通过别人意想不到的办法去获取信息——去查阅从来没有人翻看的商业年鉴，去搜寻别人公司办公室倾倒的垃圾废纸；它要求交易员用自己的复杂模型来处理信息，然后根据自己独立的分析结果来进行交易，把他们的信息反映到交易价格上，由此才能把所有交易员的信息和分析集中到市场价格里。这个机制也不可能绝对精确，因为假如价格能迅速和完整地反映所有可能的信息，这个机制也不可能运转。[15]例如，假设某个投资人费了很大力气才发现一只被低估的企业股票，但是由于市场机制的作用太精确，他一旦发出买入该股票的信号，该股票的价格就会马上攀升到正常价值以上，那么他的努力岂不白费？所以说，股票价格必须有适当的偏离——足以让专业的交易员获得起码的利润。不过，从长期和平均的角度来说，绝大多数投资人（和公司经理人）的价格预期是准确的，而那些自以为可以玩弄市场取得超额回报的人将很快明白这条永恒的真理。

## 减少资金流失的风险

市场分散了风险，并投入资源来分析企业的盈利前景，但是假如企业管理人员挪用或挥霍了经营的收益，投资人依然一无所得。所以金融市场发展的第三步，也是重要的一步就是保证资金使用者的经营效率并增进投资人的价值。

### 制止赤裸裸的盗窃

许多国家的经理人以损害公众股东的利益为代价中饱私囊，完全到了肆无忌惮的地步。例如在俄罗斯，石油公司的股票价格只有它们在美国市场上的理论价格的 1% 。[16]差别如此巨大，完全不能用两个市场的流动性或者参与者的风险偏好来解释，唯一的答案似乎是俄罗斯的股票市场认为这些石油公司将被内部人有组织地掠夺。这与实际发生的一些情况相符合，这些公司不断把石油以极低价格卖给某些内部人控制的中间商，然后那些中间商再把石油以市场价格出售。[17]

不幸的是，这并非俄罗斯独有的现象。我们来看大宗的公开股票交易的例子，这种大宗交易的结果可以让购买方控制企业的经营权。[18]在大宗交易宣布后的第一天，公司股票的市场价格会发生变化，反映了没有公司控制权的普通投资人预期能在长期得到的分红和资本增值，也就是纯粹投资价值的变化。而假如大宗交易的收购方为取得公司的控制权，愿意支付的金额高于纯粹的投资价值，那么这个高出的部分就是他们希望获得的特殊利益，而其他普通投资人就没有。这部分特殊利益在术语上被称为“私人控制权收益”，其中包括收购方因为执掌权力而享受到的精神上的满足，以及他们可能利用内部交易之类的形式来侵吞小股东的利益，盗窃公司财产获得的价值（比如把石油低价卖给自己控制的公司，再出售给市场，从而私吞好处）。在最发达国家里，这样的私人控制权收益的价值据估计是有限的，在 1990—2000 年大约为市场价值的 2% ，但在许多其他国家里，私人控制权收益超过了市场价值的

25%，在捷克为58%，在巴西达到了65%。

内部盗窃的可能性严重危害了公司的融资能力。在那些私人控制权收益很高的国家，证券市场很小，上市公司少，所有权更加集中，[19]风险得不到分散，融资能力严重下降。

一个国家如何才能跳出私人控制权收益的陷阱呢？答案之一是好的法律。在那些股东权益缺乏法律保护的国家，私人控制权收益比例较高。[20]当然，法律不光是写在纸上，其执行的质量也关系重大。还有，即便法院能做到公正而有效，个体投资人打官司的成本也还是很高，所以，我们需要采用集体诉讼和律师胜诉奖励制度，给专业的律师提供动力，激励他们去调查公司渎职事件并为股东进行诉讼，这样才会增加对经理层的约束。

另外，国家的税收征管机构也可以发挥重要作用。所得税等于是政府在所有企业中拥有的一种权利，因此政府的积极性和小股东是一致的，都希望企业规范地披露信息、分配利润。但政府还有独特的优势，有强制性的力量和企业不敢忽视的影响。例如，美国国税局就在仔细审查关联企业之间的交易价格，以确保企业收入不会被非法转移给低税收的企业。这样的审查对于制止经理层监守自盗，防止他们把上市公司的利益转移给自己的公司也同样有用。所以说，国家的税收部门也可以发挥防止管理层渎职的监督作用，并且有研究表明，税收体制比较好的国家，私人控制权收益相对较低。[21]

当然，公司自身也有控制管理层，提高融资能力的措施，比如通过公司章程和制度来约束管理层，禁止以低于市场价格发行股票，限制向其他公司出售资产等。俄罗斯的公司为解决严重的价值低估问题，已经在改善内部控制方面做了很多工作。公司治理做得最好的俄罗斯公司（包括某些在美国上市的），其实际市场价值与潜在市场价值（如果该公司是一家美国公司的市场价值）的比例比那些内部治理最糟糕的公司高450倍。[22]

## 杜绝浪费

更好的法律和司法能限制直接的盗窃，却不能阻止浪费和无能。如果非要用法律手段来限制浪费，那难免导致公司经营的瘫痪。因为投资都带有风险，如果经理人每次出现了错误，都要被起诉，那就没有人敢做出有风险的决策。美国法学界很早就认识到了这个问题，采用了所谓“商业裁决规则”（business judgement rule），意思是说只要经理人的决策是符合法律程序、没有引起利益冲突的，法院就不能根据事后的结果来处罚当事人。这样，法律规定了经理人不能盗窃挪用，但是即便他遵守程序办事，还是有可能浪费资源。

对于成熟的大公司而言，这种问题尤其突出，由于过去的成功和规模，这些公司面临的竞争较少，积累了大量现金，而且由于所在行业发展前景已经有限，它们的投资需要也不强烈，这就形成了哈佛大学荣休教授迈克尔·詹森（Michael Jensen）所指出的“自由现金流问题”：手里的现钱太多了。[23] 这时候，管理层就可能把钱挥霍在自己喜好的事情上：奢侈的写字楼，办公飞机，用以提高个人地位而不是公司形象的慈善捐款，反正不是把资金用以回报股东。由于这些企业的现金资源非常巨大，如果对浪费现象缺乏监督，那么损毁的价值就非常严重。

例如，当一家公司花费巨资设计自己的新办公楼的时候，投资人脑子里就该敲响警钟。通常情况下，这意味着该公司的钱除了浪费以外已经没有什么事情好做，而 CEO（首席执行官）的时间也不好打发，只能用来给自己建立金字塔式的陵墓。这样的例子不胜枚举，1992 年，波兰德公司（Borland International）的菲利普·卡恩决定修建造价高达 1 亿美元的公司总部，包括一个篮球场、一个游泳池和两个网球场，[24] 也正是在这一年，波兰德开始从优秀软件开发商的位置上跌落下来。

我们再来详细分析一个例子，看看一家大企业是如何由于环境的改变导致落伍和损毁投资人价值的。[25] 成立于 1893 年的美国企业比泰斯（Beatrice）最开始是一家食品分销商，到 1940 年，已经成为全国最大的奶制品生产商之一。从 1940 年到 1976 年，比泰斯通过收购其他食品企业获得快速增长，在这段时期，公司的主要战术是寻找收购目标——通常是家族式企业，这些家族式企业通过和比泰斯合并可以获得更好的融资能力和职业管理技能。直到 20 世纪 70 年代晚期，这个方针的执行效果一直很不错：比泰斯的股东在长达

25 年的时间里获得的年均回报率达到 14%。

然而，到 80 年代早期，比泰斯成了公司核心战略落伍的典型。那些传统上的收购目标——家族式企业拥有了广泛的融资渠道，它们不像过去那样倚赖比泰斯了。而且，这也导致比泰斯对分支机构的控制权受到削弱，不得不放弃原来的分散式经营策略，而建立更多的管理机构，加强总部的控制权。最后，为了提升总部对分支机构的影响力，公司把市场营销活动集中到总部，预算也大幅提高。

比泰斯做了所有的事情，唯独没有关注股票市场的评价。它开展昂贵的收购行动，特别是以 22 倍的市盈率购买了可口可乐的瓶装分部西北工厂。在这个收购公布当天，其股票价格下降了 7.1%，投资者大为激怒，他们原本指望公司会把这笔资金用来回购股票。当时的 CEO 詹姆斯·达特（James Dutt）的回答是“如果没有其他更好的用途，我们才会把资金用于股票回购”。[26]他的回答是对的，然而他没有意识到，当时比泰斯的资金的确没有其他更好的用途！

此后，比泰斯没有了新的投资意向，可是又把资金浪费在管理层发起的其他事情上。公司搬进了更大更豪华的新办公楼，总部的工作人员大量增加，从 1976 年的 161 人剧增到 1985 年的 750 人。每年都进行“业务重组”，更改了公司名称，发起以树立 CEO 达特的形象为核心的公司宣传运动。尤其过分的是，公司赞助了两个赛车车队，在几年里花掉了 7000 万美元，除了达特本人对这项运动的热情和他对收藏汽车的嗜好以外，比泰斯与赛车之间似乎毫无联系。与赛车勉强有一点关系的一家分支企业仅仅价值 9700 万美元，而且已经挂牌出售。

从 1976 年到 1985 年，比泰斯的价值大约损失了 20 亿美元。由于股票市场的持续下挫和中层经理人的呼声，董事会在 1985 年最终解聘了达特。作为一名 CEO，达特的墓志铭是最悲惨的：在得知他被解聘的消息后，比泰斯的股票价值大涨了 6 个百分点。

比泰斯发生的事情并不是例外，我们来想象一下，如果天上掉下馅饼，让管理层得到一笔横财，他们会做些什么？比如，公司赢得了一场诉讼，法院判决获胜的一方得到大笔赔偿金，但判决本身对公司经营并没有其他帮助。[27]这样一个大馅饼就真的在 1988 年掉了下来，当时宾州石油公司（Pennzoil）从得克萨斯石油公司（Texaco）得到了巨额赔偿。事情的大致经过如下，起初是宾州石油公司与盖提石油公司（Getty）达成了一项合并协议，而后得克萨斯石油公司干预了进来，被宾州石油公司起诉，当所有的起诉、上诉和判决都尘埃落定之后，宾州石油公司得到了 23 亿美元的赔偿。

宾州石油公司拿到这笔钱后做了什么？在收到赔偿金之后，把其中的 5% 作为额外分红派发给了股东，但同时削减了公司回购，削减的总金额相当于赔偿金的 32%（回购是公司回报股东的形式之一，除了税收方面的差别外基本上和分红一样）。也许有人认为在得到赔偿金之前，宾州石油公司已经安排了更多的回购。就算如此，这段时期的股息支出也大幅下降，相当于赔偿金的 27%！不但没有给股东更多回报，宾州石油公司反而降低了他们的所得。

但是宾州石油公司的管理层似乎并没有得到股东的惩罚，他们开始了收购热潮，买入一个新企业，两年后又卖出，花费了很高的成本。根据估计，“宾州石油公司……在得到赔偿金后的三年，由于失败的投资战略损失了 20 亿 ~40 亿美元的价值”。[28]有趣的是，在当初法院尚未做出最终判决，但人们已经越来越确信结果将是得克萨斯石油公司败诉、宾州石油公司获得赔偿的时候，两家公司的市场价值之和就开始下降了。市场已经正确预计到，宾州石油公司的经理们会像在糖果店门口捡到 100 美元大钞的小孩一样，股东们（焦急的父母们）宁可希望他们的经理不要得到这笔钱。

尽管表现如此糟糕，经理们却没有浪费为自己捞取好处的机会。宾州石油公司的总裁本来在赔偿金支付前一年已经退休了，公司又把他请回来，同时又延长了另外两位高层经理的退休年限，这三个人在赔偿金支付后都很快退休，拿走了 2000 万美元。

大量的案例研究表明，“通常的投资战略分析都认为，这些得到意外收入的公司一般都不能利用意外收入创造更多的价值”。[29]钱太多了的确是个问题！

考虑到公司在成熟后会开始浪费金钱，投资人或许从一开始就不愿投资于年轻的企业。所以，一个成熟的金融市场必须找到解决自由现金流问题的办法，而最有争议的（至少在大众看来）办法就是公司并购。

如果存在公司并购的自由市场，就可能帮助一个得病的企业获得新生，并购可以淘汰企业中低效率的部分，而保留盈利的部分。在理论上，企业并购的工作机制如下：当股票市场意识到某个企业的经营出现问题时，其股票价格就会下降，价格下降得越厉害，就越能吸引某些人购买该企业的股票，并夺取控制权，重组企业。重组通常是从更换管理层开始，改变公司战略，而后把亏损的部门关闭或者出售给其他人，最后，把一个臃肿的企业变成敏捷的竞争者。这其实也就是比泰斯后来发生的事情。

达特离职后不到两个月，公司就卖给一个管理团队和杠杆收购集团——KKR（Kohlberg，Kravis，and Roberts）。收购者给股东开出的价码相当于对以前管理层毁坏的价值的补偿，其资金大部分来自银行和低息债务。结果导致比泰斯的资本构成中85%都成了债务，如果不削减多余的开支，出售资产，拆分企业，这些债务负担将无力偿还。其实这也正是企业并购的目标。比泰斯旗下的大量资产组合现在被拆分，转卖给更有能耐的业主，这样一来，这家有近百年历史的企业行将消失。

百年老店的消失不免让人伤感，然而由于时势的变化，这样的结果其实不可避免，收购活动只是加速了必然的进程。如果比泰斯拒绝变革，还是会逐渐失血而亡，并把一切都带进坟墓，但是通过拆分，企业大部分还是可以存活下来，不过是到了不同的业主名下。

某些员工，包括总部的员工确实失去了工作。但其他的员工得益了，他们有机会从愚蠢的管理者那里解放出来，创造更多价值，也得到更多收入。还有其他的受益人，他们得到了经营企业的好机会，雷吉纳尔德·刘易斯（Reginald Lewis）成了财富500强企业里的第一位非洲裔CEO，他就是通过融资购买了比泰斯的一部分企业而迅速出头的。

企业并购和管理层收购给企业控制权带来的影响，又是一个例子，说明了公众的看法与金融实际之间存在巨大差距。20世纪80年代，皮肯斯

（T. Boone Pickens）发起了对几家石油公司的恶意收购，皮肯斯是公司控制权袭击者的代表，他受到的抨击也是前所未有的。这些恶意袭击者信奉的格言就像高登·杰科（Gordon Gekko）在电影《华尔街》里所说的那样，“贪婪无罪”（Greed is good）。他们被别人形容成秃鹫，要破坏稳定的公司管理层，解聘为企业辛劳一生的员工，以极低的工资剥削留下的人，不择手段地牟取利润。实际上，如同杰瑞·斯特纳（Jerry Sterner）在电影《别人的钱》里所说的那样，企业并购的作用类似于殡仪馆，这个职业对某些人来说感觉令人讨厌，但对于一个运转良好的社会而言却必不可少。如果闲置的资源不能有效地从没落的产业转移到朝阳产业，社会经济将失去活力，而公司袭击者正是加速了这个过程。为什么说企业并购如此重要，大家只需要看看日本的例子，由于日本经济选择共同承受痛苦，而不是及时清除经营不良的企业和银行，很久以来日本健康企业的活力一直受到侵蚀，至今仍未恢复。

公司并购并不是唯一或者最有效的解决公司浪费的办法。在公司里拥有大量投票权的机构投资者可以直接向管理层施压。机构投资者所有权比例越多，公司的市场价值也越高。[30]平均来说，在美国，机构投资者的股权比例每上升 1%，公司的市场价值将上升 0.6%，或者说平均 1.25 亿美元。当然，或许有人认为机构投资者只是选择在更有价值的公司里投资，本身对提升价值没有直接作用。但我们有办法驳斥这样的解释。当一家企业被标准普尔 500 指数采纳，计入指数成分之后，许多共同基金就照搬指数上的公司名单，投资该公司的股票。这样，该公司的机构投资者的股权比例上升，只是一个机械的过程，而不反映投资人的价值判断。即便是这样的机械过程造成的机构投资人比例的增加，也对提高公司的价值有显著影响。

另外，有关监管体制的改革也表明，机构投资者会给公司价值带来好处。[31]在 1992 年以前，当 10 名以上的投资人需要开会讨论某个公司的经营情况时，他们必须向证券交易委员会提交报告，说明要讨论的议题、参与的人员。这些要求对于机构投资者协调行动而言非常麻烦。1992 年，这一规定废止了，而此后机构投资者与公司价值的相关关系比之前提升了 2 倍，从而佐证了机构投资者可以迫使公司管理层改善经营的观点。还有，机构投资者能够有效帮助现金流充足的企业减少浪费，有研究表明，机构投资者与企业价值的相关关系在那些创造更多自由现金流的企业尤其显著。

对于成熟企业而言，金融家的角色是警察和殡仪馆，防止盗窃和埋葬死者。而在其他一些情况下，他们则发挥助产士的作用。年轻的公司与成熟企业需要的帮助完全不同，这些企业有巨大的发展机会。同时，在一个有良好的法律和会计制度的经济中，这些企业的管理人更有动力去争取成功（而不是盗窃和浪费投资人的钱财）。在成熟企业中，高层经理容易结成联盟，不光是为了对付股东，也是为了对付有野心的低层经理。而一个成长公司的吸引力，不是在于数量不多的现金流，而是在于更远大的发展前景。所以，管理人之间相互勾结的可能性不大，他们可以互相监督，避免明显的错误，更值得信赖。[32]年轻企业的管理层也需要辅导，其原因在于管理人可能太缺乏经验、太固执，犯了错误自己却意识不到。

我们来看看风险投资人如何帮助缺乏经验的管理人，这些投资人的内部备忘录详细记载了他们在投资决定前后的活动。在投资决定做出以后，美国的风险投资人对大约 50% 的顾客提供了积极的建议，有 14% 的项目他们在投资之前就开始干预。[33]

但是风险投资人如果干预太多，将会伤害管理人的积极性。通常，风险投资人的干预是温和的，但是当企业经营出现问题时，干预会加强。在生物产业的创业企业中，有 18% 的企业被风险投资人更换了 CEO，并在此后增加了他们支持的董事的人数。[34]风险投资人的指导非常重要，连地理上的距离远近都成了问题。所以决定投资的一个因素是看投资项目与风险投资人的地理距离，在一半以上的风险投资支持的企业里，都至少有一个来自风险投资的董事的办公室在 60 英里以内，而有 25% 的企业，风险投资人委派的董事的距离在 7 英里以内。[35]

如果干预人在发现问题后拥有足够的干预权力，那指导的好处还会增加。因此，好的投资合同不但给投资人提供了干预的动力，还有权力。风险投资人常常在合同里安插许多或然条件，例如，有的条款要求企业在某个时间之前达到某个目标，如实现正的现金流，这被称为“财务地雷”。设置地雷的目的不是要引爆而是提醒投资人在哪个时刻有可能需要干预。如果规定的目标不能实现，合同就同时赋予投资人更大的决策权或者现金流上更多的份额。合同如果设计得好，将给创业者有效的激励，同时给予投资人在情况不利时必要的干预权力。[36]

考虑到创业企业面临的诸多不确定性，或然条款并不足够满足投资人的要求，他们还有另外一个工具：分期投资。典型的风险投资不是一次给付企业开发产品需要的全部资金，而是只支付一年的经费。此后，创业者需要回去申请更多的钱。分期投资对于投资人而言事实上是一种权利，可以提前终止对企业的投资。在投资期间，投资人还平均每月访问创业者一次，每次在其机构停留大约四五个小时。[37]

所有这些直接指导都是非常昂贵的。风险投资所要求的成功项目的回报率至少是 50%，这样的要求部分是由于创业企业的高失败率（每 4 个企业中有 1 个失败，2 个一般，1 个能成功上市），但并不完全是由于这个原因，回报的很大部分其实是为了补偿为企业提供指导和建议所需花费的大量时间和努力。在一个发达的金融体系中，金融家们的贡献确实值他们的身价。

## 小　结

在第 1 章里，我们介绍了限制金融业发展的障碍，以及信贷成为抵押和关系的特权后，给人们的日常生活带来的后果。本章则阐述了这些障碍如何克服，尤其是那些有助于扩展融资渠道的各种制度基础——学者们解决了棘手的金融学难题，投资银行家们创造了转移风险的办法，中介机构提供了大量借款人的信用历史记录，法院拥有了执行复杂金融合同的经验。

在这些制度基础到位以后，金融家就可以不再受抵押和关系的特权的局限，在保证安全的基础上开展金融服务。我们不是说抵押和关系没有作用，而是说，即便没有这种特权，也有可能提供金融服务。金融的发展在很大程度上依赖于广泛分散的风险、公开便利的信用记录、有关借款人经营状况的实时信息以及通过精巧设计可以提供激励的法律合同。

在过去30年里，全球金融体系发生了巨大变革，简直可以称之为一场革命。金融市场的进步解决了我们提出的上述问题，给人们的生活带来变化，使我们距离为大众服务的金融乌托邦更近了一步。在下一章，我们将深入描述这场革命，并考察引起革命的关键因素，以及它如何改变了我们的生活，给予我们史无前例的经济自由。

# 第3章　金融革命与个人经济自由

在过去的30年里，全球主要的发达国家发生了一场深刻的金融革命。在美国，全体上市公司的市值与GDP的比值从1970年的0.66上升到2000年的1.5，[1]其他国家这个比值的变化甚至更大，法国从0.16增加到1.1。[2]尽管最近股市出现下跌，但今天的市场规模相对于国民经济而言已经比30年前扩大了很多倍。股票市场规模的剧增是金融革命的一个标志，此外还出现了专门为新兴公司服务的新型股票市场，例如纳斯达克市场。在20世纪70年代早期，像货币市场基金一类的机构还没有出现，而现在它们在美国控制着价值2万亿美元的资产。当时也没有那些人们现在已经熟知的金融衍生工具，例如指数期权、利率掉期交易等，而仅仅在2001年第四季度，这些衍生工具的交易额就达到163万亿美元，是美国年GDP的16倍。[3]

在今天，企业获得了新的分散风险和筹集资金的金融工具，个人也得到了更多选择。在美国，像信用卡之类的消费者信贷在20世纪60年代晚期几乎还没有出现，而到2001年底时总额已接近7000亿美元。[4]企业和个人不但能从国内机构贷款，而且可以到国外的金融市场和金融机构那里去融资。1970年以来，发达国家的跨国资本流动与GDP的比值增长了近10倍，发展中国家的增长超过5倍，仅仅在20世纪90年代，发达国家就增长了4倍以上。[5]

这场金融革命为什么在当时爆发，其原因我们后面再解释，现在我们先关注这场革命的进程。革命的爆发并非一个简单的过程，其中包含着许多相互作用的机制，我们的研究就从这里入手，并看看金融的大发展给人们的日常生活带来了哪些积极影响。

## 金融市场的发展

美国金融市场的基础是在20世纪30年代奠定的。在那个时代，很多国家决定限制金融市场在经济资源配置中的作用，而用政府的控制来取而代之。在美国，这种思潮也同样存在——本书以后还会进一步探讨——然而，美国政治思想却存在一种传统，对于通过法律手段来解决经济问题始终存在怀疑。布兰代斯大法官在1922年的一封信里写道：

> 千万不要相信你能找到一个万能的办法，可以解决所有的丑恶现象和不道德的行为，给社会带来根本的变革（例如通过国家社会主义）。也不要过于相信立法。国家的干预很容易落到别有用心的人的手里，并成为他们压迫大众的工具。[6]

相反，他建议通过“公开化”的办法来解决问题，今天我们称之为“透明度”：

> 要解决社会和工业的疾病，应该提倡采用公开化的办法。如果说阳光是最好的消毒剂，那么电灯则是最有效率的警察。[7]

富兰克林·罗斯福当选总统后，在实施“新政”时借鉴了上述的哲学思想，包括国会在1933—1934年通过的金融法案。当时，罗斯福在演讲中就经常引用布兰代斯的上述言论。[8] 应该说，新政的某些法案是出于政治而非经济上的考虑制定的，例如，包括银行法在内的一些法案就没有表现出鼓励竞争的态度。[9]但是这些法规还是给美国的金融体系奠定了会计、监管和法律方面的基础。到20世纪70年代早期，很多束缚被最终解除后，美国的金融业就迅速出现了真正的繁荣局面。

在金融业的发展过程中，放松管制、竞争和创新形成了一个不可分割、相互促进的运动机制，包括学术界和企业界也在这个机制中互相影响。下面就是一个案例，显示了学者的研究成果如何影响放松管制，而后促进了金融创新。

## 投资组合多样化与私人股票市场的出现

我们在上一章已经提到，哈里·马科维茨的研究显示，一个投资人可以通过投资组合很好地分散风险，参与那些他以前不能承受的高风险项目。今天，他的思想已经被投资行业广泛采纳，为人们所熟悉（此外，他还创造了一些数学模型，可以计算出既定投资回报率时风险最低的投资组合，这些贡献并不广为人知）。最终，学术的发展还导致了投资行业监管制度的改革。

我们要举的例子是所谓“谨慎人原则”，它规定了养老基金经理在选择投资品种时的合理范围，这个原则已经逐渐成为基金经理共同遵守的行为准则。在 1979 年以前，对谨慎人原则的解释是，不能大量投资于高风险的资产，像今天常见的很多不派息的股票，在当时都被认为是高风险的资产。1979 年，美国劳工部对“谨慎”的概念进行了重新澄清：在良好的风险分散的投资组合战略中，高风险投资是合法的。

劳工部的这个决定，让大型养老基金和人寿保险基金开始投资于一些高风险的中介机构，例如风险投资基金（为新兴企业服务）、收购基金（为兼并现有企业服务）、“秃鹫”基金（收购财务困难的企业的债务，通过重组获利）。这样，一个新的市场出现了，并快速成长起来，这就是私人股票市场。1980 年，美国的私人股票市场筹集资金 50 亿美元，到 1999 年发展到 1750 亿美元，几乎相当于世界第五大经济体意大利的全年投资额。[10]

私人股票市场上出现的金融中介机构开辟了很多新的融资渠道。例如，与共同基金这样的消极机构投资者不同，风险投资人对于他们投资的新兴企业给予了更加积极的关注和辅导。在 2000 年，风险投资为 5608 家新企业筹集了超过 1000 亿美元的资金，[11] 到 2001 年互联网泡沫破灭之后，仍然为 3244 家企业筹集了 380 亿美元。而在 10 年前，风险投资总共才为 1143 家企业筹集资金 30 亿美元。

私人股票市场培养的收购基金，在过去20年里给公司治理带来巨大的影响，例如我们在上一章所讲的对比泰斯公司的拆分和收购。同时，收购基金也购买一些小型的私人企业，让创业者更容易以合理价格退出，同时也给企业带来更合适的新经营者（例如我们在引言中讲的有关搜寻基金的事情）。

最后，私人股票市场促进了秃鹫基金的兴起。这种基金的名字虽然古怪，但意思很贴切。与秃鹫消灭动物的残骸保持环境清洁一样，秃鹫基金寻找企业的残骸——购买处在破产边缘的企业——然后协助它们削减冗余的部分，筛选有价值的部分留下来。通过这样的行动，他们避免了企业继续浪费投资人的金钱。同时，也让投资人对企业更有信心，使他们知道即使企业未来遇到麻烦，投资也不至于全部泡汤，这样也有利于企业在早期获得融资，例如获得投资人的贷款。总之，私人股票市场的迅猛发展拓宽了直接和间接的融资渠道，提高了整个金融市场的效率。

谨慎人原则的澄清不但带来了追求高风险的资本数量急剧增加，而且人们对于投资风险的理解也更加深入，这又引发了金融创新，出现了新的投资渠道。例如，垃圾债券就是这样一个例子。新兴的投资银行家迈克尔·米尔肯（Michael Milken）毕业于宾夕法尼亚大学沃顿商学院，当他在华尔街的一个三流投资公司工作时，发现中介机构在处理企业债券评级的时候过分谨慎，它们过分关注企业的经营记录和固定资产，而忽略了经理人的才干和未来的发展。[12]米尔肯认为，这些低评级的债券——垃圾债券的风险并不像人们想象的那样高，尤其是当投资者把垃圾债券放到投资组合中来考察的时候（他当然学过哈里·马科维茨的理论），这些债券的高回报率足以抵消额外的风险。于是，他开始向机构投资者兜售他的看法。

关于这些债券的风险性和盈利性，人们对米尔肯的观点还存有争议，然而米尔肯成功创造了一个低评级债券的流动市场，这一点却是无可争议的。在当时，垃圾债券的发行量几年之内就从10亿美元增加到300亿美元。[13]

某种金融工具乍看起来风险很高，但是人们在深入了解后，看法就可能改变。如果有更多投资人对这种金融工具感兴趣，其流动性就会增强，市场就会投入更多的资源用以研究和分散这种金融工具的风险。最后的结果是，这种金融工具可能变得很安全、很有吸引力。垃圾债券就是如此。在 20 世纪 80 年代后期，垃圾债券经历了一番挫折，包括米尔肯本人被捕入狱，他所在的投资银行也宣告破产，然而沉舟侧畔千帆过，市场并没有停止发展的脚步，到 2002 年初，市场上流通的垃圾债券总额超过了 6500 亿美元。[14]

垃圾债券给新兴的中等规模公司提供了重要帮助。这些公司规模太小，没有足够多的固定资产担保以发行高等级的公共债券；而对于当地的银行而言，它们又太大，太有风险，而且，它们通常与大银行没有深交。只有垃圾债券可以帮助它们度过这个成长期，直到它们成长起来，可以获得大型金融机构的青睐或者有能力到股票市场上筹资为止。所以，垃圾债券又是一个很好的例子，说明了随着金融业对风险和回报的理解更加深入，我们可以帮助个人和企业摆脱抵押和关系的特权束缚，成功地获得融资。

垃圾债券还帮助改进了公司治理。上一章谈道，公司控制权的市场，有助于改善公司的资源配置，鞭策懒惰和无能的管理者。然而，无能的管理者通常并不甘心退出，而大型商业银行和投资银行出于客户关系的考虑又往往不愿意得罪他们，这时候垃圾债券就可以登上舞台。垃圾债券的投资人通常与大企业没有什么特殊关系，他们只是为任何可以信赖的人提供资金。在 20 世纪 80 年代后期的兼并高潮中，新兴的挑战者从垃圾债券上调动巨额资金发动了一系列“恶意”收购（指被现有的公司管理层反对的收购），目标包括许多大型企业，例如比泰斯、露华浓、辛捷、纳贝斯克。他们发动的这场挑战，让现有的公司管理层认识到，企业的庞大规模不足以保证它们不会被收购，于是，管理层开始关心提高经营效率、创造股东价值。公司治理的改善反过来又吸引更多的人投资股票市场，融资环境进一步改善。

## 交易成本与衍生产品市场的发展

以上案例的特点是，学术界为放松金融监管和金融创新奠定了基础。现在我们来考察另一个案例，纽约证券交易所取消固定佣金制度，其特点是监管机构放松管制的措施为学术观点的应用和金融创新的繁荣创造了氛围。在 1975 年 5 月 1 日以前，美国的股票市场实行固定佣金制度，交易所会员不得为顾客提供折扣。例如，经纪人以40美元1股的价格为顾客购买100股，他的佣金收入是39美元，而如果是购买10万股，佣金的比例也是一样的——他的佣金收入是39000美元。但是，购买10万股股票所需要花费的劳动与购买100股基本上是一样的，所以对于那些从事巨额交易的经纪人而言利润就过于丰厚了。这个制度最终在1975年被美国国会宣布取消。

在固定佣金制度废止前，相对于个人投资者，像共同基金、养老基金这样的大型投资机构处境非常不利。它们不但不能得到佣金的折扣，而且由于需要大宗买卖，往往得不到价格优势。[15]一旦固定佣金制度取消，它们的交易成本就大大降低，并且引发了一系列连锁反应。

第一个反应是促进了衍生产品市场的发展。我们上文介绍过信孚银行的例子，这家银行通过衍生工具给罗纳普朗克公司的员工提供最低股票价格担保，以保证投资人的收益。同样，衍生工具可以帮助工业企业和农民预先确定原料和产品的价格，以降低其经营风险。金融机构之所以能够销售这些工具，其秘诀在于它们可以通过套期交易转移衍生产品的风险。20世纪70年代，学术界已经证明，衍生工具可以精确地通过一系列交易进行套期保值。但是在固定佣金制度下，这种套期交易的成本却过于昂贵。而随着该制度的取消，商业银行这样的大机构就得以很便宜地销售金融衍生工具，这样，通过衍生工具规避风险的交易大量增加，风险管理和金融工程这类新兴金融业务也得到蓬勃发展。[16]

第二个反应是机构投资者的股权比例增加。我们曾经讲过，大型投资机构在企业里拥有的股权举足轻重，它们会仔细研究所投资的公司，一旦发现问题就会主动提醒管理层，而且也更容易采取有组织的共同行动。随着固定佣金制度的取消，更多的个人投资者开始选择投资于大型基金，让基金为他们投资股票。从1980年到2000年，美国市场上机构投资者的持股比例从30%以下提升到60%以上，而个人投资者的持股比例则相应降低。[17]共同基金的数量也从1980年的564只增加到2000年的8171只。[18]在美国，共同基金的数量比在本国上市的美国企业的数量还要多。

由于机构投资者代替个人掌握了大量股权，同时公司袭击者也更容易获得融资，投资者制约企业管理层的力量就增强了。商业圆桌会议（Business Roundtable）是汇集美国各大企业CEO的协会，旨在提升CEO的影响力，它的态度就很好地反映了时局的变化。直到20世纪90年代中叶以前，圆桌会议还在抗拒公司治理的变革，维护CEO对抗恶意收购的权力，而不管收购是否能显著提升股东价值。1997年，圆桌会议的立场发生了变化，宣布“管理层和董事会最重要的职责是向股东而不是向其他利益相关者负责”。[19]

随着公司治理的改善，企业更加关注它们在经营活动中产生的资金，这就是所谓的“内部资金”。在传统上，企业认为这些资金是免费得到的，在进行投资决策时往往只考虑从外面筹集的资金的成本，而不把内部资金的成本考虑进去。但是，内部资金可以用来回报股东，不应该认为是“免费现金流”。由于20世纪80年代的恶意收购和90年代机构投资者压力的增加，一切都发生了改变。现在，绝大多数企业在评价经营绩效的时候都把内部资金的成本考虑进来，普遍采用了新的评价指标，例如经济增加值（economic value added，EVA，意思是指扣除资金成本之后的利润，迫使企业把使用内部资金的成本也要考虑在内）。企业经营观念的改变带来了资产收益率的显著提高，1980年时的水平很低，仅为5.7%，而1996年达到9.9%。[20]

由于公司治理的改进，经理人致力于为投资者服务，所有人都从中受益。由于资源浪费的现象得到遏制，投资者即便不了解某个经理人，也有信心获得回报，因此他们更愿意投资，融资环境变得更加理想。

我们以上所描述的，只是金融革命给融资环境带来的几个方面的影响，其实变化还有很多，包括个人在理财上拥有了更多的投资选择，这里我们不再赘述。我们只是重点强调，下面的因素在这场革命中发挥了重要作用：学术界取得了突破性的成就；金融机构在产品定价、风险评估和风险分散方面的能力得到了增强；中介机构提供了及时和准确的顾客信用记录；竞争带来了价格优惠；放松管制导致了许多新的金融机构的出现；法院对金融更加懂行，能够更有效地保证合同的执行；监管部门更加熟练，更加了解情况（尽管如此，监管者仍然落后于市场）……

关于金融革命的话题我们还可以谈很多。但是与此同时，发达国家的经济生活中还出现了某些新的变化，有两个尤其值得关注：竞争的加剧和新技术的普及。金融市场的发展大大促进了这些变化的产生，反过来，竞争和技术革命又推动了人们的观念发生改变，带来了更多的变化。这些变革从基础上改变了资本家和雇员之间的相互关系，我们接下来就讨论这一主题。

## 垂直集中型大企业的解体

在第二次工业革命中，垂直集中型公司统治了资本密集型产业。它们利用资产和品牌优势，甚至政府给予的特许权，牢牢控制着国内市场，由于金融市场不发达，它们的地位很稳固，坐享丰厚的超额利润。尽管出现了反垄断法案，工业产业的集中度仍然在持续加强，一直维持到 20 世纪 70 年代，这里的复杂原因本书后面还会探讨。[21] 另外，有的国家实行了部分大企业的国有化，但结果也仅仅是改变了企业所有者的身份而没有改变其作为垄断者的行为。

然而，从 20 世纪 70 年代以来，像蚕茧一样包裹在这些企业外面的保护层却被外来力量撕破了。这一过程是如何产生的，金融市场又在其中如何发挥了作用，很难特别完整地给予解释，我们在下文中只是做一个扼要的说明。

### 竞争的加剧

首先，国际贸易的发展导致市场规模剧增，1950 年，美国的进出口贸易额占 GDP 的比重是 8%，1970 年为 11%，2000 年超过 26%，[22] 所有的发达国家也出现了同样的情况。这样一来，曾经在国内市场上因为先行之利而占据垄断地位的企业就不得不走上更大更激烈的国际竞争舞台。

突然间，这些垂直集中型企业发现，它们面对的外国竞争对手拥有不同的组织形式，这种不同也给小的中间产品生产商提供了更大的生存空间。例如，在 20 世纪 80 年代后期，美国通用汽车公司的汽车年产量是 800 万辆，雇员人数达到 75 万人，而日本丰田公司的汽车年产量为 450 万辆，雇员人数仅为 6.5 万人。之所以出现这样巨大的差距，一方面是由于丰田公司的生产效率更高，另外一方面也是由于通用汽车的产业垂直集中度太高，而丰田公司的传统则是把中间设备的生产外包出去。并且，当丰田公司在美国建立工厂后，就开始在当地发展独立的中间产品供应商。由于丰田公司在日本给予供应商的待遇非常公正，美国的供应商也愿意为丰田所需要的产品进行大量投资，独立生产中间产品变成了一件有利可图的事情。

同时，竞争也暴露了垂直集中型企业内部的价值链缺乏效率的问题，产生了内部的变革压力。以前，竞争往往在垂直集中型企业之间展开，大企业内部存在诸多生产环节，垂直集中型企业内部的任何一个单位都无从知晓自己的效率和业绩，而当中间产品制造商繁荣起来后，垂直集中型企业内部的单位就有了外部的业绩参照系，那些盈利的生产单位就可以发现到底是哪些业绩糟糕的部门制造了瓶颈，拖累了盈利部门的发展。如果企业的集中度太高，那么在每一个效率不高的生产环节上与那些购买市场上最好的中间产品的企业相比都处于劣势。这样，企业内部效率高的部门就呼吁放弃那些效率低的部门，寻求产品外包。有的高效率部门的经理甚至要求完全独立，例如通过管理层收购从母公司那里把自己的部门买下来。他们不再需要继续做乐善好施的公司公民，不再需要照顾和补贴低效率的部门，这样一来，垂直集中型企业就从内部被破坏了。

最后，竞争摧毁了垂直集中型企业原来曾有的优势。在稳定的环境中，大企业的优势在于通过扩大生产规模降低成本（正如亨利·福特的名言：“我们的 T 型车是黑色的，包括了人们所喜欢的任何颜色。”），但是竞争迫使企业必须发现和满足消费者的新需求，适应性和灵活性变得更加重要，而大型的传统官僚型组织则成为不利于适应变化的因素。[23]

## 技术和生产规模

技术变革同样给垂直集中型企业带来深刻影响。在 20 世纪 60—70 年代，一些新兴技术，例如数控机械、机器人、柔性制造系统等发展起来。[24] 由于这些技术带来的灵活性，中间产品的制造商就不必再专门为某个大型企业客户进行生产，自己的独立性增强了。还有研究表明，灵活的生产系统需要的机器比较少，甚至在采用灵活生产技术的行业连工厂的规模都迅速减小，[25]这些也降低了建立和投资此类企业的门槛。

信息技术的进步降低了企业和外界的信息交流成本，例如，烦琐的产品说明书可以用电子通信手段传递给客户，市场上的价格信息也更容易收集和判断。当然，企业内部的信息交流成本也下降了，这个作用有利于企业扩大规模，但研究结果显示，信息技术在制造业中的应用的总体倾向是使企业平均规模变小。[26]

技术还导致大企业原有的某些资产优势失去意义，比如唱片产业。[27]在2000年初，有四大唱片公司，它们总共占据了80%的市场份额，而在1998年时还是六大唱片公司。有点古怪的是，唱片产业的集中并不是规模经济的结果。有人问时代华纳公司的总裁，该公司与百代（EMI）公司唱片产业的合并是否增强了对业界的控制权，他回答，“由于进入这个产业的门槛逐渐降低，我们的控制权实际上是被削弱了”。[28]当然，考虑到对反垄断部门的担心，他肯定不会承认自己的控制权加强了，但是他的回答也并不完全属于外交辞令，其中颇有一些道理。

为什么呢？因为唱片工业的主要功能在于以下四个方面：发现音乐艺人，制作磁带或CD，销售网络和市场推广。传统上，由小公司负责发现艺人，在这些人小有名气之后再转让给大公司，因为大公司在其他三个方面具有优势。然而互联网的出现改变了局面，唱片公司不再需要制作磁带或CD，通过零售网络进行销售，而只需要把音乐放到网站上，让人们付费下载即可。这完全改变了传统的生产和销售形式，让规模经济失去了意义。至于最后一个功能即市场推广而言，现在流行的方式是通过网站和电子邮件来吸引音乐爱好者，比利用传统的零售商店进行推广要有效率得多，正如华纳唱片公司的总裁所言，“传统销售网络的作用正在下降，但是唱片公司除了销售网络还有什么呢?”[29]

当然，与很多人对于互联网表现出来的绝望和希望一样，他的说法未免有点夸张。问题的关键在于，从前的大企业因为有市场规模的优势，往往掌握着某些独有的资源，然而，当技术革新让小企业可以用低成本得到这些特殊资源（如销售网络）的时候，大企业的相对优势就不复存在了。就这样，技术变革创造了一个更平等的竞技场，老牌的大企业需要和新兴企业站在同一条起跑线上。

## 员工流动性的加强

国际和国内市场的竞争加剧，技术革新刺激了小企业的创建，融资变得更加便利，这些完全改变了公司与雇员的传统关系。在过去，有专业技能的经理和员工被固定在大企业里，很少有其他机会，即使在另外一个大企业中能找到类似的岗位，但是企业之间有不同的文化，不同的应用技术和标准，人们依然不能轻易变更工作。而现在，中间产品的生产商增加了，原来的大企业也在改革内部流程，更多地采用独立供应商的产品，这样导致不同企业采用的生产流程逐渐接近，经理们的就业机会也就增加了。同时，生产技术的灵活性意味着不同的企业可以采取相近的技术，员工的技能也有了更广泛的适应性。

今天，一个美国人在 18 ~ 34 岁之间平均来说要从事 9 份不同的工作，[30]当然，这其中可能包括某些临时性的工作，也可能是因为年轻人容易冲动的缘故，但是一个美国人从 30 岁到 34 岁之间仍然平均要从事 2.4 份工作。如此高的职业流动性是否与我们所陈述的背景有关呢？先比较一下过去的员工流动性好了（姑且不说我们的父辈们往往终生都从事同一份工作），从 1973 年到 1996 年，在公司工作时间不满一年的人占所有员工人数的比例其实并没有太大变化，然而工作时间不满 10 年的人所占的比例却有很大变化，尤其是 40 岁以上的员工变化更大，这点在 20 世纪 90 年代特别明显。[31]值得注意的是，这部分变换工作的员工在过去被认为是最专业化的，最不容易离开企业的。

融资的便利性也让经理人和技术人员有更多的机会考虑自己创业，他们可以从原来的大公司那里带走商业点子、工作经验和合作团队这些无价的种子资源。[32]能够从一开始就站在巨人的肩膀上，的确是个优势：英特尔公司——今天最有创造力和盈利能力的一家企业——就是一个例子。1968 年，由于不满自己所在的仙童半导体公司对重要的新兴技术漠不关心，戈登 · 摩尔和罗伯特·诺伊斯决定带着一些下属出去自己创业，[33]诺伊斯一个电话就解决了融资。到1971年，英特尔公司股票上市，此后一路凯歌高奏，到笔者写作本书的时候其市值已经接近2000亿美元。英特尔的例子并不罕见，在美国INC500（一个关于快速成长的新兴公司排名）的名单中，接近71%的企业的创办人都是在原来的雇主那里发现了商业机会，然后发展起来的。[34]

创业的浪潮已经席卷全体国民。从1974年到1996年，美国的企业主人数对全部非农业部门员工人数的比例从8.2%增长到11.4%，增幅达到38%，[35]一举扭转了长达一个世纪的下滑趋势。同样，在其他发达国家也有越来越多的男男女女加入创业的行列。

## 大企业的收缩

激烈的竞争，变革的技术，便利的金融，这些都对大型垂直集中型企业不利，那么它们会出现收缩吗？事实的确如此，财富500强的（美国国内）企业所雇佣的员工人数在整个制造业中占有的份额从1975年的79%下降到1996年的58%，它们占制造业总销售量的份额从83%下降到75%。[36]

销售量的下降幅度相对于雇员数量的下降幅度而言比较小，也许是因为这些企业采用了更多的生产外包。20世纪90年代，通用汽车公司开始学习丰田模式，不再自己生产中间产品而是采取对外采购。尽管在此期间通用汽车公司还投资了一些其他产业，但它的雇员数还是从1989年的75万人降到2001年的36.2万人，汽车产量则从1989年的800万辆增加到2001年的850万辆。[37]

通用汽车公司雇员人数最大的一次减少是由于1999年德尔福（Delphi）部门的独立，这个部门拥有20万员工，销售收入超过300亿美元。有趣的是，通用汽车和德尔福双方的领导人对这个分离表示欢迎，通用汽车公司的主席约翰·史密斯在宣布分离的时候讲道：

> 在通用汽车公司，我们有一个悠久的、令人骄傲的自给自足的历史。而今天，我们要迈出重要的一步，改变这种传统的垂直集中型生产。垂

直集中体制已经不再是优势，我们要更加灵活，把精力集中在制造轿车和卡车的核心业务上面。

德尔福的总裁巴滕伯格（J. T. Battenberg）则表示，独立以后德尔福可以提高效率，并开拓其他汽车厂商的业务，因为那些厂商以后不必再担心德尔福与通用汽车原有的特殊关系，此外还可以用自己的股票来激励员工，为全球扩张进行融资，成为“一个极其强大有力的竞争者”。[38]

企业组织小型化的趋势十分普遍。从 1967 年到 1985 年，美国大型机构的雇员人数占全体雇员人数的比例显著下降。[39]在私人部门里，1000 人以上的大机构的雇员所占的比例从 1967 年到 1973 年下降了 13 个百分点，从 1974 年到 1985 年更是下降了 18 个百分点，同样，250 ~ 999 人的中型机构的雇员所占的比例也下降了。有趣的是，企业组织小型化的趋势主要集中在制造业，而服务行业却正好相反，研究表明，这段时期里有 2/3 的服务行业出现了大机构的雇员比例上升的现象。

企业平均规模缩小了，这个论断似乎与报纸上屡见不鲜的大规模企业兼并的消息不符，也的确有研究显示，按照某些标准来看，在 20 世纪 90 年代，由于企业之间的合并美国企业的平均规模更大了。[40]然而，90 年代出现的规模增长并没有完全逆转从 70 年代中期以来的总体的规模缩小趋势。尽管很多人还是习惯地认为，我们生活在一个大型企业占统治地位的时代，但实际上我们已经从这个时代里走出来几十年了。

接下来，我们将看看从垂直集中型大企业的解体过程中能得出哪些经验教训，是否预示着未来的企业特征还会有哪些改变。在这里我们需要借助一个理论来展开研究，一个最新的经济学方面的企业理论，我们的讨论从这里入手。

## 核心资源理论和新公司

学者们经常纠缠于某些看似简单的问题，表面上无关痛痒，其实恰恰是他们所研究领域的中心。对研究企业的经济学家来说，这样一个中心的问题就是，“企业的雇员与企业的供应商究竟有什么区别?”我们来解释一下，[41]老板给雇员工资，以换取他们为他工作，同样他也给供应商付钱，以换取他们的产品。然而，大家通常都认为，老板对雇员的支配权比他对供应商的支配权更大。那么这种更大的支配权从何而来？因为，老板权力的唯一来源只可能是金钱——他给雇员的工资和给供应商的货款，同样是来自金钱，为什么效果会有差别？

答案在于老板与雇员的关系和他所拥有的资源。如果雇员只是个临时请来帮忙的小工，而其他地方又不缺工作机会，那么这个小工的地位和供应商基本上就是一样的。如果老板不给工资，或者要他做合同规定以外的事情，那么他完全可以拒绝提供服务，正如供应商拒绝为过分苛刻的顾客服务一样。

但是，假如雇员已经为同一个企业工作了一段时间，他对如何使用企业的各项资源就有了更专业化的技能，包括机械、专利技术、数据、软件和办事流程等，并且他与企业内外的人的关系也更加紧密。此时，老板就对这个员工拥有了额外的控制权，因为他掌握着“核心资源”，即这名员工在工作中需要使用并能够提高其生产效率的资源。[42]当老板解聘员工时，员工不但要损失未来的工资，而且以前在企业里形成的一些人力资本也将报废。相反，供应商通常不会在顾客关系上面投入太多的人力资本，对于“解聘”也不会太在意。

很明显，这种关系的作用并不是单方面的。当员工被解聘时，他也给企业留下了需要填补的漏洞。如果接替者缺乏相应的技能，或者需要时间去熟悉工作环境，培养与周围同事的关系，那么员工就拥有对企业的反控制的力量。这意味着，在企业与员工的关系上，支配权力的分配取决于下面两个问题：老板要找人替代某个员工是否容易？员工要另外找一个类似的企业是否容易？员工的作用越难替代，要另找一个类似的工作环境越容易，那么权力的天平就越是倾向于员工的一方。

我们要介绍的就是这个有关企业与员工关系的理论。与其他理论一样，它是对现实世界的一种抽象，我们可以利用它来分析垂直集中型大企业内部的权力分配关系。由于企业采取垂直集中型生产模式，它们往往都独立设计和管理自己的生产流程。大多数员工都只是负责操作流程中的某个特殊环节，容易快速培训上岗。但由于大企业彼此独立，整个行业没有统一的生产标准，员工的技能就不容易带到其他企业去，而且企业还通过内部岗位竞争相威胁，这些都降低了员工对企业的谈判能力。至于负责管理工作的员工，虽然他们能接触到更多的生产环节，但其技能同样缺乏通用性。而且，由于大部分企业是垂直集中型的，新的中间产品生产商很难找到市场，离开企业的经理人在同行业里就不容易打开突破口。另外，如果他们真的想大干一番，打算筹集资金另外建立一个垂直集中型大企业，但由于他们长期依赖于原来的企业，自己本身并没有足够的财富、声誉和关系，恐怕难以得到金融家们的垂青。

简单地说就是，雇员在企业外的机会很少。同时，由于缺乏竞争，企业并不需要激发员工的创造才能，而是可以把大多数工作设计成日常性的，使得员工不但在外面没有机会，而且很容易被替代。

这样，在垂直集中型大企业里，核心资源并不是员工自己的人力资源，而是可以和员工分离的资产——房屋、厂房、设备、品牌、专利等——这些资产确保了大企业在市场上的牢固地位。企业主和高层经理之所以对普通员工拥有更大的支配权力，就是因为法律赋予了他们处置这些资产的权力，并且可以比较随意地把员工和这些资产隔离开（也许，这可以解释为什么在当时需要劳动法来限制他们）。而且，由于没有生命的资产成了权力的来源，就难怪那些垂直集中型大企业无休止地扩大自己的规模。仅仅是由于对工厂的所有权，亨利·福特就可以自在地在公司发号施令，指挥很多他从未见过的远在天边的人，他的权威随着所有权与生俱来，根本不需要特意去树立。

然而，当金融业得到发展，竞争降低了新公司进入产业的门槛后，员工拥有的“外部选择”就增加了，也有更多的机会获得原来由老板控制的核心资源，从而自己创业。垂直集中型大企业的解体也带来了更多的行业标准化，让员工的技能更具有流动性。同时，竞争的加强意味着工作不再是日常性的，必须激发员工的创造能力，才能让企业更有效率和活力。员工不再是履行日常事务的螺丝钉，而是可以改进公司业绩的重要资源。支配权力开始向员工转移。

员工技能的重要性增强了，表现之一是企业管理层职位的大大增加。1983年，有10.6%的美国雇员被划分为经理，到2000年是14.6%，相反，像“操作员”“制作员”“劳力”这类雇员的比例从16%降低到13.5%。[43]现在人人都成了经理！

我们引用的统计数据是以整个国民经济为背景的，因此经理人员的增加也意味着工作岗位在从低技能产业向高技能产业转移，同时，即使在某些产业内部——例如银行业——雇员里大学毕业生的比例在过去20年里也有明显增加，而出纳员——银行里最日常性的工作职位——所占的比例则持续下降。[44]

有人提出的解释是银行的业务自动化水平不断升级（或者用术语来讲，叫“技能偏向型技术变革”），但是，自动化同样有可能降低对工作技能的要求——例如麦当劳餐厅里的收银机，屏幕上有各种食品的图像，可以减少对服务员读写和计算能力的要求。

我们给出的解释是：为了适应竞争，银行被迫改变经营战略。大体说来是这样的：在过去，银行的核心资源在于他们可以从存款人手里获得低成本的资金，然后以一个划算的利率水平把款贷出去，而贷款客户通常没有太多的其他选择。银行的股东拥有开业的特许权，他们是核心资源的所有者，而高层经理人则掌握着核心资源的使用权，从而可以支配普通员工。我们以贷款经理为例，尽管银行的业务需要贷款经理拥有正确评价客户信用的技能，但是与银行拥有的资金相比，这种技能是次要的，离开资金，贷款经理个人的能力就毫无用武之地。而且，由于实行限制竞争的监管政策，在同一个地区相互竞争的银行不多，如果被银行解聘，贷款经理的技能更没有施展的空间。

可是，放松管制的措施开始允许银行设立更多的分支机构，并取消了利率限制，而技术的进步使得存款人可以通过ATM（自动柜员机）或者电话与银行开展远程业务，信用记录中介这样的新型机构出现了，打破了银行对客户信用信息的垄断。这些变化加在一起，严重动摇了地方银行与原来的存款人和贷款人之间的固定关系。由于竞争，银行的核心资源——对客户的垄断权就贬值了。银行需要寻找其他能够提高盈利能力的途径，而员工就成了关键。

在个人客户方面，银行开始把日常性的工作，例如登记、审核一类的业务自动化，用机器代替人工来引导客户，同时，也开始重点关注一些高端客户，在这些客户来银行办理基础的存贷业务时积极向他们销售其他服务——例如房屋贷款等。由于所有的银行能提供的服务基本上是一样的，那么直接与客户打交道的员工就变得非常重要，他必须能准确地评估客户的经济实力，采取合适的推销手段，能够满足客户的具体需要。从事这样高级的销售工作的员工不能是只有高中文化的出纳员，他们需要有良好的教育背景，能掌握复杂的产品知识，可以为客户度身设计合适的服务条款，并且有优雅的举止和应变的才干来最终打动客户。[45]这些职位现在被称为客户关系经理或者账户经理，属于管理性的工作（尽管他们可能并没有下属），通常由受过大学教育的人来担任。这样，出纳员的日常性工作被机器取代，而非日常性的工作增加了，并创设了新的岗位。

与此类似，在企业客户方面，面对激烈的市场竞争，贷款经理的职责不再只是控制资金流，而是需要有新的点子来设计服务方案，满足客户的需求。过去的粗放式贷款模式已经行不通，创新和客户化服务才能带来利润。同时，通过信用记录的软件系统，机器又取代了大量日常性工作。

总之，员工的人力资本，包括他们的知识和客户关系，成了商业银行的价值源泉，这显著增强了员工的力量。处在第一线的员工与客户保持着良好的个人关系，他们在和银行谈判自己的待遇时就有了重要的筹码。有的银行要求这些账户经理与其他部门共享客户关系，交叉销售产品，但发现经常遭到员工的消极抵制，甚至离职并带走客户。而另外一些更明白事理的银行开始坐下来与经理们谈判，以分享他们的客户关系并许诺保护他们的“产权”，[46]这在过去是难以想象的。

一些工作变得越来越简单化和自动化，而另外一些工作的地位却在上升，结果是导致了更高的“技能回报”。在美国，大学文化水平的人与高中文化水平的人之间的工资差距自20世纪80年代以来不断加大。[47]和我们一样，其他一些实证研究者也指出，差距扩大的原因不在于供求关系的简单对比发生了改变，而是由于企业越来越依赖于人力资本。[48]

## 重建雇主与员工关系

竞争和金融市场的发展增强了员工的重要性，扩大了他的从业选择，从而改变了企业内部的力量对比。现在，企业主和高层经理面临着一个很大的挑战，那就是企业管理已经失去了传统的权威气氛，只有让低层经理和员工感到企业很有吸引力，他们不舍得失去现有的工作，才能重新找回权威。为此，企业的高层就必须保证工作的回报要优厚，责任要下放，并且把员工与员工之间、员工和经理之间的权益结合在一起。最近，有关企业管理的大部头著作都纷纷强调企业的面目应该更加和善、更加慷慨，原因恐怕就在这里。

在过去，垂直集中型大企业必须通过复杂、臃肿的官僚体制来控制和激励下层经理。而随着企业的收缩和外在就业机会的增加，这样的体制变得不再必要，甚至可能有害了。我们又以银行的贷款经理为例，今天，美国各地的银行贷款经理都能够得到各种客户的基本信息，例如他们的盈利能力、资产情况和信用历史，所以，要想比别人知道的更多，他们就必须有进一步的行动：直接接触客户，收集数据库里没有的软信息——CEO握手的力度、自信心、员工对他的各种看法……最终，贷款经理的决定还需要获得高层的批准，也就是需要报告。我们介绍过，企业的官僚体制不利于软信息的传递（比如，你如何在报告里描述某位CEO握手的力度呢?），所以有的银行就干脆取消了全部中间管理层，把更多的权力转移到业务的第一线，企业组织因此变得扁平化和分散化。[49]

组织的扁平化还有其他原因，由于建立在资本所有权基础上的集权化控制系统被削弱，高层经理不能再有效控制距离遥远的地方，他们如果不采取行动，权力就将被别人夺走。

我们来看一个案例，有关所罗门兄弟公司的债券交易部门在20世纪80年代末到90年代早期发生的一些事情，这个部门拥有一批天才的交易员和

“火箭专家”（指那些能够使用复杂的数学模型，在金融市场上发现盈利机会的博士），而所罗门公司提供给他们的只有资本和名义。正像我们所说的那样，由于资本的成本降低，所罗门公司对于该部门的控制力就减弱了，不得不为他们支付巨额的薪水和奖励。

1991 年，该部门的一位职员在国债投机中出现了重大失误，所罗门兄弟公司为此遭到惨重损失，声誉也受到影响。公司甚至解聘了债券交易部门的领导约翰·梅里韦瑟（John Meriwether），但并没有起到杀一儆百的效果。一些天才交易员逐渐离职，加入了梅里韦瑟创建的新公司——长期资本管理公司（LTCM），[50]而他们在 1990—1993 年间曾经贡献了所罗门公司全部利润的 87%。长期资本管理公司位于康涅狄格州的格林尼治，被人形象地称为北方所罗门。当时，所罗门公司的 CEO 并没有认识到，人力资本的纽带要比所有权的纽带更加强大。[51]

其实，债券交易部门本身只是在名义上属于所罗门公司，利用公司的办公室、名义和资本，然后把部分利润回报给公司。梅里韦瑟本人并不属于所罗门公司的最高管理层，但他受到员工的尊重，是该部门运转的枢纽，对价值创造起着核心作用。这样一来，他的人力资本就成了部门运转的关键因素，负责制定投资决策和解决人际冲突，对这个团队的实际控制权就自然地落到他的手里。

目前，企业组织的控制权越来越多地转移给那些有魅力和才华的个人，是他们把员工组织起来，而不是从前那些出资的老板或者高高在上的总裁。[52]已经明白了这个道理的 CEO 们开始更多地参与职位设计、激励安排和人际关系管理这些具体事项，密切员工与公司的关系，所有这些都要求他们脚踏实地地开展工作：高级经理必须从权力的天堂上走下来，否则他们将变得一无是处。

## 知识产权会成为新的障碍吗？

由于金融的发展，传统的公司资产更容易被替代，公司就开始创造一些新的资产，并给予保护和控制。知识、网络系统和新的交易方式的重要性日益突出，公司就利用法律方式来维护其产权。

戴尔公司在近年的发展势头很好，原因并不是它的个人计算机比其他企业要好多少（个人计算机现在已经成了技术很普通的日用品），而是因为其独特的按订单定制系统给它创造了高效率的生产方式。戴尔现在拥有一系列专利来保护这种生产方式。[53]如今，法院似乎越来越愿意给这类泛泛的商业思路和经营模式授予专利，它暗示着我们在未来会面临一种新的矛盾——知识产权所有者和劳工之间的矛盾。

像数据库或者软件一类的知识产权比实际资产更难以复制，而且即便有资金的支持，由于有专利的保护也不能进行合法复制。与此相似，网络系统的价值取决于其涉及的人数（和所服务的人数），当一个网络系统被广泛使用时，就形成一种垄断权，使其他网络系统没有足够的“流动性”与其竞争。微软公司的Windows（视窗）操作系统就是因为有太多人使用，并且有很多人在上面开发新的内容，从而成为垄断性的操作系统。这样的资产是一种难以被替代的核心资源，如何才能阻止它们滋生出一种新式的官僚企业呢？

我们的担心并非杞人忧天，当然知识产权与实物资产之间存在重要的差别。在过去的增量型创新年代，垂直集中型大企业的工厂和设备要经历一个缓慢的折旧过程，资产的价值和权力会保存很长时间。而今天，革命性的创新既能不断创造新的知识产权，也能很快摧毁之（例如，有多少人还记得20世纪80年代流行的标准工业电子制表软件Visicalc?）。如果一个网络系统不再能满足顾客需求，就会丧失流动性，其衰落的过程将与其兴起一样迅速。另外，与实物资产不同，这些新资产的更新必须依赖员工的创造性和投入。首先，这意味着必须给员工提供激励，自然就限制了产权所有者的权力；其次，只要有活跃的金融市场在为创新活动输血，新兴公司就有可能成长起来，取代老化的公司和它们的知识产权和网络系统。还有，即使出现一些特殊情况，这些限制力量不能发挥作用，读者依然可以放心，因为一个现代社会是绝对不会尊重那些完全把人变成奴隶的产权的。这个问题本书以后再做讨论。

# 小 结

1973年，社会学家丹尼尔·贝尔在其著作《后工业化社会的来临》中对经济发展的未来进行了预测，他认为工作岗位将继续从制造业向服务业转移，一些对职业技能要求较高的行业，包括医疗、教育、政府等，将取代那些技能要求不高的制造业。他预测的事情后来都发生了。在本章，我们描述了发生在传统企业里的类似现象，这些企业为了适应竞争、技术和金融市场的环境变化而进行变革。人力资本取代实物资本成为公司的核心能力和价值，通过组织重建、员工的提升和激励政策，大公司已经变得越来越像职业合伙人组织。

人们通常认为，大公司统治着我们的时代，这种看法是不正确的。近年来公司并购活动出现增加，部分原因是一些新的市场被打开。而更普遍的趋势是公司在变得小型化，大公司毕竟比较笨拙，不容易控制，并且金融业的发展也使得它们在内部资金方面的优势不再明显。

现在，大公司内部的资金更多被人们视为负债而不是资产，人们更加清楚地看到大公司在利用这些资金方面的低效率。竞争和内部的压力增加，迫使大企业把自己做得不好的东西外包，这给更多的企业家创造了机会，而且也提高了社会的生产力。

企业现在的专制气氛更少了，那些纯粹监督性质的中间管理层被取消了。尽管有政治家批评企业的精简是在剥夺人民，尽管有的企业在执行精简的过程中有考虑不周之处，但我们认为结果是好的，使企业更加适应经济现实的要求。在改革后的企业，冗员减少了，留下的人有了更大的权利和责任。企业的精简不是企业的所有者在炫耀他们的权力，而是他们失去控制权力的反映。

不但企业对员工更加友好，而且能力强的员工还有了更多其他选择。当然，伴随着更大的员工流动性，人们也失去了可以固定一生的工作保障，在很多发达国家的私人经济部门里，终身从事固定的职业曾经是过去一两代人的典型现象。或许有某些人，尤其是能力比较差的人，愿意放弃今天的多样化选择而恢复过去的安全保障。但是对绝大多数人而言，更大的保障是以更压抑的工作环境和更少的自由为代价的。在过去，不同技能要求的岗位之间工资差别比较小，部分原因正是在于技能高的人缺乏谈判能力，而现在就业机会增加了，工资差别缩小的趋势被扭转，人们的待遇差别更好地反映了技能上的差别。这样的结果是否公平是个哲学问题，但是至少从经济学的角度来看，让工资真实地反映劳动的价值更有助于资源的合理配置，而通过社会保障等其他办法来解决贫困现象要比直接干预工资水平更好。

最后，说到工资，我们就不能不讲到大公司给高层管理人员提供的报酬，这些高管人员的薪酬待遇最近急剧增加，被媒介抨击为赤裸裸的贪婪风潮。通常，董事会向股东做的解释是，薪酬的增加是为了激励管理人员提升股东价值，然而鲜有证据可以证明这一点。[54]相反，天价的薪酬似乎反映了人力资本不断增长的地位。企业为管理人支付更高的工资并不是为了增加激励——只不过这样有助于说服股东——而是因为他们在高级的劳动力市场上没有更多选择。管理层现在受到的股东压力更大了，内部的权威又在下降，因此特别需要找到那些最有能力的人来负责。我们不能确切地判断，最近几年 CEO 的待遇水平是否过高（尽管从事后来看，某些人的薪酬的确太高了），而且有些软弱的董事会也会给业绩不好的 CEO 提供奖励，但是 CEO 们在全球的待遇出现普遍提高的趋势不能简单归因于人性的贪婪，或者说人们突然发现了激励的重要性。

下面这些统计数字最能说明问题：1929 年，美国收入最高的 0.01% 人群，其收入的 70% 来自他们拥有的资本——红利、利息和租金等，他们是懒惰的富人。到 1998 年，收入最高的 0.01% 人群有 80% 的收入来自工资和创业收入，只有 20% 来自资本。[55]从另外一个指标上看，在 19 世纪 90 年代，美国最富有的 10% 人群的工作时间比最穷的 10% 人群更少，[56]而今天的情况却完全相反。懒惰的富人变成了勤劳的富人。

在过去，社会的贵族阶层完全由富人组成，而今天，有才干的人也完全可以凭借自己的能力跻身贵族阶层，金融革命打开了贵族俱乐部的大门。从这个角度上看，金融革命在精神的意义上是完全自由的，它让人取代资本成为经济活动的中心。既然资本已经变得非常充足了，那么财富的创造就要归功于技能、思想和勤劳，当然还需要一点点幸运。

# 第4章　金融市场的阴暗面

我们一直在颂扬金融市场的美德，但它的阴暗面呢？在安然事件中，价值数十亿美元的金融合同在瞬间变成废纸，这如何解释？1998—2001 年，纳斯达克市场先是创造出 3 万亿美元的财富，又让它最终消失，那么，股票价格能否被看作对价值的可靠评价？金融自由化的结果，导致一个发展中国家在银行危机中损失了 30% 的 GDP，陷入多年的经济混乱，这能算是好事吗？因此，我们是否也应该正视金融市场的阴暗面，这是本章的话题。

请大家先看看金融丑闻，通常情况下，一个金融机构崩盘的速度是如此之快，以至于人们在震惊之余不禁要问，“中心区这些气势辉煌的金融机构总部大楼难道都是为骗子们建的？”

金融业是个与金钱打交道的行当，自然吸引了为数众多的骗子，业内的人士对此当然心知肚明，因而特别强调用信誉和风险控制来保护自己，在这方面甚至要比其他行业做得更好。在金融业发生不道德事件的概率也并不比其他行业更高，每发生一次安然这样的金融公司丑闻，都有一个像世通公司这样做实业的企业，其经理人同样在想方设法利用有违法嫌疑的手段来剥夺投资人。

然而，一旦发生问题，金融企业垮台的速度要比工业企业快得多。这是有原因的，金融业比工业能够更快地创造价值和毁灭价值。例如金融衍生工具，就像炸药一样，在正确使用时非常有益，而落到无能或者不谨慎的人手里时，却能在瞬间造成巨大的损失，而工业企业即使多年经营不善也不致形成这样大的破坏。巴林银行，英国最有盛誉的投资银行之一，在 1995 年 2 月 27 日破产清算时账面的期货头寸达到 270 亿美元，而其资本金只有 6.15 亿美元。[1] 尼克·里森一个人就把整个银行毁了，作为银行的交易员，里森在 1994 年亏损了 2.7 亿美元隐瞒不报，在 1995 年头两个月又亏损了 8.9 亿美元。如此巨额的损失在工业企业是不可想象的——在不发达的金融市场里也同样。

与此有关的是，金融市场非常清楚不端行为的危害性，往往会采取明哲保身的态度。债务市场通常不愿意给金融机构提供长期贷款，因为这些机构的信用变化比较突然，[2] 它们倾向于提供短期借贷，以便能不断重新评估风险。所以，一旦出现麻烦的苗头，金融机构就会发现其资金来源立刻消失，使其崩盘更加迅速。1991 年，在美国政府着手调查所罗门兄弟公司操纵国债买卖的事件时，该公司就经历了一次九死一生的考验，在短短一个月里这家投资银行卖掉了 500 亿美元的资产以偿还债权人。假如所罗门公司真的破产，那么会有很多人更加担心这个行业真的是弱不禁风。

总之，现代金融市场的流动性和新工具的杠杆作用，扩大了不端行为的毁坏作用。[3] 金融市场业内的人士对此很清楚，并采取了强有力的预防措施。从某些角度看，在问题曝光后，安然或者巴林这样的公司迅速垮台，恰恰反映了金融市场对于声誉的重视和自我控制能力，而不是相反。

因此，安然这样的事件反映了某些局部存在缺陷，而不是对整个金融系统的指控。而更值得担心的则是可能波及整个系统的问题：例如，股票价格无限制地大涨大跌；或者全体银行都卷入信贷狂潮，任何愚蠢的商业计划都可以轻松拿到贷款，接下来则是萧条时期，连最可信的人也不免遭到银行的冷遇，更加衬托出繁荣时期的荒唐。如果是金融市场制造和加剧了经济波动，那么它的过失就主要反映在以下两个方面：首先，导致了资源的错误配置，其次，给普通人带来了不必要的风险。金融市场在这两方面真的有重大危害吗？如果有，那么在金融市场进一步发展成熟后这种危害是否会减少呢？本章就将给出解答。

## 偏离基本价值

要谈论金融市场是否会导致资源的错误配置，我们先得明白什么是资源的正确配置。企业的股票价格反映了企业未来的收益流（股息）的现值——用术语来讲，叫股票的“基本价值”。但是，我们并不能准确知道企业未来的盈利和股息数据，也就不能对基本价值做精确的预测，所以通常很难评价股票的市场价格是否正确反映了其基本价值。

但在个别情况下，不同的金融资产拥有相同的未来收益权利。尽管这种情况非常罕见，但我们还是可以用来验证“一价定律”，就是说，两个拥有相同收益权的金融资产应该有相同的价格。[4] 如果这个定理不能得到验证，那么我们就有理由怀疑金融市场的正确性。

请看这样一个例子，1907 年，皇家荷兰石油公司和壳牌石油公司结成联盟，组成皇家壳牌石油公司。这样，就出现了对同一个现金流，即合并后的皇家壳牌石油公司的收入拥有相同权利的两种股票。根据公司章程，60% 的股息和未来分配归原来皇家荷兰的股东，40% 归原来壳牌的股东。如果两家公司的股票数量相同，那么，1 股皇家荷兰股票的收益权利就应该等于 1.5 股壳牌股票的收益权利（1.5 =60/40），从而，1 股皇家荷兰股票的价格就应该等于 1 股壳牌股票价格的 1.5 倍。但是实际上，从 1980 年到 1995 年，这两种股票的价格比在偏离理论比的 -35% 到 +10% 之间波动。[5]

下一个例子，更明显地偏离了同一价格定理，是有关 Palm 公司（掌上电脑的制造商）的股票价格波动。2000 年 3 月 2 日，3COM 公司把其持有的 Palm 公司股份的 5% 出售给公众，保留其余的 95%，[6] 同时宣布，将在年底前把剩余的股票全部分配给 3COM 公司的股东。这样，3COM 公司的股东每持有 1 股 3COM 股票将得到 1.5 股 Palm 公司的股票。即便我们假设，除了其持有的 Palm 公司的股份以外，3COM 其余的资产价值为零（实际上，3COM 公司手里的现金平摊在每股上都达到 10 美元，不要说还有很多赚钱的生意），3COM 的股票也应该不低于 Palm 公司的股票价格的 1.5 倍。但实际上，在第一个交易日结束时，3COM 的股票价格比 Palm 公司的股票价格的 1.5 倍要低 63 美元，或者说，市场的评价是，除去其持有的 Palm 公司的资产后，3COM 公司的价值是 -220 亿美元——在有限责任制度下，这怎么可能呢？这样一个负的价值评价居然持续了两个多月的时间。

以上证据对于学者们关于有效市场的信念提出了疑问。有效市场信念建立在一个简单但是很牢固的理论基础上，它的意思是，如果人们发现市场上的资产价格出现偏差，那么就可以买入低估的资产，卖出高估的资产，利用市场的错误谋利。而且，金融市场上的交易很容易被放大，如果这些偏差持续存在，那么交易者就可以不断重复交易过程并赚到大钱。“如果你很聪明，为什么却赚不到钱呢？”每当有人宣称自己找到了证据，说市场在决定某些证券的价格时出现了差错，他就会遇到这个难堪的问题。[7] 由于有成千上万聪明的投资经理们在寻找机会提高他们管理的基金的业绩，那么像壳牌或者 Palm 公司股票价格这样的系统错误就不应该长期存在，而应该很快就有人发现问题并开始交易。一旦交易开始——所谓的“套利”过程——被低估或者高估的证券价格就应该迅速接近理论价格，到最后，套利消除了利润机会，重新确立了两种证券价格的平衡。

对于有效市场的信念已经获得广泛认可，并且得到了很多证据的支持，在 20 世纪 70 年代，有大量研究表明股票价格中可以利用的系统机会非常少，以至于到 1978 年，一位著名学者指出：“从来没有别的经济学理论像有效市场假说这样，有如此充分的实证证据。”[8]

尽管有人认为这些研究的结论并不确定，但套利理论的内在逻辑是非常牢固的。[9] 那么，我们如何解释壳牌和 Palm 公司股票价格的异常现象呢？

一个答案是，理论中的“无风险”套利在实践中做不到。[10] 以壳牌为例，假如没有期限限制，那么投资人买入低估的股票，卖出高估的股票是没有什么风险的。然而，如果投资人需要在某个时刻以前进行结算（卖出他所持有的或买入他所缺少的），甚至需要在不远的将来重新评估其投资组合的价值，他就要面临壳牌的两种股票价格不但没有接近，反而偏离得更远的风险。考虑到这些，即便有充分的价格出现偏差的证据，套利者在两个股票间做大宗交易时也需要谨慎。

我们不是仅仅在做理论上的游戏，还记得在上一章讲到的长期资本管理公司吗？这家公司由梅里韦瑟创建，专门从事套利交易。公司的研究人员在市场上寻找两种金融证券的相对价格偏离了基本价格的机会，买入理论上低估的证券，卖出高估的证券，当价格趋近时兑现头寸，每次交易只能赚取很小的利润——根据某个报告，是每投资1美元获利0.67美分。[11]当然，这样微薄的利润不足以留住那些天才员工，所以长期资本管理公司通过举债的办法来增加其筹码。每1美元的资产举债30美元，可以使其利润达到每年20美分，实际上举债的比例还要高。这样，长期资本管理公司每1美元在1995年的收益是47美分，1996年是45美分，1997年是17美分。考虑到该公司自称其从事的交易风险都很低，这样的收益率还是非常可观的。以至于在1997年，长期资本管理公司向部分投资者返还了资产，以便把更多的利润留给内部的合伙人。

但是长期资本管理公司面临的风险也开始凸显，在1998年，公司进行了很多交易，卖出低息的国债，买入高风险债券，原因是他们认为市场对于信用风险有点过虑了。但不幸的是，出现偏差的资产价格不但没有趋同，差距反而扩大了，尤其是在1998年8月，俄罗斯宣布停止债券偿付以后。我们所列举的壳牌和皇家荷兰的股票价格差那时也扩大了，而长期资本管理公司也在里面握有头寸。

结果，在1998年前9个月里，长期资本管理公司损失了大约90%的资本，仅仅在8月份就损失了40%。麻烦出现后，金融市场落井下石，拒绝提供信贷，迫使公司兑现头寸。在美联储的调停下，部分银行参与了救助行动（纽约联邦储备银行还专门预备了一个会议室，给各个机构讨论救助事宜），长期资本管理公司所持有的头寸最终还是趋同并赚了钱，但它自己并没有看到这一天。

关键在于，即便套利交易的风险很小，如果一个机构没有足够数量的资产来支持，代价仍然可能是非常高昂的。由于套利活动有这些局限，价格的偏离就不能吸引到足够的交易来消除它，价格表现就要继续背离基本面。

再补充一点，我们就可以完全清楚为什么 Palm 公司的股票价格的巨大偏离没有得到迅速矫正。因为，即使 3COM 宣布把 Palm 公司的股票分配给其股东的具体时间（使得 1 股 3COM 股票的股东得到 1.5 股 Palm 股票），而且套利者也很清楚到那个时候他们可以完成套利而兑现利润，但是这里面还隐藏着其他风险，那就是 3COM 的股票分配计划有可能与美国国税局的规定相冲突，美国国税局的要求是股票分配不能影响税收，所以 3COM 的股东并不能确保到那个时间 1 股 3COM 股票一定可以得到 1.5 股 Palm 公司的股票。而且，由于 Palm 公司的股票价格波动非常剧烈，任何来自当局的不利消息对于套利者而言都将意味着非常巨大的风险。在第一个交易日里，Palm 公司的股票发行价为 38 美元，开盘价是 145 美元，然后冲高到 165 美元，最终以 95 美元收盘，[12]投机的风险实在太大了！然而，到 2000 年 5 月 8 日，当美国国税局宣布了有利于股票分配方案的税收办法，3COM 也明确了 Palm 公司的股票分配日期后，由于股票分配方案已经确定，聪明的投资者就有可能在无风险的情况下进场弥补差价。[13]随着越来越多的聪明的投资者参与交易，套利的机会就消失了。[14]

所以，关于有效市场的理论基础比初始的印象要脆弱得多。如果套利不容易进行，价格就会偏离基本面，而不会产生无风险的赚钱机会，[15]而且价格的偏离会持续很长时间。

价格可以偏离基本面并不能解释价格为什么确实发生了偏离。比如，为什么会有投资人愿意多付那样高的价格去购买 Palm 公司的股票，而不是通过购买 3COM 的股票间接地持有呢？我们的两位同事认为，“答案可能是由于不理性、疏忽、制度限制或者疯狂倾向”。[16]比较传统的经济学家更相信市场的效率，他们并不排除有投资者出现不理性的可能性，但认为理性的套利者可以发挥作用，把价格拉回正常水平。[17]但是，如我们所分析的那样，这也不再是理所当然的事情了。

如下情形完全有可能发生，有足够多“幼稚的”投资者推动价格偏离基本面，市场却难以阻止。这种情况将动摇人们关于有效市场理论的信心。我们不是说价格将永远偏离基本面，而是说矫正机制发生作用的形式会有所不同。那些聪明的套利者，并不是在出现价格偏离之初就咬住差距，而是会吊足幼稚的投资者的胃口，直到他们不能再承受为止，那时再把价格推回到基本面上来。这可能导致，在一个很长的时期里，整个市场或者某些产业都会偏离基本面。同样，由于价格是资源配置的指示器，这样的背离也意味着会造成巨大的价值损失，我们来看看互联网“泡沫”吧。

## 互联网泡沫

在20世纪末期，看到互联网带来了无限商机，成千上万的个人投资者把资金倾注到互联网和电信类股票当中，结果导致了股票价格的疯涨。从1998年底到2000年2月，互联网公司的股票价格平均上涨了5倍，[18]不过泡沫的破灭同样急促，到2002年初，许多股票只有其顶峰价格的1%～2%，还有不少已经退市，这段时期的经历让很多人想起17世纪发生在荷兰的“郁金香泡沫”。

大致过程是这样的，最初是一些投资项目（投资机会或者中间金融工具）取得了成功，然后吸引了新的投资者的注意。由于这些投资项目都是新兴产业，投资人很难判断什么是合理价格，而不管价格炒到多高似乎都可以找到或编造合适的借口。这样，即便从事后看股票价格已经远远超过了其真实价值，人们还是不断买入。而一些老练的投资者很清楚股市已经偏离了基本面，但他们知道市场还在源源不断地涌入越来越多的新手，价格还可以捧得更高，所以他们也不会在此时逆流而行。

实际上，在泡沫发生的最初阶段，很多投资者从朋友和投资分析专家那里听说有关的投资项目回报如何丰厚，就产生了强烈的购买需要，以至于市场上可供追捧的项目（比如互联网股票）数量都显得不够。[19]这样，已经膨胀的价格继续上涨，更加刺激了投资人的购买欲望。而那些老练的投资者却不愿意阻挡狂热的投资热潮，反而在创造更多的炒作对象，然后卖给那些饥渴的投资者。例如，从1998年6月到1999年8月，有147家企业为了与互联网挂上关系而更改自己的名称。[20]

在 1953 年由美国前总统老布什创建的萨帕塔（Zapata）公司，是一个经营罐装肉制品和鱼油的企业，也厚颜无耻地跑来凑热闹。1998 年 4 月 27 日，萨帕塔公司宣布要组建一个新公司，收购和合并（而不是自己创造）互联网和电子商务业务。几周后，它开价收购 Excite——当时的第二大互联网搜索引擎公司，但是 Excite 认为这样的合并“完全没有协作价值”而表示拒绝。同年的早秋，互联网市场开始恶化，萨帕塔公司马上宣布要重新评估其互联网战略。但是到 1998 年 12 月，互联网股票又再次被看好，萨帕塔公司又匆匆宣布要重返互联网产业，并组建一家附属的 Zap. com 公司，这个消息的发布让股票价格劲升 98%！人类的心中真是燃烧着不灭的希望！

最终，当然是制造泡沫所需要的不断投入的新资金逐渐消耗殆尽，老练的投资者从迎合大众的需要转向看空，让价格回到真实价值。泡沫破灭了，许多投资者变得更加悲伤，更加贫穷，当然也更加明智了。泡沫的破灭给人们好好上了一课，他们开始懂得评估新投资的价值，在购买自己不熟悉的东西前多做一些了解。繁荣和萧条的悲喜剧最终落幕，直到更新的一代投资者成长起来去炒作更新的股票。

## 金融的发展会消灭泡沫吗？

价格偏离和投机泡沫是否只是金融市场不发达时才有的毛病，而随着它的成熟会逐渐消失呢？显然，即使有这种成熟程度，今天最发达国家的最发达的金融市场也还没有达到，我们刚刚才得了一场大病。

当然，人们有理由相信，像互联网泡沫这样的事情短期内不会重演。泡沫通常都是由一大群不懂行的、缺乏经验和知识的、不知道谨慎从事的投资者造成的。20 世纪 20 年代美国的泡沫部分是由大量的个人投资者造成的，他们并没有什么股票市场的操作经验，但是在一战中购买了解放债券（Liberty bonds）并获得成功，不懂得把风险当回事。与此类似的是，在互联网的股票交易中，也有相当大一部分是由一些所谓的“当日交易人”（day traders）完成的，他们是新型投资者，由于发现利用互联网买卖股票十分便利而开始投资。当这些投资者更加熟悉了各方面的风险，而市场又把资金从最幼稚的人那里夺走后，盲目投资的现象自然就少了。

然而，这并不能保证，即使在最发达的金融市场里，今后那些有远大前景的新产业还是会吸引容易轻信的新型投资者。发达的金融市场能否克服这类波动，取决于它们是否拥有足够多的坚信自己的价值判断而又不跟风的投资者。但是我们并不能够确信，在这方面发达市场会比不发达市场做得更好。

不过在更积极的方面，发达市场上的套利商拥有更多的办法来利用价格偏差进行交易。例如，当整个市场都被高估时，他可以购买空头指数期权（put，指如果指数下跌，以既定价格卖出的期权），而所需要的资金只是全额交易的成本的很小一部分。由于像指数期权这样的衍生工具使套利者能够用有限的资本完成更大的交易，那么这些工具的引进有助于抑制价格上涨。有事实为证，1990 年 1 月，当日经指数期权被引入以后，日本的股票价格就开始从不切实际的高位下跌。[21]

在发达市场里，新的金融工具帮助套利者在纠正价格偏差方面发挥了更大作用（当然，要假设那些不成熟的投资者不会利用这些工具来扩大赌注），但也存在相反的力量会减少用于套利的资金，这就是机构投资者的统治地位。

我们已经介绍过，在管理投资组合时，机构比个人拥有成本方面的优势。所以，随着金融市场的发展，个人更多地选择购买共同基金，而把选择股票的任务委托给职业基金经理。但是这种委托产生了新的问题：如何评价基金的投资业绩？业绩评价的标准应该是在国债之类的安全投资的基础上，每增加一个单位的风险所增加的收益。但是在很多情况下，收益水平（在交易次数很少时）或者风险水平，或者两者都并不容易准确测量，还有，投资者究竟应该间隔多少时间进行一次评价。

常见的情况是，基金经理的业绩通过“超额收益”的指标来衡量——指他取得的收益率与类似风险水平上的基准投资组合的收益率相比超出的部分。这样的评价指标会经常更新和发布，以便于投资者自己决定进行业绩评价的时机。但是把评价的标准和评价的时机这两个因素结合起来，却扭曲了基金经理的投资行为，由于经常需要同基准投资组合进行比较，基金经理就不愿意采取逆风向的套利行动。

麦哲伦基金的经理杰弗里·维尼克颇具传奇色彩，他经常被人们看作逆水行舟的典型。在 1996 年 3 月 31 日的基金报告中，维尼克写道："我相信，在投资金融市场时，很重要的一点是不要从众。投资人都向某个方向移动，并不代表这个方向就正确，实际上往往恰恰相反。"[22]他的这些言论是为了给麦哲伦基金的投资策略进行辩护，该基金当时把技术类股票的投资比例从接近 40% 降低到不足 4%，而相应增加了所持有的债券和短期金融工具的份额。很不幸，这样做的结果是，麦哲伦基金的业绩表现低于所有对手。维尼克也许过于超前了：他的决策在 2000 年看是对的，但在 1996 年却不是。不用说，他和麦哲伦基金很快分道扬镳。

有的基金经理，其业绩评价的基准投资组合是标准普尔 500 这样的股票指数，因此他们往往就购买这些指数中的股票，使得自己的业绩无论如何也不至于太糟糕，这可以说是一种保险。[23]即使他们怀疑这些股票已经被高估，他们也知道如果价格在今后下跌导致他们的业绩不理想，作为基准的指数同样也会下跌，自己的表现自然情有可原。这样，即使知道正确的方向应该是逆市而动，他们依然会采取从众的做法。于是，委托投资减少了愿意从事套利活动的资金数量，由于在发达的金融市场里委托行为更为常见，那么市场的发达就更容易助长价格的偏离。

## 价格偏离对投资的影响

既然金融市场的发展并不能让我们完全免除经济波动的影响，那我们就该认真评估一下这种波动的成本。投机泡沫明显具有社会财富再分配的效果：价格过高的证券的购买者把财富转移给卖出者。如果买家通常是不太熟悉金融业务的中产阶级，而卖家往往是富有的投机家，那还会带来严重的政治问题。即使我们暂时不考虑这个再分配的问题（恐怕也不能不考虑），那还是有一个很值得担心的事情：如果价格的偏离影响了企业的实际投资决策（对厂房、机器、知识创造等方面的投资），那么泡沫就会严重影响社会的真实资源配置。在这个方面有什么证据吗？

现在的一般看法是，去掉基本价值的因素之后，股票价格的变化在投资上会有所反映，但是影响的力量有限。[24]可以说，价格偏离对于投资有影响，但是作用并不大。这个说法显得有些模棱两可，但是符合历史的实际情况，我们现在更详细地分析一下过去的经济波动时期，也就是价格严重偏离时期的投资变化：包括 1929 年的繁荣、1987 年的股市下跌和 2001 年的互联网泡沫。

在 20 世纪 20 年代后期，股票价格高涨，从 1925 年到 1929 年，股票价格指数的年增长率达到 22%，但是这段时期的投资并没有相应增加，仅仅在 1929 年实物投资比上年增加了 34%。[25]在衰退后，投资出现下降，而且比股票价格下降带来的影响还要降得更多。[26]股票价格的上升没有带来投资的增加，而下跌却导致投资显著下降，所以价格偏离究竟对投资是否有影响难以有定论。

在 1987 年股票价格崩盘前后，结论却很清楚，股票价格对投资没有什么影响。从 1986 年到 1987 年，股票价格持续上升（平均每年上升 24%），投资并没有增长，变化非常小（差不多 -0.1%）。在 1988 年，股票价格下降了 8%，投资反而出现了增长。1988 年 1 月美国经济咨商会（Conference Board）的一项研究也表明，1987 年前后股票价格的变化对投资基本没有影响。经济咨商会调查了很多企业高层管理者，股票市场的崩盘是否影响了他们的投资计划，超过 2/3 的回答是没有。[27]在这个时期，我们的结论是价格偏离对真实投资没有影响。

然而最后一个时期的数据却是另外一个样子。从 1996 年到 1999 年，标准普尔 500 指数的年增长率是 27%，[28]而这段时期里非住宅投资的年增长率是 9%，[29]到 2000 年达到 10%，这或许是受到当年第一季度股票价格上涨的影响。而当股票市场下跌后，2001 年的总投资也下降了 2%。这个时期，股票市场的大幅波动看来的确影响了真实投资。股市的乐观气氛直接影响了公司经理们的投资决策，尤其是电信产业，他们在 3G 移动电话牌照拍卖中纷纷报出天价，而牌照的市场流通价格也影响了投标参与者的出价。现在，许多这些公司，例如芬兰的电信运营商 Sonera，已经发现他们几个月前花费数十亿美元购买的牌照几乎毫无价值。[30]

幸运的是，这些公司在拍卖中所支付的钱并没有消失，至少和我们缴纳的税款一样，进了主持拍卖的各国政府的保险箱。然而，同一时期的真实投资结果却不令人乐观。虽然要做一个全面的估计还比较困难，但最初的一些结果依然非常惊人。根据估计，在宽带上就出现了大量的重复投资，即使全世界 60 亿人整整讲上 1 年的话，这些话也可以在短短几个小时里通过现有的宽带设备全部完成传输。[31]虽然说，我们的确有很多的信息需要传递，而这些投资最终也会得到应用，但是至少在现在，至少在这些公司的股东看来，这些投资还是太多了，也太早了。

从 1996 年到 2001 年，电信公司从资本市场上筹集了 1.8 万亿美元的巨资，[32]这还不是它们的全部投资，因为它们还有从业务收入中得到的内部现金流。而现在，那些还没有破产的电信公司的市场价值平均下降了 60%，破产公司的资产回收率大约为 10%。我们大体可以估计出，至少有 1/4 的投资被浪费了，也就是说，电信产业股票价格的波动带来的真实投资损失接近 5000 亿美元！结论是必然的：即使拥有最发达的金融市场，资源配置也可能出现严重的错误。

## 发展过程中的风险

此前，我们研究了金融产业需要发达起来的必要性，但我们还没有讨论，当一个国家需要发展金融市场时，这个过程是否平坦。过程本身并不是小事。许多国家的金融产业都不发达，有很多限制竞争的束缚：利率是固定的，进入金融业受限制，不允许外国竞争等。金融市场如果实行突然的自由化，就跟强迫一个从来不参加锻炼的人去进行极限训练一样，这个人要么受到鼓舞，从此对生活更有热情，要么会给活活累死。

或者说，向自由的金融体系转化是有风险的。即便自由的、市场导向的经济体制更有效率、更加公平——不过我们刚刚对此提出了疑问——我们还应该考虑，把一个限制竞争数十年之久的经济体制转化为市场经济体制需要付出多少成本，是否值得。有的人以为，把这样的经济一下子暴露在国际竞争的风浪中，简直就是施以虎狼之药。

这些谨慎的改革者或许有他们的理由。根据研究，在最近的20年之中，26次银行危机里有18次发生在刚刚实行金融自由化不到5年的国家，[33]或者说，在金融危机与自由化——包括放开利率控制、开放经济、放松进入限制等政府行为——之间存在正相关关系。但是，相关关系并不一定代表因果关系。经济自由化通常是发生在情况恶化而且别无选择的时候：例如，1991年印度发生结算危机，在只有几个星期外汇储备就要耗尽的情况下被迫实施了自由化政策。

危机和自由化之间或许还存在更直接的关系。当经济自由化时，竞争的加剧会压缩银行的利润水平。同时，银行在贷款时不再如以往那样只需要考虑抵押和私人关系，而需要更多地考虑借款人的商业能力，因此需要新的业务技能。还有，需要更多的基础设施，例如更好的会计标准，更多的信息搜集和报告，更好的合同设计，更好的债务追讨体制。如果这些新的技能和基础设施都能够到位，那么银行有可能比过去更有盈利能力。但是在转轨过程中，这些条件则不能很快得到满足，它们又没有充足的利润来承受打击或者增加激励。因此，在经济自由化的过程中，我们看到很多银行家都如同在夜晚穿越公路的梅花鹿一样，被车灯吓得一动不动，最后悲惨收场。

## 小　结

在本章中，我们就金融市场的发展提出了一些很自然的问题。有人赞扬竞争性金融市场的优点，也有人提出了尖锐的批评，他们不相信市场可以有效地引导投资，而是指出在狂热时期浪费了大量资源。还有人虽然认为竞争性金融市场是必要的，但是如果给一个垂死的体制实施休克疗法，病人有可能活不下去。

说到这里，读者们会想到一个老话题，那就是政策制定者总希望经济学家们能够更清晰地表达其立场，因为经济学家总喜欢对某种建议在一方面提出若干赞成性的看法，另一方面又同时提出反对的论据。而我们似乎就为金融市场发展的正反两面都说了话，一方面，自由金融体系可以帮助配置资源和管理风险，对于其他经济部门的发展极其重要；另一方面，金融业自身也是风险的来源，有时会以特别巨大的方式浪费资源。自由的金融市场既是天使又是魔鬼，那我们应该欢迎金融自由化吗？

幸运的是，我们找到了办法，不需要陷入进退维谷的境地：我们可以去考察实际的证据，来看看平均而言，一个国家从金融发展中得到的收益与付出的成本孰大孰小。需要注意的是，历史上的片段固然可以说明问题，但也容易被人有选择性地使用，以支持其抱有的成见。那么，要想真正判断金融自由化在总体上是否对社会有益，我们就要放开对具体事件或案例的分析，先去系统地考察一下某些国家的历史进程。套用温斯顿·丘吉尔的话来说，一个拥有活跃的竞争性金融市场的发达金融体系可能是最坏的金融体系，但却是人类所尝试过的最好的金融体系。这是我们在下一章中要回答的问题。

# 第5章　金融发展的主要影响

没有人会怀疑人类的活动需要资源，而承担风险意味着付出成本。金融市场能够把资源与创业者结合起来，可以分散风险，但它只是人类的手段之一，此外还有其他手段。例如，企业可以用自己创造的现金或者财物从创业者那里把发明买下来，也可以直接雇用创业者，这样就取代了金融市场的功能。那么，我们如何判断，金融市场的发展总体来说是有益的，可以促进资源和创业者的结合，分散风险，降低资金成本呢？尤其是，金融市场既然还有可能浪费资源，提升风险，这个问题就尤其不容回避。

我们不能只看一个国家现有的经济繁荣程度，因为繁荣可能是由于丰富的自然资源或者幸运的历史环境带来的。在两百年以前，海地和巴巴多斯的居民要比美国人富有；而直到18世纪早期，北美洲的经济也并不比南美洲更发达。[1] 但是，在长时期里，经济增长的结果将吞没初始条件的限制。所以，如果我们能够证明金融业的发展提高了一个国家的经济增长速度，那么我们就应该相信金融可以改善人们的生活条件。

同样重要的是，金融业可以给既得利益者带来竞争。金融市场可以给新兴的企业提供融资，增加商业机会，支持创业，使得整个经济体的居民都从竞争中获益。竞争将激发经济的活力，正如民主促进了政治和社会的活力一样。

当然，在漫漫的历史长河中，要找到个别的支持性证据很容易，要找到个别的反对性证据也不难。因此，要回答金融市场的发展对国民经济整体是有益还是有害的问题，我们就需要对不同国家的情况进行系统的考察，本章的话题也就从金融与经济增长的关系开始。

## 金融与经济增长

有明确的证据显示，金融业的发展与经济的发展总是联系在一起，[2] 但是还不足以证明金融的发展对经济增长起了作用。经济学家非常强调相关关系（两件事情一起发生）和因果关系（一件事情的发生引起另一件事情发生）之间的区别，因为这种差别将导致完全不同的经济政策。

举个例子，在列车进站的时候，原来停留在铁轨上的小鸟飞走了。小鸟飞走和列车到来是相关事件，但是小鸟飞走并不导致列车到来。如果没有搞清楚前后的因果关系，只考虑到事情的相关性，那我们会得出非常古怪的结论：为了让晚点的列车快些到站，不耐烦的旅客只需要把轨道上的小鸟赶走就可以了。可以说，相关性经常成为迷信的起源，而因果关系才是科学的基础。

因此，过去的许多经济学家虽然确信良好的金融业总是和健康的经济有联系，但却怀疑金融业的发展是经济发展的先决条件。他们认为，金融产业的发展并不需要投入太多的时间和资金，所以，假如经济的增长产生了发展金融市场和金融机构的需要，那么社会自然就会生产出这些供给来予以满足。从而，他们的结论是即便金融业在初期不能满足经济发展的需要，也依然不会影响经济的增长速度。[3] 为了应答这些怀疑，我们必须证明金融的发展对经济增长有直接的作用。

在自然科学中，因果关系能够通过可控制的实验来验证，但是这在经济学中通常办不到。作为替代，我们可以找到一些条件，模拟可控制的实验。

验证因果关系的一个办法，是证明金融市场的发展出现在经济增长之前而不是之后，而事实也的确如此。有人研究了 80 个国家在 1960—1989 年里的数据样本，发现从多个不同的标准来看，在金融市场开始发展以后的 10 年里，这些国家的 GDP、资本总量和生产率的增长率都更高。[4] 比如说，衡量金融系统发达程度的指标之一是政府对信贷资源的影响程度，在有些金融系统不够发达的国家，大量的信贷资源被中央银行而不是商业银行所控制，会显著拖累经济增长。有研究显示，在1970年，扎伊尔的商业银行所发放的信贷占全国的比例只有26%，如果能达到发展中国家的平均水平57%，那么在20世纪70年代它的经济增长率就可以每年增加0.9个百分点，到1980年时，人均GDP就会比实际水平提高9%。[5]

这种粗浅的论述还不足以完全证明因果关系的存在，就像小鸟也是在列车到来之前飞走一样，先发生的事情并不一定就要引起后发生的事情。金融市场的发展出现在经济增长之前，是否是因为金融业提前察觉了经济增长的前景，预先开始起飞呢？要排除这种猜测，必须找到更多的证据。

实际上我们可以找到两种证据，首先来看第一种。我们再回到原来的比喻上，如果要证明是列车的到来引起了小鸟飞走，而不是相反，我们可以探讨在这个过程中具体的机制是如何发生作用的，比如，是否是因为列车的到来引起了铁轨的震动，而铁轨的震动惊动了小鸟，导致小鸟飞走了。我们假设，存在两种铁轨，一种不会产生震动，另一种会；又存在两种小鸟，一种能感觉到震动，另一种不能。如果能够证实，当两种小鸟都停留在会产生震动的铁轨上时，能感觉到震动的小鸟飞走的时间更早；而当它们都停留在不会震动的铁轨上时，起飞的时间就没有什么差别，那么我们就可以更加确信这里的因果关系如下：铁轨的震动，或者说列车的到来是原因，小鸟的飞走是结果，而不是相反。

联系到我们讨论的主题上，这个比喻的启示就是，如果金融业的发展确实影响了经济的增长速度，那么它对不同的产业和不同的企业可能有不同的影响。为什么呢？请读者注意一个事实，就是在任何国家里，企业投资所使用的资金中有相当大一部分都来自其自身的经营利润，所以那些快速成长的企业通常都不分配红利——它们要把得到的钱都用于再投资。企业喜欢首先使用自己的现金流，用术语说叫“内部融资”，而觉得使用外面的资金（“外部融资”）需要支付额外的代价。因为如我们前述的那样，企业外的投资人并不像企业经理人这般清楚企业的情况和前景，也并不完全信任经理人对投资人的忠诚，所以他们在提供融资时会要求这一部分额外的收益。

金融业的发展使得信息的分散性和披露程度增加，合同设计更加合理，执行也更加有效，提高了经理人为投资人利益服务的积极性，从而降低了外部融资的成本。这样，在金融发展中获利最大的企业就应该是那些通常需要大量外部融资的产业。例如制药企业，它们往往需要花费巨额资金投入新药的研制项目，在成功推向市场之前，新药开发项目将是一个巨大的资金黑洞，即便最有实力的企业也需要依赖外部融资。相反，对于烟草行业来说，初始投资所需要的资金和实现盈利所需要的时间都要低很多，不需要什么长期的外部融资，那么，烟草企业从金融市场的发展中得到的利益就可能比制药企业少得多。这样的话，如果金融业的发展影响了经济增长速度，那么在一个金融产业发展更好的国家里（在一条震动的铁轨上），制药企业（敏感的小鸟）就要比烟草企业（不敏感的小鸟）增长得更快一些。

事实也的确如此。[6] 我们以三个国家为例，马来西亚、韩国和智利，在 20 世纪 80 年代，它们都属于经济快速增长的中等收入国家，但彼此的会计标准差别很大，而会计标准是衡量公司信息披露程度和金融发展程度的重要标准之一。按照这个标准，马来西亚是三者之中金融业最发达的国家，在 20 世纪 80 年代，马来西亚制药产业的年实际价值增长率比烟草产业高 4 个百分点（每个产业的增长率已经根据该产业在世界范围内的增长率分别进行了调整）；韩国是三者之中位居中位的国家，制药行业比烟草行业的增长率要高 3 个百分点；而智利是金融业发展水平最低的，其制药行业的增长率比烟草行业反而低 2.5 个百分点。所以说，正如我们所预计的那样，金融市场的发展对不同产业的增长速度产生了不同影响（敏感度不同的小鸟离开铁轨的时间出现了差别）。

这样一来，我们就可以说已经找到了金融促进经济增长的内在机制，可以更加确信它们之间存在着因果关系，此外还可以排除另外一个对它们的相关关系的解释，就是金融市场的基础是为了某些快速成长产业的需要而建立的。因为那些初始规模较小但需要外部融资的产业固然可以受益于金融市场的发展，但原来的大企业也是同样，所以，金融业不太可能突然发现了这些小企业的需要而预先发展起来。那么，我们就不能肯定，金融发展与经济增长的相关关系是由于金融业提前察觉了经济增长的前景，预先开始起飞。

下面我们来看第二种证据。先还是以小鸟做比喻，假如我们只有一种小鸟，它们停留在不怎么发生震动的铁轨上。但是，如果我们能够用另一种震动更明显的铁轨来代替，并且多次地（和随机地）重复实验，结果发现，当列车到来时，在震动更明显的铁轨上的小鸟飞走的时间更早，我们就可以确信，是震动引起了小鸟飞走。

美国放松银行管制的过程就提供了与这个实验十分类似的理想条件。我们在本书的内容介绍中讲过，在过去很长一段时期里，美国各州的法律都限制本州和外州的银行开设分支机构，在有的州——所谓的"单体银行州"，法律只允许每家银行在本州拥有一个分支机构。这样严格的法律规定限制了银行之间的竞争，导致银行机构变得臃肿和低效，给顾客造成更高的成本和低劣的服务。

从 1972 年到 1991 年，许多州废除了限制开设分支机构的法律，对银行业绩产生了显著影响。平均的贷款损失率（由于错误的信贷决策导致的损失）在放松管制之后降低了——短期贷款中每 100 美元贷款的损失降低了 29 美分，长期贷款降低了 48 美分。而对一个健康的银行系统而言，100 美元的贷款损失率通常不到几个美元，所以这方面的业绩改进可谓非常巨大。同时，初期运营成本下降了 4.2%，长期运营成本下降了 8%。[7] 由于竞争加剧，银行职员的平均待遇也降低了，男性职员的工资减少了 12%，女性职员的工资减少了 3%（或者说，工资虽然降低了但性别歧视减少了——这是竞争的自然结果）。[8]

这些变化对于银行的顾客有什么意义？在放松管制的州，借款人的贷款利率降低了，而存款人的利率有轻微上升，所以放松管制给银行的储户和借款人都带来了好处。放松管制带来了效率更高、价格更优惠的银行，意味着该州的金融产业得到了巨大发展。如果金融的发展会带来经济增长，那么放松管制（更换铁轨）就应该对该州的人均收入和产值的增长率（小鸟觉察到列车到来的时间）产生积极的影响。

事实胜于雄辩！在放松管制一年以后，这些州的年经济增长率上升了 0.51 ~ 1.19 个百分点，[9] 考虑到这段时期的平均增长率只有 1.5%，那已经是个巨大的影响。相反，那些没有放松管制的州的经济增长率则只有 -0.6%！[10]

最近，还有许多研究支持我们的发现。例如，向外国资本流入开放（会导致该国的金融市场发展指标迅速提升）的国家，经济增长率通常会显著提高，那些向外国开放证券市场的国家的 GDP 平均增长率会提高 1.1 个百分点。[11]

由于这些证据，人们不应该再怀疑金融市场的发展与经济增长之间存在着因果关系。我们的意思并不是说，一个国家可以没有创新的观念和人才，只依靠金融市场的改善就可以实现增长，也不是说，没有发达的金融市场一个国家就不可能取得经济增长：中国在过去 20 年的成就其实就是反例。金融活动本身不能创造现实的商业机会，它只是帮助人们更容易利用机会：金融市场能够区分有前途的产业和没落的产业，把资源从夕阳部门转移给朝阳部门。所以，金融市场自己并不从事开发，但它是辅助人们开发和培育商机的沃土。

## 金融和竞争

经济增长只是衡量金融市场的作用的标准之一。在第 3 章，我们已经谈过，金融降低了产业进入的门槛，加剧了竞争，给企业和个人打开了机会的大门，那么有什么具体的证据吗？

金融的发展有利于新的竞争者加入某些产业。我们前述的美国银行业的放松管制，就导致在放松管制的那些州里金融环境得到明显改善，从而使得新企业的创建速度出现显著增长。[12] 相似的是，金融体系更发达的一些国家往往有更多的新企业创立，而且这些新企业的创建更多地发生在那些比较依赖于外部融资的产业部门，所以说金融的发展的确是导致企业创业行为增长的原因。[13]

金融发展有利于新企业的进入，但并不代表这会降低产业经济的集中程度，因为原有的企业有可能比新来者更能从金融发展中得益，从而占据更大的生产份额，压制行业竞争。这样，我们需要更深入地研究金融发展对竞争的影响。

竞争程度的指标之一是利润率。当其他条件相同时，市场竞争越激烈，企业的利润率通常也越低。如果企业所处的地区获取融资非常便利，而该地区的企业利润率也比较低，那么就表示融资的便利性容易导致竞争更加激烈。我们以意大利为例，那里的金融业的基础制度设施在各个地区之间差别非常大——例如，是否有高效率的司法体系。这种差别影响了融资的便利程度，即便排除其他经济因素的影响之后，同一个人去申请贷款，他在意大利的某些地区被拒绝的可能性是其他地区的两倍。

融资便利性的这种差别看来的确影响了企业竞争的程度，在金融更发达的地区，企业的平均利润率要比最不发达的地区低 1.6 个百分点——约为平均利润率 5.9% 的 1/3。而且，这种影响主要是发生在中小型企业身上，因为大企业可以在全国范围内进行融资，所以它们所在行业的竞争程度不太受所在地区金融发展水平的制约。[14]

如果我们能找到某个产业，其进入的主要障碍是获得融资，再比较不同国家在一段长时期里该产业的竞争程度的差别，也许我们就可以找到关于金融发展对于竞争究竟有什么影响的最有力证据。

这样的产业是存在的，比如棉纺织工业——斯坦福大学的经济历史学家史蒂芬·哈伯[15]对此有过专门研究。在历史上，经营这个产业的最低资本要求并不算很大，使得原有的企业不能够通过建立巨大的工厂规模来阻止其他人的进入；而且，在哈伯所研究的时期里——19 世纪下半叶到 20 世纪上半叶，这个产业没有什么重要的专利，广告的作用也不明显。所以，进入的主要障碍便是筹集到一定数量的资金，用以购买厂房、机器和雇用员工。哈伯在自己的研究里选取了墨西哥和巴西这两个国家，它们有不同的金融发展历程，对各自的棉纺织工业的竞争状态产生了显著影响。

## 1900 年前后墨西哥和巴西的金融市场

在 19 世纪的多数时期，墨西哥政府的主要财政收入来自海关，由于对外贸易的剧烈波动，政府收入非常不稳定。[16]同时，政府自身也不稳定，高层官员经常易人。由于财政部长的任期通常都不长，他们就经常宣布停止偿还政府债务，尤其是在经济危机或者战争时期。这样一来，政府借贷的利率就非常高而且变动频繁，有时能达到 200%。[17]

与其他不负责任的政府一样，墨西哥政府发现只有少数金融家愿意借钱给它。不但是因为只有这些人才有多余的资本，而且他们也有一定的势力可以制约政府。这样，在政府和主要贷款人之间形成了一种共生关系，后者可以从政府捞取一系列好处，包括国家的铸币厂、烟草垄断权、盐政和道路收费等。[18]

这些金融家不愿意看到有更多的人参与竞争，因此直到 1864 年墨西哥才建立起基础的银行系统，成立了墨西哥伦敦银行（Banco de Londresy México）。到 1884 年时建立了 8 家银行，1911 年有 47 家，其中只有 10 家可以从事一年以上期限的贷款。[19]还有，银行系统的集中度很高，在 1895 年，最大的三家银行的资本金占全部银行的 2/3。[20]显然，一小撮金融家把持了整个银行体系。

银行的高度集中对政府有利。因为政府需要一个稳定的国债市场，如果银行忙于彼此竞争，把精力用于向大众服务，它的债务就难以发售。所以，政府的主要贷款人，也是最大的银行墨西哥银行（Banamex）获得了很多特权，比如对其的存款准备金要求只有其他银行的一半，很多税收上的优惠，开设分支机构等。而对其他银行的要求则非常繁重，包括高标准的资本金和准备金，开业必须获得财政部长和国会的双重批准等。不难想象，当局给圈外人提供批准的可能性到底能有多大。[21]

在 19 世纪，公开市场的发展也非常落后，主要交易对象是不同期限和不同违约可能性的政府债券。但是，到了波费里奥·迪亚斯（1877—1911 年墨西哥的独裁者）统治时期，政府和财政出现了相对稳定，政府开始举借外债，并采取措施重组债务。然而，政府依然依赖于一小部分金融家——特别是墨西哥银行这样的大银行。

迪亚斯政府也实施了某些改革，1884 年颁布了涉及抵押贷款的法律，1889 年颁布了允许自由成立有限责任公司的法律。[22]但是，改善企业融资环境的改革始终是三心二意的，例如财务报告制度就执行得非常松散。虽然法律上有要求，但有的制造业企业却多年都不公布财务报表。[23]结果，由于缺乏公开信息，大众就只能依赖于少数金融家对公司的担保和监督来保证他们的投资安全。所以，只有少数与金融家有特殊关系的新企业才可以发行股票就不足为奇了。

巴西的情况是这样的，在 1889 年帝国体制崩溃之前，巴西政府对金融市场和制度的政策与墨西哥非常相似。在 19 世纪早期，里约热内卢就出现了证券交易所，但并没有为企业融资提供什么像样的服务。从 1850 年到 1885 年，只有一家制造业公司的股票挂牌，而且在这 36 年中仅有三年发生了交易。[24]也是因为要保证政府有稳定的财政来源，银行系统变得很小而且很集中。最后，建立有限责任公司要面临许多障碍，投资人只有获得帝国政府的批准才能组建公司，而且不能享受有限责任：投资人即便卖掉了股票也要对公司债务负担责任。另外还禁止银行投资股票，投资人也不能以保证金购买股票。[25]

但是与墨西哥不同，19 世纪后期从欧洲大陆波及而来的资产阶级革命把巴西卷入其中。城市的中产阶级和有经济实力的咖啡种植园主发动了革命，推翻了佩德罗二世皇帝。他们认为皇帝与旧的土地贵族有太多瓜葛，最终建立了更能代表工业化阶层利益的共和国。

在共和国建立后，金融业的政策发生了巨大改变。政府致力于把一个奴隶劳动为主的农业经济转变成现代的工业经济。在帝国末年，奴隶制度已经废除，金融产业也开始放开。而新政府更加扩大了银行体系的开放，取消了限制银行投资方向的法律，允许办理保证金贷款（margin loans），有限责任公司也更容易成立。此外，还要求公司定期公布财务报表，公布股东名字和股票数额，使公众拥有关于公司控制人的明确信息。[26]

结果，巴西的金融产业产生了巨大的飞跃，1888 年的银行数量是 26 家，到 1891 年已经发展到 68 家。在出现繁荣的第一年，里约热内卢股票交易所的成交量就相当于过去 60 年的总和。公司债务市场也发展起来，从 1905 年到 1915 年，通过债务发行筹集的资金占投资总额的 32%。

在如此迅速、大规模和不加控制的自由化过程中，不发生问题才是怪事。监管部门需要时间才能学会如何在自由竞争的环境里进行监管，商人也需要学习如何在没有管制的环境中发财，而且也总有老练的家伙在其中浑水摸鱼。以后发生的一切几乎是不可避免的，巴西经济出现了繁荣，带来投机泡沫，然后是衰退，整个银行体系也几乎崩溃，到 1906 年，只有 10 家银行还在继续营业。[27]但是，改革的精灵已经放出了瓶子，趋势不可逆转。即使银行系统已经奄奄一息，但公开的证券和债务市场依然在发挥给企业筹集资金的作用，1915 年里约热内卢证券交易所依然有 32 家公司上市发行股票，24 家企业在公开市场里举债，债券发行筹集的资金占公司长期资本的比例为 21%。[28]要知道，即使是在美国这样债务市场最发达的国家，今天也只有 20% 的融资是通过发行公司债券取得的。

总之，巴西的公开市场和银行（在衰退前的一段时期里）可以自由地为企业提供资金，而墨西哥的银行系统依然只是给自己人提供。这种区别，对棉纺织工业的资金筹集有显著的影响。1912 年，墨西哥有 100 家棉纺织企业，其中只有 4 家的股票在公开交易；相反，在 1915 年，巴西有 180 家棉纺织企业，有 32 家（18%）公开交易，这些上市的公司也是规模最大的一批公司，它们占有该产业总产值的 34%。[29]

墨西哥的企业债券融资很少，即使有，也只是有特殊关系的企业才能得到，多数还是短期债券。即使是那些融资渠道比较好的墨西哥最大的棉纺织企业，在 1907—1913 年间，它们的债务资产比也只有 0.09，而在 1914 年，巴西的大型棉纺织企业的比率是它们的 7 倍，达到 0.64，多数是从公开市场筹集的长期债券融资。

最有趣的是，金融市场在这两个国家的不同发展影响了整个棉纺织产业后来的命运。1883 年，巴西有 44 家企业，66000 个锭子。最大的 4 家企业的销售额占37%；而1878年，墨西哥的企业数量是巴西的2倍，锭子数量为4倍，但最大的4家企业仅占销售额的16%，可以说，墨西哥的纺织品产业在一开始规模更大，集中度更低。[30]

在巴西共和国建立和墨西哥迪亚斯独裁统治几十年以后，这些数字完全颠倒过来了。1915年，巴西拥有180家棉纺织企业，150万个锭子，最大4家企业占销售额的16%。而墨西哥在1912年只有100家企业，75万个锭子，最大4家企业占销售额的27%。[31]

巴西的产业发展更快，集中度却降低。很自然的解释是，墨西哥的金融业倾向于把资金交给自己的关系人，造成了更慢的增长速度和更大的集中度。有趣的是，面对执行得非常糟糕的披露制度，外国投资者也无能为力，结果他们也只向那些最大和最知名的企业投资，进一步加强了产业的集中程度。这种情况，今天仍然发生在那些对外国资本开放但没有深化内部改革的国家里。

当然，很重要的一点是，我们要看看有无其他因素导致了这两个国家棉纺织产业的发展出现差别。实际情况是，这两个国家在经济增长率和纺织品产品需求方面的差别，都不能解释它们的棉纺织工业在发展上出现的差别。墨西哥的国民收入在1877年为巴西的55%，到1910年为93%，而人均收入的增长速度为巴西的10倍（由于有大量移民加入，巴西的人口增长率更高，否则墨西哥的整体国民收入早已超过巴西）。而且，对纺织品的需求也随着人均收入的提高而增长。因此所有的证据都表明，墨西哥的棉纺织工业应该增长得更快。然而实际上却不是这样，这就表明，金融的不发达制约了竞争的程度和纺织品工业的发展。

也许还有人认为发展中国家的棉纺织工业只是特例，那么我们再看看美国的棉纺织工业在同一时期的发展情况。美国当时的大部分纺织工业集中在新英格兰地区，而当地的金融业在19世纪大多是建立在私人关系基础上的。工业家们为了方便自己得到信贷而建立银行，但是因为可以自由开业，阻止了少数人把持金融业，银行数量也大量增加。1800年银行数为17家，到1860年达到505家。[32]而且在经历了一段时期后，会计标准变得更加可靠，法律也执行得更好，金融业务就不再向内部人过分倾斜，可以为更多的人提供融资服务。

美国的数据充分表明，金融市场在促进工业的竞争上发挥了积极作用。在金融业发达的美国，棉纺织工业的集中度更低，并且随着金融市场的发达，集中度持续下降。在 1860 年，最大的 4 家企业的市场份额为 12.6%，而到 1920 年时只有 6.6%。[33]

## 金融市场对衰落行业的作用

我们上面的讨论揭示了金融体系的发达对于一个成长产业的重要性，但是对于衰落产业来说，金融的作用还更加重要。通过对新兴企业的扶持，金融市场可以帮助一个产业适应环境的变化。我们还是以纺织品工业为例，看看美国发生的事情。

在外国竞争的压力下，美国的纺织品工业在过去几十年一直处于衰落中。[34]1976 年，整个产业有 27.5 万台飞梭织布机，到 1997 年只有 1 万台。1992 年，纺织品企业的工厂数量只有 1972 年的 2/3，员工人数也下降了 35%。这些数字表明，该产业陷入了严重衰退，不应该有什么外部融资的要求，但实际情况却要复杂得多。

在很多工厂关门的同时，却有很多新的企业开张。例如，从 1987 年到 1992 年，31% 的老工厂关闭，但是在 1992 年，却有 27% 的工厂是新建立的企业。事情看起来有些荒谬，老的企业在纷纷撤退，同时新的企业却大量开业，但正是这样的大换血加快了整个产业的变迁。

企业的资本密集程度提高了，比如，使用了更多的机器人技术，而雇用的人工减少了。结果是，美国的纺织品工业变得更有生产效率——部分是因为剩下的企业改进了效率，部分是因为低效率的企业被挤出，部分是因为新建的企业效率更高。

美国企业开始生产像 Gore - Tex（戈尔特斯，十种多功能面料）、Polartec（一种抓绒面料）这样的新产品，在美国大量进口纺织品的同时，这些企业也在扩大出口。这是一个动态的重组过程，新企业的生长加速了老企业的变革和淘汰，而外部融资环境对于新兴企业的发展是决定性的。这样，即便在衰退产业里金融业也扮演着不可或缺的角色。

## 个人的流动性

读者们已经知道了金融市场如何帮助创建新兴企业，挑战老企业，保持竞争的激烈和活力，我们现在考察它如何帮助个人扩展成功机会。

金融市场的发展对个人究竟有什么影响，一个明显指标是人们选择个人创业的可能性。自己出来干，不管是做水暖工还是开杂货店，都需要启动资金。但是，除了少数生于大户人家的幸运儿，大多数人的启动资金还是要来自金融市场。因此，一个更发达的金融市场应该更容易帮助个人创业，我们能否找到这方面的证据？

在意大利，不同地区的融资便利性的差异就影响了个人的职业选择。即便排除其他的地区差异的影响，条件基本相同的两个人选择个人创业的概率，处在金融最发达地区的要比处在最不发达地区的高出33%。[35]由于不再受制于自有资金，金融市场还帮助人们在更小的年龄段就开始创业（例如本书内容介绍中讲的搜寻基金），在意大利金融最发达的地区，企业主的平均年龄要比不发达地区低5岁。所以，金融对人们的经济活力有显著影响。

另外一个指标是考察那些最富有的人，看他们的财富如何得来。从1987年开始，《福布斯》杂志发表世界富豪排行榜，并指明他们的财富是来源于继承还是由自我创造。《福布斯》杂志最后一次为财富超过10亿美元的人排名是在1996年（此后亿万富翁的人数就太多了），我们先从这个资料入手，这是在互联网泡沫产生大量新一代暴发的（和短暂的）亿万富翁之前。考虑到国家的规模大小不一，我们采用的指标是，每百万居民拥有的亿万富翁人数（该国的亿万富翁人数除以该国的人口数）。

每百万居民拥有亿万富翁人数最多的地区是香港（2.6），此后是巴林（1.7）、瑞士（1.7）、新加坡（1.4），人数最低的国家里有比较贫穷的秘鲁

(0.04)，也有比较富裕的挪威（0）和南非（0.05）。

比这个指标更有说服力的是每百万居民中的“自我成功”（即通过自己努力而不是依靠继承）的百万富翁人数。结果并不令人奇怪，在一些最近增长速度比较高的国家或地区，包括日本和亚洲四小龙——香港地区、新加坡、韩国和台湾地区，自我成功的富翁人数比较多。有趣的是，美国的数字（0.26）远远高于欧洲的大国：英国、德国和法国的平均数字为 0.08。

一个国家或地区的自我成功的富翁人数比例和该国或地区的股票市场规模之间存在很强的正相关。香港在这两个数字上都独占鳌头，但即使把这个特殊的前英国殖民地排除在外，正相关的关系依然存在。股票市场规模从法国的水平（1996 年为 GDP 的 50%）增长到美国的水平（140%），相应的自我成功的亿万富翁人数比也从 0.07 增加到接近 0.30。在统计学的意义上，美国与法国的自我成功的亿万富翁人数比的所有差别，都可以解释为美国拥有更加发达的金融市场。[36]

当然，这只是一个相关关系，如前所说，不代表因果关系的证据。其他很多因素，例如一个国家对待自由企业的保护程度，都会影响一个人积聚财富的能力。但当这些因素相对稳定时，我们就可以忽略其影响，而考察一个地区的富翁人数的比例在一个时期里的变化。从 1987 年《福布斯》杂志的最早调查开始，我们来看看 1987—1996 年间自我成功的富翁人数比例的变化，在那些金融体系更发达的国家，自我成功的富翁人数比例增加幅度最大，而金融体系的发达程度对继承而来的亿万富翁的人数比却没有太大影响。

最后，富翁的财富是继承而来还是通过自我奋斗而来，有什么关系吗？当然有关系！一个国家，如果继承性的富翁拥有的财富占 GDP 的比例较大，那该国要比其他处于同一发展阶段的国家经济增长更慢，在创新方面投资更少。[37]在一个产业内，由家族继承者控制的公司业绩比较差，在研究开发方面投资比较低。[38]不过，继承对财富的创造有消极影响，其最有力证据还是来自股票市场。当一个公开上市企业任命创办者的一位后裔担任 CEO 时，股票价格会下降 1%，而任命一个外来者时，会上升 2%。[39]市场的不同反应显示了对业绩的不同预期。由创始人的后裔经营的企业在任命后的两年里资产收益率平均会下降 18%。

问题的原因不是在继承本身，而是由于金融市场不发达。因为更发达的金融市场会给企业带来新的管理人，向继承者构成竞争，迫使他们要显示自己的能力，也使得更好的企业家收购不合格的继承者，避免有价值的资源被他们糟蹋。当然，还是有人不惜任何代价拒绝离开，但发达的金融市场已经大大缓和了这类问题的严重性。反之，在一个金融不发达的社会里，大量的继承财富对国家繁荣尤其有害。

## 小　结

每一场把银行家送上断头台的革命，很快都会发现，当商业发展的轮子停下来时，社会还是需要他们。金融是经济增长的润滑剂，也为没有资源的人扩展了机会。1911 年，奥地利经济学家约瑟夫·熊彼特写道：

> 没有它（金融），现代工业的结构就不可能建立起来，同样，金融也使个人更加独立于继承的财产，有经营才能的人“利用债务来取得商业上的成功”，即使最保守的正统理论家也不能完全否认这些事实。[40]

但是他写这些文字后，确实有很多理论家怀疑金融是否发挥了这些作用。而最近的很多研究显示熊彼特是正确的。

不过，对金融市场的批评已经逐渐从质疑金融的作用变成了抱怨金融业自由化带来的风险。的确，当一个国家进行自由化时，金融危机发生的可能性增加了，这不令人奇怪。一个从来不离开床的人，当然不可能出车祸，同样，一个不实行自由化的经济也不会遭遇危机，但是会以另外一种方式慢慢死掉。

事实上，对于一个制度环境脆弱的国家——普遍存在的腐败，低效率的政府机构，不充分的合同执行——自由化的进程尤其危险。[41]在这些国家里，老迈的企业不是拥抱竞争，而是试图阻挠。它们组成联合的卡特尔联盟，利用关系贷款，把整个体系变得不透明、不灵活、非常脆弱。

有的人建议，制度环境脆弱的国家应该首先改善制度，推迟金融自由化的时间。我们对此表示异议。因为接下来我们将论述，制度环境的改善不能脱离竞争的促进和经济的开放。在不发达的环境里，一些有经济实力的人取得了权力，不愿意改善制度，只有通过竞争削弱他们的经济实力，他们对于政治权力的控制才会减少，所以没有竞争，制度环境更不容易改善。

这意味着，即使有陷入危机的风险，那些制度最差的国家也可以从自由化中获益。有证据支持这样的观点。[42]政策制定者需要采取措施，降低危机可能带来损失和政治方面的阻力，而且要说服自己的公民，让他们明白自由化带来的利益和前景将远远超过风险增加的代价。

在本书的开头，我们讲过，资本主义，或者确切地说，自由市场经济，是组织经济行为的最有效率的方式，而自由金融市场是这个体系的核心。本书的第一篇就是具体阐述这个论点。我们看到，虽然还有诸多缺陷，但自由金融市场一直在创造机会，促进竞争，鼓励创新，最终推动经济增长。还有，虽然资本主义体系看起来问题不少，但很多问题是由于金融市场的落后导致的，而且会随着其发展而被消除。

既然我们已经看到，总体上看自由金融市场极大地促进了商业机会和经济繁荣，那么马上就会有人提出疑问，“为什么在有的国家金融市场得到繁荣发展，在有的国家却没有?”这将是本书第二篇的内容。

Saving Capitalism from the Capitalists

# 第二篇　金融市场在何时发展起来?

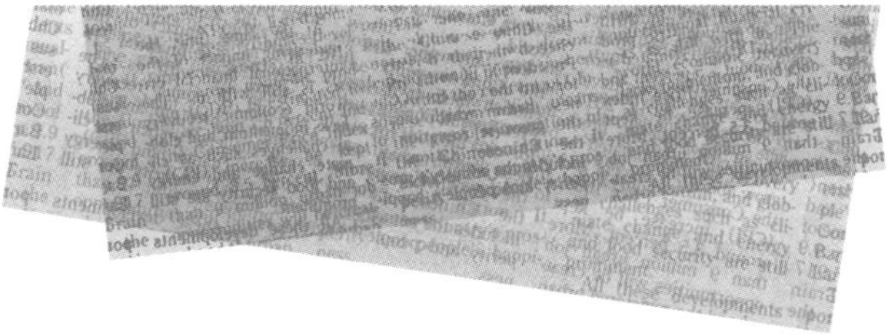

# 第 6 章　驯服专制政府[1]

既然金融市场有如此重要的作用，那为什么它的发展并不尽如人意？为什么活跃的金融体系直到 19 世纪才开始出现，而直到 20 世纪末期才在许多发达国家兴旺起来？为什么绝大多数国家至今都还没有一个有效运转的金融体系？

我们给出的答案既简单又复杂。简单，是指金融市场得不到发展的主要原因在于那些掌握和影响权力的人反对它的发展。复杂，是因为我们需要详细解释他们为什么会反对，采用什么方式来反对，这种反对势力在什么情况下可以被克服及其原因。实际上，本书的第二篇就是专门来回答这些问题的。

资本主义的任何制度要想正常运转都需要满足一个必要条件，就是尊重每个公民的财产权，它不仅允许个人拥有和实施自己的私有财产权利，同时还表示应该更广泛地尊重法治，包括保护和履行私人契约，防止政府的高压统治，阻止专制的税收政策。这些条件对于金融活动尤其重要，因为如果储蓄者担心自己的财产会被盗窃，或者被苛捐杂税所勒索，那他们根本就不会暴露自己的财富，何谈出借。

今天，在绝大多数国家里，对于公民的财产权利的主要威胁并不在于周围的其他国民的贪婪——一个强有力的政府能够有力地打击那些贪婪的罪犯，主要威胁也不在于外国侵略者的贪婪——现代战争的通常目的都不是为了掠夺敌国的公民财产。相反，要维护公民的财产权利，最重要的一点是该国的政府要信守尊重本国公民的财产权利的承诺。

有的国家在这方面已经比较成熟，美国和英国的政府在历史上也曾经剥夺过自己的债权人，今天则已成为尊重财产权利的正直典范。而有的国家现在却比过去做得更差，表明政府在这方面并不能永远尽职尽责。例如，尽管罗马被称为法律的摇篮，威尼斯是很多商业创新的发源地，但今天的意大利在尊重法治和财产权利方面却远远落后于它的许多欧洲邻国。所以，假如我们在人们的文化和心理中，并没有发现什么永恒的信念可以把他们联合起来，达成尊重财产权利的一致意见，那么又是什么因素带来了对财产权利的尊重呢？生活在发达国家的公民，是否需要担心他们的政府在将来有可能不再继续尊重财产权利呢？本章将对此给予解答。

尊重基本的财产权利只是金融市场发展的第一步。如果政府没有进一步创造出金融市场所必要的制度基础，而是用管制来束缚市场的发展，那金融产业依然不会繁荣。即便在一个宪政民主社会里，政府也可能不会采纳促进金融发展的措施，甚至反其道而行，其原因在于政府容易被少数既得利益者控制，而这些人不愿意让其他人得到充分的金融资源。换句话说，要实现金融市场的充分发展，第一道需要克服的障碍是不尊重公民财产的贪婪政府，第二道需要克服的障碍是少数人治、少数人有和少数人享的所谓“民主”政府，第 7 章将讨论有关这些少数人的问题。

既得利益集团的势力在什么时候能够被克服？在第 8 章，我们将讨论在哪些条件下，金融市场可以从少数利益集团的控制下被解放出来。我们要指出，最近全球金融业的突飞猛进在很大程度上正是由于出现了这些有利的条件。最后，我们的讨论还将涉及金融市场的发展历程是否不可逆转的问题，那是本书第三篇的主题。很不幸，逆转是有可能发生的，所以需要我们以自己的努力来阻止逆转的发生，继续保持前进的方向。现在，我们首先来看为什么需要驯服贪婪的政府，事情又是如何进行的。

## 我们的基本观点

财产权利是一种垄断性的权利，使得财产的所有者拥有使用某种财物的特权，同时也排除了其他人的使用权利。然而是谁赋予了所有者这种权利？“法律”，有人想必会这样回答。的确，在现代社会里，财产权利是由法律制度强制执行的。但是，又有人会问，法律的力量又是谁赋予的呢？为什么在有的国家，法律可以得到尊重和执行，甚至可以制约政府的权力，而在有的国家则不然？

也许原因在于这些国家的政府有不同的性质。有人认为，通过制定完善的宪法，让立法系统和司法系统拥有“制衡”的权力，从而保证政府更加信守尊重公民的财产权利的承诺。[2] 但是这样的观点，即通过更民主的政治程序来监督政府的专制权力，以确保对财产权利的尊重，仍然存在漏洞。因为在国家政治中，很多规则容易被操纵，政府有可能架空民主程序，使得公众不容易通过制定法案或者修宪来分享政治权力。所以，我们的主张是，不应该把政治权力的委托和财产权利的保护单纯看作政治现象和法律现象，而应该同时视为一种经济现象。

基于这样的考虑，我们决定把研究的焦点先转到历史上，在当时还没有建立良好的法律制度，即便如今最尊重财产权利的国家也是如此，在历史的进程中，读者可以了解，对于财产权利的基本尊重是如何逐步产生的。我们将深入史实，考察英国在一百余年的时间里怎样从君主专制制度转变为君主立宪制度。此前，首先介绍一下我们在论证中的内在逻辑。

当财产的所有者对该财产的经营管理比其他人做得更好时，财产权利更容易得到保护。因为把财产夺走将付出高昂的代价，使得原来的财产所有者不能再施展他的经营管理技能来创造价值——即使夺走财产的人继续让他来负责经营，也绝对不如他自己是所有者时做得那样尽心尽责。这样，如果财产被最好的管理者所拥有，那么它们不但拥有法律上的保护，而且还有经济价值上的保护。所以，假如一个社会的所有权分布在经济上更有效率，那么它也将具有更强的经济实力和纳税能力，足以引起政府对经济价值的尊重，此时的财产权利也更加安全。而假如财产的所有权分布是由于偶然因素或者国王随心所欲的安排而形成时，则不然。[3]

这个事实与议会政治制度息息相关。由于所有者是十分分散的，他们必须通过议会才能汇集起来，联合采取行动。但是民主制度只是行使权力的手段，而不是权力的来源。我们并非是在咬文嚼字，因为如果一个国家的财产所有权分布是“错误”的或者说是缺乏经济效率的，那么不管有多少民主制度，它也很难在政府和民众之间实现权力的平衡。

以上的论述还只是推测，接下来我们将给予证实。我们要考察，为什么政府对于财产权利的尊重会起源于英国，而其他国家花了那么长的时间才跟上其脚步？尽管这些属于历史性的研究，但分析的结果却具有明显的现实意义，因为不光是俄罗斯这样的国家正在努力建立对公民财产权利的保护，而且已经有财产权利保护的国家也需要继续维持和改善这种保护。

## 贪婪的政府

财产的保护起源于抵抗外国侵略者，西欧国家的生活水平从 11 世纪以后普遍提高，部分原因正是东部边境变得更安全了，野蛮人的入侵基本结束。因此，军事上的安全对于经济和金融的发展非常重要。但是仅仅有军事上的保证是不够的，而更强大的军事力量也并不总是对金融市场的发展有利。实际上，在中世纪，西欧最重要的金融中心（首先是佛罗伦萨、热那亚和威尼斯，然后是汉堡和汉莎同盟的城市）都不是军事强国的政治中心，而是独立的政治体，并且除了威尼斯以外，其他城市都很容易受到外国的攻击。为什么它们在金融市场的发展上取得了成功，而巴黎、维也纳或者马德里却没有？

原因在于，一个国家的军事力量强大并不代表其公民的经济地位安全，历史上的实际情况往往完全相反。政府的军事力量越强大，给士兵提供给养所需要的经费就越多，政府就越容易掠夺自己公民的财产（特别是，当不容易掠夺其他国家的财富时）。有关君主们敲诈掠夺富豪的故事在历史上屡见不鲜，圣殿骑士团（the Templars）在 14 世纪早期的命运，就是个有益的警示，它告诉我们，不管普通公民在道义上和财富上多么有实力，但是当他们面对一个贪婪的君王时结果会是什么。

所罗门圣殿（Temple of Solomon）的军事骑士团，又叫圣殿骑士团，是最早的国际银行家组织。这个组织从贵族家庭中招募那些没有希望继承财产和爵位的年轻人。他们志愿献身于教会的事业，居住在耶路撒冷的所罗门圣殿废墟附近，由此得名。他们负责保卫基督教朝圣者通往耶路撒冷的大路，过着极其朴素和严谨的生活，他们无惧死亡，渴望战斗，是当时最具盛名的勇士。[4]

由于很多信徒和被保护者的慷慨捐赠，骑士团得到了很多财富，甚至拥有了一些非常坚固的城堡。在动乱年代，这些城堡成了最好的财富保险箱。比如，英格兰的约翰王原来是把伦敦的教堂作为保管王室珠宝的仓库，而在1261年，他的儿子亨利三世与贵族们发生冲突后，就考虑要把珠宝转移到圣殿骑士团在巴黎的城堡去。[5]

这些城堡形成了一个"分支机构"的网络，从地中海沿岸延伸到伦敦、巴黎，他们为顾客提供可以在当地流通的现金。[6] 一位骑士可以在巴黎存钱，到耶路撒冷取出金额相当的本地货币。十字军骑士们所使用的这种网络，今天手持美国运通卡的旅行者们也在使用。当然，圣殿骑士团对于兑换和转移资金要收取一定的费用，同时也从事着类似于本地银行的其他业务。他们留下来一些羊皮纸记录，从中可以看出，骑士团在巴黎的城堡就像今天的银行柜台一样运转，定时开门，为顾客提供存取货币的服务，而他们的顾客名单简直就是当时的名人录，包括王室成员、教会官员、贵族和富商等。[7]

圣殿骑士团的金融功能迅速超过了其军事功能，他们不但是十字军的财务托管人和执行人，而且成为王室和教皇的财务经纪人，还为其他很多有钱有势的人提供财务建议。

很快，圣殿骑士团的仓库里囤积了大量金钱。然而不幸的是，虽然拥有非常坚固的城堡，他们却完全不是王权的对手。1263年，英格兰的爱德华王子与贵族西蒙发生冲突，他闯入了圣殿骑士团的金库，打开保险柜，抢走了贵族和商人们储存在那里的钱财。在他死后，其子爱德华二世如法炮制。此外，阿拉贡的彼得三世也曾经掠夺过贝基尼昂的圣殿骑士团金库。但是，君主们抢劫圣殿骑士团的事情其实并不奇怪，真正令人感到奇怪的是，尽管那时各国的王室财政都非常窘迫，国王公开掠夺圣殿骑士团的事情还是很少发生。在长达一个半世纪的时间里，圣殿骑士团的势力还是处于上升阶段，君主们对他们采取了容忍的态度，主要原因恐怕是圣殿骑士团在宗教道德上有巨大的影响力，使得君主们担心赤裸裸的抢劫会破坏自己和教会的关系。

不过，到1307年的时候，法国的菲利普四世遇到了严重的财政困难，他用尽了一切传统的搜刮民脂民膏的手段，包括货币贬值、榨取银行家和犹太人的钱财等，最后把目标转向了圣殿骑士团。菲利普四世首先发动了宣传攻势，败坏圣殿骑士团的宗教名誉，然后采用突然袭击的手段逮捕了骑士团的领袖，指控他们犯有一系列违背中世纪道德准则的罪行，例如异端、叛教、邪恶崇拜、性堕落等等。[8] 在酷刑折磨下，很多人被屈打成招，即便他们日后翻供，仍然被判处有罪，很多人甚至被处以火刑。

菲利普四世指示认真清理圣殿骑士团的财产，财宝被王室官员占有，土地被租赁出去。看到大势已去，教会也决定加入掠夺者的行列。1312年，教皇克莱门特五世宣布撤销圣殿骑士团的神职，力图把骑士团的财产转移到教会其他机构的名义下。这样，菲利普四世成了最大的赢家，在道义上和物质上彻底摧毁了圣殿骑士团。然而，尽管他给自己找到了无数的借口，但是在意大利这样更商业化的国家里，人们依然清醒地看出他的行径纯粹是出于贪婪的本性。[9]

圣殿骑士团的灭亡以及此后一再发生的类似事件，给我们带来的教训是，一个组织，不管在物质和道义上有多么强大，都难以保证自己的财产不被政府的强权所掠夺。有意思的是，菲利普四世的作为反过来提醒了教会，他们开始关注君主对其财产的威胁。以前，教会认为财产是一种必然的罪恶（因为耶稣就曾严厉地抨击过富人），而此后，却坚决地主张财产权利是不可剥夺的。僧侣学者们开始发表议论，认为政府没有权利支配其公民的财产，而世俗的学者也在罗马法里面找到了类似的依据。[10]或许是由于这个原因，西欧国家的君主们减少了对国民的直接掠夺，而把目标更多地转向异教徒，例如阿拉伯人和犹太人。

其实，政府觊觎公民的财富，贪婪并不是唯一原因，也不是最重要的原因，主要原因往往是政府需要资金来维持其军事力量。当然，在长期看国家可以通过税收来弥补开支，但是战争产生的需要通常刻不容缓，所以不得不采取掠夺的手段。另外一种搜刮民间财富的办法是举债——现代国家的政府也深谙其理，但是举债也有矛盾。为了偿还债权人的款项，政府需要向广大民众征税，这样做非常费事，也不受欢迎。可是即便如此，政府依然要偿还，其原因是为了今后还要举债。但是，如果政府能够用其他办法从国民那里得到更多资金（比如中世纪时所谓的“强行借款”），暂时不需要举借新债，它可能就不再顾及自己的信誉，从而拒绝偿还原来的债务。而债权人则对政府无从惩罚，他们只有不再相信政府。债权人的无可奈何使得政府变本加厉，不时通过强行借款或者债务违约的方式来掠夺民间财富。

最容易掠夺的目标当然是富人，尤其是银行家（通常是在骚扰完犹太人这些少数民族之后）。连教会都要谴责的高利贷者，肯定是不能放过的。而且，金融家的财富往往更有流动性、更容易携带，这也是导致他们被政府重点课税和敲诈的主要原因，甚至直到今天依然如此。在这一点上，政府的逻辑与银行抢劫犯没有两样，当人们审问威利·萨顿（Willie Sutton）为什么要抢银行时，他回答“因为那里有钱”。在一个政府动辄利用强行借款和债务违约来掠夺公民的社会里，金融业当然没有良好的发展氛围。

要解决政府违约的矛盾，思路似乎并不复杂，那就是政府要找到一个办法让人们相信它会偿还债务，使得人们愿意提供贷款，它也可以通过稳定的税收收入来偿还。传统的观点认为，威尼斯共和国、荷兰和 17 世纪后期的英格兰就找到了这样的方法，那就是把政治权力移交给投资人——与当时盛行的专制君主制度比起来，这些国家的政府更多地代表了富有的投资人的利益。[11]这样一来，就可以保证政府不容易违约。但是，我们认为政治权力发生转移的实际过程远比上述看法要复杂，接下来就以英格兰为例做一个深入分析。

## 英国君主制度的变迁

都铎王朝早期的君主，亨利七世和亨利八世，可以算得上是历史上最贪婪和最专制的君主。当时，他们要面对各种制约君主权威的势力——包括贵族、教会、议会甚至法院。为了解除对他的威胁，亨利七世不断打击那些大的封建领主。亨利八世也继承了这个路线，而且在历史上最大的一次土地掠夺中，他解散了英格兰的修道院，没收了他们的土地，总的没收面积据估计占当时整个英格兰土地的30%以上。这还没完，都铎王朝还从富有的公民那里收取大量的“自愿”借款。比如，理查德·瑞德（Richard Reed）没有缴纳亨利八世规定的一项赋税，就遭到如下待遇：

> 当时英格兰军队部署在苏格兰边境上，瑞德被派到那里去当一个义务兵。那里的将军……接到暗示，要给他安排最艰苦、最危险的任务，在驻地里也要尽量敲诈他，让他明白自己违抗国王的愚蠢行为需要付出的代价。[12]

斯图亚特王朝也继续执行掠夺政策，在1672年底，王室发生了一场严重的财政危机，查理二世宣布暂停支付总金额为130万英镑的银行债务，而当时王室的年收入总共不到200万英镑。[13]

但是很快，英国建立了君主立宪制度。1688年，光荣革命爆发，斯图亚特王朝的詹姆斯二世被推翻，威廉二世和玛丽女王上台。新君主批准了《权利法案》，王室承认议会拥有最高立法权，承认在和平时期保持常备军必须经过议会的批准。还有，法官也不能被随意罢免，进一步保证了公民的个人自由和财产权利。

君主立宪制度的建立对于英国政府的借款能力产生了深远的影响。1688年，政府的债务为100万英镑，相当于GDP的2%～3%，大多数属于短期债务（回顾一下我们的分析，在借款人存在很多不确定性时，贷款人只会答应借出短期贷款），年利息率达到6%～30%，而当时的荷兰政府能够以4%的年利率借到长期债务。[14]到1697年，英国政府的债务总额上涨了17倍，相当于GDP的40%，其中很大部分是长期债务。政府债务大量增加的直接原因是和法国爆发了战争，但是也反映出投资人更愿意向政府提供借款。而且，在债务增加的同时，利率却下降了，平均水平从光荣革命结束时的14%下降到

1697 年的6%。

传统的解释是，由于立法和司法的制衡力量不断增强，王室就会更加信守对于债权人的承诺。[15]议会的主要代表包括商人和金融家的势力（辉格党）与乡绅地主的势力（托利党），他们的实力上升，国王的权力受到约束，使得财产和合同权利得到了更大的保护，那么投资人的信心就可以大大增加。因此，传统的观点是，由于宪政体制限制了国王的权力，使得政府的信用度得到提高，可以在短期内筹集到大量资金，国力迅速增强，英国从此跻身欧洲一流强国。[16]

但是，这些传统观点是有问题的。假如说，只要建立起更民主的政治程序，让政府的专制权力受到监督，就可以保证政府对尊重财产权利的承诺。那么，既然这样就可以保证政府的承诺，提高政府的信誉，为什么其他国家，例如法国和西班牙，却没有这样做呢？要知道，这些国家的政府也长期苦于财政的匮乏，也非常需要提高自己的信用度。

有一种解释是它们各自的国情并不相同。例如，有人认为英国的政府更容易被改善，原因在于英国没有常备军，不容易执行专制措施。建立常备军的预算必须经过议会审批，但由于议会成员多数是有产阶级，出于对自己的财产安全的考虑，他们不会批准建立军队的提议。相反，法国和西班牙的国王却拥有常备军，因为他们面临的外国威胁更加迫切，也没有海峡提供的天然保护。所以，传统的观点认为，这些国家的政府即便总是感到财政饥渴，但由于它们手中有庞大的军事力量，依然很难建立起可靠的对政府权力的内部约束。

然而，这样的说法过于强调地理位置的差别了。我们很难相信，没有常备军是英国国王的权力更容易受到控制的主要原因。因为，即便英国四面环海，不像法国和西班牙那样容易受到突然袭击，但英国国王依然拥有一只常备的警察武装来维护国内治安，并且还利用过这个武装力量来掠夺自己的国民。或者换一个角度，即便宪法要求国王在建立军队时需要议会的批准，但国王一旦得到资金，就可以把宪法抛在脑后，把军队对准议会。而那时候军队究竟会对谁保持忠诚，就取决于谁能够在长期里给他们提供更大的好处。（古代罗马也曾试图把将军和军队排除在政治中心之外，但是最终禁卫军还是在政治上发挥了决定性作用。）如果说，英国的国王并没有考虑操纵军队来镇压议会，或者没有这个能力来操纵，那么就一定还有其他因素在发挥作用。

还有，封建君主是被很多大领主们所包围的，而这些大领主往往都拥有自己的军队。而我们观察到只有在封建体制解体后，宪政政府和对财产权利的尊重才开始出现，那么为什么在封建体制解体之前没有发生呢？为什么拥有军队的领主们没有对王权形成有效的制衡呢？传统的观点认为，政府通过建立监督和制衡机制就可以约束自己的贪婪本能，提高政府的信用度，这里似乎忽略了某些其他因素。那么制约政府的力量到底是什么？

也许，我们应该提出这样的疑问，是否任何政府都有可能建立起权力的制衡，尤其是通过立宪的形式？要知道，在国家政治的层次上，很多规则是可能被操纵的，各种势力之间的权力斗争完全可能违背宪政的规则。所以，并不是说只要通过了某个法案或者改变了宪法，就可以实现政治权力的转移。政治权力能够从政府转移到财产权利的所有者手里，一定有更深的根源，有的根源其实就在于财产权利自身。因此，我们更倾向于把政治权力的转移和财产权利的保护看成是一个相互作用的过程，对财产权利的保护最终会变成政治权力的源泉。

在我们看来，英国议会的权力并不是在 1688 年光荣革命后通过修改宪法才确立的，而是在此之前它就已经非常强大了，其表现就是议会成功地驱逐了两位斯图亚特王朝的国王（查理一世和詹姆斯二世）。这表示，宪法的修改只不过是在书面上正式确认了在此前已经存在的权力关系对比，而斯图亚特王朝与议会的冲突，只是国王在权力争夺已经失去平衡之后的背水一战。当然，宪法的修改最终使得权力转移的结果变得更加牢固。所以我们的观点是，宪政体制是政治权力的转移累积形成的结果，而不是权力转移的原因，下面予以详述。

## 贵族的没落和市场的兴起

宪法不过是几张写着文字的纸，能有多少斤两？而议会并没有自己的军队，为什么却比那些有权有势的封建领主们更有力量，更能制约君主的权力？要弄清楚这些问题，我们需要继续深入历史，答案的第一页便是英国大封建主的没落。

在 1485 年，兰开斯特家族的冒牌继承人亨利七世意外地在博斯维斯战胜了理查三世，从而结束了兰开斯特家族与约克家族之间长达 30 多年的红白玫瑰战争。由于人们对亨利的继承合法性存在怀疑，他必须着手清除威胁。他采取的一个办法是直接打击那些最有权力的领主——而既然领主的权力来自领地，那么没收他们的土地，分成小块出售，以后的人就不再会构成威胁了。亨利八世也继承了这项政策，处决了很多人，其中包括最尊贵和最富有的白金汉公爵。另外，都铎王朝非常注意防范出现新的权力集中，他们在统治期间没有册封任何新的公爵。[17]

对于某些最有权力的领主，固然可以捕风捉影，搞些莫须有的罪名来陷害，但是不能用这个办法对付所有的人。在当时，领主的专制权力来自他的附庸武装，由于农产品市场和土地市场不发达，领主可以用剩余的农产品来养活仆人和贫苦的雇农。[18]他给他们提供保护，免受游寇（或其他领主）的侵扰，给他们租金较低的土地。作为回报，这些人对领主效忠，为领主作战，穿上特殊的制服以代表对主人的忠诚。借助他们的武装力量，领主就足以胁迫法院和其他领主，甚至威胁到国王。

为了对付这种地方武装，亨利七世通过了一系列法案，宣布所有臣民首先应该对他，也就是对国王效忠，而不是对当地的领主效忠。他还禁止其他人雇用王室官员，并恢复执行一项旧的法律，规定只有家庭仆人才能穿制服，还特别以那些保留有私人武装的领主为反例。

同时，还出现了另外的情况促使领主们解除武装。农产品市场开始扩大，使得土地的剩余产品可以用来出售而不需要再分配给仆人和雇农，养活随从的成本逐渐突显出来。而且，土地租金也出现上升，土地买卖的市场日趋繁荣，这更让领主们意识到继续帮助那些忠诚但缺乏生产效率的贫苦雇农是不划算的。而另外一些生产效率比较高的雇农也感到与其花费时间给领主服务，不如把更多的精力用来耕种自己的土地，他们宁愿按照合理的市场水平支付土地租金，也不愿意在支付低租金的同时附带封建义务。这样，由于市场的发展，像军事服务这样的非市场义务就受到了来自经济方面的压力，这种类似的现象我们以后还将不断看到。

还有，在都铎王朝统治的长期和平岁月里，领主也不需要使用武装为国王效力。由于维持武装的成本上升了，收益却在下降，部分领主就解散了武装。解散武装产生了自我放大的效应，因为武装的作用之一是为了对抗其他领主的武装，周围的武装越少，其作用也就越小。这样，由于国王和经济的双重压力，领主们逐渐丧失了其专政力量。一个“16 世纪早期的白金汉公爵，拥有城堡、武器库和数百人的武装随从”，变成了“18 世纪中期的纽卡斯尔公爵，拥有帕拉迪奥建筑风格的豪宅和复杂的政治关系”。[19]在市场的协助下，都铎王朝有效地摧毁了贵族的强权。

## 乡绅阶级的兴起

谁取代了贵族的位置？都铎王朝初期没收的大量贵族土地，以及随后解散修道院的行动，带来了土地市场的繁荣。部分土地被国王授予功臣，但大部分被标价出售，以充实王室的财政。为了土地在市场上能够卖个好价钱，英国的君主们修改了法律，提高了土地购买者的地位，允许他们在必要时可再行出售。土地市场的繁荣带来了更多的影响，首先，更有生产效率的自耕农可以利用自己从土地上获得的丰厚收益购买更多的土地，而没有生产效率的人则会出售土地，或者看着自己的土地被债权人夺走。其次，自耕农的封建束缚减少了，他们与土地的联系更加紧密，在经营管理上面有了更大的积极性。[20]再次，新兴的职业人士，例如律师和商人等，可以购买土地这种身份的象征，从而把许多现代的经营管理技术带到了农业中。[21]这样一来，土地就转移到更有能力和生产效率的自耕农和经营者的手中。

其结果是在领主和雇农之间出现了新的中间阶级——地主（或者乡绅），他们和土地的紧密程度比领主要强，而比后者更有能力承受采用新的经营技术的风险。典型的乡绅具有如下特征：

> 他们并不愿意成为不劳而获的食利阶层；他们不像那些显贵的领主一样，需要负担庞大的管理机构的费用；他们为自己工作，而不是依赖别人去帮助他们管理；总之，他们是自己土地的主人，而不是土地的奴隶。[22]

因此，乡绅和土地的结合程度就比雇农或者领主更紧密，也有更强的能力开发土地的生产效率。

当土地的所有权很集中的时候，所需要的经营管理技能是一种监督技能：领主雇用监工，组成一个垂直向下的管理系统，雇农在最底层。实际上，雇农可能最了解土地，能够生产最大的经济价值，但他们没有所有权，也就没有动力或能力去做。在中世纪早期，英格兰不允许农奴拥有自己的财产，要求他们必须把收入上交主人，与他们耕种的土地一起被买卖，其他国家这种情况持续的时间更长。[23]还有，为了减少管理成本，农民自己“不能选择耕种的日期和作物，大家在同一时间耕种和收割，播撒同样的种子”。[24]

尽管大领主从很小的时候开始就要学习如何管理他的庄园，但他和土地的联系并没有因此变得紧密：因为任何一个人要想懂得太多实在是不现实。所以，大庄园的管理通常是墨守成规，很少有什么突破。其结果是，一块土地的所有者究竟是这个领主还是那个领主，对土地产生的收入并没有什么影响，因为他们采用的管理监督方式都是一样的。用经济学的术语来讲，土地的收入对于领主而言只是一种纯粹的租金：收入的来源仅仅是由于他拥有土地的所有权，土地和所有者之间并没有任何其他的经济联系。

土地财产与领主的联系十分松散，甚至财产权利安全与否也不怎么影响收入的规模。因为雇农自己并不拥有土地，他们只是为领主耕种，所以领主的土地所有权是否更安全对他们没有什么意义。当然，如果领主觉得他的土地占有权更有保障，他可能在改善土地经营方面有更大的积极性，但是由于庄园的规模过于巨大，他一个人的积极性并不会对收入产生明显的作用。

由于这些原因，封建领主能够保有自己的广大土地，仅仅是因为他有足够的武力可以对抗君主。但是如果君主的军事实力过于强大，如果他不担心剥夺领主的土地继承权会影响自己的合法性，也不怕其他领主会联合起来反对他，如果领主们的武装已经逐渐解散，那么，在君主需要的时候，土地财产的所有权就可能发生转移，而且一定会转移。因为所有权分布的无效率本身就是财产权利不安全的因素。在君主看来，这个领主和那个领主在经济意义上是等同的，因为他们拥有同样的监督技能，所生产的产品和用以缴纳税收的剩余也都是一样的。这样，是否有必要保护领主的财产权利就完全取决于君主个人的意愿。所以说，假如所有者是可以随便替代的，那么财产权利就不容易得到保障。

然而，土地规模更小的（不是说小到没有经济效率的）乡绅的情况就完全不同了。首先，乡绅的土地通常都是靠自己积累的财富买下来的，而不是通过继承或者习俗得到，这就首先显示出他具有一定的能力，而做领主和雇农却不需要具备。其次，在自己的土地上，他有充分的权力决定在什么地点种植什么作物，如何使用不同作物进行轮作，采用何种灌溉技术，他熟悉天气对耕种的影响，甚至知道在耕地的周遭适合种植哪些树木，等等。因此，由于他本身具有的能力，也由于他与土地管理结合得更紧密，乡绅的土地生产效率就很高。而且，由于他拥有经营管理的能力和关于土地的丰富知识，他在出租土地时也善于挑选合适的雇农，这样在土地出租的方面他也能够做得更好。

简而言之，新兴的土地市场把土地转移给了出色的经营者——有能力的乡绅。而且随着乡绅对土地更加熟悉，他产生经济价值的能力还可以继续提高，成为在当时的条件下最有生产效率的土地所有者。因此，与领主不同，如果乡绅的土地被剥夺，那么土地的内在经济价值就会大大降低，因为乡绅拥有的经营技能将不再有用。所以，一个明智的政府就应该通过谈判从这些乡绅那里得到持续、稳定的税收，而不是去直接掠夺他们的财富。而且，如果政府对乡绅的财产给予更大的保护，他们还会更有动力去投资土地、增加价值，也就可以缴纳更多的税收。

当然，都铎王朝的君主们脑子里考虑的首先是那些大领主，而不是这些经济方面的算计。为了进一步削弱领主的权力，君主把越来越多的税收征管权和地方司法权委托给当地的乡绅，[25]这使得他们对于君主来说变得越来越不可或缺：

> 实际的情形是，英格兰的法律执行和地方行政都落到乡绅们的手里，随着他们对这些业务日渐精熟，整个国家的日常事务都要完全依赖于乡绅，而不是国王。我们的整个国家机器——法院、教区、济贫院、城市和乡村——如果没有国王依然可以良好运转，但没有乡绅却不行。换句话说，对于国王来说乡绅们必不可少，而对于他们来说国王就不见得有多么重要了。[26]

简要地说，当乡绅们的经济权力扩大时，他们在地方行政上的位置也更加重要。对于整个农业的生产效率来说，这是件好事，因为乡绅们在行政上的重要性提高了他们在财产权利方面的安全感，无疑这又促进了他们的生产效率，从而进一步巩固了他们的财产的安全系数。

乡绅的兴起是一个渐进过程，根据统计，在亨利八世时期，大约有1000名地主（当然关于地主的划分有一个机械的标准，但这些人通常都是新兴的乡绅），到伊丽莎白一世的时候达到1.6万名。毫无疑问，英国的农业生产率正是从乡绅出现的时期开始持续提高的。早期的历史学家就已经发现，新兴的乡绅无疑要比从前的领主和雇农拥有更高的生产率。[27]但是在此后，学者们的研究掺杂了更多的意识形态因素，有关谁促进了生产率提高的争论变得模糊起来。直到最近，一些研究利用大量的样本数据又逐渐澄清了事实。[28]这些数据表明，在16世纪和17世纪，乡绅的兴起的确显著促进了生产率的革命，他们控制的财富也随之增长。[29]到1600年时，社会上的传言是，乡绅拥有的财富是教会、贵族和富裕农民的财富加起来的三倍。[30]

贵族的没落同时伴随着乡绅阶层的兴起。我们认为，乡绅阶层比过去的大领主更能制约君主的权力，但是有人会问这个结论是如何得来的呢？因为和封建领主比起来，乡绅们从个体上来说更加弱小，从集体上来说更加分散，那么是什么因素把他们结合起来共同对抗国王的呢？

## 议会和财产的起源

我们在今后还会提到，大量而分散的群体比少数而集中的群体更难以组织协调行动。尽管人数众多而分散，但很多乡绅还是能够聚集到一起，因为他们有共同的财产来源，有捍卫财产权利的共同利益，而议会则为他们提供了一个可以团结起来协调行动的会议场所。这样，乡绅就可以克服通常会阻挠大群体在采取集体行动时所遇到的障碍。具体的进程如下。

由于解散修道院，亨利八世得罪了罗马教廷。在天主教会的支持下，国内的反对势力开始质疑他的继承合法性，并构成威胁。亨利八世需要同盟军，如果把教会的土地分配给乡绅，就可以使他们“被私人利益的纽带联结起来，坚决反对任何回归罗马教廷的企图”。[31]一位英国历史学家这样写道：

> 如此众多的人参与了破坏教会的财产……给我们的宪政体制带来了不小的好处。由于这些人获得土地，土地贵族群体注入了新鲜的血液，他们的力量增强有助于抵制国王滥用权力。如果说财富就意味着权力，那么把如此大片的王国土地分配给民众……必然加强了他们在权力制衡中的分量。现在这些地位显赫的家庭所拥有的庄园，毫无例外地……都从修道院和其他教会机构那里分到了不小的份额。[32]

不过，在建立反对罗马教会的同盟军的同时，都铎王朝也培养了以后站起来反对国王的势力。许多乡绅都特别提防那些有天主教倾向或者企图与其他天主教国家结盟的君主，[33]而后来的国王，包括查理一世（被处死）和詹姆斯二世（被驱逐）的遭遇，在很大程度上正是出于这个原因。

议会制度则保证了分散的乡绅可以团结起来保护他们新获得的经济权力。在英国历史上，国王在开征新的税收时需要征得议会的同意，议会是国王与他的主要纳税人之间进行谈判的机制，尤其是国王后来还需要借助乡绅的帮助来征管税收，所以议会并不容易被随便解散。但这并不代表议会从一开始就拥有足以和国王抗衡的实力。都铎王朝早期的君主们对于议会有完全的支配权，[34]例如伊丽莎白一世女王只需要给议会传个话，就可以终止一项议题的讨论。她的大臣在接见一名下议院的新议员时，警告他不要在下议院涉及任何有关“女王陛下个人和她的财产，或者教会管理”的话题，[35]而议员对他的警告也唯命是从。

然而随着乡绅的财富和权力的增长，随着他们看到天主教出现了复辟的苗头，议会的对立情绪开始上升。在伊丽莎白统治末期，政府对食盐之类的必需品实行垄断生产和销售，议会中就出现了大量的抱怨，表现异常愤怒。而到了她的继任者詹姆斯一世时期，议会开始频繁否决国王的议案，并积极拥护其成员的言论和人身自由。詹姆斯一世徒劳地发出警告：“我也是个有血有肉的人，和其他人一样有友爱和激情；所以我请求你们不要做得太过分，免得我不得不考虑动用自己的权力。”[36]但是议会对他的警告置若罔闻。

我们只需要做一个简单的经济学分析，就可以明白为什么议会能够这样自信。假设国王和议会为了财产权利或者税收的问题不能达成协议，必须用非常手段一决高下，那么国民将为谁而战呢？一部分人可能是出于荣誉和习惯的考虑来决定自己的立场，但是更多的人，尤其是那些被雇用参战的人，将会以钱袋的分量为判断依据，哪一方提供的报酬更优厚更有保障，他就会效忠哪一方，正如俗话所说，“金钱就是力量”。国王可以宣布反对派是叛徒，宣布剥夺他们的土地，用这些战利品和他自己的财富来犒赏他的支持者，而议会也可以如法炮制。因此，不管是由自己出钱，还是从对手那里剥夺财富，谁能够给雇佣军更多的物质许诺，谁就能得到更多的支持者。

这样，联系到我们上文的论述，乡绅是优秀的土地经营者和财富创造者，而国王和大封建领主与土地之间却没有这样的经济联系。如果国王和领主被乡绅们剥夺土地，那么对于社会整体来说不会有什么经济上的损失，假如结果相反，则社会的损失将十分巨大。所以，乡绅们显然有能力做出更多可信的承诺。另外，其他一些因素也有利于他们，例如土地税收的征管机构多数操纵在乡绅手中，他们能够更好地筹集资金；还有，他们与地方的民众有密切的关系，而国王和领主却脱离群众。无论如何，最基本的一点是，权力的均衡已经改变了。假如君主们还没有看清楚时局，那就有可能爆发内战、流血、革命，让他最终明白权力已经易手！当然，在革命时代已经有很多人认识到时势改变了，例如在 1658 年，一位名叫亨利・内维尔（Henry Neville）的议员就在下议院讲道：

> 在亨利七世以前，下议院从来没有否决过议案。一切事务都取决于领主的态度，在那个时代，这个房子里没有如此众多的乡绅。然而现在，乡绅们不需要依靠贵族的势力了，权力的天平已经完全倒向乡绅，他们控制了全部土地。[37]

随着选举产生的议会拥有了足以制约君主的实力，一个宪政制衡的政府终于得以建立。[38]光荣革命把变革的结果最终确定下来，并且铭刻下这样的理念：税收不再是政府的专制特权，而必须征得人民代表的同意。在不到一个世纪以后，这个原则在美国独立宣言中再次得到诠释。

## 扼要复述

我们做一下回顾。建立一个尊重财产权利的政府有三个重要步骤，第一是大贵族的权势出现衰落，这使得经济产出不再被领主们完全占有，土地所有权也得到更大的分散。第二是一个中间阶级即乡绅的兴起，他们不但有充足的经济实力购买土地，而且成了自己土地的有效率的经营者。第三是出现了一个作为协调机构的议会，如果离开它，分散的乡绅将很难为他们的经济权力提供政治上的保护。在都铎王朝早期，乡绅阶级正在形成时，议会还比较弱小，而随着他们的财富迅速积聚，议会的力量也就很快强大起来。另外，乡绅的共同利益也进一步巩固了议会的权力，他们绝大多数人的收入都来自土地，而许多人的土地都是从以前的天主教会手里剥夺得来的。

可以说，英格兰财产权利的出现是由于众多因素的合力作用形成的幸运结果，然而这些因素对于财产权利的建立都是必不可少的吗？詹姆斯·哈林顿（James Harrington）是与奥利弗·克伦威尔（Oliver Cromwell）* 同时代的英国人，他研究了英国的政治权力起源，在1656年的著作《大洋论》里指出，导致权力结构发生改变的唯一原因是都铎王朝大量剥夺和重新分配土地（以及斯图亚特王朝为了应付奢侈开支的需要而出售土地）。他的另外一本小册子也清楚地阐述了这个论点——权力来源于财产，因为拥有财产的人才有能力雇用军队：

> 所有的政府都建立在财产的基础上。（也就是说，政府的权力来自财产；在一个国家里，谁拥有的财产比其他所有人加起来的都更多，谁就可以控制政府。）
>
> 如果一个人拥有的财产超过其他所有人，那么他的财产导致绝对君主制。
>
> 如果少数人拥有的财产超过其他所有人，那么他们的财产导致贵族统治或者混合君主制。
>
> 如果不存在一个人或者少数人拥有压倒数量的财产，那么人民的（或者许多人的）财产导致民主的或者普遍参与性的政府。[39]

与他的观点相似的信念，即财产所有权的广泛分布将导致产生民主制度和公民社会，其实有非常久远的历史传统。有的社会规定一个人拥有的某些财产的最高限额，而有的却规定最低限额：罗马共和国的《土地法》限制任何人拥有的土地不得超过一个最高数量；而1776年托马斯·杰斐逊为弗吉尼亚起草的宪法却要求每个成年人都得到至少50英亩的土地。[40]但是，财产即是权力的论点却有点循环论证的意味，说权力来源于财产，其实是暗示了政府要尊重财产分布的现状。否则，政府在发现反抗势力将组建武装的时候，简单地宣布他们的财产无效，不就解除他们拥有的权力了吗？

---

* 奥利弗·克伦威尔（Oliver Cromwell，1599–1658），17世纪英国资产阶级革命时期的军事强人。——译者注

所以，如果要我们指出什么是财产权利出现过程中最重要的因素，那其实不仅是财产的更广泛分布，更重要的是在财产与所有者之间存在的经济（或社会）联系，这种联系即使在非常混乱的环境下也能维持。可以说，哈林顿的论述忽略了很重要的一个步骤，那就是通过出售没收土地和随后的市场繁荣，使得土地财产落到那些更有经营管理能力的人手里。正是这个因素——财产所有权的经济效率——促进了财产权利的保全，因为有效率的所有者比其他人有更强大的经济力量保卫他的财产。当然，还有乡绅们具有通过议会来团结行动的能力，使他们得以把分散而巨大的经济权力最终转化为政治权力。

那么，土地市场的放开是否就足够导致权力的转移呢？剥夺大领主和修道院的土地是否是实现权力分散的必要条件呢？这些问题是以不符合历史事实的假设为前提的，恐怕难以给出准确的回答，但我们相信，虽然这些剥夺行为本身是侵犯财产权利的，但结果反而限制了未来的君主专制权力。原因在于，剥夺的结果直接导致了财富的再分配，分散了经济权力。而且，原来的领主和修道院在自己的辖区拥有大量土地，是当地的垄断势力。即便更小规模的土地具有更高的经营效率，但如同所有垄断者一样，他们还是会维持现状，采取低效率、大规模的经营方式，利用自己的垄断地位从当地的民众身上榨取利润。因此，如果不依靠强制剥夺这种类似于反垄断行动的措施，单靠土地市场恐怕还不能把土地转移给更有经营效率的人。

我们的论述还可以解释，为什么城邦政府比民族国家的政府有更大的民众参与性。在城邦里，财富的主要来源不是土地而是贸易和制造业。这些活动产生的剩余显然与业主的技能、关系和积极性有密切联系，就像商业化的农场主与土地的关系一样。所以在城邦里，尊重财产权利，让公民更广泛地参与政府以增加他们的安全感，是有特殊的经济意义的（公民这个单词，citizens，来源于法语单词 cité，原来的意思仅仅是指城邦的居民）。正如古人所云，“城邦的空气是自由的空气”。

显然，城邦随着工商业的壮大而发展。我们并不认为，在城邦发展的早期人们就高度重视对财产权利的尊重，但是随着时间的积累，大量的企业成长起来，商人们就产生了更多的要求，最终获得了对城邦政府的参与权和对财产权利的尊重。

在民族国家中则相反，收入的主要部分来自土地，只要财产所有权很集中，国家就不会很尊重财产权。即便工商业有所发展，但由于在总产出中只占据很少的份额，政府也不会尊重工商业的财产权利。因此，只有等到封建庄园解体，或者大规模土地改革，导致乡绅阶级出现以后，才产生了私有财产制度的有力推动者，并最终迫使政府承认财产所有权的地位，从而为后起的竞争性工业的发展奠定了基础，而一旦工业成为国民经济的主体，土地所有权的分配对于财产权利的重要性就不那么明显了。

在这方面，英国历史也提供了见证。当工业产业开始发展时，国王曾试图通过授予工业垄断权的办法为自己捞取好处。如下案例就生动地反映了国王如何滥用其专制权力，揭示了垄断权如何构成了对财产权利的威胁和对正常经济活动的破坏。1614年，英国政府制定了一个策略，其目的是：

> 取消商旅公司（当时的一家贸易公司）向荷兰出口半成品毛纺布的权利，而把出口成品布的垄断权授予一家新公司……据估计，成品布的出口将给该商家增加每年60万~70万英镑的利润，国王将从中获得30万英镑，作为新公司的特许权的费用。但是，荷兰人后来拒绝进口英国的成品布，使得该公司很快关门。而商旅公司则不得不通过向詹姆斯一世的官员行贿6万~7万英镑，以取回以前的出口权，在此期间，整个布匹贸易行业损失惨重……到1620年，英国商人出口的布匹只有1613年出口额的一半。[41]

议会意识到这些垄断权对于财产权利（和自身权力）构成了威胁，于是在1624年通过了《垄断法案》（Statute of Monopolies），禁止国王对个人颁发除新发明以外的垄断特许权。在1640—1660年间，议会与国王发生对抗，在这方面走得更远，最终完全终结了向公司和个人颁发垄断特许权的行为。[42]所以，在保护土地所有者的权利之外，乡绅们还通过议会约束了国王对工业的专制权力。

当然，最终工业的发展也变成了保护财产权利的源泉。虽然说乡绅们在打破专制王权上做出了贡献，但他们后来也利用议会来为自己的特殊利益服务。在16世纪和17世纪出现的中小规模农场主——所谓的自耕农革命——到18世纪和19世纪成为圈地运动和地主革命的牺牲品。自耕农革命是进步的、促进生产力的，而后一个运动却把财富重新分配给新兴的政治势力。[43]但是到那个时候，工业已经成长起来——新兴的工业阶级在英国议会上就食品关税问题与地主阶级展开了激烈的斗争，并且最终取得了胜利——权力转移到新的财产权利捍卫者手中。

## 其他国家

我们的研究集中在英国，这是一个发展出宪政政府的典范国家，接下来再简要研究一下其他出现宪政政府的国家，看看它们在发展模式上是否与英国模式相似。

学者们经常用法国和英国进行比较。而法国一直到19世纪才建立起宪政政府，这使很多历史学家感到困惑。一个显见的原因是在法国大革命以前，贵族和教会的势力过于强大，即便路易十四这样有权势的国王也只能通过权贵们彼此内斗来把握局势，在他死后，贵族重新执掌大权。[44]由于法国的国王无力压服贵族，他们就试图寻求农民的支持，尽力保护他们的财产权利免受大贵族的蚕食。[45]所以，法国的农民拥有相当数量的土地，但是规模过小，没有生产效率。[46]土地买卖也发展得比较缓慢，部分原因是国王不愿意为土地转让提供便利，以免农民把土地卖给贵族或者被贵族霸占，部分原因是法国不像英格兰那样有大量通过没收得到的土地，无法启动市场。这样，乡绅阶级就没有发展起来。最后，法国国王拥有一个中央集权形式的官僚体系，可以直接从农民那里征管税收，他通常也就没有必要召开任何形式的议会。

法国大革命爆发后，教会和贵族的财产被没收和出售，起到的作用类似于英国都铎王朝的剥夺行为。大革命削弱了贵族的土地和权力，增强了当时还比较弱小的法国乡绅和富裕农民的力量，取消了国内的贸易壁垒，创造了全国性的土地和产品市场，为代议制政府的建立制定了制度体系。结果，在 19 世纪法国的农业生产力大大提升。[47]这些政治上和经济上的影响极大地推动了后起而强劲的法国工业革命。

假如我们的观点是有普遍意义的，那么它不但在历史上可以得到验证，而且在更近的时代也应该有同样的结果。简要地说，我们的论点显示，在农业国家里，如果土地所有权太集中，则财产权利的保护程度比较差——对财产权利的保护具体包括，在法律上对财产的所有权和买卖给予清晰的描述，政府和司法体制能够有效地尊重和执行财产权利等。大的土地所有者有能力通过私人武装来保护自己，或者对当地政府施加影响，他们并不希望自由市场的制度基础发展起来，形成对自己的挑战。[48]

有统计分析数据支持我们的推测。在一个以农业生产为主的国家，土地所有权的高度集中的确与低水平的私有财产保护相联系。[49]

这样的结论给我们提出了最后一个问题，既然广泛的（但不是过于广泛的）土地所有权分布会导致政治参与的增强和对私有财产的尊重，为什么很多国家没有进行土地改革呢？为什么一直到 1861 年，俄国的绝大多数农奴还是被束缚在土地上，得不到他们的领主和政府的保护？为什么需要经过法国大革命、拿破仑征服、1830 年和 1848 年的革命，才使得欧洲大陆的土地被重新分配，并促进了农业的商业化发展和对财产权利的更大尊重？

原因之一可能在于这些国家土地的性质。有的国家的土地主要是精细型的耕作，而有的却采取种植园一类的大规模耕作方式。或许这可以部分地解释，为什么在历史上哥斯达黎加比哥伦比亚的民主色彩更浓厚一些。

土地的性质，或者说生产采用的特殊方式或者技术，制约了财产所有权的分布，从而不利于财产权利的保护，这个论点不但适用于农业而且在工业里也能找到证据。有的工业被大企业所垄断，而垄断的成因仅仅是因为政府给予的特许权，在这种情况下，政府往往不会尊重财产权利。例如，采掘工业的企业，其价值主要是来源于采掘的特权而不是经营者的能耐。在一些自然资源丰富的国度——例如刚果（金）——政府可以很随意地从一家公司收回采矿权，再拍卖给另外一家，轻松地获得大笔金钱。当然，投标者最终也知道他们需要在今后继续进行贿赂才能保全所获得的特权。在这种情况下，政府自然没有什么约束会主动尊重公民的财产权利。对于很多国家而言，拥有丰富的矿产资源简直就是一个魔咒，只有少数国家得以摆脱出来。

但是，许多国家之所以没有实现财产的合理分布，其最重要的原因可能是政府和权贵们出于自己的私利而阻挠土地改革，即便他们也知道改革会给国家整体带来好处。显然，我们不能指望个别的领主去把自己的土地分割开，并卖给耕种土地的农民。因为，如果其他领主不同样效仿，如果财产权利缺乏保护的大气候没有改变，那么这个革命的领主就会发现，由于没有了原来的领主，那些自耕农的权利将更加缺乏保护，而且，由于他没有了剩余的粮食和低租金的土地可以雇用农民来为他战斗，他自己出售土地所得的资金也将面临危险。[50]

同样，君主也可能不希望土地所有权的分布过于广泛。即便所有权的广泛分布有利于财产权利变得更安全，有利于土地生产力的提高，但是君主们考虑最多的毕竟是自己的权力。在多数情况下，君主们出于自己的私利会继续实行专制政策，而不管其在长远来说是否有害于国家——正如路易十五的名言，“法国足够我打发时光”。

正如我们在内容介绍里所讲的那样，最开始的土地所有权分布所产生的影响会持续很长时间，甚至在分布的无效率显示出来以后还会发挥作用。例如，在拉丁美洲的废奴运动后，奴隶和雇工已经得到解放，从而降低了大庄园的利润。但是庄园主依然维持这种生产方式，他们继续依赖大量文化素质低下的人工为自己的庄园劳动。这些庄园经济占统治地位的国家，在普及人民的教育和经济社会权利方面不够热心，原因也许正是在这里。[51]

如果原来的土地所有权分布没有通过强制性改革而得到改变，那么这些历史的包袱就造成国家之间甚至一国的不同地区之间在后来的发展上出现了很大的差异。例如，意大利的南部和北部在经济发展水平上差别巨大，北部地区比南部地区要发达很多，而南部的庄园规模更大，农民更加贫穷。有一些历史事件可能是导致南方的土地所有权分布过于集中的原因，例如 11 世纪发生的诺曼征服，14 世纪由于瘟疫造成的巨大破坏等。[52]反过来，土地所有权分布的差异又部分地导致了南北方的经济发展差异，其影响一直持续至今。

历史上的土地分布模式所产生的后果在印度表现得同样明显。在殖民统治时期，英国人把某些地区的大片土地给予当地的领主，而这些地区最近几年的情况恰恰是更低的农业投资，更低的农业生产率，更低的识字率和更高的婴儿死亡率。[53]现在印度的南部和西部比较繁荣，中部和东北部相对停滞，这种差距的扩大也许包含了上述历史因素带来的影响。

与此相似，某些欧洲殖民地也比另外一些殖民地更加尊重财产权利。原因在于，如果当地的气候适宜而土地优良，那么欧洲的移民就会大量涌入，从而产生大量自耕农，为建立具有广泛代表性的法治政府奠定了基础。相反，另外一些殖民地不太适宜欧洲人居住，所以只有少数移民到来，他们大量使用当地的劳力工作，这些地区的土地所有权往往就比较集中，工业也集中于采掘业。[54]这些国家将不得不等待一个新兴的工商业阶级出现，才能建立起安全的财产权利，不过这个阶级自己的发展也将受到落后的财产保护和金融市场的拖累。

还有，有的政府过多考虑自己的权力而不顾及国民的福利，采取了不当的重新分配财产的政策，我们可以看看其后果。在 20 世纪 20—30 年代，斯大林决定消灭苏联的自耕农阶级，把他们的土地集中到大型的集体农庄里，原因是他担心自耕农对于私有财产制度的支持。土地的集体化导致苏联农业生产大幅度下滑——但是达到了政府的目的，就是从苏联的土地上完全消灭自耕农这个私有财产制度最强大的保守势力，接下来政府就可以毫无顾虑地推进其他共产主义改革制度。

最近，一些前社会主义经济体开始计划如何把国有资产分配给私人，以确保向资本主义的平稳过渡。有的经济学家认为，谁拥有财产并不重要，关键是财产要分配到私人的手里。[55]然而根据我们的理论则会得出不同结论，国家财产如果落到错误的人手里，尤其是如果集中地落到他们手里，会非常不利于制约政府权力和培育自由市场。俄罗斯就是这方面的明证。为了赢得 1996 年的总统选举，叶利钦同少数有权势的经理人达成了一笔秘密交易，把俄罗斯最好的企业以很低的价格卖给他们。这笔令人瞠目结舌的交易与一系列类似事件，导致俄罗斯的工业和金融业被极少数人士把持，而这些人最主要的能力在于政治上的关系而不是商业上的精明。所以难怪俄罗斯的这些“商人”被公众称为寡头，使人想起那些曾经阻碍过资本主义发展的反动的封建领主。

这些寡头会阻挠自由市场和金融服务的发展，他们在政治上也不会构成可以制衡政府的力量。因为这些人的王国不是建立在他们的商业能力基础上，所以很容易被别人夺走，正如他们当初取得财富的过程也比较轻松一样。普京领导的政府就在采取措施打击部分寡头，夺回经济权力。在今后，是这些寡头轮流坐庄、继续玩权力游戏，还是被彻底赶走，代之以真正有才能和竞争实力的商业阶层，人们将拭目以待，俄罗斯的民主政治和自由市场经济的未来也正取决于此。

## 小　结

在历史上，自由市场经济和金融市场的发展面临的最大障碍，来自政府的贪婪掠夺。我们提出，英国产生了一个新兴阶级，即乡绅阶级，他们拥有足够的农业生产规模，有能力承担风险，但是没有足够的个体实力在政治上保护自己，于是他们要求建立一个宪政国家。乡绅们通过议会和行政机器这样的机构团结起来，获得了政治权力，从而达到了约束政府权力、保护财产权利的目的。

公民财产权利得到保护对于解决政府的财政问题至关重要。与土地和工业资产不同，大多数金融资产是消极持有的：资产的所有者没有能够从资产中获得收益的专业技能。政府掠夺公民的钞票、金银或者拒付债务，只会遭受声誉上的损失，而不会带来掠夺乡绅的土地所造成的那种经济价值的损失，所以金融资产的持有人往往是政府首选的掠夺对象。现代政府在遇到财政困难时，不会去直接掠夺农民的土地或企业的机器，但是往往会利用各种手段减少政府对债权人的实际偿还。但是，如果政府的权力受到约束，必须保护其他形式的财产权利（例如乡绅的土地），那么对金融资产权利的保护也会相应提高，金融业就能繁荣起来。

一旦金融资产的保护让投资人感到安全，政府就可以通过借款来扶持民族工业的发展，而不再受短期内的税收水平的限制，对整个国家大有裨益。正如 20 世纪早期的历史学家理查德·爱伦贝格（Rechard Ehrenberg）所说："如果不是在 1693—1815 年间发行了 9 亿英镑的国债，英国就不可能成为今天的大不列颠帝国，不可能把半个地球征服在脚下。"[56]

但是，对于实现金融自由来说，建立起具有广泛代表性的政府只是取得了第一战的胜利。由于具有了广泛的代表性，政府对人民的财产权利的威胁降低了，可以大规模地举借债务。但是，这并不表示政府有兴趣发展金融市场，扩大国民的金融自由。即使在民主制度下，政府也可能被少数有组织的阶级所控制，而他们并不愿意积极开拓金融市场。这些是我们下文的主题。

# 第7章　金融市场发展的障碍

要建立一个真正的自由金融体系，驯服专制政府只是长征的第一步。如果政府能够更加尊重公民的财产权利，公民就可以在比较安全的环境下致力于财富的创造。在这个步骤中，很关键的一点是把财产所有权转移到最好的经营者手里，随着财产的分布变得更加广泛和更有效率，权力也就相应转移到民众的手中。

然而这仅仅是第一步。对于金融产业而言，最理想的政府不应该是一个消极的政府。例如，私人之间的合同有时需要政府的支持才能得到强制执行，但这只是最低要求，人们往往希望政府能够做得更多。有时候，受害方执行合同的成本太高，导致合同权利的保护失去意义。比如一个小股东，在市场上购买了很少量的股票，假如他的权益受到公司内部人的侵害，他要自己出面去维护权利的成本就太高了。如果没有监管机构或者其他机制来控制内部人的不法行为，小股东的利益就得不到保证，外部的股权融资就会受到限制。

还有，市场不是在真空中形成的，它们需要基础设施才能运转起来。这些基础设施对市场的所有参与者都是有益的，而无论他是否为建立这些基础设施做过什么贡献。例如，信息披露的统一规则，就对所有的投资人和企业都有好处，但没有哪个企业或个人愿意承担制定和执行这些规则的成本。市场基础设施属于经济学家所说的公共品：它能够使很多人受益，但不能向所有受益的人合理地收费。

当然，这并不表明一定需要政府出面来提供公共品，有时私人机构也可以提供，尤其是当这些私人机构本身也可以获得很大的利益，足以抵消其成本的时候。例如，芝加哥大学就雇用了一支私人保安力量在校园中巡逻，学校获得的好处是校园得到了更大的安全保障。同样，纽约证券交易所对于上市公司规定了严格的信息披露和公司治理标准，它获得的好处是良好的监管声誉。然而在很多情况下，并不存在这样一个私人性的组织可以获得足够多的公共品利益，从而没有人愿意提供公共品服务。由于大家都不愿意付款，希望搭便车，单靠私人机构来供给公共品往往是不够的。

当出现这样的协调困难和搭便车的问题时，就需要政府发挥积极的作用，建立金融市场（和其他市场）所需的基础设施。但是，政府可以做好事并不代表它就愿意做好事。即使在最民主的社会里，政府也未必能够完全代表公众的意愿和利益：协调困难和搭便车的问题是我们需要政府进行干预的原因，但也正是这样的问题，使得我们难以保证政府的干预忠实于公众的利益。

原因在于，虽然公众的整体压力对于民主政府有决定性的影响，但是对普通的个人来说，他自己仅仅是一个庞大的、杂乱的群体中的无名小卒，往往没有特别的动力去采取行动，主张他所赞成的政策。相反，他通常希望其他人为此目标努力而自己可以搭便车。但是当大家都这样考虑时，大众的利益可能就无人伸张，而为那些小规模的利益集团服务的游说者就左右了政治议题。因此，金融发展的第一步是限制政府对自己公民的专制权力，第二步就是限制小规模的利益集团操纵政府的权力。这些利益集团是些什么人，他们为什么要阻碍金融的发展，正是本章的主题，而如何减轻他们的影响将在下一章予以论述。首先，我们要详细阐述为什么在建立市场基础设施的时候需要政府组织的干预。

## 中央权威的必要性

在第 1 章里，我们已经讨论过，法院的无效率和拖延将严重阻碍借贷业务的发展。更普遍地说，大量的市场交易都需要一个中央权威的保证，才能高效率、低成本地得到执行。我们下面将分析一个案例，看看在柏林墙倒塌以后波兰和捷克这两个国家股票市场的发展情况，来体会中央权威的重要性。

这两个国家当时的经济发展水平相当，但是采取的办法大不相同。[1]捷克共和国的总理瓦茨拉夫·克劳斯（Vaclav Klaus）是个自由主义者，对于市场的自我组织能力很有信心。由于意识形态的影响，捷克政府在建立充分的市场基础制度之前就实施了大规模的私有化计划。相反，波兰政府采取了更加渐进式的发展思路，首先引进了非常严格的信息披露标准，接着建立了类似于美国证监会的机构，以确保这些信息披露标准和其他保护小股东的规范能够得到有效执行，在这以后才进行私有化。

几年以后，事实证明波兰的道路是正确的。捷克的股票市场在一开始规模更大，但是当小投资者认识到自身利益缺乏保护之后，市场迅速萎缩，并且出现了很多投资人被内部人欺骗，大机构投资者与内部人勾结起来对付小股东的事情。当然，最后小投资者变得更加成熟，也呼吁加强保护，但他们此时已经遭受了损失。根据估计，在捷克，公司内部人通过股权和其他形式平均占有了58%的公司价值，而美国的比例只有1%。[2]

第一印象至关重要：一旦投资者认识到市场的不公平，再深入的改革也很难把他们拉回来。要让投资者关注到改革措施，使得他们确信原来的不公平环境已经得到改变是非常费力的工作。投资者的初始印象不佳，导致的直接结果就是捷克的公司失去了重要的融资来源，从1996年到1998年，没有一家公司通过公开股票发售来筹集资金。[3]

相反，波兰的股票市场开始规模较小，但后来的成长非常迅速并很快超过了捷克。当局也显示了要严厉处罚损害小股东利益的行为的决心，结果使得在波兰市场上内部人占有的公司价值比例要比捷克低得多，只有12%。[4]投资者知道自己的权利得到了很好的保护，对波兰市场充满信心，从而使新老上市公司都能够获得更多的融资（从1996年到1998年，融资总额达到25亿美元）。[5]

问题的关键在于，对于分散的投资人来说，获取信息和执行权利的成本太高；因此，他们需要类似美国证监会这样的机构来代表他们，需要法律来保护他们。我们再看一个例子，关于1933年美国《证券法》实行后的效果。

这个法律要求公司实行信息披露，并规定了对违法行为的相应处罚措施。在法律颁行之后，投资者对美国企业的股票定价变得更加准确了。[6]有人提出的解释是，强制信息披露制度使得公司披露的信息更加可靠，由于投资者知道的信息更充分，证券价格的波动就会减小，在长时期里，价格波动的减小对于普通投资人有利，可以让他们更好地进行投资决策，并减少了那些消息灵通的不法交易商利用他们的机会。

有趣的是，在 1933 年的《证券法》出台以前，纽约证券交易所就出台过很多《证券法》里所要求的规则。所以有观点认为，当时所缺乏的并不是规则本身，而是规则背后的法律强制力，而《证券法》提供的就是这种强制力。还有，在那些保护股东的法律规定更完善的国家，上市公司的市场价值与账面价值之比更高，显示出投资者认为公司未来分配的利润会更高，也愿意支付更高的股票价格。[7]

当然，法律的文本制定出来了，并不代表就能得到很好的执行。在 1998 年，在 103 个有股票市场的国家里，有 87 个立法禁止内部人利用特权信息进行交易，但其中只有 38 个处罚过这种违规行为。[8]从理论上讲，严格执行禁止内部交易的法律对于普通投资者有利，因为他们不用再担心有人利用内部信息进行交易给他们造成损失。这会减低股票交易的成本，从而降低股东对企业的回报率要求，使得企业的融资更加便宜。事实也的确如此，在禁止内部交易的法规得到严格执行以后，股东所要求的回报率也随之降低，证明他们的自信心增强了，也相应降低了所要求的风险收益。所以，还有一种观点指出，1933 年的《证券法》之所以发挥作用，原因在于人们认为由联邦政府来执行法律要更加可靠，不容易受到交易所内部人的操作。

中央权威还有助于解决协调性的问题。例如，很多研究表明，更好的会计准则可以使公司的财务更加透明，更容易取得投资者的信任。当然，企业可以采取措施，主动选择更有透明度的会计准则来改善自己的信息披露，例如一家德国企业就完全可以采纳透明度更高的美国会计标准来披露自己的财务信息。但是，如果对于不正确或不完整的披露没有处罚措施，这些就是空谈，毫无价值。还有，所有企业都希望选择对自己最有利的披露规则，这会产生问题，因为披露有两个目的：一是让投资者了解企业，二是让投资者可以对不同的企业进行比较。如果每家企业都从自己的需要出发选择各不相同的披露办法，就难以进行相互比较——这个问题现在对于私人股票投资基金而言就非常严重，投资者纷纷抱怨，因为各个基金采纳的披露办法互不相同，所以很难比较其业绩。

当然，如果让不同的信息披露规则通过市场进行互相竞争，也有其好处，可能最终也会有某个规则被大家普遍接受。同时，中央权威也可能由于失误，或者受到部分有特殊利益倾向的公司影响，而选择错误的信息披露规则。然而总体来说，一个统一的由中央强制实施的规则，即使存在某些缺陷，仍然是更好的选择，它可以方便投资者比较不同企业的业绩，从而避免披露规则的不一致可能带来的混乱。

## 为什么需要政府出面？

我们所叙述的这些规则，可以由政府来实施，也可以由有组织的私人机构来执行。但是在很多情况下，政府有天然的优势。比如私人机构固然可以执行某些处罚行为，例如禁止某些违规者在将来继续执业，但他们可以采取的措施毕竟有限。而类似监禁这样的强硬手段，在现代的公民社会里只有政府才有执行的权力。

同样重要的是，私人机构的处罚容易讨价还价。一个交易商如果违反了证券交易商协会（Securities Dealers Association）的规则，他可能要求协会修改规则，或者挑其中的漏洞。如果他在协会中地位比较显赫，他的做法就完全有可能成功，协会可以在短期内平安无事，而在长期里受到声誉上的损失。相反，违反《证券法》将遭到政府的指控和惩罚，讨价还价的余地非常小。改变法律和改变协会规则比起来成本要高得多，过程也更加麻烦——这其实也是法律更容易得到执行的原因之一。还有，同交易所官员比起来，联邦的检察官与交易商之间没有太多瓜葛，从而保证他能够更公正地执行法律。

当然，在一个腐败的经济体里，很多问题也可以同政府官员讨价还价，甚至政府还有可能比证券交易商协会更加糟糕，因为与协会不同，政府官员在处罚违规行为时没有私人收益。但是，如前一章所述，一旦政府的性质得到改善，超越了原始的掠夺性阶段，那它就可以比私人机构更有能力实施严厉处罚。

政府在第二个方面的优势是，它的规定可以对所有人适用，而不是局限于少数人。例如，本书第 2 章里讲到了有限责任的概念，即企业（或者个人）在无力偿付债务时可以进行清算。在今天，这个概念已经被普遍接受，然而在过去很多人认为有限责任是投资者用来欺诈无辜公众的罪恶勾当，是那些有办法从政府获得保护的人拥有的特权。人们认为，在有限责任制度下，富有的投机商可以诱惑普通投资者加入一个看似实力雄厚的企业，而一旦遇到麻烦他们就任凭企业自生自灭，不需要负担任何额外的成本。在 1824 年伦敦的《泰晤士报》就发表社论：

> 这是最不公平的事情，少数富翁拿出自己的一点零钱来建立一个企业，他们利用自己的名声和信誉为企业造势，但真正投入的只有这点零钱，而一旦企业的经营出现问题、资不抵债的时候，他们可以几乎毫发无损地退出，而被欺骗的则是那些普通的公众。[9]

但是，正如笔者所言，有限责任制度是现代股票市场的基础，这个市场有各种各样的投资者参与，可以为企业筹集大量资金。可是有限责任并不仅仅是双方当事人之间的契约，如果所有者的责任对于与公司订立合同的当事人是有限的，而对于公司的第三方来说是无限的，那么有限责任制度并没有意义。如果有人购买了劣质产品而投诉公司，或者政府要向公司征收污染环境的罚款，对股东来说需要承担无限责任，导致股东的全部个人财富存在风险，那就不会有人购买股票。这就是在无合同关系的当事人与公司发生诉讼时，股东依然保持有限责任的原因。这样的法律安排可以使投资人免除超过投资金额的责任，实际上是对公民财产权利的一种普遍排他性的保护。这是一种普遍适用的保护，因此不可能通过私人之间的契约来获得，而必须依靠政府的法律。

还有，金融活动中涉及很多法律规定，例如债务的优先权、抵押品的保证和破产，这些规定进一步明确了财产权利。但是财产权利不仅仅关系到合同的双方当事人，而是个人独有的、同时排除其他任何人的一系列权利。好比传统的罗马法律就规定土地的所有者拥有无限的空间占有权利，土地的权利范围“从地心直到星空”。这样的权利需要全社会及其代理人——政府给予保证，是私人契约所不能取代的。

总之，我们相信在建立金融体系的基础制度时需要一个中央权威机构发挥作用，而且在很多时候（但不是永远如此），最好的中央权威机构是政府。做一个形象的比喻，如果我们需要灌溉一块向下倾斜的土地，自由主义者的观点是，让重力引导水自己流下去就足够了。干预主义者则以为，通常来说土地上面会有障碍物，而即便土地比较平整，水仍然会渗到各处，我们也需要挖掘沟渠来提高灌溉的速度。

更温和的自由主义者认为，有的时候是需要挖掘沟渠，但农民可以自己组织起来做这件事，如果政府进行干预，反而可能妨碍这种私人努力。但是干预主义者的看法是，尽管农民可能自发组织起来，但是需要耗费时间，还有其他一些事情是私人组织做不了的；而且最重要的是，自发组织和解决搭便车的问题成本太高，导致公众根本就不可能建立起必要的私人机构。

本书的作者更倾向于干预主义的立场。但是，我们必须注意，那些阻挠私人组织自愿执行公共事务的力量，同样会阻挠政府这样的公共组织为公众利益服务。因为即使在民主社会里，政府也可能为少数特权人物服务而不是忠实于大众的利益，在灌溉土地时，政府会挖掘错误的沟渠，这是我们下面的话题。

## 为什么会挖掘错误的沟渠？

我们已经指出，金融市场的发展会给社会带来诸多好处。那么，读者应该会考虑到，在民主社会里，公众应该有强烈的支持金融市场发展的政治要求，从而督促政府去创造那些必要的基础制度。很不幸，这不是事实。即使在民主社会里，也不是所有人的声音都同样洪亮，由于民主政治的特殊性，某些特殊利益集团可能昌盛起来，并影响政府制定的政策。那么这些集团的利益为什么与金融市场的发展相冲突呢？他们又如何能够控制政策导向？

为了揭示金融发展中的政治障碍，我们首先分析什么样的利益集团容易控制政府，接着论述在金融业不发达的国家里这样的集团通常有反金融的倾向。在许多方面，我们的论述不是专门针对政府的，同样也适用于为公共目标服务的私人组织，它们的共同特征是，组织所涉及的大众是比较分散的，人们难以发起联合行动。

有两位经济学家，曼库尔·奥尔森（Mancur Olsen）和乔治·施蒂格勒（George Stigler），在各自的著作里指出，小而集中的利益团体在民主社会里有超常的权力。[10]这些思想简单而有力，在芝加哥大学有根深蒂固的影响。[11]请大家看下面的例子。

很多发达国家的城市都严格限制出租车的数量，多数的做法是，发行一定数量的牌照，每个牌照的拥有者有权运营一辆出租车。在纽约市，牌照发行的数量是 11787 个，而且在 50 年的时间里没有增加。所以，任何一个想开出租车的人都需要向现有的出租车所有人购买牌照，由于现有的牌照数量有限，那么如果需求数量较多，价格就会上涨，甚至涨到非常高的地步，在纽约超过了 20 万美元。[12]

从经济学家的角度看，这是不正常的状态。如此高的牌照价格显示，有很多人愿意开出租车，但政府不允许他们开。这种限制市场机制发挥作用的政策明显是不合理的。但是即使寻找出租车很不方便，公众仍然很少为此提出抗议。

当人们向市政厅咨询这个问题时，他们通常的解释是，限制出租车牌照数量是出于城市形象、环境保护和服务质量等方面的考虑，出租车牌照太多，会引起街道拥挤，司机的文明素质降低。还有，出租车太多会引起相互之间的激烈竞争，导致经营者不愿意花钱来保养汽车和雇用素质更高的司机，从而降低公众享受的服务水平。

这些解释其实非常苍白无力。大多数城市对出租车司机的资质并没有什么特殊要求，那些出租车经营者不愿意花钱来雇用更好的司机（或者保养汽车）恰恰是因为他们的生意受到竞争限制保护的结果，可以说，加强竞争绝对不会导致公众享受的服务水平降低。所以，限制竞争的真实原因其实很明显：那就是现有的牌照拥有者的私利。

那么，这些牌照拥有者如何能够得其所愿呢？答案很简单，在民主国家，政府受政治压力的影响。有组织的群体能够比没有组织的群体施加更大的压力，他们会出钱做电视广告，与市政官员会谈，为竞选活动捐款……什么样的群体最容易组织起来？那就是像出租车牌照拥有者这样的，小规模的、有共同利益的、经常聚首议事的组织，他们能够迅速拟定出一致的行动纲领。相反，大众则是由动机和喜好各不相同的人们所构成，位置非常分散，要聚合在一起都比较困难，谈何用一个声音说话。

一个竞争性的出租车市场可以让消费者获益，但是出租车数量的增加给每个个人带来的好处却很有限，不足以让他们产生参与政治事务的动力。还有，消费者是非常分散的，很多人还住在城外，集体行动的成本过于高昂。此外，要他们每个人都搞清楚事情的细节也非常麻烦——比如，出租车主和市政府维护现状的主张是真的有道理，还是他们不过是用油腔滑调来掩盖自己的丑陋企图。除了这种“理性无知”以外，[13]由于每个消费者都希望其他人采取政治行动，自己可以搭便车，所以大众将表现得更加漠不关心。

相反，出租车行业的竞争是否开放对于每个出租车主来说都关系重大，因此他们有积极的动力去表达自己的政治主张。车主们就形成了一个小而集中的群体，很容易开展协调行动。结果导致，即使在民主制度下，他们的私利也会占据上风，造成了缺乏效率的竞争管制。

看到缺乏效率的现象，经济学家就不免要考虑有没有改善的办法。既然出租车主这么有政治势力，那么可否通过经济上的赎买让他们放弃特权呢？比如由全体顾客给他们一定的补偿。如果能够这样做，大家的情况都可以得到改善。但是很不幸，这样的赎买并不会发生。原因之一在于，如果要达成这样一个赎买交易，大众就会明白事情的真相，出租车主限制竞争的虚假理由就会被揭穿（因为，如果给钱他们就愿意放弃特权，那么增加出租车牌照自然不会带来世界末日），一旦明白了事情的真相，公众就不用再通过赎买，只需要在议会投票就可以增加牌照数量了，这样，出租车主就将赔了夫人又折兵。更普遍地讲，政治特权通常是非常隐秘的，不容易被交易，交易会毁掉特权自身。[14]现在让我们回到主题，利用这样一个理论来解释金融市场的发展遇到的阻碍。

## 反对金融发展的小集团

金融市场发展给社会带来了诸多好处，那么还会有人反对它就比较奇怪了。其实，金融市场发展的结果不总是多赢的局面，它会给有的人带来威胁。

例如，在一个国家已经建立的大型工业企业，这个群体我们称为工业既得利益集团。在稳定的时期，这些既得利益集团并不需要发达的金融系统来帮助他们获得资金，因为他们可以从现有的产业中获得收入——如大多数企业那样——来投资新的项目，而不需要外部的资本市场。即使他们的现有产业不能为投资提供足够的现金，他们也可以用自己雄厚的资产和商誉作为抵押来取得贷款。我们已经知道，即使金融体系非常原始，只要有足够的抵押和声誉，银行家也会愿意提供资金。所以即便金融系统很不发达，工业既得利益集团也不会受到资金缺乏的困扰。

相反，金融市场的发展有可能损害他们的利益。我们在第 5 章里谈到，金融市场的发展会促进竞争，而竞争将消耗既得利益集团的高利润。金融发展也要求企业提高财务透明度，这又直接破坏了既得利益集团通过关系来维持生意的传统方式。例如，1991 年，加拿大税务当局允许布隆夫曼家族把 20 亿加元转移到美国，而不需要支付资本所得税。审计署署长抱怨这笔交易“有可能破坏了税务法”，而政府的财务委员会则指责他侵犯了布隆夫曼家族的隐私权。[15]与此相似的是，在印度，一个借款人可以从一家国有银行获得贷款，拒不还贷，然后再到另外一家国有银行申请贷款。而银行之间并没有共享违约者的信息，部分原因在于法律禁止扩散有关违约者的信息（最终该法律被废止）。违约者的个人隐私和借款能力居然比公众的储蓄资金的安全更加重要，在既得利益集团所控制的经济里，这似乎是自然的。

处于既得利益地位的金融家同样也不赞成变革，因为金融市场的发展固然可以为他们带来更多的业务机会，但同时也会削弱他们的相对优势。在信息披露和法律执行不理想的环境里，融资活动要么是有抵押的，要么是以关系为基础的。既得利益集团的金融家通过广泛的非正规接触来获得信息，而不是通过公共资源。他回收贷款的途径也不是通过正当的法律体系，而是通过威胁和哄骗，利用他在多年的时间里积累的各种不正当的影响力。他的借贷能力的关键，当然是与很多重要人物的关系，包括企业经理、其他贷款人、供应商和政客等，同样重要的是他对于顾客的金融资源的垄断能力，使得他一旦停止贷款就会对顾客构成巨大威胁。所以，如果没有关于借款人信用记录的公开资料，借款人就不得不依赖于他，这对于维护他的垄断权力是有益的，因为其他金融家在与该借款人接触时会感到忧虑，担心原来的金融家认为他的风险过高，才放弃对他的支持。

不透明的借款人历史和不充分的法律基础给新的竞争者进入金融业制造了很大的障碍，而既得利益者可以坐享丰厚的利润。相反，充分的信息披露和公正的法律执行可以使竞争环境更加公平，降低进入金融业的门槛，既得利益者原来的顾客关系的重要性会下降，而信用评估、风险管理将成为必需的经营技能。因此，金融市场的发展不但会带来新的竞争，给既得利益者的盈利水平和顾客关系带来压力，而且使得他们自身的技能——人力资本——过时和贬值。

简要地说，自由市场将改变原来依靠不平等竞争条件做生意的方式，这样，既得利益者不但不能从金融的发展中得益，反而还要遭受损失。所以说，既得利益集团在阻止金融市场的发展上面有共同的利益。

同时，这些集团拥有足以影响政策的能力：既得利益集团是一个很明确、很集中的小群体。在一些小国里，他们通常都出自同样的精英学校，参加同样的俱乐部，甚至彼此通婚。另外，他们拥有限制金融发展的能力，原因还在于那些可以从发展中受益的人，那些潜在的竞争者通常比较弱小、贫困、缺乏组织，而信息闭塞的大众则不了解情况，或者没感到痛痒，不会从安逸中奋起。

这里还有一个问题，富有的既得利益者可以有很多办法来维护他们的市场垄断地位，为什么偏偏要选择妨碍金融市场发展的办法？特别是这样的办法也可能损害到既得利益者自己，因为他们偶尔也需要外部融资。为什么不直接禁止新的竞争者进入工业和金融业？这样的禁止措施可以干脆利落地把他人排除在外，而让金融体系发达起来，使得内部人享受更大的好处。

原因在于，对于既得利益者来说，阻碍金融业的发展比直接禁止新的竞争者加入有几个优点。第一，直接的进入限制执行起来通常成本很高，特别是当所限制的产业能找到很多替代品的时候，执行尤其困难（如果不是绝对不可能的话）。另外，某些竞争者可能发明一些类似的产品，如果对所有的创新产品都要进行鉴别、分类和禁止，那工作量就过于烦琐了。而且负责审批营业资格的官僚机构会自己从中捞取很多好处，和既得利益者争权夺利。相反，让金融业停留在不发达的状态可以是一种不作为，与利用国家机器来限制竞争者的加入相比，成本要低廉得多。恶意的疏忽和积极的骚扰在效果上是一样的，但做起来却省事得多！

第二，实行积极的进入限制要经历一个比较公开、透明的政治流程。在民主体制下，你必须要让公民相信限制新的竞争者进入某些产业对他们是有利的，但是，面对垄断企业的低质服务和高昂价格，他们恐怕很难被说服。相反，恶意的疏忽则不会引起公众的注意——通常我们所看到的政府官员也总是昏昏欲睡而不是积极作为的——而且可以用更高明的借口加以掩盖。例如，要求公司在股票上市之前必须有一定年份的盈利记录，借口是保护投资人不被欺诈，这似乎很容易被大众接受，而实际上这种规定却妨碍了新兴企业获得融资，它们将来会给利益集团构成威胁，但暂时还难以取得盈利。利益集团倾向于用这样的要求来管制股市，而不愿意降低上市的门槛，把市场监管的重点放在改善会计准则上，因为改善规则、增强透明度的办法有利于创造一个更公平的竞争环境，会给既得利益集团带来新企业的竞争冲击。

第三，限制进入的障碍设计得越技术化，公众就越不容易进行合理的判断，而只能采取不关心的态度。大多数人都知道直接限制产业进入会有不利影响，却不能理解限制金融市场的很多专业化的名词。以前述的上市公司盈利年限要求为例，这种要求是否真的合理与合算，对于绝大多数投票人而言需要颇费一番功夫才能做出判断，因为这种要求也确实具有保护他们的作用。如果公众对于技术问题搞不清楚，那么既得利益者就更容易利用这个办法。

最后，限制进入的领域主要是一些已有的老产业，而没有明确既得利益者可以拥有新的技术和经济领域的垄断权。这样一来，在新的产业领域开始拓展时，由于外来竞争者可以自由加入，斗争将变得非常混乱、昂贵和公开，既得利益者又需要给负责管理的官僚机构支付好处来换取官方的支持。相反，如果金融市场很不发达，其他竞争者就没有能力进入新产业，只剩下少数有资金盈余的既得利益集团，它们在开拓新的产业时不需要面对太激烈的竞争，可以平稳地控制局面。这就是为什么在一些资本市场不发达的国家里，多元化经营的企业集团占据了优势地位。[16]因为它们是既得利益者，拥有企业内部产生的大量资金，即使进入那些自己并不熟悉的新领域也不会遇到太多的外来挑战。在这些国家，机会属于那些有资金资源的人，不需要经历混乱的竞争过程。

以乔治·施蒂格勒为代表的自由市场信仰者指出，监管的作用通常都是保护被监管者免受竞争的威胁，但是他们也有失偏颇，因为在很多情况下政府的监管对于创造市场其实也是必要的。如我们在本章的开头所提出的那样，要繁荣一个竞争性的市场，就需要建立某些监管和督促的基础设施。因此，某些由于市场的繁荣而受到损害的私人利益集团就会起来反对建立必要的监管制度。缺乏监管的后果将和过度监管与直接限制进入一样，都具有保护既得利益者的效用，都会成为产业进入的障碍。

当然，这并不表示没有人采用直接的进入限制。在世界上，要开办一个普通的企业，创业者通常需要经历 10 道官僚程序，花费 63 天的时间和相当于 1/3 人均年收入的费用。[17]在有的国家，这些限制特别严重，比如在玻利维亚，就需要 20 道程序和 2.6 倍人均年收入的费用。这些管制的目的似乎并不是为了排除糟糕的业主或者保护环境，而是限制产业进入。而且，如果管制的目的确实是为了限制竞争者的进入，那么最好就是把多种限制方式结合起来使用，包括阻挠金融市场的发展。

这就是真实世界中所发生的事情。如果既得利益者把多种限制进入的方法结合起来使用，如果说金融市场得不到发展所产生的作用与官僚审核程序的作用一样，都是限制产业进入，那么它们的使用应该是显著相关的。实际情况也的确如此！在开设企业的审批程序比较多的国家，资本市场通常都很不发达，股票市场市值占 GDP 的比例很低。[18]这种相关关系说明，金融产业的落后是另外一种形式的产业进入壁垒。

## 小 结

在这里我们回顾一下上一章和本章所讨论的关于权力的各种观点。在上一章里，我们认为，封建领主和他们的追随者所拥有的武力并不足以约束政府的权力，相反，当他们的专制力量被乡绅的经济权力取代，财产转移到优秀的经营者的手中时，政府被驯服了，权力受到约束。财产所有者不但有足够的经济力量来保卫自己（而且依靠议会这样的共同机构，把经济权力转化为政治权力），而且君主从自己的利益考虑也需要尊重财产权利、扩大民众的政治参与，以保证财产的所有者创造最大的经济价值。由此，民众也可以给政府上缴更多的税收，与以前不时采用的掠夺政策相比，政府的收入更为稳定和丰富。这样，更广泛和更有效率的财产所有权导致了更广泛的政府参与和对私有财产权利的更大尊重。

但是，政府具有了广泛参与和尊重财产权利的性质，并不代表它将忠实地为公众利益服务。小而集中的群体可以左右政府政策为他们服务，牺牲公众利益。金融市场的发展需要政府执行良好的政策，然而在有组织的既得利益集团的反对下，这些政策难以得到采纳。那么很自然我们就会提出新的问题："在什么情况下这些阻碍金融发展的特殊利益集团可以被战胜？"请大家在下一章寻找答案。

# 第8章　金融市场在何时发展起来

既得利益集团如此强大，那么金融市场不是注定不能得到发展了吗？当然不是这样。有的国家在很早以前就已经建立起强大的金融体系，而在过去几十年里更是出现了世界范围的金融业的繁荣。这些情况告诉我们，在有的情况下既得利益集团不能再勾结起来反对金融的发展，而且即使他们要反对，他们的统治也可以被推翻。

一个原因是政治上的变革，就像我们所谈过的墨西哥和巴西的案例中发生的那样。法国大革命的思想，随着拿破仑战争传播到欧洲大陆，到1830年和1848年革命达到顶峰。到19世纪50年代和60年代，欧洲很多国家的政府已经有比较普遍的参与性。在当时，拿破仑的土地改革消灭了既得利益者——土地贵族的权力，把政治权力转移给富裕农民、新兴的工业家和金融家。由于工商业和职业阶层经济实力的增长，金融改革迅速到来。例如，法国在1863年，西班牙在1869年，德国和比利时在1873年，都开始允许国民自由组建有限责任公司。股票交易所也在这个时期出现，许多新企业创建了，新兴的金融机构也发展起来，它们取代了传统的机构，积极向新企业提供融资，例如法国的动产信用公司（Société Générale de Crédit Mobilier）。

既得利益集团不再盲目反对发展金融市场的第二个原因是，当他们的投资机会增加而自己的财力不能满足时，金融发展也可以使他们自己从中受益。由于新市场的开拓，需求规模的迅速扩大，他们的融资需求也增加了。同样，长时期的经济萧条也有可能减少他们的现金储备，迫使他们在经济复苏时也需要寻求外部融资，转而支持金融的发展。

最后，也许最重要的原因是，某些他们无法控制的力量引起了竞争加剧，特别是技术变革或对外开放带来的竞争，降低了既得利益集团利用落后的金融市场限制国内竞争者的意义，我们现在逐一详述。

## 政治变革和金融发展：动产信用公司的故事

在 19 世纪后期，法国动产信用公司的兴衰史给我们提供了一个很好的例子，说明了政治变革给金融业的发展带来的刺激。

拿破仑在 1814 年的倒台（虽然他在 1815 年有过短暂复辟）给欧洲大陆带来了长时期的相对和平，工业革命加速展开，很快出现了对信贷的大量需求。但是在当时，法国虽然在技术上是西欧最先进的国家之一，其金融体系却非常原始。

法国金融体系的中心是法兰西银行，由拿破仑创建。由于英国政府通过英格兰银行获取了大量信贷资源，拿破仑也希望参考英国的经验，利用法兰西银行给他的军事行动提供稳定的资金。但是与英格兰银行不同，法兰西银行“在招股中遇到麻烦，尽管第一执政官（拿破仑）亲自做出了表率，并命令政府官员购买股份和存款，但是筹集到全部股本也花费了将近两年的时间”。[1] 当时是法兰西帝国的全盛时期，然而银行的创办还遇到如此巨大的困难，原因可能在于该银行不过是拿破仑的全能政府的工具，对于政府的过分要求无法拒绝。私人投资者一开始就不愿意参与的态度从事后看完全是英明的，在 1814 年帝国垮台后，该银行实际上已经破产。

但是，对于政府和权贵们而言，这样一家成型的金融机构是非常有用的工具，不能轻易失去。复辟政府采取了一些私有化的措施，但还是希望把银行控制在自己手里。当时的财政部长巴隆·路易（Baron Louis）对银行的股东代表们说，“你们要求独立，但是办不到；你们将有一个总裁，由我来任命，他不是现在坐在总裁位子上的那个人”。[2]

从一开始，法兰西银行就是金融产业发展的绊脚石，它害怕竞争的威胁，反对建立股份制银行。[3] 当时，法国社会的许多重大的改良主张都受到激进的哲学家圣西蒙（Henri de Saint-Simon）的影响，圣西蒙认为，世袭贵族和土地领主们都是寄生虫，而工业家和银行家则代表着未来，为工业发展提供自由信贷将是社会进步的关键。他的追随者们进一步提出把工业和银行业的发展结合起来的主张。但是复辟政府则害怕这些主张会破坏其统治基础——因为世袭贵族和土地领主正是他们的政治基石。[4]

接下来发生了推翻既得利益集团统治的政治革命。1830 年革命削弱了贵族，改良了政府，但法兰西银行依然坚决反对改革，尤其是建立新的金融机构。1848 年革命进一步打击了权贵，最终导致了政变，路易·波拿巴（Louis Bonaparte）上台。新政府非常清楚，现有的金融体系，尤其是罗斯柴尔德银行和法兰西银行与刚刚推翻的奥尔良王朝有密切联系，所以迅速采取措施来限制他们的权力，并扶植对抗势力。措施之一便是强迫法兰西银行为新兴产业，例如铁路公司（他们与旧王朝没有瓜葛）提供更多信贷。同时也授权组建抵押贷款银行（mortgage banks）这些新的金融机构。很快，法国出现了全国性的抵押贷款市场，可以为各种规模的借款人提供价位合理的服务。不过新政府最大胆的行动还是在 1852 年组建了法国动产信用公司。

动产信用公司的创办人是埃米利·贝列拉和伊萨克·贝列拉兄弟（Emile and Issac Pereire），他们是圣西蒙的经济思想的推崇者，希望建立强大的金融集团，通过股票和债券筹集资金，向众多产业投资以分散风险。通过控制这些产业的信贷，它可以调控生产，确保各个经济环节协调发展，消除生产过剩和失业现象。这样，大集团自身的财务也能保持安全和流动，因为它的投资很分散，并且由最具盛名的银行界和工业界的领袖们来负责经营（当然也包括他们的兄弟）。[5] 这样，动产信用公司既像是信托基金，又像是银行，或者卡特尔。现代银行理论认为，它的一些功能是相互冲突的。但是对当时的第二帝国政府而言，它是用来对付法兰西银行和罗斯柴尔德银行的最合适的机构。

组建动产信用公司的提议遭到了詹姆斯·罗斯柴尔德的反对，他给政府写信，抨击这个计划是投机的、不负责任的、有垄断性质的骗局。[6] 然而公众却强烈支持这项事业，在正式发行之前，动产信用公司的股票就已经在市场上流通，价格达到面值的 4 倍。[7] 既获得了政府的支持，又迎合了公众的需要，动产信用公司的创建已经势在必行。

动产信用公司很快给法国甚至整个欧洲大陆带来了巨大影响。在开业的第一年，它买入了丰赛信贷银行（Crédit Foncier）的大量股份，这是个新建立的国有抵押贷款银行，两家银行有共同的董事，便于协调行动；它通过直接贷款和股票承购为一些铁路公司提供融资，并对其中部分公司进行了合并；它重组了卢瓦尔（Loire）地区的煤炭工业；它参与组建了德国的达姆斯塔特银行（Darmstadter），该银行正是模仿动产信用公司的形式建立的；此外它还为法国和其他国家的一批企业提供了融资，认购了一笔政府贷款。[8] 经济史学家隆多·卡梅伦（Rondo Cameron）专门研究了动产信用公司对于法国经济的重要性，到 1856 年，即动产信用公司开业第 4 年的时候，它先后安排了 16 家金融和工业企业的融资业务，涉及的总资产达到 10 亿法郎，超过巴黎股票交易所市值的 1/5。[9] 动产信用公司对于大型企业的建立和融资发挥了巨大的促进作用，很快西欧的所有国家都在考虑模仿它的模式。

一些当代的法国著名银行就诞生在这个萌芽时期，那是个政府积极鼓励创立新兴企业的时期。里昂信贷银行（Crédit Lyonnais）成立于 1863 年，也就是新的有限责任法律通过的当年，兴业银行（Société Générale）建立于 1864 年。欧洲大陆的其他国家也建立了很多新的股份制银行。

插句话说，这样一个经济和政治的萌芽期是非常重要的。今天的新来者将成为明天的既得利益者，如果金融业与工业的领袖是从这些时期的激烈竞争中胜出的，他们在后来通常也不会太热衷于要求限制进入的管制。

尽管被他人视为金融机构发展的典范——而且还是促进其他企业诞生的催化剂——动产信用公司自己的问题却越来越多。这与它的融资方式和对手的影响有关。动产信用公司在成立之初有充分的资本金，还可以发行短期债券，从其发起的公司（附属企业）那里获得存款。这些再加上回收的贷款以及在市场繁荣的时候出售附属企业股票的收入，使它拥有足够的资金继续为新企业提供投资，但是在 1857—1858 年的经济萧条中，许多资金来源枯竭了，那些附属企业不但不再是资金来源，反而需要大量贷款以渡过难关，而公开市场也不景气，动产信用公司成了它们唯一的希望。

还有，贝列拉兄弟并没有继续执行良好的经营策略和分散化投资，而是染上了许多成功的金融机构易得的狂妄症——以为他们可以点石成金。早在1854年，他们就发起了一家巴黎的城市建设公司——巴黎地产公司（Société Immobilière），该公司后来卷入了贝列拉兄弟的另外一个项目——修建苏伊士运河的计划。考虑到运河的开通将使马赛成为世界级的大港，巴黎地产公司购买了马赛郊外的大片土地，利用动产信用公司的资金从事开发。投入土地开发的资金流动性非常差，但是该公司的原则却是“建好项目，资金自然会来”。到1865年，动产信用公司总共为各种企业提供了5500万法郎的贷款，其中有5200万法郎投入了巴黎地产公司。

动产信用公司的大问题出现了。由于政府阻止它利用长期资本市场，它很难继续为庞大的土地开发项目提供投资。而当时的法兰西银行和罗斯柴尔德银行看到路易·波拿巴政府比较稳固，已经逐渐转向支持政府的立场，它们对动产信用公司施加了不利的影响。[10]到1855年9月，贝列拉兄弟宣布要发行长期债券，政府则要求推迟发行，以减轻资本市场的压力，结果导致了无限期的推迟。[11]贝列拉兄弟不断攻击法兰西银行在其中发挥的消极作用，但于事无补。1863年，贝列拉兄弟提出为动产信用公司的资本金增资1倍的建议，也遭到拒绝。

随着巴黎地产公司的贷款增加，贝列拉最终获得批准扩大股本，代价是修改部分公司章程，限制经营者的行动。但是太晚了，新增的资本被巴黎地产公司的无底洞吞噬，股东再也坐不住了，动产信用公司的股票价格大跌。此时，动产信用公司已经站到了破产的悬崖边上，其他金融机构却都不愿意伸手，贝列拉兄弟只好去找法兰西银行寻求贷款帮助。

像隆多·卡梅伦所描写的那样：“（法兰西银行的）董事们听到这个消息时最开始的反应是愤怒甚至羞辱，贝列拉兄弟这些人在长达15年，不，是37年的时间里一直用语言和行动来攻击他们，试图剥夺他们的特权和地位，现在却要请他们去挽救自己。”[12]当然，最终法兰西银行认识到动产信用公司这样大型的金融机构如果完全崩溃，必将连累整个经济，因此决定进行干预，最少要保证正常的清算。作为条件，它要求贝列拉兄弟辞职，然后有些得意地安排了一位法兰西银行的前总裁成为动产信用公司的主席，主持了银行的重建。动产信用公司从此一蹶不振，在 20 世纪 30 年代的大萧条中寿终正寝。

动产信用公司的失败中包含了金融机构经营中多方面的教训：资产多样化的问题，坏账产生后不要再盲目追加投入，资产与债务的匹配，保持流动性，保证在遇到困难的时候能筹措到必要的资金……所有的这些原则都被忽略了。甚至在给顾客提供融资方面动产信用公司也没有做得特别出色：其贷款客户并没有因为动产信用公司的失败而受到严重损害，说明动产信用公司并不是他们单一的资金来源；或者这些客户早已预见到后来的结果，在动产信用公司破产前已经找到了其他融资渠道。[13]

然而，动产信用公司的故事显示了重大的政治变革对金融发展的影响，通过设计新的金融和工业发展策略，一个新兴的金融机构可以动摇原有的经济和金融基础，远远超过直接的政治干预的力度。这个故事也显示，如果这家新兴机构的经营战略是正确的，那么既得利益集团最后也会追随它的模式，甚至可能比它做得更加出色。所以，即便新兴的企业自己并没有坚持下去，它依然永久地改变了金融服务的面貌。例如，为了保住在奥地利的地位，罗斯柴尔德银行被迫建立了一家类似于动产信用公司的机构——萨尔特信贷银行（Credtansalt），该机构在大萧条以前一直是奥地利金融体系的核心。[14]在美国最近发生的事件中，我们可以看到像德崇证券（Drexel Burnham Lambert）这样的恶意收购者，它们掀起的并购浪潮最终促使大型的商业银行和投资银行抛弃传统的顾虑，对那些“蓝血”家族——传统工业集团——采取更积极的督促态度。他们被迫与德崇证券集团竞争，为恶意收购胜家（Singer）和纳贝斯克这样的老牌企业提供融资。

在类比中我们还能发现很多相似之处，德崇也和动产信用公司一样，得罪了太多的人，以至于在遇到麻烦以后找不到可以帮忙的朋友。连美国联邦储备委员会也决定不必组织专门的援救行动，与德崇的行动树敌众多不无关系。真是万变不离其宗。[15]

## 新机会和金融发展

在一个政治变革时期出现的新的金融和工业企业后来会变成新的既得利益者——如果他们没有消亡的话。但是他们不会总是过河拆桥：如果投资机会多于他们自己融资的能力，工业集团也还是可以从金融发展中受益。由于新市场的开拓，生产规模的要求突然扩大，增加了他们的融资需要和发展金融的需要，高效率的企业在新市场中能找到更多的机会而不是威胁。

在 19 世纪 50—60 年代，交通运输成本的大幅降低迅速扩大了潜在的市场规模。为了使自己国家的企业能进入外国市场，政府开始执行自由贸易政策，实施金本位制度。用黄金来固定各国的汇率使得厂商能更准确计算进出口货物的价值，增添了发展贸易的信心。金本位制度也促进了国际资本流动，使得像英国这样资本丰富的国家可以把多余的资本用于投资，像瑞典这样资本不足的国家可以利用外国资本迅速实现工业化，这样，市场的扩张也带来了对金融服务的供求的扩张。

随着融资的需求发生变化，既得利益集团对金融发展的态度也会相应改变。例如在欧洲大陆，一战就是这样一个转折点，尤其对于重工业来说特别明显。在战前，重工业需要大量投资，非常依赖外部融资，这些国家的工业集团也都坚决支持金融发展政策，但是到战后，通货膨胀和战争利润养肥了这些企业。例如，意大利的重型机械制造商安萨尔多（Ansaldo）在战前非常依赖银行贷款，但是在战后它拥有了大量资金，甚至两次试图收购给它提供贷款的那家银行。[16]简单地说，主要厂商（不是大众）对融资的需求在很大程度上左右了对待金融发展的政治态度。

## 新技术和外来竞争

技术变革带来的一个后果是，利益集团再排斥新的进入者已经没有意义，因为技术使得竞争跨越了政治上的边界。而一旦政治上的进入障碍已经形同虚设，既得利益集团也就可能放弃其他的进入壁垒，包括对金融活动的阻碍。美国当年禁止银行开设分支机构的法律就是一个例子，作为进入的管制壁垒，最终由于技术革新带来的外部竞争而被废除。

美国宪法禁止各州发行自己的货币，禁止对各州之间的贸易征税。结果，从很早开始，各州的政府就在寻找新的收入来源，其中之一就是银行。各州都限制进入银行产业：在一个州开设银行业务需要给州政府缴纳很大一笔特许费用，另外，州政府在很多银行拥有股份，也对它们征税。[17]

这样，银行利润对于人民而言就成了一种变相的税收，私人银行获得超额利润，并把相当一部分通过税收或者分红的形式转移给政府。州政府可以通过使银行利润最大化来使自己的税收最大化，比如在全州只给一家银行发放开业特许，但是如果那样做这家银行的权力就太大了。而如果给太多的银行发放特许，使得它们相互竞争，最终得益的将是大众消费者，对政府来说同样不方便。

于是，各个州政府就采取了折中的方案。开业特许授予多家银行，但是不允许在州内开设更多的分支机构。有的州还有单体银行法（unit banking laws），限制每家银行只能开设一个分行。限制的结果，是让各家银行获得了在其附近区域的垄断权，从而确保了银行的利润，同时也确保不让某一家银行做大。这样，限制本州银行开设分支机构就成为规范，由于不能从外州的银行获得特许收入，他们也禁止外州银行在本州开业。

在通常情况下，这些限制将严重制约银行的效率。优秀的银行得不到扩张，银行的风险不能更大范围分散，分支机构数量太少，这些都使得银行的成本上升、风险增加。然而限制性的规定却继续保留着，起初是因为州政府需要增加财政收入，后来是因为在这种规定下产生了很多小银行，它们需要这些限制性规定的保护才能存活，而且它们也愿意给州里的立法者提供政治资金的支持以维持现状。

这种情况显示，限制进入的管制措施有一个关键点，那就是一旦实施了限制，就会出现一批依赖这些限制的群体，如果没有这些限制性规则他们就不能在竞争中生存。这个群体会由于限制的继续而变得强大起来，而那些受到限制措施损害的人的利益则会被削弱，反对者的声音也就变小了。限制措施给既得利益者提供了现在和未来的利益，使得他们可以提供资金支持其政治庇护者。相反，反对限制的人除了竞争以外并没有什么其他的资源可以给政治家，而竞争的结果将压低未来利润，使得政治活动能得到的资助减少。难怪反对竞争的力量如此强大。

小银行是限制开设分支机构的天然支持者，由于限制性措施制约了高效率的大银行的发展，才保护了它们在低效率的小规模下可以生存。其他一些金融机构，包括保险公司在内也支持这些限制，因为它们担心大银行会进入保险业，通过分支机构高效率地销售保险。而大银行则是反对限制措施的，这阻碍了它们的成长和分散风险。有理由相信，小银行和保险公司会勾结起来共同支持设立分支机构的限制，在 20 世纪的大部分时间里它们占了上风，但是从 70 年代早期开始，许多州放松了限制，那么是什么力量推动的？

答案在于技术革新。[18]只有其他银行不能给顾客提供远程服务的时候，分支机构的限制才可以使银行在所在地附近获得垄断权。但是技术革新缩小了沟通的距离，自动柜员机系统使得银行无须通过分支机构即可为遥远的顾客提供现金，而信用评级机构则掌握了大量消费者的信用记录，让银行可以为遥远的顾客提供贷款。简单地说，技术革新使得银行可以开展远程业务，削弱了地区垄断权，也就丧失了继续保护的价值。[19]

随着这些技术革新日益商业化，美国各州从 20 世纪 70 年代开始纷纷放松管制，但是各州之间存在差别。一个州放松管制的时间，反映了那里的既得利益集团的阻挠势力的大小。小银行比较少，而依赖银行的小企业比较多（更需要一个竞争性的银行市场）的州取消分支机构限制的时间也更早。另一方面，保险业比较强大的州通常更晚取消管制。[20]

放松管制带来了预期的效果，小银行失去了市场，而在一些允许银行进入保险业的州里，保险公司也受到影响。但是总体来说，借款人可以获得更低利率的贷款，而当地的经济发展和人均收入增长率也加快了（参见我们在第 5 章提供的数据）。[21]特殊利益集团的确阻挠了经济发展，而要打消它们进行阻挠活动的积极性，技术进步可能是唯一途径。

## 开放和金融发展

我们已经看到，由于防止竞争变得没有意义，技术变革将迫使既得利益集团改革陈旧的金融管制。而另外一种情况是，当经济对外开放产品和资本市场时，金融的落后对于利益集团也将同样丧失意义。简单地叙述就是：既得利益集团可以操纵政治力量来压制国内竞争，但是对外开放以后，它们无法用国内的政治力量来约束外来竞争。这样会有一系列后果。

首先，利益集团的利润会减少，在开放经济中利益集团不能用国内政治来限制外国竞争者，竞争的加强自然会降低利润水平。其次，限制国内竞争所能产生的利益也有限（当面临外国冲击的时候，是否放开国内的竞争已经没有什么本质区别），这样，限制竞争的动力和能够拉拢政客的能力都会萎缩。最后，在外国竞争压力下，即便国内的利益集团也需要发展国内的基础设施——例如，它们最终会发现国内的融资成本太高。所以，它们不但不会再阻挠金融发展，而且会变成积极的推动者。

当然，一个国家是否实行对外开放本身就是一项重要的政治决策。本章我们不讨论这个决策过程，因为这关系到一个更大的问题，即一个国家的经济是否意愿采用市场主导的体制，那是以后各章的核心。

以上我们大略地论述了开放促进竞争，竞争又反过来促进金融发展。但是，实际上某些形式的外来竞争可能使得既得利益集团更愿意压制金融发展。所以，我们需要把一个国家的贸易开放（带来产品和服务的竞争）和资本流动开放（带来金融业的竞争）带来的影响分头进行研究，而且也要考虑工业既得利益集团和金融业既得利益集团的不同反应。

首先，我们考察一个只实行贸易开放的国家。开放带来了外国市场，也给本国市场带来了外国竞争者，外国人的进入减少了国内的利润水平，使得既得利益企业从经营中获得的利润减少，更依赖于外部融资。同时，国外市场的机会（或者在国内市场上对付有技术优势的外国竞争者的需要）也增加了它们进行投资和改善风险管理的需要。

这种类型的竞争是促使西班牙在1986年加入欧共体以后实行金融业开放政策的原因之一。[22]此前，西班牙的国内金融系统由七大银行组成的卡特尔控制，它们占据了72%的存款，贷款利率远高于欧洲的平均水平。[23]加入欧共体以后，周围的竞争环境更加严峻，暴露了金融体系给工业界造成的负担，引起国内政策的重大变化。1988年菲利普·冈萨雷斯（Felipe González）领导的社会党政府批准了资本市场改革方案，而起草这个方案的那个政府特别委员会在此前整整10年从来没有受到过重视。金融市场的发展是由一个社会党政府而不是由其前任的右翼政府推动的，这充分说明，在外国竞争的现实压力下，意识形态其实并不重要。

西班牙的事情可能是例外，仅仅因为工业企业集团需要外部融资并不表示国家就会采取措施来改善金融业的透明度和便利性。实际上，工业集团在出现更大的金融需要时，反而可能要求实施更严格的金融压制，以便控制有限的资金更多地为自身服务。对于金融业的利益集团来说，改革虽然让工业出现繁荣，可能带来更多的顾客，但可能不足以抵消金融业出现更多竞争（更大的透明度和更便利的融资渠道）所带来的损失，而对它们更有利的办法是，维持与工业集团的现有关系，不断给它们提供所需要的庞大资金。

那么，工业集团的做法就可能不是要求政府改善国内金融体系，而是要求提供更多的贷款补助以应付外国竞争。而政府给这些企业直接发放贷款或者补贴是有害的，原因有二，第一，这种行为是出于政治需要而不是经济需要；第二，由于投资人得不到补贴的好处，不能以同样的优惠利率提供资金，政府的廉价资金将产生资本市场的挤出效应。另外，资金需要银行系统的中转，它们也可以要求分享政府的一部分补贴。假如离开补贴，银行就无法同政府竞争，这样一来银行就会变成按照政府计划指导从事贷款发放的代理人，即便它们不是直接归政府所有。

这就是法国在二战之后发生的事情。在战后，法国的工业主要是一些中小型企业，在两次大战中间，它们没有遇到什么国际竞争。同时，与其他西欧国家不同，法国的农业长期占据主要地位。在战后的30年里，国内外的竞争压力导致法国经济在两方面发生重要改变：第一，农业让位于工业，第二，工业实现重组，最终由大企业占据了支配地位。

外来竞争迫使工业产业进行变革，但是法国政府却不允许金融市场获得自由发展来支持变革，而是通过接管金融业来控制变革，这里的原因我们在后面的章节里叙述。

例如，法国政府对劳动密集型的纺织工业采取了很多干预措施。虽然原有的法国企业比欧洲其他国家的生产规模要小，但政府还是阻止开设有更高生产力和更高工资的新工厂，它直接提供工资补贴以防止失业，设置障碍阻止外国竞争，并且设置了支持这些小企业的专门基金。[24]在初期，政府干预的目的似乎是通过提供资金来保护落后的产业生产模式。

逐渐地，经济自身的力量开始缓慢地发挥作用。纺织工业的就业人数开始减少，政府基金帮助工厂平稳关闭。政府的干预转为支持合并，并通过信贷指导计划来实施。这些干预措施有助于防止纺织业直接暴露在竞争下，避免迅速的失业，但是也延长了痛苦，使得法国纺织业的生产率长期落后于荷兰和德国。而到了 20 世纪 70 年代早期，出现了来自发展中国家的新竞争者，这个产业尤其不能适应。结果又引起了新一轮政府干预，力度比过去还大，由政府来决定挽救哪些困难企业，而不是由债权人来决定。[25]干预创造了新的干预理由。

政府对于信贷安排的干预非常普遍，在法兰西银行的一本出版物里有报告显示，直到 1979 年，所有经济信贷中仍然有 43% 附带某种特权或津贴，而企业借款中有 25% 带有直接补贴。[26]信贷资源的安排主要由法国政府的财政部掌握，这是个由大约 100 人组成的官僚群体，他们是精英中的精英。一个法国商人从财政部开始自己的职业生涯，他写道：

> 你生活在一种深远的信念中，法国是世界的中心，巴黎是法国的中心，而财政部则是巴黎的中心……财政部的影响和特权遍及法国的各个角落，在三家最大的银行——里昂信贷银行、巴黎国民银行和兴业银行中，里昂信贷银行作为国家的代表，掌握着在西方国家中数一数二的法国公共部门预算，以及庞大的政府补贴。[27]

简而言之，政府可以通过干预减轻外来竞争的影响，这进一步降低了金融的透明度和便利性。这样，仅仅有贸易的开放（工业部门的开放）可能不足以转变国内的利益集团对待金融发展的态度。这表示，在西班牙的经验里还有其他因素，使得它与早期的法国不同，外来的竞争给西班牙带来了金融的发展，而给法国造成了政府的干预。

原因在于，只有当国际的贸易流动和资本流动都不受阻碍时，工业和金融业的既得利益集团才能有共同发展金融的动力。由于开放带来的竞争，工业集团的利润会减少，需要重组产业和扩大融资。但是此时就出现了很重要的区别，那就是，由于有自由的国际资本流动，政府不能随便扩大对利益集团的信贷，因为产品市场竞争激烈，信贷决策的风险和信息要求都会提高，政府指导的信贷政策出现重大失误的可能性也会增加。更重要的是，国际资本的自由流动要求政府必须维持财政平衡，使得政府给企业提供大量补贴贷款的能力明显下降，政府对金融业的直接干预会逐渐消失。

这也是法国最终发生的事情。在 20 世纪 50—60 年代，法国政府通过货币供应扩张来支持信贷，以降低大量发放补贴性信贷的政治成本。这是说，公民不是直接为政府的大量开支缴纳税收，而是通过承受通货膨胀，使自己拥有的货币贬值，以此来负担政府的大量赤字。在此期间，法国不得不三次实行货币贬值（还不算 1954 年实施的关税政策，其效果也是变相贬值）。[28]但是这些贬值毕竟次数很少，相距的时间也比较长，最终被公众承受下来。

但是到了 20 世纪 80 年代，麻烦终于来了。1981 年，弗朗索瓦·密特朗（François Mitterrand）上台，他起初的计划是增加补贴、加强政府在经济中的作用，然而环境却完全不同了。由于 70 年代布雷顿森林体系的瓦解（本书后面还会介绍这个话题），国际资本流动增加了。在密特朗掌权后，资本开始逃离法国，部分是因为富人害怕社会党的国有化政策，部分是因为敏感的人预见到社会党政府的预算赤字会给汇率带来更大压力。之后发生的事情几乎是不可避免的，1981 年 10 月法郎贬值，1982 年 6 月再度贬值，到 1983 年 3 月，法国政府在保卫法郎汇率的时候又面临储备枯竭的窘境。

自由资本流动的外来压力最终迫使社会党政府的态度出现了大转弯。他们认识到，要么完全封闭对外的贸易和资本流动，要么平衡预算，停止对经济的干预，政府最后选择了后者。在把整个银行业实行国有化以后短短几年，法国社会党成了自由市场金融体系的支持者，以至于在 1986 年，他们在巴黎举行了一个期货市场的开业典礼——这是发达市场经济的最高标志。

由于政府作用的降低，当经济在贸易和资本流动两方面都开放时，工业和金融业可以互相促进。最健康的工业集团可以到外国的市场获得融资，这些企业有能力在国际市场上竞争，也就不会要求在国内市场设置进入限制，因此不会反对国内金融业的发展。而竞争力不强的工业集团会遭到外国竞争的重创，但是他们也不会反对金融业的发展，因为他们需要融资来改善经营，而原来的贷款人已经不能再以优厚的条件给他们提供资金，[29]这样融资会出现困难，迫使他们要求改善市场的透明度和便利性以方便自己。与只开放资本流动的国家不同，工业集团现在更支持金融业的发展，由于产品和服务市场上已经出现的竞争状态，国内的工业进入的威胁就不再重要了。

还有，由于国内的金融业将失去一些原来的顾客，金融机构就需要在年轻的和未来的工业企业里寻找新的客户，这些客户没有传统的关系以获得融资。由于这些顾客的风险比较高，更不知名，金融机构就只能要求改善信息披露和合同执行的环境，使融资环境变得更加透明和公平，这反过来也创造了金融业自身的进入和竞争的条件。

再联系到我们上面所讲的西班牙的例子。西班牙加入欧共体所带来的影响不只是开放贸易，而是随着欧洲货币一体化会带来的大量资本流动，这个前景刺激了我们提到的西班牙金融业改革。欧洲货币一体化也给欧洲的股票市场带来了繁荣，以至于在德国这样一个传统上由银行占据统治地位的国家，法兰克福股票交易所都开始认真考虑和伦敦股票交易所合并的事宜。

其他影响也逐渐显现。国内的金融集团提高了技能，开始去国外竞争。但是在开发外国市场的同时，必须等价地对外开放国内市场，取消那些传统上保护其特权地位的内部管制。例如，德国政府就禁止日本金融机构做德国马克债券的主承销商，直到 1985 年，日本允许外国证券公司有资格主承销日元债券之后才放开。[30]进入国内市场的外国金融公司将成为金融发展的另外一支推动力量，因为它们不是国内的社会和政治关系网络的成员，更需要透明的便利合同和执行程序，而不是进行台下交易。同样，国内的新兴企业家也不是传统俱乐部的会员，他们也有类似的要求。

由于外来压力促进金融市场的发展，在这方面日本的公司债券市场是个很好的例子。在1933年，日本的银行在财政部支持下成立了债券委员会，决定什么样的公司可以发行债券，发行的条件和时间。委员会建立了一个抵押规则——“没有足够抵押时不能发行公司债券”，同时要求，只有银行可以作为抵押托管人，并收取相当的费用。这样把所有的公司债券融资控制在银行手里，而这些银行又回过头来从政府那里听取直接指示。

尽管委员会严重限制了企业通过债务融资，但当时最重要的工业企业却没有什么动力来反对建立这个委员会。[31]如果能得到便利的债务融资，而不是局限于银行贷款，每个单独的企业都可以受益，但是那时没有人愿意站出来冒犯大银行，以免在经济困难时失去信贷支持。而且金融方面的管制也制约了新的竞争者进入工业界，这样，企业这个集体保持了沉默。

除了证券公司以外，其他的金融机构也从中得利，因为它们可以提高长期融资的利率，也没有起来挑战银行的做法。而证券公司的集中度很高，最重要的证券公司相互勾结。尽管日本有数百家证券公司，但最大的四家——野村、大和、山一和日兴——轮流负责证券的主承销发行并占有75%的承销佣金。[32]如果它们要挑战委员会，则自己的寡头地位和丰厚佣金将不保。日本政府也对现状满意，因为债券市场没有违约风险，而且由于这些限制，资金都经过银行系统周转，更容易控制。唯一的受害者是个人投资者，但他们无关紧要：这些受害者小而分散，个人很难克服惰性和搭便车的心态组织起来进行斗争。

由于主要的参与者皆大欢喜，变化必须从外面开始，起因是国际资本流动。在20世纪70年代，国外借款变得更加容易，日本公司开始用公众债务取代银行债务以减少融资成本。它们进入了欧洲市场——在日本政府管制以外的离岸金融市场——那里没有抵押的要求，工具、期限和币种的选择很多。在欧洲市场上发行的债券金额在70年代早期占日本公司融资总额的1.7%，到 1984 年达到 36.2%。[33]

一开始，日本的银行企图继续限制国内的公司债券发行——因为它们没有国内市场的承销权——而试图参与欧洲债券的承销。这时，日本的证券公司终于站出来表示反对，因为它们担心银行会利用自己的势力强迫顾客选择银行来负责承销，而且更要命的是，它们担心这样最终会导致银行参与国内的证券承销。所以日本的银行和证券公司在欧洲债券市场上展开争夺客户的竞争，结果使企业得益，因为它们的海外融资活动不会再受到国内金融机构的一致阻挠了。

同时，在国内市场上出现了来自外国的压力。在 1978 年，美国的零售商西尔斯百货公司申请在日本发行无担保债券，日本政府感到很难拒绝其要求，因为如果拒绝则很可能遭到美国的报复，特别是一家日本零售商——伊藤洋华堂刚刚宣布在当年晚些时候将在纽约发行无担保债券。日本政府采取了一个可以保全面子的办法，制定了一系列企业发行无担保债券必须达到的标准，这些条件当时只有 40 家外国公司和 2 家日本公司——丰田汽车和松下电器可以达到。在 1979 年 3 月，西尔斯成为自 1933 年以来第一家在日本发行无担保债券的公司，很快，松下电器也发行了无担保债券，[34]原来的抵押规则被突破了！

尽管达到能够在国内市场发行无担保债券资格的企业越来越多，但还是存在严格限制——例如每月只能有一次发行，发行金额不得超过企业资产净值的 2 倍——国内的债券市场发展依然不理想。债券委员会继续反对建立债券评级机构，害怕这些机构建立之后将使自己变得多余。而且，他们还阻止了日立这样一家在外国市场上达到 AA 级评级的公司在国内市场发行无担保债券。

但是，随着大批企业继续去欧洲市场融资，银行终于醒悟，与其在一个越来越无关大局的国内债券市场上扮演一个捣蛋鬼的角色，不如放弃限制权以换取欧洲债券的承销业务。所以在 20 世纪 80 年代后期最终达成了交易，银行同意放松企业在国内发行无担保债券的要求，而获得日本公司在国外市场发行债券的主承销商的资格。[35]

这样，欧洲市场带来的竞争导致了变化，使得日本公司能够利用日本的国内债券市场。不是各方的政治力量改变了，而是由于利润蒸发，维持现状的要求就少了，金融业的利益集团放弃了对改革的反对。外来市场和机构的竞争有一个最主要的优点，就是外国竞争者不属于国内卡特尔的组成部分，从而给公众利益创造了一个取胜的机会。

## 系统的证据

以上，我们提供了一些片段的证据来支持金融发展如何起步的理论。下面是一个更系统的分析，比较了不同国家和时期的金融发展格局。在19世纪下半叶，大部分欧洲国家都出现了金融发展的高潮。在这个时期，由于土地改革引起的所谓资产阶级革命，增强了新兴的工业阶级的政治影响力。同时，运输成本降低，市场扩大，产生了巨大的投资机会和融资需求。政治变革和经济需求的幸运结合产生了金融发展的理想条件，以路易·波拿巴统治下的法国为榜样，各国政府开始积极发展金融业，结果到20世纪早期，欧洲的先进国家在金融业的发展方面达到了很高的水平，甚至高于1980年左右的水准。

我们来比较这些发达国家在1913年和1980年的三个金融发展指标的数据，这些指标是以金融发展规模除以经济发展规模（例如股票市场市值与GDP的比例）。

测量金融发展程度的办法之一是看银行作为资金中介的作用，即第一个指标，储蓄存款相对于GDP的比例。从1913年到1980年，这些比例下降了20个百分点，显示在20世纪早期，银行在分配储蓄方面有更大的作用（表1）。

当然，仅仅凭借这个信息来对金融发展下结论是不够的。随着直接金融市场的发展，银行会失去原来的重要性，这样，在20世纪后期，直接金融市场的重要性应该会增强。但是情况不是这样，如果我们用相似的指标考察股票市场的发展（股票市场市值与GDP的比例），我们发现在1980年这个指标只有1913年的水平的一半。事实上，除了美国和挪威，其他国家在1980年这个指标都低于 1913 年的水平。

**表 1 1913 年和 1980 年的金融发展水平比较**

| 国家 | 储蓄/GDP | | 股票市场市值/GDP | | 股票融资/固定资产投资 | |
|---|---|---|---|---|---|---|
| | 1913 | 1980 | 1913 | 1980 | 1913 | 1980 |
| 奥地利 | 1.12 | 0.62 | 0.76 | 0.03 | | 0.00 |
| 比利时 | 0.68 | 0.39 | 0.99 | 0.09 | 0.23 | 0.03 |
| 加拿大 | 0.22 | 0.47 | 0.74 | 0.46 | | 0.04 |
| 丹麦 | 0.76 | 0.28 | 0.36 | 0.09 | | 0.01 |
| 法国 | 0.42 | 0.45 | 0.78 | 0.09 | 0.14 | 0.06 |
| 德国 | 0.53 | 0.30 | 0.44 | 0.09 | 0.07 | 0.01 |
| 意大利 | 0.23 | 0.59 | 0.17 | 0.07 | 0.07 | 0.04 |
| 日本 | 0.13 | 0.48 | 0.49 | 0.33 | 0.08 | 0.01 |
| 荷兰 | 0.22 | 0.25 | 0.56 | 0.19 | 0.38 | 0.01 |
| 挪威 | 0.65 | 0.30 | 0.16 | 0.54 | | |
| 瑞典 | 0.69 | 0.48 | 0.47 | 0.11 | 0.08 | 0.00 |
| 瑞士 | 0.93 | 0.69 | 0.58 | 0.44 | 0.03 | |
| 英国 | 0.10 | 0.14 | 1.09 | 0.38 | 0.14 | 0.04 |
| 美国 | 0.33 | 0.18 | 0.39 | 0.46 | 0.04 | 0.04 |
| 平均 | 0.50 | 0.40 | 0.57 | 0.24 | 0.13 | 0.02 |

资料来源：Rajan and Zingales（2003）。

这个指标也不完美。例如，在 1980 年，挪威的股票市场市值与 GDP 比值很高，不是因为那里的股票市场在金融体系中有很大的作用，而是因为挪威在北海发现了石油。第二次石油危机导致油价在 1979 年翻了几倍，因此挪威的石油公司的股票价格高涨。在很多情况下，股票市场市值除了反映股票市场的融资重要性外还可能反映了其他因素。

然而，我们的第三个指标，通过股票发行获得的融资占整个固定资产投资的比例，也反映了与前两个指标相似的情况。[36]除了美国以外，其他国家的投资资金中通过股票融资的比例在1913年的水平都高于1980年，平均来说从13%降到2%（即使到1990年也没有达到1913年的水平）。总之，这些不同的指标反映了一致的情况：在多数国家，金融体系在1913年的发展水平要比1980年高得多。

当然，在这些国家中还有相当大的差别。在1913年，股票市场在英国、比利时和法国的地位远比在美国重要，这些差别不能简单地用经济发展水平来解释。例如当时日本的人均收入只有美国的1/4，而其股票市场却更加发达。如何解释这些差别？如何解释这些差别会随着时间而改变？又如何解释从1913年到1980年所有这些金融发展指标出现下降？

一个解释可能是在不同国家和时期，商品和金融市场的开放程度有所不同，从而导致既得利益集团阻挠国内金融发展的动机和力量各不相同。我们将对此进行验证。如果我们的推测成立，那么一个国家的金融发展应该与产品和资本的开放程度存在正相关关系。

20世纪有两个时期，世界的资本流动相对开放。一个是我们已经考察的20世纪初期。当时，许多国家在实行金本位制度，使得黄金成为国际贸易和金融的通用货币。国际的资本流动相对很自由，资本在全球寻找高回报，不管是巴西的银矿还是印度的铁路。我们的分析说明，这个时期的资本流动比较自由，因此在那些大量进行对外贸易的国家里，既得利益集团反对金融发展的政治意愿和力量最弱。这样，如果发展金融产业的需求是一样的，那么在贸易越开放的国家金融市场的发达程度也越高。

请大家观察图1，这个图反映的是在1913年一个国家的股票市场规模，以及该国的贸易开放度（乘以其工业化水平）。[37]该图的结果显示，贸易更开放的国家的确有更发达的股票市场（在给定的工业化水平上，工业化水平反映了发展金融产业的需求）。

请特别关注美国，尽管美国是当时工业化程度最高的国家之一，但是其股票市场却相对落后，因为美国相对来说贸易比较封闭。

我们可以把反映一个国家金融服务便利程度的其他指标图表化，例如上市公司的数量，或者公开发行的数量，也能够得到相似的结果，那就是在一

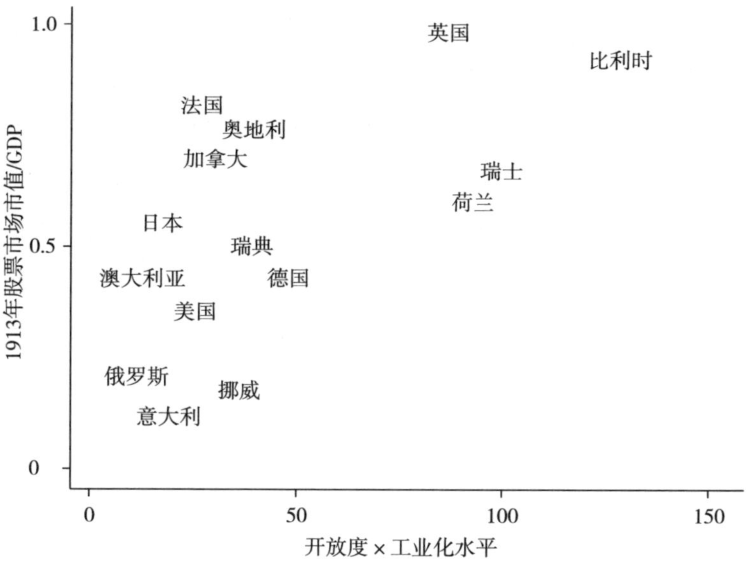


**图 1 1913 年股票市场和开放程度的比较**

战以前，贸易更开放的国家资本市场也更发达。

在 1930—1980 年间，国际资本流动大幅减少，直到 20 世纪最后阶段才重新上升，个中原因我们后面再讲解。到 20 世纪末，已经重新回到世纪初的水平（相对于经济发展指标，例如世界的 GDP）。1997 年的图形与上面 1913 年的图形非常相似，可以说，在 20 世纪初和 20 世纪末，贸易更开放的国家有更发达的金融市场。

更多的数据分析表明，贸易开放度与股票市场规模之间的正相关关系，在 1930—1980 年间很弱，或者不存在，而这个时期的国际资本流动规模很小。因此，对于金融发展的环境来说，国际贸易和资本流动两者都是必要的。

当然，我们的初步结论是开放度与资本市场规模存在相关关系，但还不是直接的因果关系。计量经济学的分析显示，前者引发后者的可能性更大。[38] 即便如此，这还只是一个间接的证明，显示开放市场制约了既得利益集团的权力。更挑剔的读者可能要求我们提供更多的直接证据，说明经济的开放度确实影响了金融发展——特别是说明产生影响的具体机制，开放是否会制约既得利益集团的权力，改变其动机，从而产生作用。

我们有这样的证据。正如本书以前所提到的，《福布斯》杂志每年发布一个世界亿万富翁的排名，并区分了从继承得到的财产和通过自己创业得到的财产。我们指出，由于一个发达的金融体系可以提供更多的融资渠道，那些贫穷但有才华的企业家更容易获得成功。因此，在发达的金融体系里，自我奋斗出身的亿万富翁的比例应该更高。相反，在一个不透明的体系里，既得利益者受到的保护更多，所以那些继承财产出身的人，不管其能力如何，更容易保留其财富。如我们在第 5 章里所描述的那样，在金融体系更透明更发达的国家，自我奋斗出身的富翁的财富更多。更重要的是，对于外国直接投资壁垒更低的国家，其继承性富翁的财富占 GDP 的比例更低，而自我奋斗的富翁的财富占 GDP 的比例更高。[39]

更低的外国竞争壁垒和更少的既得利益联系在一起，在多大程度上是因为既得利益集团控制的国家设置了阻止外来竞争的高壁垒，而在多大程度上是因为外国竞争削弱了既得利益集团的经济实力，我们目前还不清楚。先不管这个过程如何，我们的结论是很清楚的：外国竞争者和国内的进入者一样，使得国内既得利益集团的日子更难过。

还有一个可以支持这个结论的证据，就是 1988 年美国和加拿大达成自由贸易协定（FTA）所产生的后果。[40]自由贸易协定降低了美国和加拿大的贸易壁垒，更重要的是，取消了所有限制两国资本流动的对投资者的歧视性税收。这个协定的达成出乎人们的意料，因为此前加拿大和美国几次贸易自由化谈判都在进入最后阶段时候卡壳了。这一次，支持自由贸易的布莱恩·马尔罗尼（Brian Mulroney）的保守党政府决定就这个事件发起临时选举。民意测验对保守党不利，但是他们却以明显优势获胜，令所有人都大吃一惊。由于市场没有预见到选举结果，那么自由贸易协定对于不同企业的影响就可以从它们的股票价格的相应变化上反映出来。

由创始人的后裔——我们所说的典型的既得利益者——管理的企业多数都受到选举结果的不利影响，而由新兴企业家控制的企业的股票价格则上升了。市场的判决明确无疑——开放的市场的确对传统的利益集团不利。

# 小 结

我们在上一章末尾指出，有些政治势力在阻止金融的发展——既得利益者反对由自由融资带来的变革。但是在某些情况下，他们的力量可以被克服，例如，当一个社会发生深刻的政治变革的时候。也存在这样的情况，既得利益者的私利与公众利益取得一致，例如新市场被打开或者新技术出现，在巨大的投资机会面前，既得利益者不能只依赖传统的资金来源（例如内部的资金），而需要更好地利用金融市场。相似的是，当一个国家对外开放贸易时，工业集团的利润会下降，从而需要更大量的投资来和外国企业竞争，既得利益集团的态度也会发生改变。

但是，即便工业集团产生了需要，还是不能确定金融市场能够得到发展。特别是当既得利益集团能够操纵政府的时候，反而使得金融业的政策更加倾斜。历史的经验证明，只有当政府的干预能力有限时，金融业才可能得到发展。而一个国家对资本流动的开放（而不仅仅是贸易）能确保给政府行为带来约束。这就表示，既得利益集团方面产生了对融资的需要，而资本市场的开放方面产生了对政府干预的约束，正是这两个方面的幸运结合最终促成了政治上的行为，改进了金融发展的制度基础。而我们在过去 30 年里所目睹的世界金融业的爆炸式发展，就与世界经济的更大开放密切相连。

这样，我们讨论了在什么情况下，那些反对金融发展的政治势力可以被克服。但是，在金融市场的制度基础建立后，这些国家的金融业就会继续健康发展下去吗？我们的证据显示，这个说法是没有保证的。在 1930—1980 年间，世界各国的金融市场萎缩了，如何解释这种倒退？我们已经有了部分答案：在这段时期里，国际资本流动大大缩减了，这就给利益集团重新粉墨登场提供了背景。但是，为什么各国政府要封闭资本流动？这样的事情今后还会发生吗？

此前，我们的研究遍及各个历史阶段。但是为了回答上述几个问题，我们需要把目光聚焦在1930—1980年这段时期。我们需要了解当时的经济和政治环境，了解当时所出现的另外一种不同于自由市场经济的经济体系，这个体系最后走向失败的原因，以及它给我们留下的尚未解决的问题。这些将是以后几个章节的内容。

Saving Capitalism
from the Capitalists

# 第三篇　大倒退时期

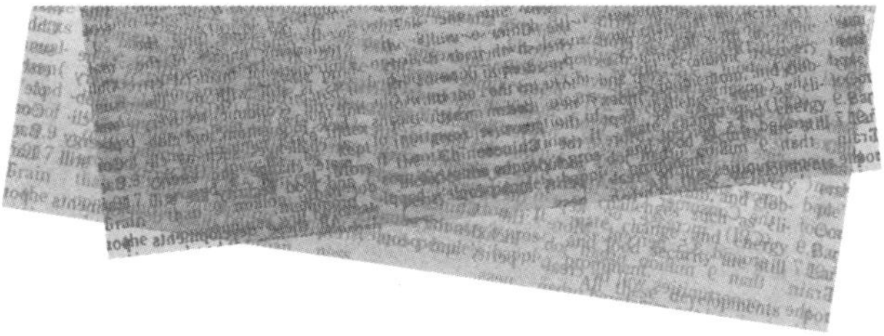

# 第9章　两次大战之间的大倒退

尊重财产权利的政府是金融市场发展的第一步。如我们所知，当财产被最有能力和最专业的人拥有时，这种尊重最容易产生。而且，当财产所有权广泛分布时，有广泛代表性的政府也将产生。但是，即使在民主政治里，这也并不保证政策将反映人民的需要。既得利益集团可能操纵政治决策过程，制定阻碍市场发展的法律。虽然说政治和技术的变革能够放松既得利益集团对市场的控制，但是这样的事情毕竟较少发生。在通常的情况下，是外来的竞争约束了既得利益集团。

然而，假如只有依赖对外开放才能约束国内利益集团的力量，那么我们不禁要问，对外开放政策是否具有可靠的政治稳定性？当其他地区保持开放时，一个国家往往能继续实行开放政策。如我们在前一章讲的那样，1983 年，法国走到一个关键的十字路口，社会党政府必须在是否冻结对外的资本流动上做出决策。结果，由于和西欧其他国家有着密切的经济贸易联系，法国选择了保持开放。与此相似的是，在 1998 年亚洲爆发金融危机以后，大多数受到影响的国家也继续维持开放政策，原因正是世界其他地区并没有受到危机的影响，并继续保持着贸易开放。

我们有充足的理由相信，一旦某个国家打开了国门，那么它的开放政策通常会坚持下去，除非是其他很多国家同时封闭自己的国境。从开放中获得利益的人——进出口商和跨国公司——在开放的国家里壮大了实力，并培养起自己的政治代言人。这些公司不但依赖于外国的资源供给，也非常清楚封闭政策会导致外国政府的报复措施，会对它们在外国市场上的生意造成巨大的伤害，于是，它们形成了对抗封闭政策的制衡力量。还有，如果其他国家都保持开放，那么执行封闭政策的国家不管态度如何坚决，还是很容易出现边境管理上的漏洞。除了严格实行军事管制的国家，民间的经济压力始终都有办法突破边境上的障碍，实现跨境的贸易和资本流动。所以，政治权力的制衡和边境管理的漏洞，都有助于一个国家在世界其他地区普遍开放的环境中继续执行开放政策。

但是，如果很多国家都出现了主张封闭政策的压力，事情将发生变化。当世界其他国家实行封闭政策时，在国内支持开放的政治势力在经济上和政治上都将被削弱。而且当他们的外国市场消失后，他们为开放辩护的动力也就自然地减弱了。还有，当各国共同采取措施管制跨境流动的时候，封闭政策执行的效果也更有成效。

所以，开放被经济学家们称为“策略互补”：当其他国家开放程度降低以后，一个国家所需要的开放度也跟着降低。这样，一旦发生某种重大事件，导致一些国家封闭边境，这个过程就会叠加下去。例如，在20世纪30年代的大萧条时期，许多国家就关闭了对外贸易和资本流动。对于我们来说，很重要的一点是需要弄清楚这种情况今后是否还有发生的可能，原因何在。在本章中，我们先考察大萧条前后发生的一些历史事件，分析当时的经济和政治环境，然后讨论反市场政策所采取的形式。在第10章，解释当时的反市场力量强大起来的原因，以及自由金融市场让位于政府控制的、卡特尔形式的金融体系的背景。最后在第11章，我们将讲解这个体系在效率方面的缺陷，对于市场重获自由的原因做出更圆满的解释。我们将重述部分介绍过的内容，但是把重点放在理解金融发展出现倒退的原因上面。

## 金本位制度

在20世纪初期，自由市场经济在世界各发达国家取得了显著进步，其基础政治制度就是金本位制度。它不但为贸易和资本流动带来了便利，而且给政府财政提供了严格的约束，使得它们很难对经济进行过多的干预。

一个采用纯粹金本位制度的国家主要采用黄金作为流通货币。假如有纸币或者其他金属铸造的硬币流通，那必须在中央银行储备足够的黄金以便在需要时兑换这些货币。要让金本位发生作用，这些国家必须承诺保持货币与黄金的固定兑换比例。一旦它们的承诺是可信的，就等于世界各国都在使用同一种货币——黄金。货币的共同性降低了不同国家的价格和成本之间的不确定性，使得国际贸易和投资大量增加。金本位制度是导致 20 世纪早期主要国家在贸易和资本流动上采取高度开放政策的主要原因。

同时，这个制度限制了一个国家的政府可能采取的政策范围，例如，如何处理对外贸易不平衡的问题。如果一个国家的贸易和服务进口超过出口，出现贸易逆差，导致其外汇和黄金储备减少，就不得不对外借款。假如储备不足，或者外国人不愿意提供贷款，就必须减少逆差实现盈余。在金本位制度下，一个国家不能通过货币贬值来增强出口竞争力，扩大出口数量。由于汇率是固定的，该国要减少逆差、增加出口的唯一办法，就是让国内的工资和物价水平下降，以降低产品的成本，增强竞争力。这样，由于不能实行汇率贬值，政府少了一件对付经济困境的武器。

金本位制度这件紧身衣还有其他的约束作用。如果一个国家的银行业发生信用危机，由于要保持汇率，中央银行就不能随便提供低息贷款。相反，只能希望信心会奇迹般恢复，或者要求外国人能够提供信贷。在金本位制度下，政府显得软弱无力，还需要依赖有盈余的外国政府提供借贷帮助。[1]

## 第一次世界大战及其后果

在一战之前，金本位制度一直运转得很好，它限制了利益集团操纵游戏规则的能力，政府很少干预经济。此时，强调发挥市场自身力量的古典经济学大行其道，为各国的掌权者所信奉，古典经济学的主张是把任何调整的负担都转移给工人，迫使他们为提高国家的竞争力而接受更低的工资水平。[2] 当然这种转嫁的手段只有在劳工的政治影响比较脆弱的时候才有可能实施，而那时大多数国家刚刚实行普选制度，工人政党和工会经常遭到反对势力的骚扰，工人们的教育水平也很低，社会主义知识分子的激进思想还没有得到广泛传播。

一战动摇了整个世界的基础，这种说法并不过分。从政治经济学的角度来看，战争产生了两个特别重要的后果，第一，由于需要协调战时生产，欧洲大陆国家普遍实行了大规模的生产集中化。其原因很简单，在分散的市场经济中，谁能够支付现金，社会生产就为谁的需要服务，而战争的军事开销十分巨大，如果政府总是要和私人消费者竞价则成本太高。军事指挥者很快发现，最好的办法是禁止某些私人消费，控制价格，压制私人市场，通过政府的指挥控制系统让生产为军事需要服务。他们还找到了同盟军，历史学家威廉·麦克内尔（William McNeill）这样描述德国在1916年以后的战争控制措施：

> 由于财政上面不断出现抱怨和争吵，军队的要求时常不能得到迅速满足和有效执行，将军们变得很不耐烦。为了解决频繁发生的短缺现象，他们决定与大工会和大企业合作，从战争需要出发，重新组织国内的经济结构。结果使得各方都从中获得了好处：军队得到了更多的给养，工业家得到了更多的利润，工会领导加强了对工人的控制权。[3]

在很多国家，价格由国家控制，资源被分配到战争最需要的用途上。工业、银行业和工会都相继建立了卡特尔组织，减少了中央政府需要谈判的对象，对集中化大有帮助。通过官僚系统而不是价格来决定资源配置，这样的机制至少在当时可以运转起来。原因并不奇怪，那时的目标很清晰，就是保证军需，加上群众的爱国热情，价格机制被压制一段时间并不需要付出太大的代价。最后，操纵如此复杂的经济体系当然使得最有能力的管理者也力不能及，在战时经济中出现了严重的扭曲。然而，经济的集中控制相对来说还是在一段时期内取得了成功，这足以说明政府的干预并不总是不好的，而且到了经济萧条时期，很多人还认为这是一个有吸引力的模式。

战争的第二个后果是，工人阶级对于自己的政治权力觉醒了。战场的壕沟变成了课堂，让工人阶级了解更多的激进思想。在战争的大屠杀中，许多人开始怀疑政治领袖们的动机和能力。而社会主义知识分子则在劳工中间找到了追随者，劳工们觉醒了，他们组织起来，不再无条件地承受宏观经济调整的代价。[4]

战争结束后，各国的经济需要转向民用生产和市场价格体制，并消除在战时的集中控制下形成的扭曲。而工人们不愿意承担全部的转型成本，罢工的浪潮风起云涌。

尽管反抗力量增强了，但传统秩序的力量还是足够强大，各国都不惜代价回到了金本位制度。到 20 世纪 20 年代末期，世界大多数国家都恢复了金本位，但是宏观经济指标被绷得太紧了，有的经济史学家认为，这为日后的萧条埋下了种子。[5]

1929 年，美国股票市场率先崩溃，经济衰退接踵而至，成了压垮世界经济的最后一根稻草。随着世界上最大的消费国家陷入衰退，各国的出口剧减，贸易平衡问题困扰着欧洲、日本和拉丁美洲。由于国际借贷大量缩水，一个实行金本位制度的国家就只能寄希望于内部的调整，必须降低国内的工资和物价来增强出口获得盈余。但是由于大工会不再愿意大幅度减薪，政客们只能寻求一个次优的办法来恢复贸易平衡，那就是限制进口，提供出口补贴。美国通过了臭名昭著的《斯穆特—霍利法案》（Smoot-Hawley bill），走在这个运动的前列。当然，如果每个国家都这样做，世界贸易就毁了，事实也正是如此。世界经济陷入下滑的循环，衰退变成了大萧条。

还有，由于价格下降，债务人需要售出更多的产品才能偿还债务，坏账增加了。金融机构损失大增，金融危机的威胁迫使中央银行进行干预。同样，在金本位制度下，中央银行不能自由提供贷款来拯救银行系统，否则将破坏汇率。

面对严峻的经济形势，政府必须有所作为。政治形势已经不允许让市场有充分的时间来进行调节，平息经济的混乱局面。正如约翰·梅纳德·凯恩斯的名言：“长期内我们都死了。”要求政府采取更多的干预措施以减轻痛苦的呼声越来越高，被萧条吓倒的选民们推翻了消极等待市场复苏的政府，新当选的政客们则期待着一显身手。

## 大萧条的政治反应

在大萧条的岁月中，政客们普遍抨击20世纪20年代的无节制竞争，认为过度的竞争带来了工业的过度投资，银行的过度贷款和股票市场的过度投机。政客们以不同的论调来表达反对市场的情感。例如，德国纳粹党一个吸引选民的宣称就是，它将控制市场，并使之为国家利益服务。[6]希特勒认为仅仅依靠政治意志就可以解决经济问题，他写到，“人民大众的命运并不应该依赖于经济活动、商业领袖以及那些经济学和金融学的理论，相反，金融、经济、商业领袖和任何经济理论之所以存在，就是为了服务于我们的人民的意志”。[7]希特勒与历史上的很多统治者一样，找到犹太人作为困扰经济和金融问题的替罪羊，但是德国人对于他的赞同与他用政治手段来控制市场的主张不无关系。

富兰克林·罗斯福对于市场竞争的问题同样重视，在其就职演说中，他也批评市场、金融和古典自由主义经济学的“陈旧传统”是导致经济萧条的原因：

> 我们的困难不是来自物质的贫乏……富裕就在我们的家门口，但是我们却不能有效地使用。这主要是因为市场的管理者过于固执和无能，他们失败了，连他们自己也承认了失败，放弃了作为。那些不道德的货币投机商的行为将受到公众舆论的指控，被人们的心灵所唾弃……
>
> 货币投机商已经从高高在上的位子上跌下来，从我们的文明殿堂中逃跑了。现在，我们可以依照古老的道德准则来重建这个殿堂。而重建的标准，就取决于我们是尊重社会的价值还是金钱的利润。[8]

罗斯福也感到了进行干预的责任，在1934年的“炉边谈话”（fireside chat）里，他说：

> 对于政府的某种具体行为是否尊重工商业的利益，大家或许有不同的看法，但是几乎所有人都同意，在目前这种时候，私人企业不能没有援助，不能没有合理的保护，否则，面临毁坏的不但是它们自己而且是我们的整个文明进程。[9]

但是，罗斯福认为他进行干预的目的只是为了重建自由市场，因为他是在反对垄断。（插一句，民主政府往往宣称干预的目的是反对垄断和减少风险，然而这两个目的其实是互相矛盾的。）1936 年在费城，他在接受民主党总统竞选人提名时说道：

> 在我们的整个国家里，垄断势力都限制着成功的机会……由于经济上的不平等，我们大多数人曾经争取到的政治平等将失去意义……我们的财产，我们的金钱，我们的劳动，乃至我们的生命都完全操纵在一小撮人的手中。对于我们大多数人而言，生命已经不再平等，自由已经不再真实，人民追求幸福生活的权利又在哪里呢?[10]

由于市场为少数人的利益造成了多数人的痛苦，罗斯福总结道：

> 要反抗这样的经济暴政，美国的公民只有依靠有组织的政府权力……一个心怀仁慈精神的政府，即使偶尔要犯错误，也胜过一个无所作为、麻木不仁的政府。

总之，即便希特勒和罗斯福在很多方面可谓水火不容，但是他们都认识到面对现实必须有所作为。他们对问题的看法有差别，所采取的手段也大不相同，但是他们有共同的理念，那就是政府必须代替失败的市场发挥作用。

各国政府对于处理经济萧条问题采用的办法在细节上千差万别，但是通常包含三个主题。第一便是放弃金本位制度。1933 年 7 月，罗斯福在给世界经济大会的信件中宣称，“对于一个国家的福利而言，内部经济体系的健康要比其货币的汇价更为重要”。[11] 在罗斯福看来，继续坚持金本位制度弊大于利。随着世界上最大的经济体放弃支持，金本位制度成为历史。

没有了对政府干预的外在束缚，他们可以放手医治市场的明显伤疤。所以第二个主题就是限制国际和国内两方面的竞争。在过去，因为国内的利益集团可以利用自由贸易来开拓海外市场，所以外国企业也可以进入国内。但是现在出口市场已经风光不再，也就没有理由让外国人进来。加上外国人在国内政治中没有发言权，所以他们最容易成为打击目标。通过高昂的关税和严格的移民政策，产品和劳动力的进口受到了限制。[12]

国内的竞争也遇到了麻烦。美国在大萧条时期建立了国家复兴委员会（National Recovery Administration，NRA），委员会的领导认为，企业在萧条时期被迫裁员，完全是“野蛮的、残酷的竞争理论的产物，是狗咬狗的结果”。[13]罗斯福在《国家工业复兴法》里写到，企业需要通过合作来提高工资和就业，但是：

> 在此时要进行这样的合作，最大的障碍之一来自我们的反垄断法。反垄断法是用来约束恶意的价格垄断行为，当然应该继续保留下去，以确保从前的不公平竞争不会再回来。但是在政府的认可和指导下，私人企业可以就保证公平竞争达成协议和规范，以服务于公众的利益。[14]

简单地说，政府保护了工业卡特尔。政府约束竞争的愿望对于新兴企业非常有害，但是受到大型企业集团的欢迎，它们不再受到外国竞争的威胁，也会很高兴和其他利益集团达成协定，共同把新兴企业排除在国内市场之外。

这些措施的一个例子是关于美国汽车货物运输行业的联邦规定。1935 年制定了《汽车运输法》（Motor Carrier Act），其目的是“维护有序、可靠的运输系统，减少重复服务，降低企业经营的不稳定性，最终保护公众的利益”。该法规定汽车运输业不受反垄断法限制，还要求所有跨州的汽车运输企业向州际贸易委员会（ICC）报告费率标准，州际贸易委员会有权确定最低标准，制止价格战。还有，州际贸易委员会有权审批营业许可证，可以限制进入。州际贸易委员会的政策之一是，如果某条道路已经有一家运输商提供了足够的服务，就不再授予新的许可，换句话说，希望新加入的企业有责任证明现有的企业做得很糟糕，而不是说自己可以比原来的企业做得更好。不用说，新企业的进入被严格限制了。[15]

该法不但限制了行业内的竞争，而且限制了汽车与铁路之间的竞争（铁路也有类似的法规）。既得利益集团得到的利润规模可以反映在运营许可证的价格上，许可证是成为既得利益者的通行证，其价格大约为运营年收入的15%～20%。[16]其他的利益集团也得到了好处，[17]比如，有工会组织的汽车运输业雇员比没有工会组织的雇员在收入上要高出50%，但是到20世纪70年代末期，汽车运输业放松管制之后，差距降到30%。[18]

如果价格不再由竞争性的市场来决定，那么必须有其他因素来取代市场、配置资源。于是，人们想到了在一战期间所采用的对经济实行中央集中控制的办法，这似乎是一条可行的道路，尤其当市场不能自我恢复的时候。例如，美国国家复兴委员会就试图通过价格控制、稳定工资和分配生产配额的办法来解决生产过剩，其模式是1917—1918年的战争工业委员会（War Industries Board）。[19]不过，在1935年，美国最高法院裁决国家复兴委员会自身是违宪的。但是在其他国家，对于工业的中央控制都加强了，尤其是德国、意大利和日本。所以，第三个主题就是对经济实行国家资本主义控制，由政府取代市场，居高临下地分配资源。[20]

我们没有必要再继续争论政府的干预是否必要。经济学家对于大萧条的真实原因还有分歧——是市场失败的证明，还是相反，是政府失败的证明。显然，在大萧条的谷底，经济混乱，股市崩盘，出口缩水，大量企业破产，银行系统崩溃，失业率达到前所未有的高度，公众显然不相信自由市场体系还能运转正常。

这些情况，为贫困人群与既得利益集团的联合创造了难得的条件，其中的细节我们在下一章还会阐述。即便在社会舆论普遍对市场机制表示支持的情况下，利益集团还可以获得例外的保护，那么当社会舆论的风向发生转变之后，他们的影响就显著加强。借助公众对市场的反感，既得利益集团重新建立起已经被开放的竞争市场削弱的影响力。

立法机构为不断增加的贫困人群提供救济的需要，成了利益集团保护自身利益的烟幕弹，这反映在当时的一项重要改革上面：对金融市场的管制。

由于金融市场的管制可以有效地限制竞争，政治注意力很自然就转移到金融市场和机构上面。当时的金融行业十分混乱，恢复系统稳定就成了绝好的政治干预的借口。当然，商业银行和投资银行会反对导致它们盈利下降的管制措施。如果外国资本可以自由流入，那国内市场的管制就更可能让企业转向外国金融机构和外国市场。但是国际资本流动被阻止了，这种担心也就不复存在，还有，政府管制可以导致金融机构联合起来形成卡特尔组织，有利于增加它们的利润。

干预的具体形式，获得利益最多的利益集团，各国并不相同，但结果是相似的：金融市场的竞争性减少了，只有少数特权阶层能够获得融资。

## 后果：大倒退

我们的分析从股票市场受到的影响开始，因为这个市场对政治风向特别敏感，其反映是融资便利程度的代表。在表 2 中，我们列出了在一些年份里，部分国家的股票发行融资占固定资产投资总额的比例。在 20 世纪 30 年代，除了日本以外的其他国家，股票融资的比例都下降了，不但不能和 1929 年繁荣时期的峰值相比（在经济繁荣时期股票发行量通常很大），而且比 1913 年时的正常水平还要低。显然，有些下降要归因于大萧条和二战，但是下降趋势在战后并没有逆转，反而在 1980 年达到最低点。很有趣的是，即便在瑞典这样避开了两次世界大战的国家，情况也是一样。

其他关于金融市场的健康和规模的指标所反映的情况也差不多。金融市场的规模从 20 世纪 30 年代开始出现衰退，直到 1980 年。要明白这样的倒退是如何发生的，我们现在来具体考察三个国家：意大利、日本和美国，它们的政府在利益集团影响下采取了三种不同的方式来干预金融市场。

### 意大利：公共资金与私人控制的联结体制

意大利是一个典型，在一个被大萧条严重打击的经济体里，利益集团利用

**表 2 股票发行重要性的变化**

| 国家 | 国内企业通过公开发行股票筹集的资金占全国固定资产投资的比例 | | | | | | |
|---|---|---|---|---|---|---|---|
| | 1913 | 1929 | 1938 | 1950 | 1960 | 1970 | 1980 |
| 奥地利 | — | 0.07 | — | — | 0.04 | 0.07 | 0.00 |
| 比利时 | 0.23 | 0.85 | 0.03 | — | 0.09 | 0.08 | 0.03 |
| 加拿大 | — | 1.34 | 0.02 | 0.03 | 0.03 | 0.01 | 0.04 |
| 丹麦 | — | 0.03 | 0.01 | — | — | — | 0.01 |
| 法国 | 0.14 | 0.26 | 0.03 | 0.02 | 0.04 | 0.04 | 0.06 |
| 德国 | 0.07 | 0.17 | 0.06 | 0.00 | 0.04 | 0.02 | 0.01 |
| 意大利 | 0.07 | 0.26 | 0.03 | 0.02 | 0.08 | 0.02 | 0.04 |
| 日本 | 0.08 | 0.13 | 0.75 | — | 0.15 | 0.03 | 0.01 |
| 荷兰 | 0.38 | 0.61 | 0.45 | 0.02 | 0.02 | 0.00 | 0.01 |
| 瑞典 | 0.08 | 0.34 | 0.06 | 0.01 | 0.03 | 0.00 | 0.00 |
| 英国 | 0.14 | 0.35 | 0.09 | 0.08 | 0.09 | 0.01 | 0.04 |
| 美国 | 0.04 | 0.38 | 0.01 | 0.04 | 0.02 | 0.07 | 0.04 |
| 平均 | 0.14 | 0.40 | 0.14 | 0.03 | 0.06 | 0.03 | 0.02 |

资料来源：Rajan and Zingales（2003）。

公众的资金来保护自己的位置和利益，且后果持续了 60 年。

在大萧条到来之前，意大利的经济已经由于 1926 年墨索里尼采取的里拉币值调整政策被大大削弱了，由此产生了严重的通货紧缩。在一年之内，中央银行向银行体系提供的信贷减少了 36%，[21] 为了弥补国内现金的不足，银行从国外借款。然而，到 1930 年国外信贷变得紧缺，国内的存款也开始减少。这引发了银行系统严重的流动性危机，因为很多银行资产放在长期信贷和股权投资上。主要的银行纷纷向法西斯政府要求支持。

沿用此前援救一些小银行的模式，政府建立了一家控股公司，由中央银行提供资金。这个公司把银行手中的其他企业的股份买过来，不是按照市场价格而是更高的历史价格。这样，政府不但为银行系统注入了资金，而且还承担了部分损失。[22]同时，政府还成为许多公司的最大股东，而许多这样的公司当时已经在破产边缘，不但需要银行的救助而且还直接吸收了政府资金。政府这次控制的两家全国最大的银行——意大利信贷银行（Credito Italiano）和商务银行（Banca Commerciale）此前为了支持自己的股价也曾徒劳地买入了相当数量的自身股票。所以，通过这次行动，政府取得了对整个经济的支配权力，控制了占意大利所有公司股本42%的工业企业，而且还包括最重要的两家信贷机构。[23]整个救援行动的代价是惊人的，达到GDP的10%——以今天美国的标准来计算就是1万亿美元。[24]

与德国和奥地利的类似救援行动不同，意大利政府并没有把它收购的很多公司重新出售给私人。在少数出售的企业中，最大规模的私有化是一家天然气公司，意大利燃气公司（Italgas），政府把该公司的控股权以不到市场价值的1/4出售给了都灵的一个工业家集团。[25]但是总体说来，工业家要求政府重新实行私有化的压力并不大。[26]意大利经济史学家贾尼尼·托尼奥罗（Gianni Toniolo）指出，部分原因在于政府收购的很多企业都属于资本密集型，严重依赖军事需要，收入呈现周期波动，不是很有经济吸引力。只要政府继续运营这些企业，私人部门就可以得到必要的原材料，例如钢材，而不需要承受这些领域的损失。[27]

但是，同样重要的是，虽然救援的钱是来自大众的税收，但这些企业并不是传统意义上的国有化。这些控制权被转让的银行和企业继续在米兰的股票交易所上市，只不过由政府作为主要股东，政府也不直接介入企业的经营。

相反，政府成立了一个独立的公司——工业复兴公司（Istituto Per La Ricostruzione Industriale，IRI），来掌控这些股权。从法西斯统治时代到战后的20年里，政府对工业复兴公司的控制都很松。工业复兴公司的第一任首脑甚至不是一名法西斯党员。[28]还有，虽然工业复兴公司的首脑是由政府任命的，但他对下面的企业并没有直接的控制，这些企业都是独立王国，只接受中央来的关于财政方面的一般性指示。[29]比如有这样一个例子，工业复兴公司的下属企业商务银行的研究部门里居然聘用了很多反法西斯运动的领袖，这些人在战后的意大利政治中扮演了很重要的角色。[30]

问题在于，在花费纳税人的巨额资金收购了众多私人企业的股权之后，政府既没有以一个合理价格卖出，也没有进行有效的管理。私人部门仍然免费地享受着控制权。不但那些在职的经理们继续工作下去，连很多作为前所有者代表的董事会成员也没有动。企业的国家所有和控制权只是一个表象，背后是非常复杂的私人和政府利益的缠绕关系。例如，菲亚特公司的老板吉奥瓦尼·阿涅利（Giovanni Agnelli）从1946年开始就成为工业复兴公司下属银行意大利信贷银行的董事，一直任职到1994年私有化为止，[31]在1962—1991年，又在工业复兴公司的投资银行——梅地奥银行（Mediobanca）中担任董事。

由于这样的关系，这些花费了纳税人的资金来挽救银行业得到的企业股份，最后都用来保护和促进私人集团的利益。关于这一点，最好是看看工业复兴公司的投资银行梅地奥银行，这个银行从战后开始直到最近，对意大利几乎所有的企业融资决策都有影响。梅地奥银行由政府出资建立，目的是为企业提供长期融资。在银行成立的时候，其创建人和后来长期担任主席的恩里克·库西亚（Enrico Cuccia）对一批大工业家宣布："我们将一起重建意大利，而且还要一起重建资本主义，国家将提供资金，而你们则提供企业家的才能。"[32]

梅地奥银行大约68%的股份由工业复兴公司下属的三家银行持有，3.75%由一伙工业家拥有，其余在米兰交易所上市。尽管工业复兴公司拥有绝对控股权，但梅地奥银行实际上是由拥有3.75%股份的那些工业家和工业复兴公司共同控制，他们拥有同等的表决权。[33]这个内部协议的理由是"保护梅地奥银行不受股东的股东（即工业复兴公司）的控制"，以及"使梅地奥银行作为一个金融机构不会受到通过工业复兴公司施加的政治干预"。[34]

很快，梅地奥银行远远超出了为工业企业提供长期融资的授权，它在所有大型家族企业里拥有足够的股份，对于重大决策有投票权，以保护它们不受收购的威胁。实际上，圭多·卡利（Guido Carli），1963—1978年的意大利中央银行行长，就称库西亚为"保卫意大利资本主义家族的哨兵"。[35]政府的资金被用来提供保护，而普通股东却对糟糕的家族式的公司治理无能为力，这些库西亚并不关心。难怪，与其他国家的私人企业积极推动私有化不同，意大利的工业家们对于现状很满意，而工业复兴公司这个 20 世纪 30 年代建立的临时性机构却把持了大量意大利企业，一直持续到 90 年代。[36]

与公司所有权和控制权的发展并行的还有融资方面的变化。意大利银行（Bank of Italy）的总裁领导了一个“储蓄保护和信贷提供委员会”，批准所有的股票和债券发行。委员会还被授权决定银行存贷利率，银行服务的收费标准和银行资产分配，[37]简单地说，所有金融决策都由中央控制。

不可避免的，所有融资发行都是出于加强稳定而不是加强竞争的考虑。公开交易的公司数目（关于新公司获得融资的便利性的良好指标）在 1986 年以前一直低于 1929 年的峰值，[38]公司在上市时的平均年龄在 1968—1981 年间为 53 年，在 1982—1992 年间为 35 年。[39]新兴企业显然不容易获得融资。

由于有威胁的新竞争者的加入被限制了，金融机构之间的竞争被“管理”了，金融市场就既不会带来创造也不会带来破坏。许多这样舒适的保护性协议在大萧条结束后继续存在，一直到 20 世纪 90 年代。这时，外来压力出现了，国家所有和私人控制相勾结的系统终于不能再继续维持下去。首先，作为欧共体创始国之一的意大利，在满足《马斯特里赫特条约》规定的欧洲货币联盟的标准方面一直存在困难，其债务和政府赤字都太大，为了降低这两个指标，政府被迫出售国有企业的股份来换取资金。其次，欧共体的规则禁止政府向国有企业提供补贴，使得这些笨拙的大企业集团很难再花费纳税人的钱。这一次，我们又要感谢外来的压力帮助克服了国内利益集团的势力。

## 日本对金融市场的破坏

与意大利相似，日本的大财阀银行抓住了大萧条带来的机会，建立了它们从 19 世纪末期就希望建立的银行业的垄断联合。主要区别在于，日本的利益集团的要求正好迎合了军国主义政府的需要，它们希望把金融系统集中到少数人手中，可以更好地配置资源，为战争计划服务。当时所采取的一些措施，其影响持续到军国主义倒台之后，直至 20 世纪 80 年代。

在一战以前，日本在发展金融市场方面取得了迅速进步，到 1918 年，银行业的进入没有限制，只要满足最低的资本金要求即可。当一战爆发的时候，银行超过1000家，到1920年，超过2000家。在一战前，最大的5家财阀银行只占有20.5%的存款。[40]

银行竞争促进了日本的发展，但是并非每个人都感到满意。早在1892年，东京银行家协会（Tokyo Bankers Association）的主席就要求财政部“给银行设置最低资本限制，以设置进入的障碍和限制产业的竞争”。[41]但是，直到1927年，对小银行的利益十分敏感的下议院（国会）一直反对通过这样的法律。

1927年日本爆发了银行业危机，部分原因是政治上的操纵。危机的爆发使得大银行有机会战胜国会中的反对力量。1927年的《银行法》（Bank Act of 1927）充分反映了大银行的要求，该法要求储蓄机构在5年内至少要达到100万日元的资本金，而到1932年期限截止的时候，银行数量减少到538家。[42]

在银行系统走向集中的同时，政府的控制也加强了，尤其是政府需要调动资金来支持从1937年开始的侵华战争。通过压制比较难以控制的小银行和直接金融市场，政府可以阻止对战争无关紧要的企业获得资金。这种动机与大银行阻止其他融资途径的要求很合拍。

这样，大银行与政府的联盟把过去的竞争性银行体系变成了集中的“主”银行体系。在大藏省（现财务省）的鼓励下，银行进入了合并时期，到1945年时只剩下65家银行，[43]最大的5家财阀银行在存款总额中的份额从一战前的20.5%上升到45.7%。[44]

这种私人—政府的勾结部分导致了活跃的直接金融市场的毁灭。在1929年，日本大企业的负债中26%是债券，17%是银行借款。[45]由于债券偿还问题的增加，部分银行和信托公司、保险公司联合在一起，在1931年以经济衰退为借口一致要求对债券发行实行抵押保证，这立刻导致它们的企业顾客很难再发行公共债券，而更依赖于银行融资。随着大藏省的认可，这个协定在1933年通过债券委员会的形式固定下来。把决定企业在公开债券市场上融资的权利交给银行来决定，等于是让守在鸡窝旁边的狐狸来决定小鸡是否可以获得自由。[46]明显的后果是，一个繁荣的债券市场被扼杀了，1936年，债券融资的比例降到 14%，而银行借款上升到 24%；1943 年，47% 是银行债务，债券只占 6%。

股票市场也同样被法令窒息，政府对股东的态度可以从如下一位官员的声明中看出来：

> 大部分股东通过溢价卖出股票获利，他们在预计价格会下跌时抛掉自己的股票，没有为企业做任何贡献，就期望增加分红。如果是这些股东控制着公司董事会，影响着经营战略，并占有了大量利润，那么股份公司制度一定有严重缺陷。[47]

1937 年通过的《临时资金调整法》要求公司在发行前需要批准，以阻碍股票发行，《公司利润分配和融资条例》要求企业在收益率超过 10% 时需要政府的批准才能增加分红，以削弱股票的吸引力。之后的《军需企业法》把企业置于政府官僚的控制之下，只要它们为国家利益服务，就可以独立于股东。这样，新股票的发行，在 1935—1936 年占整个工业融资的 60%~75%，到 1944—1945 年降到 20%。

日本的例子又一次向我们揭示，既得利益集团在制度上的安排非常牢固，可以在表面的原因（即短期危机）和支持它们的政府都消失了以后还长时期存在。一旦银行得到了权力，它们就不会轻易放弃。美国占领军在战后尽力打破了战争期间形成的银行联合，但是不能阻止它们以“经连会”（Keiretsu）的形式卷土重来。战争时期，政府给每家军工企业指定了一个“主”银行，负责满足其财务需要。在 112 家从战时的军工企业延续下来的日本公司中，政府在战争时期指定的“主”金融机构到 1974 年时依然是其中 61 家企业的最大贷款人，并且名列十大股东之一。实际上，在战争结束 30 年以后，这 112 家企业中仍然有 88 家与其指定金融机构有密切联系。[48]

与此相似的是，我们已经介绍过，债券委员会建立的表面目的是在萧条时期提高债券发行的质量，而该委员会也一直延续到 20 世纪 80 年代，即便到 70 年代日本企业开始在世界各地扩张的时候，它们的国内债券市场依然非常弱小。直到 80 年代早期，日本企业决定从国外借款而不再依赖陈旧的金融体系时，日本的银行才放松了控制。而市场也开始了报复，银行不得不为长期的竞争保护和错误的信贷决策付出代价，让日本陷入经济危机，直到现在也没有恢复元气。[49]

## 美国的经验

美国的经验正好相反，尽管也有类似的来自利益集团的压力，但是美国成功地限制了金融系统（和整个经济）的垄断化程度。不是说美国没有采取限制竞争和有利于特殊集团的管制措施——我们很快将详细讲述一个不常见的例子——但是这种措施并不如意大利和日本那样起作用。如果我们要避免未来的反复，就需要研究造成这种不同结果的原因。

美国的联邦性质更浓厚，州政府有比较大的发言权，各州之间存在政治上的竞争。虽然对外贸易受到壁垒的限制，但美国还是有一个全国性的商品和服务市场。所以州议会不能限制外州的竞争者的行动，只能影响本州的公司。还有，代表本州利益集团的政治家也对其他国家普遍流行的集中化倾向表示反对，而金融业则有反对东海岸的金融势力过于强大的传统。[50]

另外一个影响，是美国在 20 世纪 20 年代经历了一个自由的产业进入和竞争的时期，尤其是金融业。结果造成没有任何一种机构在金融业拥有绝对的控制地位，使得任何新的立法都成为不同利益集团之间的妥协。最后，美国建立了比较严格的对政治私利的审查机制，例如最高法院对立法上的纰漏有权进行检查等，这也发挥了作用。

美国逃过了其他国家盛行的大规模反市场运动，并不表示国内的政治利益没有起作用，而是说政治权力过于分散，使得法规不能只代表一部分集团的利益。例如，小银行获得了联邦储蓄保险，保证了它们的稳定性，减少了成本。而大银行从 1905 年开始就试图限制存款利率，[51] 1933 年国会通过了《银行法》，或者叫《格拉斯—斯蒂格尔法》，禁止对活期存款支付利息，并限制定期存款的利率，满足了大银行的要求。投资银行则从 1933—1934 年的证券和银行法规中得利，商业银行被禁止承销公司证券，法律还限制了投资银行业内部的竞争。

最后这一点值得关注，因为有人认为，20 世纪 30 年代早期的证券法规强调了信息披露和透明度，重点完全是为一个活跃的竞争性金融体系建立基础。这些法规或许后来的确起到了这样的作用，但是特殊利益集团还是利用了法规来维护自己的私利。关于证券发行的规定就是一个例子，它告诉我们，一个看似无关痛痒的法律改变如何严重限制了市场竞争。

在 20 世纪 20 年代，一流的投资银行例如 JP 摩根和库恩—洛布公司（Kuhn Loeb），受到竞争的冲击最大。在一战以前，只有富有的个人和机构投资证券，在那时，与投资者的良好关系——尤其是外国投资者——是投资银行在一个适当的时机销售证券的关键。结果，少数有声望的机构控制了新证券的承销。

战争改变了一切。为了战争筹资，美国政府在 2 年里发行了 215 亿美元债券，而此前 10 年里发行的公司证券的总额只有 166 亿美元。[52] 为了销售如此众多的债券，商业银行和投资银行必须向那些从来没有买过证券的人进行推销。1917—1919 年，国债持有人的数量从 30 万增加到 2100 万，纽约花旗公司（花旗银行的前身）率先向中产阶级投资人发展零售业务，还建立了上门推销的销售员网络。这样的新销售技术大大加快了新证券的销售速度，加剧了承销市场上的竞争。

证券承销在当时的主要方式是通过辛迪加组织（现在依然如此）。一次发行的主承销商组织一个负责承销的辛迪加，成员之间达成协议，在相同的时间按照相同的价格进行销售。辛迪加把不同证券公司的投资人有效地合并起来，从而扩大了证券销售的市场。

由于竞争加剧，辛迪加的成员开始违反关于销售价格和时间的协议以争取相对优势。在出发前抢跑不说，更糟糕的是它们还给投资人提供折扣优惠，导致大家的利润水平都出现下降。在过去，主承销商可以比较容易地辨认和处罚违规行为，因为市场规模很小，投资银行彼此都非常熟悉，绝大多数高级的辛迪加成员也很清楚保持合作的价值。但是由于市场的迅速扩张和大宗发行的出现，一流的投资银行没有更好的选择，只能把很多新的证券商拉到辛迪加里以扩大零售市场。而这些小的证券商并不严格遵守大家默认的合作规则，并且在一个急速膨胀的市场中也难以对它们进行调查。

逐利的新来者损害了辛迪加的共同利益，老的投资银行也面临新的综合性金融机构的竞争。这些机构同时开办商业银行和投资银行业务，例如纽约花旗公司，它们不但可以利用自己的分支机构来开展零售业务，而且有足够的声誉可以担任主承销人。由于有销售网络，这些综合的“全能”银行并不需要通过辛迪加协定来保证承销利润，它们在企业承销业务中的份额在整个 20 世纪 20 年代也不断上升。[53]

老牌的投资银行希望减缓竞争，而 20 世纪 30 年代为应付股票市场危机采取的立法给了它们机会。1933 年的《证券法》要求在承销中有更大的透明度和信息披露，同时起到了缓和承销业务竞争的作用。[54]例如，法律规定，承销商向美国证监会提供登记报告之前不得进行任何公开宣传，从而排除了承销商在辛迪加规定的日期以前销售证券的可能性。由于主承销商很容易控制报告的具体日期（登记程序要直到最终价格确定才算完成），法律就等于给主承销商提供了一个阻止提前销售的法律手段。《证券法》同时还规定不公开的折扣为非法行为，从而消除了秘密削价的问题。

通过消除对辛迪加的挑战和维护它们的利润，《证券法》有利于传统的投资银行。而《格拉斯—斯蒂格尔法》对它们同样有利，该法迫使其主要对手商业银行退出承销业务。这些法律导致少数传统的投资银行加强了在这个产业的统治地位，并且影响至今。

同样值得我们关注的是，投资银行获得这样有利的法律的政治过程。美国参议院的银行与货币委员会在 1932—1934 年间举行了关于金融系统弊端的听证会，并以首席律师费迪南德·佩科拉（Ferdinand Pecora）的名字命名。佩科拉委员会特别报告了某些案例，说明银行家虽然没有实际的欺诈行为，但其所作所为很不道德。委员会指出这些案例只是冰山一角，为以后制定的法规铺垫了很好的公众基础。还有，尽管各种类型的金融机构都受到了调查，但佩科拉委员会的审查重点却是商业银行。

当时的一项指控容易引起舆论的共鸣，那就是商业银行的自身业务和承销业务之间存在利益冲突。由于商业银行拥有对企业的贷款，它就可能采用如下办法谋取私利：如果提前获知某家企业的不利消息，它可以利用承销部门向不知情的公众推荐和销售该企业的证券，让企业用发行证券获得的资金来偿还银行贷款。这样，银行自己就避免了可能出现的坏账损失。还有，商业银行的很多存款人没有什么投资经验，他们有可能被银行误导，去购买那些老练的投资人根本不会理睬的证券。所以，佩科拉委员会认为，商业银行在贷款业务与承销业务方面的利益冲突，可能（也的确）危害到市场的信用。委员会指责商业银行出卖了天真的顾客，在那些损失惨重的投资人中间引起了巨大的反响，必然导致《格拉斯—斯蒂格尔法》中出台有关商业银行和投资银行分业经营的规定。

事情的真相在于，所有这些指控都经不起认真的推敲。佩科拉委员会调查的具体案例中并没有关于舞弊的有效证据，而对于更多案例的研究表明，平均算来，商业银行销售的证券质量并不比投资银行销售的更差。[55]实际上，在20世纪20年代，综合性银行已经自觉地把承销部门与贷款部门分离开，以减少可能出现的利益冲突。[56]所以，把商业银行和投资银行分开的法律是出于政治而不是经济上的考虑。

那么为什么佩科拉委员会如此偏袒一方呢？有人认为，美国有限制任何类型的金融利益集团过分强大的传统，[57]《格拉斯—斯蒂格尔法》是这个传统的继续，而佩科拉委员会是这个过程里面的一个工具。还有人指出，委员会的一个主要成员——参议员卡特·格拉斯（Carter Glass）在其中起了很大作用，格拉斯长期认为，商业银行只有进行短期的流动性贷款业务才能保持财务上的稳定，所以坚决主张把商业银行排除在证券业务以外。[58]

我们还有一个更简单的、政治性的答案，[59]那就是大的投资银行在政治上更团结。另外，它们与下层民众没有太多接触，在需要平息公众的愤怒时它们不是合适的替罪羊。此外，投资银行对待佩科拉委员会的态度也更加尊重、更加合作。最后，罗斯福政府当时必须在短期内处理大量信息并起草法律文本，而在政治上非常团结的投资银行及时给政府提供了所需要的资料，并由此影响了立法的倾向。或许，这部里程碑式的法律恰恰就是在这些平凡的背景中建立起来的。

## 小 结

在本章，我们论述了当一个国家对外开放时，利益集团反对金融发展的动力会哑火，但是决定实施对外开放政策的因素是什么？它是否受到利益集团的影响？当反对金融发展的利益集团又要阻挠对外开放的时候，一个国家是否保持开放政策要取决于周围的其他国家。当其他国家封闭边境时，由于外国市场带来的利益消失，开放的动力就会减小，支持对外开放的人在经济和政治方面的力量都将被削弱。因此，世界经济的衰退，比如 20 世纪 30 年代的大萧条，可以在很多国家同时引起反应，导致封闭政策，然后给利益集团重新发言的机会。

经济衰退同时也增加了贫困人群，产生了政治上的压力，这些压力被利益集团用来作为获取私利的冠冕堂皇的掩饰。我们通过三个国家的实践说明了危机如何为既得利益集团的苏醒提供了借口。在意大利，以稳定银行系统为借口，私人企业借助公众的财富挽救了自己。在日本，大银行和军事政府勾结起来控制了金融业，虽然军事政府在战后灭亡，但银行自己的帝国却一直延续到今天（尽管已经大大削弱了）。在美国，存在更多的政治利益派别，结果是使金融系统保持了一定程度的竞争，然而，金融行业里各个部门之间的竞争削弱了，融资便利性依然受到了限制。

尤其值得关注的是，在所有这些国家，既得利益集团得到的特权都比当初支持它们的政府要长命得多，许多在当时的政治气氛下引入的竞争限制措施，都经过了半个世纪才被最后解除。

为什么在经济转向繁荣，支持市场体制的呼声壮大以后，利益集团依然能够长时期保持这些竞争限制措施呢？在很大程度上，还因为它们得到了经济衰退的受害者的支持，包括那些失业的工人、破产的投资者、退休人员和贫困农民。为什么这些人在经济萧条时期会起来反对市场？他们今后是否还会这样做？这些情况对我们今天有什么教训？请看下章的分析。

# 第10章　市场机制为什么被压制了？

在上一章，我们叙述了大萧条前后发生的事件和市场倒退造成的后果，其中有两点需要注意：第一，在金融市场的发展出现倒退以前，社会表露出对市场机制的普遍反对情绪；第二，公众对市场态度的转变，给利益集团反对市场和竞争提供了很好的借口。虽然倒退的直接原因或许是由于公众对市场体制的不满，但政府干预的方式和后果其实是利益集团操纵的结果，在那几年的时间里强加给市场的束缚用了半个世纪才完全解开。

这种事情还会发生吗？要回答这个问题，我们必须更清楚，为什么在20世纪30年代大量的公众要起来反对市场。部分原因恐怕是大萧条的严重和漫长，尤其是相比之下，一战时期的管制经济显得非常稳定，而苏联当时又取得了很大的进步。股市的崩溃，银行的破产，失业的迅速增加（在美国占全体劳动力的25%），打击非常沉重。资本主义经济具有繁荣和衰退交替的周期性其实并不是什么新鲜事，在一战以前发生过多次经济危机，但是大萧条的严重性还是动摇了人们对市场体制能够自我修复的信心。

同样重要的是，人们之所以起来反对市场，还在于人们厌恶一个竞争性的自由市场经济内在的、缺乏管理的风险。我们已经讲过，竞争和创造性破坏的过程一方面促进了经济的效率，但另外一方面也增加了个人需要面对的风险。工人们既有在企业蒸蒸日上时的欢欣，也有在面临失业时的痛苦。他们通过多年经验积累下来的技能，可能由于某个陌生人发明了一套更好的生产系统而立刻过期作废。还有，激烈的竞争破坏了人们在历史上形成的经济和社会关系，这些关系其实是传统的保护伞，所以，竞争不但带来了风险的增加，而且削弱了人们抵御风险的能力。

金融市场可以为某些风险提供保险服务，但显然不足以抵抗市场波动中最严重的破坏。整个行业被淘汰的风险，长时期失业的风险，大规模衰退的风险——这些风险是私人保险行业难以承保的。被竞争伤害的不幸者由于没有机会和救助，生活显得格外艰难和残酷。

这些对现行体制不满的人——失业者，损失了储蓄存款的退休人员，倾家荡产的小业主——其数量在经济危机中大大增加，政治影响力也剧增。实际上，他们的政治影响力的增长还会超过人数的增加，因为在危机中，贫困人群可以更加团结，克服一个松散团体在平时常见的无组织、不协调的问题。一些有文化和组织才能的人也加入贫困人群，他们非常清楚还有很多人和他们的处境一样，正期待着他们的领导。还有，在衰退时期被曝光的经济丑闻也特别多，使得现存制度显得更加不合理。反过来，通常阻挠集体行动的障碍——例如担心自己的行动没有人追随，彼此之间缺乏沟通，共同行动的目标不明确，存在其他选择的机会等——在当时都会减少。这样的结果就是使贫困人群有效地组织起来，形成了反对市场弊端的巨大的政治压力。他们的愤怒，加上利益集团的私利，就形成了强大的反市场力量。

我们今后还会面临这种对抗势力吗？如今，人们对于市场的不信任与大萧条时期的情况颇有几分相似之处：一家辉煌的能源公司破产了［当时是印述（Insull），如今是安然］，人们指责金融机构追捧牵涉自己利益的股票（当时是大通，如今是美林），指控某些声名显赫的经理人涉嫌逃税［当时是纽约花旗公司的查尔斯・米歇尔，如今是泰科公司（Tyco）的丹尼斯・科斯罗斯基］。当然，当年的情形要严重得多，而今天的经济体系已经比 20 世纪 30 年代更加完善，不过并非没有缺陷。

因为没有社会保障的缓冲机制来减轻市场的打击，当时约束市场的政治压力尤其强大。幸运的是，发达国家的政策制定者在那时认识到，必须建立一定的社会保障来减少人们面临的经济波动的风险，减少衰退时期的贫困人口。很不幸，他们是在两个灾难性的事件——大萧条和二战之间认识到这个问题的，使得当时建立的保障体系在很大程度上要依赖于对自由市场机制的约束。随着市场更加自由化，当时建立的保障体系是否还适用和充足就值得怀疑了。

也许我们需要检讨，为什么政客们如此急于给市场机制加上束缚，而不顾及由此带来的长期的消极影响。2002 年 3 月 5 日，小布什总统决定把美国进口钢铁制品的关税从 8% 提高到 30%，就提供了一个很及时的案例。

## 钢铁制品关税

在 2001 年，全世界的钢铁消费总量大约是 7.3 亿吨，而钢铁行业的生产能力还有 2.7 亿吨的富余，[1] 除非出现突然的需求增长，全球的钢铁生产能力应该被削减 1/3。而且，钢铁行业的生产效率还在不断提升。在 1980 年，美国国内的企业生产 1 吨钢需要 10 个人工小时，今天不到 4 个。[2] 对于一个需求增长缓慢的行业来说，生产效率的迅速提升就必然意味着大量的裁员。从 1980 年到 2000 年，美国钢铁行业的生产量大约提高了 20%，而平均每年员工人数的减少超过了 1 万人。[3]

但是，并非整个行业都一团漆黑，有的部分在萎缩，而有的却在增长。美国联邦储备委员会主席格林斯潘在国会说，“我们的国家实际上拥有两个钢铁行业，一个是依靠传统的技术……另一个是正在急速增长的微型工厂”。[4] 这些微型工厂的劳动生产率是传统企业的 7 倍，[5] 很自然的结果是，它们的生产能力在过去 20 年里大量增加，在 1981 年占全美的 15%，今天已经上升到 50%。[6]

由于生产能力严重过剩，一些企业被迫关门，对于一个自由市场而言，首先关门的将是那些最没有效率的企业。在美国，就是那些古老的集中型家族企业，例如美国钢铁公司（U. S. Steel）和伯利恒钢铁公司（Bethlehem Steel）。

企业关闭是“创造性破坏”过程的一环，对于一个经济体是非常有益的，因为这给更有效率的企业铺平了道路，避免糟糕的企业拖累整个行业。但是这对于某些人是痛苦的，对于一个 50 岁的钢铁工人而言，他成了祭献给生产效率上帝的牺牲品，实在难以接受。很自然，他要站起来抨击竞争体制，而不是责怪自己的技术或者运气，他要竭尽全力去改变这个体制的不公正基础。这样，3 万名钢铁行业的员工就开赴华盛顿，要求政府给予帮助。

钢铁生产行业有 16 万名员工，而钢铁消费行业的员工有 900 万人。尽管在人数对比上处于绝对不利的位置，但是美国钢铁生产行业的员工和企业却成功地得到了政治支持，迫使政府对钢铁进口提高关税。根据我们以前的分析，小而团结的群体取得这样的胜利并不是令人意外的事情。因为，经济结构调整的代价需要他们这个群体来承担，而调整的利益却是由很多人分享，所以竞争的受害者的声音总是显得比受益者的要洪亮。老的钢铁企业集中在宾夕法尼亚、俄亥俄和西弗吉尼亚州，这些地区在 2000 年总统选举中争夺非常激烈，那里的钢铁工会在选举中的地位举足轻重，对于下一次选举也是同样。有人认为，正是因为比尔·克林顿没有能够对钢铁行业给予帮助，才导致 2000 年小布什在民主党的传统优势选区西弗吉尼亚取得了胜利。[7] 很明显，在小布什总统宣布对钢铁制品提高关税的时候，政治需要压过了他以往奉行的原则。

然而，我们应该感到惊讶的是钢铁工人得到的政府帮助的形式。美国政府不是给面临失业的工人提供补助，而是利用提高关税来保全他们不失业。根据研究，这样做的代价是导致钢铁消费行业减少 7.4 万个就业机会。[8] 关税还会让美国的消费者每年多付出 50 亿美元的资金。其实，这并不是最近的政策产生的临时效应，美国的钢铁行业一直就从贸易限制和政府补贴中得到好处，20 世纪 80 年代的贸易限制就使得消费者每年多负担了 68 亿美元的代价，而同期的政府补贴高达 300 亿美元。[9] 而且，关税的影响不仅仅限于美国，为了防止被美国阻挡的大量钢材涌入自己的市场，波及自己的钢铁企业，欧盟已经开始提高关税。这样，除了美国的消费者以外，在一些更贫穷的国家，例如波兰和保加利亚，那里的钢铁行业的员工和家属也是受害者。

为什么政客们不考虑直接给“创造性破坏”的受害者提供补贴呢？为什么他们要选择干预经济过程，保护落后企业，导致这些企业今后还会继续要求提供更多保护？毕竟，对于美国政府而言，给钢铁行业的富余员工提供再培训和抚恤金，不是要比实施贸易限制的代价小得多吗？

我们发现有两个方面的原因，一个与形式有关（如何操作），另一个与功能有关（为谁服务）。首先来考虑形式的问题，限制竞争的成本大多是隐性的，其负担者是外国的企业、本国的消费者和潜在的企业家，他们在政治上都不活跃（有的根本不在场），所以没有太大的危害。钢铁消费行业的确会表示抗议，他们会宣称这些关税要让每个公民付出多少成本，要使他们的行业损失多少就业机会。但是他们的言论要牵涉自身的利益，这种立场的倾向会影响他们的论证的权威性，而且他们提出的理论比较复杂，公众很少有时间、兴趣和能力去评判。对政府来说，限制贸易不会涉及政府财政，不会再增加已经不堪重负的财政赤字。而对于保留了工作的钢铁行业员工来说，限制竞争的措施当然是公平的，也不像领取政府补助那样容易伤害他们的自尊心。

因此，政府的最佳反应是混淆救济的性质而选择关税作为关怀的措施，这完全符合政治家的利益。例如，俄亥俄州的参议员谢罗德·布朗（Sherrod Brown）就宣称：

> 如果没有总统的果断行动，后果将不堪设想。由于“非法”的进口产品泛滥成灾，在过去4年里，已经有29%的国内钢铁企业宣布破产或者歇业……为了美国的钢铁行业能够生存和发展，联邦政府必须采取积极行动，落实美国贸易法。[10]

实际上，根本没有什么“非法”的钢铁进口。而布朗所谓的积极落实“美国贸易法”，实际上是指美国应该援引《世界贸易组织协定》的201条款，或者说例外条款，该条款允许一个国家暂时停止对自由贸易的承诺。[11]

另外一个办法，就是直接给失业的员工提供政府补助，但是这个办法更难以通过政治决策的审查流程。直接给失业员工提供补助所需要的成本对于普通公民来说是明显的，他们会提出疑问：“为什么要给他们补助而不给我？”或者说，形式的变化会让公众不再保持“理性无知”的状态。而且，如果政府的财政支出要增加，政治家们就必须平衡这些工人和其他有权势的集团之间的利益。最后，提供补贴需要员工们自己接受现实，他们要靠社会的救济生存，尽管这对整个社会是有利的，但他们的内心会非常痛苦。

采取贸易限制的第二个原因是功能的问题：尽管贸易限制并不是保护员工利益的最佳办法，但却是工业集团最期盼的办法。如果工人们得到直接的补助，那些钢铁企业就什么也得不到，相反，还更容易倒闭。3万名开赴华盛顿的工人其实是工业集团为保护自己利益而设置的人体盾牌，牺牲的是自由市场体制的活力。

把保护工人和保护企业混淆在一起不仅仅是为了保住目前的工作岗位，这些大型的老钢铁企业都有所谓的历史负担问题——就是说，这些企业需要给60万名退休员工提供养老金和医疗费用。让企业来负担这些社会保障方面的责任其实并没有什么理论上的原因，因为在支付工资时，企业完全可以每月支付必要的费用给私人或者公共的信托基金，由这些基金负责在将来给员工支付养老金（用现代的说法叫作缴费确定型年金）。但是，如果职工要依赖原来的企业给自己发放养老金，那么他们又会形成一股支持企业继续生存的政治力量，所以这些钢铁企业都不愿意把养老金的责任交给信托基金。工业集团就是这样建立了一个复杂的人体盾牌体系来保卫自己的利益。

我们现在的观点是，在资本家和其他竞争受害者之间结成联盟看上去似乎难以想象，其实总是可能的，在经济衰退时期尤其容易。衰退削弱了支持对外开放的经济利益和政治影响，削弱了支持竞争效率的最大力量。同时，衰退增强了贫困人群的力量。这样，经济衰退，尤其是同时在一些主要国家发生的经济衰退，威胁着资本主义体系的政治稳定。这就是在大萧条时期发生的事情，当时形成了反市场的逆流，其影响一直持续了50年的时间。

## 为什么在经济衰退时期对管制的支持会加强?

与利益集团不同，其他受到竞争损害的人通常更加分散，他们没有统一的议程，对于政治的影响力也就有限。但是在经济危机时，以下几个因素增强了他们的力量。他们的人数增加了，时间也更充足；同样，他们更容易达成共识，认识到社会上有很多人都处在无助的境地，认识到这个制度的腐败性；此外，在经济危机中各种真真假假的丑闻经常被揭发出来，更加证明了现有经济制度的腐败，而人们也更容易相信是这些腐败给自己带来了不幸。

还有，在经济衰退中那些破坏性行为，例如公司和银行的倒闭，人们的倾家荡产，远远多于创造性的方面。尽管这些“清理”对于经济复苏是必要的，但是却往往成为导火索，激怒那些已经沸腾起来谴责不公正制度的贫困人群，使他们迅速组织起来共同行动。而既得利益集团此时也看到了机会，也出面帮助他们，把人们的愤怒转移到竞争上面。这样一个被激怒的人群一旦团结起来，其影响就可能远远超过他们自己的初始愿望：他们成了对自由市场体制的威胁。

我们用城市骚乱的例子来做个类比。发生骚乱的原因很复杂，但通常有两个共同特征：一是骚乱的爆发需要很多不满于现状的人，二是需要一个导火事件。仅仅有很多对现状不满的人是不够的，因为他们将遇到如何进行组织协调的问题。如果一个人用石块砸商店玻璃，而别人没有追随他，那他会被当成普通的罪犯投入监狱。但是假如很多人都这样做，警察就难以对付，当局会宣布这些人是在参加政治运动而不属于犯罪团伙，也不会把他们全都关起来。1992 年，洛杉矶法院宣判殴打罗德尼·金的警察无罪释放*，就成了一次骚乱的导火索，不光是因为感到不满的人数迅速增加，而且这是一个公共事件：让人们相信大家会一起行动。

竞争的受害者们所参加的政治行动与城市骚乱有某些类似之处。如果每个人都害怕别人不会响应，他就会退缩，不想做吃力不讨好的事情。而经济危机发生后，人们会发现有很多人和他一样，自由得一无所有，团结起来则可以得到整个世界，而且危机中往往会出现许多点燃行动的导火事件。例如在 1931 年，芝加哥南部的一些地区失业率高达 85%，[12]很多无家可归者住到寄宿站，组织到失业委员会的旗帜下。当政府宣布要把失业救济金削减一半时，

---

* 1992 年 4 月 29 日，四名用警棍殴打黑人罗德尼·金（Rodney King）的白人警员被判无罪，引发洛杉矶大暴乱，造成 55 人死亡，2 000 人受伤，1 100 栋建筑损毁，财产损失 9 亿美元以上。——译者注

他们就上街了，救济金立刻被恢复到正常水平。[13]在大萧条早期的几年中，美国建立了许多这样的抗议性组织，包括形形色色的农民、工人和退伍军人。

在经济危机时期，不断曝光的公司丑闻也动摇了整个制度的基础。为了加深读者的理解，我们首先介绍一下查尔斯·庞兹（Charles Ponzi）所发明的一个把戏，他的把戏现在很多发生丑闻的公司都在玩。庞兹是生活在美国波士顿的一个意大利移民，在 20 世纪 20 年代他声名鹊起，原因是他给予投资人的回报高得吓人——例如，短短 45 天的投资收益率就高达 50%。在名义上，他说是把资金投到一些复杂的项目里，包括邮票买卖，细节十分玄妙；[14]但实际上他根本没有什么投资项目，只不过是在借新债还老债而已。只要上当受骗的人增加得足够快，他的把戏就能演下去。最后，政府当局感到有些怀疑，遂命令他停止接受资金——他的魔术就立刻现出了原形。

与此相似，很多发达国家爆发的公司丑闻，并不是直接出现了资金盗窃或者挪用的问题，而是属于庞氏骗局——例如，在做账时通过加速确认未来收益把今天的收入做得更高，利用复杂的交易往来来隐藏成本和损失，把债务转移到附属企业等。如果公司可以迅速摆脱困境，管理层就容易隐藏和化解原来的假账。相反，如果出现经济衰退，公司的业绩下降，那么需要作假的规模就越来越大，也就越来越难以掩盖，由此导致公司丑闻在衰退时期更多地被曝光。安然公司最后崩溃，部分原因就在于其亏损规模之大，已经难以用任何可能的财务处理手段来掩饰了。

有时，完全合法的投资也会演出庞氏闹剧。在 20 世纪 90 年代末期，越来越多的投资者关注到潜力无穷的互联网领域，他们不断投入资金，刺激价格的狂涨，给早期的投资人带来丰厚回报。由于新投入的资金兑现了以前的投资收益，似乎真的印证了这个领域会给投资人带来无限的财富。但是当投入的资金减少，价格下跌时，一切都成为泡沫。从事后看来，泡沫很容易辨别，但是当人们身处其中时，就不免当局者迷了。

政治家们要从公司灾难中寻找“丑闻”很容易。因为商业决策的失误总是存在的，如果再发现某些涉及利益冲突的证据，那人们就完全可能把本身没有问题的商业决策指责为商业腐败，甚至犯罪。我们不是说经理人没有瑕疵（请看下一段），但是局外人往往把商业决策当成精确的科学，实际上却根本不是。本来是由于不确定性或者能力不足而出现的经营问题，经常被归罪于恶意所为。所以，在衰退时期容易出现政治迫害行为，这将更加玷污自由市场体制的合法性，给反市场行为提供掩盖。

当然，某些业绩下降的工业家和金融家也有违规和不道德的行为，让人们更加相信市场是被非法操纵的，是掠夺普通人的工具。看到自己位置不稳的时候，投机者往往会加大赌注，希望撞上运气，此时最容易违背公司章程和法律规范。正是由于这样做，巴林银行的交易员尼克·里森（Nick Leeson）搞垮了整个银行。而安然公司的管理层也是为了继续保持公司在早年取得的高收入增长率（这样的增长率在早期完全可能是合法的），从而在市场竞争加剧和真实利润下降之后采取了会计操纵的手段。

随着情况越来越不妙，有的经理人开始不择手段，甚至违背法律，希望能避开灾难。但是这些行为通常是疯狂的赌注，失败往往不可避免，当局紧接着会展开调查，揭发违法行动的内幕。这些人的行为会令其他诚实的商人的形象也受到影响。

最后，还有那些人民选出的议员们，往往过分夸大了他们在调查中发现的违规行为，这样做的原因也许是为了弥补自己以前的失察，也许是为了铺垫个人今后的仕途。他们还常常暗示所发现的违规行为仅仅是冰山一角，而实际上并没有那样严重。我们已经介绍过，在20世纪30年代美国新政期间的金融立法中，佩科拉委员会举行的听证会起到了重要作用。尽管这些听证会并没有发现什么直接证据，可以支持后来的立法，但是他们的确揭发了查尔斯·米歇尔（纽约花旗公司的主席），参与的违规行为和可能涉及的税务欺诈。虽说这些发现与委员会的主要议题并无太大关系，但却创造了公共气氛，让人们感觉金融业充满了违规和欺诈。

总之，首先是经济衰退帮助人们揭发出更多的庞氏不法投机行为。其次，人们往往把商业上的失败看成是不正当行为的结果，而不是归因于机遇不好或者能力不够，例如费尔南德·德勒赛布（Ferdinand de Lesseps）由于成功地主持建造了苏伊士运河被捧为英雄，而他在修建巴拿马运河失败后却被当成骗子拖进法院，尽管他为后者所完成的基础工作可能花费了更大的努力。[15]还有，面临商业上的失败，原本正直的经理人也可能采取不道德的行动。最后，正如 20 世纪 30 年代的佩科拉委员会那样，一些政治家可能抓住几个并没有普遍代表性的例子大做文章，指责整个行业。这些因素加在一起，导致竞争的受害者们更加不能接受自由市场制度的合理性，而他们本来就因为自己的遭遇而对这个制度抱有偏见。

随着贫困人群自发地组织起来，职业的政治家和政党就试图利用他们为自己助选。我们已经介绍过，富兰克林·罗斯福就曾利用反市场的言论来取悦贫困人群。而一旦政治家掌握了政治权力，开始着手立法的时候，利益集团就出来施加影响。这样，正如少数人可以煽动群众骚乱，最后达到群众根本没有想到的结果那样——很有意思的是，在印度，骚乱经常被贴上“社会运动”的标签，专门用来破坏竞争对手的产业，特别是少数族群的产业——贫困人群的政治组织也能被那些别有用心的利益集团所利用。

在全球陷入经济衰退，国外的贸易和投资机会更少，对外开放缺乏吸引力的时候，利益集团的反市场行动尤其猖獗。随着贸易保护主义抬头，贫困人群和利益集团推动的立法也不再受到国际竞争方面的约束。政治家的本能是宁可承担市场约束的隐性成本，而不接受显见和直接的成本。于是，市场成了被拣出来的“软柿子”。

在我们对本节做结论之前，需要做一些说明。我们指出，衰退带来利益的联合，但并不代表以某一种利益为主——比如，工商业的利益集团会完全控制局面。即使在 20 世纪 30 年代，新政试图通过立法建立工业卡特尔来消除价格竞争的时候，也同样承认了工会的合法地位。[16]实际上，政治角逐中普遍存在讨价还价的交易，但是当时的各个利益集团有共同的议题，从企业主，到工会领导，再到政治家，都主张压制市场的作用。

我们也不是说利益的需要必然决定经济思想，而且并不否认在 20 世纪 30 年代，世界有可能变得更加人道和更有社会意识，一些真正为公众利益服务的政治家也推动了某些法律的制定。我们的主要观点是，在某些集团的利益占据优势的土地上，那些为主导利益服务的思想有更好的机会生根发芽。在

20世纪30年代，反市场的利益集团是当时的主流，我们接下来就描述在这种主流环境下促生的二战以后的经济体制。

## 政治反应

大萧条和二战完全改变了关于国家干预经济活动的政治态度。古典经济学鼓吹政府的干预只会把事情弄得更糟糕，但是政治家们在大萧条中得到的经验却是，执行古典自由市场经济学的政府面对困境采取无为而治的方针，结果被赶下了台；相反，那些敢于打破传统，干预价格和就业的政府却取得了一些成绩，获得连任。实际上，很多国家的政府不仅仅是参与修建道路和桥梁，而是依靠最传统的公共项目——扩军备战最终实现了充分就业。到二战结束时，古典经济学在政治上已经失宠，政府对经济的干预受到尊重。

人们还指望政府能保护他们的生活不再受到市场波动的影响，于是发达国家普遍建立起广泛的社会保障体系，提供养老、失业和医疗保险。这样也创造出更多的政府就业机会，有利于保持经济稳定。政府在补贴和转移支付上的开支，加上广泛的社会保障和再分配，在1937年时约占GDP的4.5%，到20世纪60年代已经增加到8.5%，而且那时的GDP本身增长速度就很快。[17]在1910年，西欧国家中只有20%的劳工拥有养老保险，22%拥有医疗保险，而到1935年，这些数字分别达到56%和47%，到1975年，分别达到93%和90%。[18]

上述社会保障体系是在大萧条时期和二战以后的岁月里建立起来的，当时政府的开支十分紧张，需要面对各种类型的组织申请补贴的压力，政府实在没有能力同时予以满足。政府已经成了市场经济的支柱，但是自身的资源却有限，所以需要想办法减轻来自社会的压力。或者说，能否找到其他机构可以为人民提供经济安全的保障，而那些老牌的大型企业不就是最佳选择吗？这些企业毕竟有过成功的经营历史，也有足够的规模和能力来负担管理和发放职工福利所需要的成本。但是人们已经在大萧条中看到，许多著名的企业也倒闭了。所以，如果要让这些大企业为民众提供安全，就必须先保证它们的安全。

这样一来，大多数国家都会自然地采取下面的办法，由于市场已经不受信任，政治家们又本能地愿意用市场管制来隐藏成本，所以他们通常会在企业主、经理人和工会进行调解，促使他们达成共识，压制市场竞争。由此导致的结果是，在大萧条时期采取的短期措施变成了长期性的政策。工业和金融业的卡特尔被允许继续保持下去，可以保证成员企业带来的高利润和工会成员的高工资，有利于产业的稳定。虽然在长期里，产业会变得越来越僵化，会要求政府提供更多的保护（例如 2002 年的美国钢铁制品关税），但是当时的政治家们已经不能顾及这么多了。

## 关联资本主义的兴起

我们把二战以后兴起的有管制的竞争体系称为“关联资本主义”（relationship capitalism）。对竞争的限制，部分是通过管制机构和企业互相勾结、阻碍产业进入的方式来实现，如我们看到的美国汽车货物运输行业的例子；部分是通过大规模的、涉及经济生活各方的利益集团的调解来实现，这里面有很多是大萧条时期采取的政策的延续。例如在瑞典，劳工、农业部门、工业界、金融界和政府，在 1938 年到萨尔托斯巴滕（Saljtosbaden）开会，制定了一个公约。公约让劳工得到了稳定的工资、充分就业政策和社会福利；农民得到了更高的产品价格和补贴；私人企业得到了对私有财产权的尊重和产业竞争的缓和。[19]

在 20 世纪 50—60 年代，沿用这个模式，执政的社会民主党、工会和瑞典工业协会的领导们每年会到首相的避暑别墅中举行一个私人会议，[20]商讨下一年度的经济和社会计划。这些在贸易联盟和业主协会之间达成的协定，要求企业不能通过抢别人的生意来取得竞争优势。很明显，这样的协定损害了大众消费者，但是消费者往往又是雇员，所以他们也可以接受。协定也助长了一些有组织的利益集团的力量，比如在许多国家，工会谈判得到的工资水平也自动适用于那些没有参加工会组织的员工。比如，在法国和西班牙，虽然只有10%的员工是工会成员，但是工会和产业协会达成的协议却适用于70%的员工。[21]

当然，有大量的人被排除在这种公约之外。潜在的竞争者、中小企业不能得到大企业获得的国家补贴；在大企业里工作期限比较短的妇女和年轻人的利益同样被忽视。但是这个体制似乎运转得不错，至少在一段时间里是如此。它比许多国家原来的竞争性市场体制提供了更多的安全，而且似乎有利于经济增长。这使得很多人一度认为社会能够做到两全其美——同时实现经济增长和社会保障。1957—1963年担任英国首相的保守党领袖哈罗德·麦克米伦（Harold Macmillan），在1959年提出的竞选口号就是"从来没有这样美好"。

除了直接的竞争管制措施以外——这种管制一直持续至今——政府还借助对金融的控制来管理经济。政府的控制权有三个支柱，第一是继续执行各种积极和消极的压制国内金融市场的政策。例如股票和债券的发行需要政府的批准，直接融资活动被窒息等。还有，许多国家规定苛刻的股票上市条件，比如要求公司在上市前至少有几年的盈利记录，明显地约束了新兴企业的手脚。

同样，政府还采取对待市场的消极政策——例如不去建立保证市场的透明度和公平性的制度基础。在1990年，103个拥有股票交易所的国家里只有34个有禁止内部人交易的法律，[22]而且只有9个实际上严格执行过这个法律。我们已经知道，积极实施限制内部人交易的法律能够显著降低企业的股票融资成本，但这些国家的政府并没有采取更好的改革措施。由于缺乏更好的信息披露标准，缺乏保护小股东的法律和行政程序，造成只有那些最有势力的企业才能够利用股票市场进行筹资。结果，到20世纪80年代，欧洲企业上市时的平均年龄达到了40年。[23]相比之下，美国现在由风险投资支持的企业通常在成立后5年就公开上市了。[24]

政府控制金融业的第二个支柱是对信贷投放的大规模干预。政府推行了银行国有化，在1985年，许多国家的政府平均拥有将近55%的银行资产。[25]政府还给银行提供补助，鼓励它们向特殊部门提供优惠贷款，在20世纪60—70

年代，这样的信贷指导计划在发达国家和发展中国家都很普遍。在 70 年代的韩国，金融系统的全部资金投放中有 50% 以上服从于政府的信贷指导计划。[26] 在战后重建时期的日本，主要产业的融资里有 71% 来自补贴贷款，此后还长期停留在 10% ~15% 的水平上。[27] 在法国，全部企业贷款中有 3/4 来自政府、准政府的金融机构、国有银行及其下属企业，[28] 全部贷款中有 43% 包含政府补助。[29] 这些数据来自 1979 年，当时是在一个保守政府连续执政 21 年之后，而在弗朗索瓦·密特朗推行大规模的银行国有化运动之前。

国家对信贷的控制本身不是坏事，政府或许打算拓展民众的融资渠道——而且，政府也通常解释说，银行国有化是为了给那些传统上不容易得到融资的社会成员提供机会。但在实践中，庞大的官僚机构在为中小企业提供融资方面缺乏效率，而政府指导的信贷资源通常最后还是到了工业集团或者政府自己的手中。[30]

第三个也是最重要的支柱是对国际资本流动的限制。接下来，我们要解释为什么这些限制措施对于关联资本主义是非常重要的，为什么限制最终会失败。失败的原因很大程度上是由于近年来竞争性市场的复兴，这个话题我们将在下一章进行阐述。

## 布雷顿森林协定

在很多时候，经济理论对于政府的政策只有间接影响：给政治家们在特定时势下的合理行为提供合法的外衣。在大萧条开始后，各国政府不顾当时最有影响力的经济学家的建议，纷纷干预经济过程。但是，他们的做法最终得到了当时最知名的经济学家凯恩斯的支持，在其划时代的著作《就业、利息和货币通论》（简称《通论》）中，凯恩斯指出，在一个经济体中，产品和服务的需求完全有可能低于经济的潜在供给能力，由此产生的供给过剩——表现为失业和产品过剩——这种现象并不能像古典经济学所认为的那样，会通过工资和价格的下降得到自动和迅速的消除。相反，凯恩斯认为，政府有责任挺身而出，通过公共事业产生的需求来弥补私人部门的需求与供给之间的缺口。

随着二战即将结束，凯恩斯主义逐渐得到了公众的认同，他们要求政府继续负责管理总需求——部分是通过社会保障计划。但是，20世纪30年代的教训告诉大家，这个功能似乎存在问题。因为对于政府来说，要扩大对本国产品的需求，阻力最小的办法就是实施货币贬值、扩大出口，同时提高进口关税，以避免原本就不足的国内需求再被外国产品吞噬。然而，由于所有的国家政府都可以如法炮制，这种以邻为壑的政策最终将导致国际贸易萎缩，大家都成为输家。

自由贸易符合所有人的长远利益，尤其还符合美国的短期利益。与其他发达国家不同，美国的工业和金融业没有受到战争的破坏，非常担心世界其他国家会执行封闭政策，限制其产品和资金的出路。因此，美国希望在二战后建立一个保持开放的经济体系。

1944年，在美国新罕布什尔州达成了《布雷顿森林协定》，这是一个妥协的产物，为战后的经济重建奠定了基础。协定有效地束缚各国政府不能破坏国际贸易——这是美国强烈要求的结果——而同时保证它们有足够的自主权来调节国内需求。[31]实现第一个目标的办法是保持汇率稳定：为了防止竞相贬值，协定把各国的汇率规定在一个狭窄的波动范围内，只有在“严重不平衡”的情况下才可以进行调整。另外，成立了国际货币基金组织（IMF），其目的是给一些由于必要的国内政策调整而受到贬值压力的国家提供借款支持。

但是，在当时的气氛下，欧洲国家不能忽视在大萧条之后组织起来的政治力量。要实行固定汇率制度，就必须做出其他牺牲，以避免世界回到金本位时代，再现对政府干预的政治需求与僵化的金本位制之间不可调和的矛盾。这个牺牲品就是国际资本流动。

凯恩斯担心，如果资本流动不受限制，政府就不能轻易控制国内需求。尽管他所讨论的只是政府调节利率水平的能力，但政府的各种干预手段其实都可能遇到麻烦。[32]例如，政府可以“劝告”私人银行向某些产业提供优惠贷款，政府不用通过直接补贴，而是把存款利率控制得比较低，让银行依然可以盈利，从而把资金提供给预定的借款人。但是，如果存款人可以把资金转移到利率更高的国家，这样的间接补贴的办法就不能奏效。

从更广泛的意义上说，凯恩斯认为资本自由流动会限制政府在富人与穷人之间转移支付的能力，他指出：

> 显然，在战后很多国家都可能出现某些论调，会影响到富有阶层的地位和对待私有财产的态度。假设出现这种情况，那么会有很多人感到害怕，他们会认为该国的“左倾”程度会比其他国家更加严重。[33]

这样，《布雷顿森林协定》达成的妥协就是，保持贸易的开放而限制资本的流动。但是并非所有形式的资本流动都不鼓励，因为经常项目盈余的国家需要资本项目的赤字来保持汇率稳定，而“生产性”的资本流动，例如外国直接投资，可以用来开发一个国家的实物资源，也受到鼓励。所以，资本流动的限制主要是针对如下情形，就是那些二十来岁的投资银行家在世界各地转移资金，谋取最高收益的行为——也即政府官员们嘲笑的所谓投机资本。

出于对欧洲国家的理解甚至同情，美国政府不顾国内银行家的反对同意了对资本流动进行限制（然而，为了争取在欧洲的投资机会，银行家们还是争取到了让步，国际资本流动的限制并不是绝对密不透风的，后来这也促成了限制措施的最终瓦解）。[34]由于跨国资本流动的影响消除了，国内的金融机构就把持了金融业的垄断权，资金就可以向政府主导的产业倾斜。资本流动的限制也解放了对政府预算的限制，可以放心地实施经济干预。正如凯恩斯发表的胜利宣言那样，“《布雷顿森林协定》给予每个成员国政府明确控制所有资本流动的权利，这不是权宜之计，而是一项永久性的安排。过去的异端邪说现在已经成了正统”。[35]

## 谁是赢家，谁是输家？

在关联资本主义体系里，到底谁是赢家，谁是输家？很不幸，由于这个大的交易里面涉及多方面的利害人，所以通常很难判断哪些人得到了好处，哪些人要承担成本。但是，通常的情况是既得利益集团取得了好处——包括大企业、工会成员、农民和老年人，而体制外的人要负担成本——包括新兴的企业家、外国公司、没有组织的员工、外国移民和年轻人。

例如，我们来看看意大利在几年以前的养老金和失业保险制度。该国的养老金体系由两个部分组成：一部分由公司提供，另一部分由国家强制养老金组成。私人企业部分的养老金完全由公司业主掌管，通常是企业的一个廉价的资金来源，这使得员工无偿地承担了很大一部分公司经营的风险，当然也就与业主结成了反对竞争的共同利益集团。如果我们的分析到此止步，那些结论应该是业主获得了好处，员工承担了风险损失，但是养老金还有其他方面的问题需要考察。

国家强制养老金制度显得非常慷慨，这是现收现付制，给予的利益远远超过员工在过去的贡献积累。新退休的人领取的给付相当于他们在退休前5年的平均税前工资的80%，这意味着退休要比上班更合算。而规定的退休年龄又比较低，只有55岁，很多人从正式工作中退下来以后，又马上到地下经济里去兼职。对很多缺乏耐心、脸皮又比较厚的人来说，由于医疗方面的规定很宽松，完全可以在正式退休年龄之前以伤残的名义退休。[36]就像庞兹的把戏一样，这样一个养老金体系的运转完全依赖于经济的增长。在二战结束以后的年代里，意大利经济处于快速增长中，员工们从这里得到了补偿，足以抵消他们在企业养老金那里承担的风险，而公司就成了净赚的赢家。输家是在将来为政府的铺张浪费掏钱的后人。但是正如凯恩斯所说，“长期内我们都死了”，长期的问题永远不是关联资本主义所要关心的事情。

失业保险的问题与此十分类似。在1991年以前，意大利一直通过法律的途径来提供就业保障，禁止雇员人数多于15人的企业在没有“正当理由”的情况下解聘员工。失业者没有正式收入，但是可以从一个专门机构CIG（Cassa Integrazione Guadagni）领取补贴。CIG建立于1945年，起初是为那些在大型企业的军转民过程中被临时裁减的员工提供补贴。但是不知不觉地，CIG的服务范围就延伸到其他行业，并且最终覆盖了长期而不只是临时失业。这个保险体系规定，政府给失业员工提供为期3个月相当于工资水平80%的津贴，可以延长到1年。实际上，法定期限往往被突破，特别是涉及大企业的时候。

公司另外一个选择是强迫被裁减的员工提前退休。这样，国家养老金体系的收入会减少，而需要支付养老金的年限和总金额还会增加。此外，国有公司，例如邮局和铁路，还提供另外一种形式的保障。这些措施被称为“最后的雇主”，在南部失业率较高的地方更为常见。

如果我们把所有这些因素考虑进来，那么可以说这个体系的确保护了员工，特别是大企业员工免受失业的损害。然而最有利的是大企业，它们可以在经济出现波动的时候解聘员工，以后再重新招入，而不需要重新培训。而这个体系对它们的竞争对手——中型企业就非常不利，它们的规模超过了 15 人，不容易随便解聘员工，却没有得到 CIG 的有效保护。此外，这个体系严重损耗了政府的财政资源。

当然，政府可以通过税收和通货膨胀来弥补财政支出，也可以通过举债来延缓负担，但是最终还是有算账的一天。

## 小 结

关联资本主义在战后很多国家出现，部分原因是人们对市场的信任普遍幻灭，而战争激发了对政府的迷信，部分原因是利益集团利用这个倒退的潮流建造了一个为自身利益服务的体系。当时弥漫的对市场的不信任气氛，与 2002 年提高钢铁制品关税的时候很相似（当然早期的情况要严重得多）——股票市场下滑，投资银行追捧利益股票的揭发，高成长公司的投机失败，管理层的会计欺诈和逃税等。

这个体系的核心是一系列交易。通过交易，每个内部人都获得了自己的特权，假如体制发生改变，那么很多人都要失去特权，这使得该体系有很强的政治基础。自由市场体系所固有的机会和风险被关联资本主义的特权和稳定所取代。

然而，一个人的特权同时是对其他人的剥夺。在每个被保护的老企业背后，都有一个未来的、创新的企业家受到限制；在每个年老的，享受着高薪、舒适的职务的白人员工背后，都有一个少数族裔的年轻女性被剥夺了经济独立的权利；在每个享受充足的养老金的老人背后，都有一个贫困家庭的儿童得不到足够的营养。我们的意思不是说这样的选择和剥夺是故意造成的，也不是说这个体系没有好处，比如保障制度确实帮助了那些从前生活很艰难的老人。但是问题在于，关联资本主义内部没有自然的途径来改变特权体系，以免那些得到保护的人不至于在以后变得越来越贪婪。而对于体制以外的人来说，机会被剥夺的后果将更加严重。

幸而，最终是外部环境的变化和这个体系的僵化共同导致了它的衰落，带来了我们所经历的市场复苏。我们下面转入这个专题，然后再回到今天的现实问题中来。

# 第 11 章　关联资本主义的衰落

在二战之后的头 20 年，我们所说的关联资本主义，或者说有管制的竞争体系似乎运转良好：在欧洲大陆和日本，这个体系都牢固地建立起来，政治环境十分稳定，经济增长率也相当可观。但是，这段时期的高增长掩盖了三个严重的问题。第一，关联资本主义不鼓励创新，当经济的首要任务是重建的时候，这似乎并不重要，但在以后的岁月里就显得越发突出；第二，由于市场被束缚，这个体制产生的垄断利润没有很好的分配途径；第三，这个体制缺乏有效的破坏——使得资源及时从夕阳产业转移给朝阳产业。这些问题逐渐暴露出来。

同时，导致关联资本主义没落的原因还不仅仅是其内在缺陷，而更多是来自国际金融市场越来越大的效率压力。《布雷顿森林协定》最终没有能够完全阻止国际资本流动，资本流动开始是很小一股，到后来就发展成洪流，从而为市场的再度复兴准备了政治上和经济上的条件，正如在 20 世纪最后 30 年所表现的那样。要明白这里的前因后果，我们还是从研究关联资本主义体系下的金融业的实际运转开始。之所以要关注这个体系，是因为我们认为关联资本主义，而不是社会主义，乃是自由市场经济之外的另一条道路。要在它和自由市场体系之间做出一个理性的选择，我们就应该首先弄清楚它们各自的优劣。

## 关联金融体系的运转

德国和日本这类国家比英国和美国执行关联金融政策的深度要大得多，时间也更加持久。直到20世纪90年代早期，当美国和英国已经成为真正的市场主导的金融体系以后，德国还基本上是一个以关联体系为基础的国家。因此，我们把它们在90年代初期的情况进行对比，就可以大致了解关联金融体系与自由市场金融体系的差别。简单地说，在关联体系为主的国家，资本主要是在一系列有关联的企业和机构之间周转，而在市场体系为主的国家，企业通常是从外部人那里筹集资金并提供相应的回报——与此对应的术语分别是关联金融和外部金融。还有其他描述这种差别的术语，例如莱茵式资本主义和盎格鲁—撒克逊式资本主义，银行主导体系和市场主导体系。

例如，在1994年，美国的企业借款有16%来自银行，49%来自证券发行（包括债券和商业票据）。[1] 与银行贷款不同，证券更容易流通，而且投资人通常与发行证券的企业没有特殊关系。相反，德国的企业借款有80%来自银行，10%来自证券市场。银行的资产规模非常庞大，流动性相对不高，与企业的关系也就更加长期和紧密。

在股票市场方面的差别也非常巨大。从1991年到1995年，美国公司每年发行的股票价值相当于GDP的1.2%；相反，德国的数字是0.04%。更显著的区别是，1995年美国每100万公民平均有3.11只新股票上市，德国的数字是0.08。[2]

流通中的股票的持有情况也有很大差异。1994年，个人投资者持有美国公司流通股票的一半，到2000年下降到40%，其他非金融公司持有14%其他公司的股票，银行几乎没有。在美国拥有公司股票的机构主要是共同基金和养老基金，它们与所投资的公司也是一种普通的股权关系。然而在德国，个人投资者拥有公司股票的17%，而银行拥有10%（此外还代表很大一部分个人投资者行使投票权），其他非金融公司持有42%的股票。这样，其他公司和银行就拥有了德国大企业的主要股份，它们往往与企业有密切关系。由于德国的大机构持有的股份比个人要高很多，所有权就相当集中。在大企业里，德国前 5 名股东拥有大约 42% 的股份，而在美国只有 25%。

在某些方面，德国的大股东对管理层的态度相当袒护。根据有关研究，在 20 世纪整个后半叶，德国企业只发生过 4 次真正的恶意收购事件。[3] 我们来看一个案例，1997 年 3 月，德国钢铁企业克虏伯公司（Krupp）提出了对另外一家德国钢铁企业泰森公司（Thyssen）的收购建议，各方面马上产生了激烈的反应。泰森公司立刻抨击克虏伯公司实行的是“西方式的野蛮”策略（或者说，是美国式的直接资本市场策略，而不是传统的在私下进行密谋的策略），克虏伯的主席受到各种攻击、疲于招架，愤怒的泰森公司的员工还向他投掷臭鸡蛋。许多政治家也被卷了进来，包括当时的总理赫尔穆特·科尔（Helmut Kohl），他们要求克虏伯公司背后的银行家们（他们同时也在泰森公司拥有董事职位）出马进行调停。最终双方达成了合并协定，两家的管理层分享了权力，整个合并过程卷入了太多政治性因素，对于现状的维护也远比美国的类似案例要严重得多。

关联体系在两个方面与市场体系有重要差别：透明度和产业进入。

首先来看透明度，当有关联的大型企业和机构来监督企业管理层的决策时，他们会觉得没有必要把企业的真实情况和决策过程明示给大众。因为，就算某个弱小的个人投资者知道有关的企业在经营管理上存在问题，他除了难过又能做什么呢？而企业的大股东或者债权人则可以共同来研究解决办法，保护他们的利益。还有，个人投资者随着市场的涨跌不时地买卖股票，与企业的联系十分松散，而相关的企业和机构则非常关心他们所治理的企业的长远前景。最后，透明度太强可能招致大的外部投资者加入，造成改革，威胁到整个关联体系的稳定。至少，这些就是一个德国（日本或者瑞士）银行家要对投资人进行隐瞒的理由。[4]

先不管上述论证是否有道理，反正结果是在德国式的体系中，个人投资者、员工和外部人对公司的真实事务非常不知情。1989 年有一项研究，目的是调查跨国企业的合并财务报表是否执行了经济合作与发展组织（OECD）关于信息披露的规定，结果发现有 64% 的被调查美国企业完全执行了这些规定，而一家德国企业也没有做到。[5] 与此相似，一个委员会研究了各国大企业年度报告的信息披露状况，在1995年时他们给德国的评价是67分，而韩国这样一个新兴市场的得分都达到68分，美国和英国分别是76分和85分。最后，有一项研究比较了1985—1998年间34个国家的公司财务透明度，美国排在首位，德国只能位居中游。[6]

最近美国所揭发的一些财务丑闻显示，有部分公司在蓄意误导投资人。而在德国，误导投资人不是例外而是属于一贯做法。德国的会计和披露有多么不真实，可以从所谓的“隐性储备”（hidden reserves）或者“秘密储备”（secret reserves）的规定中看出来。德国的会计制度允许公司在利润丰厚的年代把部分利润转移到一个特殊基金里，而不需要向公众投资人披露。到了收入下降的时期，这些利润再转移到公司报表里。当局允许上市公司进行这种操作，其借口居然是会计上的谨慎原则，号称是为了有备无患。但是真实原因恐怕是家长作风和私利，他们认为公众投资人不值得了解真实和完整的情况，投资人可能过分惊恐，过度买卖股票（这会令管理层感到不安）。所以应该维持公司收入的稳定，让投资者的头脑保持冷静，而只让那些与管理层联系密切的大机构和企业了解可怕的、与大众所知的相去甚远的真实数据。

当德国最负盛名的企业之一戴姆勒—奔驰公司在1993年申请到纽约证券交易所挂牌的时候，它必须根据纽约交易所通行的会计标准（而不是德国的标准）进行重新审计，结果暴露了德国会计制度和美国通行会计准则之间的巨大差别：奔驰公司从半年盈利1.68亿马克变成了亏损9.49亿马克，半年的时间就出现了11亿马克以上的差别！[7]

总之，虽然居民家庭是储蓄存款的最终所有者，但是德国这样的体制却让他们无法控制自己的钱投资到什么地方、如何投资。企业和金融家的投资决策不需要通知最终的所有者——个人投资者，也不需要征求他们的同意。德国的银行家卡尔·费斯滕贝格（Carl Furstenberg）曾经这样说，“那些股东们既愚蠢又无礼——愚蠢是因为他们把钱交给别人，而不对这个人进行有效的监督，无礼则是因为他们居然要求为自己的愚蠢取得分红”。他的话恐怕代表了不少德国同行的心声。[8]

关联体系与市场体系的第二个差别与融资渠道有关。如果有关企业的信息不能让公众知道，那么除了个别声誉显赫的企业外，其他借款者就只能在他们狭小的金融圈子里活动，不能轻易获得直接融资。实际上，直到 20 世纪 90 年代早期，德国企业在发行商业票据和长期债券时还必须得到联邦经济部的批准，批准的条件包括发行人的信用状况良好，还要有银行的支持等。另外，各种税收加重了普通德国企业进行非银行融资的成本，使得企业在有限的金融机构以外的融资渠道非常有限。

在另一方面，透明度和融资渠道的限制对于大企业没有太大的影响，它们依然能够在关联经济里获得足够的资金资源，而且与一个更透明、更自由的美国式体制相比，它们的信息披露压力更小，资金偿还期限更长。尽管系统内的关联企业完全有可能放纵某些不称职和不诚实的经理人，但是在实际上，它们似乎还是非常关心长远利益，对经理人的监督没有手软。所以，尽管外部人不容易通过恶意收购的形式来督促管理层，但是德国和日本的高层经理在企业的业绩糟糕时还是容易经常和迅速地遭到解聘，与美国差别不大。[9] 另外，在德国和日本的金融体系中，在很长时期里居民家庭的投资手段非常有限，那么一个必然的结论就是，在关联体系里，大企业的融资便利程度与市场体系里同等规模的企业应该是相当的。的确，有研究表明，在这两种体系里大型老牌企业在资金成本上不存在显著差别。[10]

那么，这两种体系之间的差别有什么重要意义吗？我们的回答是肯定的，而且在巨大的变革时期尤其突出。

## 关联体系和变革

大型企业善于处理增长型变革。但是创新型变革通常都需要异乎寻常的手段，包括观念的转变和行动的实施，关联体系在这两个方面都不擅长。

我们先做一个类比，[11] 来看看为什么它们不具备支持变革的观念。假设你撰写了一部不朽的小说并打算出版。你可以把手稿送给“古板出版社”，那里有两个编辑，他们会一起审阅你的书稿，共同进行评判。如果两个人都同意，那么书就可以出版。你也可以把手稿送到“大运出版社”，那里的编辑都独立工作，如果一个人拒绝出版，你还可以把手稿送给另外一个不知情的编辑再审阅（而且大运出版社的编辑彼此之间通常都不说话）。当然，你作为作者，希望把书稿送给大运出版社，那里的出版机会更大，即使某个编辑对该书抱有偏见也不会决定稿件的全部命运。但是，从商业经营的角度看，哪一家出版社的做法更好呢？

古板出版社发行的书通常有很好的质量，因为他们的审稿程序更加严格。但是与大运出版社相比，古板出版社有可能拒绝了很多好书。大运出版社会接受更多的书，降低了一本好书被拒绝的概率，同样也可能出版更多糟糕的书。大家可以猜想到，哪一家出版社的体系更好取决于送到出版社的好书和坏书的相对比例，以及拒绝一本好书与接受一本坏书的相对成本。如果好书非常畅销，获利数百万美元，而糟糕的书每本不过亏损几千美元，那么大运出版社的体制就更好。但是如果好书出售的数量很一般，而糟糕的书不但会带来财务上的亏损而且要损害出版商的名声，那古板出版社的体制就更好。我们以此来类比对创新活动的融资。

一个有大量公共信息的体系与大运出版社比较相似：它可以给予希望尝试新技术的企业更好的融资机会。原因在于，这个体系里有很多投资人，他们的背景各不相同，每个人都了解新技术的一些基本信息，但彼此的倾向不同，所掌握的信息也只是整体的一部分，每个人都要独立分析企业的前景。这样，企业就有很多机会去说服不同的投资人相信它们的新技术是有价值的，如果这个技术非常新，大家还不了解，那么企业就需要逐一尝试所有的机会，才有希望获得融资。

关联体系的作用方式就类似于古板出版社。由于公共信息不足，融资渠道有限，关联体系之中的企业通常只能找到一两家了解情况的金融机构来做判断。由于这个体系内的信息通常是通过内部传递而不是公开宣布的，那么金融机构之间往往会互通消息。所以，尽管总体来说它们拥有的信息更丰富，决策也可能更加科学，但是要寻求资金来发展新技术的企业通常只有一两次独立的申请机会。

如果这个新技术只是对原有技术的小改进，那么采用新技术的效果相对于投资失败的成本而言可能并不显著。此时，关联体系的效果就更好，因为它有能力进行深入分析并排除失败的可能性。这个体系的保守性反映在对待创新的严格审查上，也可能导致某些有价值的创新被拒绝。但是由于新技术只是有限的改进，那么拒绝好技术的损失比起拒绝坏技术的收益来说并不算严重。在一般情况下，技术变革是属于增长型的（企业内和企业外的创新都是这样），此时，关联体系运转得很好。

但是，如果我们处在一个创新型的变革时代，某些革命性的技术创新有可能给企业创造全新的产品和市场，那么此时一个自由市场体系就更加适用，因为这个体系可以确保更多的新技术得到资金，即便也需要承担更多的失败尝试的成本。在这种时期，一个技术获得成功的价值将远远超过失败的成本，所以大运出版社的模式——独立但信息灵通的评价——对于创新活动的融资更有利。

我们再以风险投资为例，这种形式的机构似乎只有在一个自由的、信息披露充分的市场中才会存在。风险投资家每次只投资一小部分，如果项目前景乐观才会继续投资，而情况不妙时就会立刻终止。这样，他们可以从成功的项目上获得丰厚回报，而在失败项目上损失则比较有限。这种收益模式使得他们像大运出版社一样，更愿意去尝试。结果，由于有很多风险投资商，而且每个都有自己的方法，所以创业者被某一家拒绝也不用担心。在自由市场体系里，往往有很多关于成功的企业家的故事，就如同有的成功作家一样，讲述他们当年是如何挨家挨户地推销自己的商业计划，直到最终找到肯在支票本上签字的风险投资人（或者有眼光的出版商）。

然而在一个关联体系的经济里，不要说这些传奇，就是风险投资人本身也并不多见。原因在于，风险投资人需要一个可靠的信息披露制度，这不但是因为他们要对新企业投资，而且他们的投资只有在企业公开上市之后才能收回。对公共投资人而言，他们必须对企业的事业有充分的信心才会掏钱来购买这些没有悠久历史的新企业的股票，而良好的信息披露能带给他们这样的信心。[12]

在过去几年，欧洲大陆的关联金融体系已经发生变化，转向英美的自由市场模式。这些国家也引进了新的股票市场——例如德国的新兴市场（Neuer Markt），巴黎的新兴市场（Nouveau Marché）。

这些市场有的是由于股票投资的狂热而建立起来的，而不是根本制度的变革（有的在泡沫破灭后也未能持续下去），但是我们感兴趣的是这些市场的出现如何影响了风险投资的数量。在那些建立了新市场并引入了比以前更严格的信息披露制度的国家，其风险投资的规模迅速扩大。[13]这个效应不是由新市场的建立带来的，因为在那些也建立了新市场，但信息披露制度没有改进甚至倒退的国家就没有出现风险投资的显著增长。因此，更好的公共信息披露制度使得企业更容易获得直接融资，更容易为革命性的新技术提供支持。

但是，即便有了资金，也并不能保证现有的大企业愿意投向创新型的技术变革项目。因为技术的变革将导致现有的企业经营者的技能被淘汰，例如个人计算机的业界标准虽然是由IBM公司确立的，但在这个领域里推动技术革新的主要力量却是英特尔和微软公司，它们也获得了相应的收益。IBM公司为什么没有更好地利用个人计算机领域的商业机会呢，原因可能是该公司的最高管理层把眼光盯在大型机上面。为了防止大型机项目受损，管理层限制了个人计算机的开发，从而削弱了IBM公司在这个领域的领导地位。例如，

> IBM公司居然没有在自己的个人计算机字处理软件中设计处理电子邮件的功能，实际上这个功能后来的使用最为广泛。原因在于当时IBM公司依然认为文字处理是在大型机或者小型机上做的事情，而大型机的工作人员为了保护主机的电子邮件系统（称为PROFS），就不在个人计算机上使用电子邮件。另外，大型机的经理们认为很多秘书人员已经习惯使用PROFS，而大型机使用的字处理软件也不需要增加什么新的功能。[14]

如果不是英特尔、微软、康柏、戴尔和其他很多公司，个人计算机产业是否会取得如此巨大的成功还是个疑问。如果这个产业的发展当初继续让IBM公司和DEC公司（Digital Equipment Corporation）来主导，我们今天使用的个人电脑或许不过是计算器和打字机的美称。

这样，在革命性变革到来的时候，由于没有原有利益的束缚，新企业就有了机会。更多的信息披露和透明度、融资的自由，都帮助了新企业的成长。相反，关联体系在给新来者创造机会方面做得非常糟糕。在得到融资之前，新兴企业必须成为关联体系的一部分，否则没有人相信它们的账目，或者提供融资。所以，在 1960—1990 年，德国交易所上市的企业的平均年龄是 57 年，[15]对于美国企业来说这实在是过于高龄了。在美国，我们已经介绍过的银行管制的放松带来了金融行业的激烈竞争，这等于是一个行业从以前的关联体系转向竞争性的市场体系。所以就难怪在管制放松以后，新企业创建的速度获得跳跃式的增长。[16]

关联金融体系在技术革命时代至少有两个致命缺陷，第一，这个体系审查新技术的方式更容易把突破常规的新技术排除在获得融资之外：因为集体决策的方式本身是保守的。第二，体制的不透明造成了对外部人的歧视，尤其是对新加入者。这样，最有动力推动变革的人最缺乏资源，由于这个体系的成员没有创新的观念和动力，关联体系在大变革的时代会远远落后于市场主导的体系。

但是，关联体系还有第三个缺陷，就是倾向于保护遇到麻烦的老牌企业。通常，这样做会维护体系的稳定，但是在大变革的时代，这使得资源被继续消耗在没有效率的领域。在关联体系中，金融家往往从所谓的长远眼光出发来保护落后企业，本质上却是自相矛盾的，我们在这里有一个极好的例子——20 世纪 70 年代住友银行（Sumitomo Bank）对马自达公司的救援。

1974 年，马自达公司遇到财务危机。[17]与其他日本汽车厂商不同，马自达公司没有准备好应付 1973 年中东战争后出现的石油涨价，其汽车使用费油的汪克尔（Wankel）发动机*，每加仑汽油可以行驶 10 英里，而其他日本汽车商的汽车都使用普通的发动机，可以多跑一倍的距离。由于石油价格上涨了三倍，马自达的汽车销量锐减。

---

* 汪克尔发动机由德国工程师汪克尔博士（Dr. Felix Wankel）在 1956 年发明，是一种和常用的活塞式汽缸引擎完全不同的新型发动机，具有重量轻、功率大、宁静和灵敏等特点，如今只有马自达汽车公司独家使用。——译者注

马自达公司的生产效率也很低，日本汽车商平均每名员工年生产汽车 30 辆，而马自达只能生产 19 辆，其供应商的效率也不高。

马自达的管理层是否有能力应对这场危机也令人怀疑，自从 1920 年建立以来，马自达公司一直由松田家族的成员集权经营，当时的总裁是家族的第三代成员，松田耕平（Matsuda Kouhei）。很不幸，他的权势虽然不减，但经营能力却远逊于前任。

马自达的经营不力在危机面前暴露出来，公司没有减少产量，还继续向经销商发货，结果导致经销商手中很快就积攒了一年的库存。公司设法帮助经销商提供资金周转，但经销商的声誉已经受到损害，销售人员纷纷离职。由于日本的汽车销售非常依赖于个人推销，销售人员的离职就威胁到公司的前景。马自达公司也没有给自己的员工提醒，尽管销售额下降、成本高昂，但 1974 年公司仍然大幅度加薪，进一步恶化了财务状况。

到 1974 年后期，情况已经不容忽视。马自达公司的主银行——住友银行——决定采取行动。在 1974 年初，住友银行就派了两位经理到马自达熟悉业务情况，到 1974 年后期开始进行大规模干预，把东京分行的经理派到马自达担任副总裁，还派遣其他人员接管了马自达的主要业务。住友银行同时宣布，将保证马自达公司需要的所有资金。到 1978 年，松田耕平离职，住友银行挑选了继任者。

新的管理层实施了大胆的组织改革，马自达的管理体系被简化，成本降低了，供应商也提高了效率。公司同时还劝告员工推迟获得某些补偿，一些生产工人被培训为销售员。劳动生产率增长得很快，到 1981 年，每名员工每年的汽车产量达到了 43 辆。销售额也回升了，部分是由于住友财团和其他很多利害方购买了马自达的汽车。例如，在广岛（公司所在地），马自达汽车在出租车中的比例从 1975 年的 2% 增加到 1983 年的 40%。

住友银行能够挽救马自达的另外一个重要原因是关联体系中的竞争限制。由于日本的贷款市场竞争很有限，住友银行很清楚一旦马自达获救，今后就会继续在住友银行申请贷款业务。这样，未来的利益使得马自达的生存对于住友银行来说有经济意义，反过来，住友银行也可以给马自达公司提供一种对抗经济衰退风险的保险，这在市场金融体系中是不可能的。

住友银行还有其他拯救马自达的理由。该银行在非竞争性的银行体系中拥有特权地位，也意味着要与政府分担减轻经济波动的责任。其他的企业客户当然也希望在困难的时候能获得这样一种救助，如果哪家银行有这个能力而不按规则办事，很快就会被客户抛弃。

这次救援行动值得吗？答案是比较含混的。在短期内，马自达“康复”了。但是，忽略马自达的糟糕业绩的信号或许是一个错误。如果现在来审视马自达的案例，结论也许是马自达应该被另外一家汽车商收购，因为马自达公司到 20 世纪 90 年代早期再次陷入困境，不得不依靠福特汽车公司来挽救；也许马自达公司应该关闭，以减少近年来困扰汽车行业的生产能力过剩问题。谁能算清楚马自达从住友银行那里得到的长期收益是多少呢——银行提供了担保和信贷，减免了利息，安排了内部交易，但是代价是长期服从住友银行的指导。即便马自达公司获得的收益是正的，但这样的交易对于住友银行的储户和股东，以及整个日本经济又是否合算呢？

很不幸，如我们所说，在关联体系里很难进行准确的成本收益分析：实际上这也正是关联体系吸引政客们的地方。人们如何评估财团的其他成员企业被“鼓励”购买马自达汽车而导致的损失呢？住友银行的管理层花费了巨大的时间和精力来挽救马自达公司，这里付出的代价又是多大？而对于政客而言，正是这样的不透明令他们欣赏，因为他们更容易通过交叉补贴来隐瞒成本。但是，也正是这样的不透明导致关联体系要犯错误，而且所有的错误都集中在一个方向上——保护落后的利益集团。关联体系里所谓的长期眼光实际上可能是非常短视的。

总之，关联体系既不鼓励革命性的创新也不进行必要的破坏，此外还有另外一个大的缺陷。人们或许不赞同市场配置资源的方式，但不能否认其公平性。而当市场被管制的时候，缺乏良好的奖惩机制的问题就暴露出来了。因为在市场体系中，经济价值是唯一的标尺，而在市场不能发挥作用时，就需要考虑其他的、难以量化的指标，例如公平和稳定。最终，不管当局宣传的目标是什么，资源和奖励实际上都给了最有权势的利益集团，而不是真正需要的和应得的人。

我们再来看看关联资本主义是如何发展的，还有，尽管这样的体系对利益集团有利，但为什么在长期里却不能维持。

## 关联资本主义的衰落

无疑，关联资本主义可以运转起来——至少在初期是这样。

在二战后的头20年，各国的经济增长率都非常高，西欧国家的人均收入从1950年到1970年增长了80%，日本更是达到了163%。[18]尤其引人注目的是，取得了这样高的增长率，同时又没有造成社会的紧张关系，这应该感谢关联体系建立的社会保障减震机制。

关联体系在一开始可能的确适合当时的环境，有了稳定的工作和安全的未来，员工们更愿意进行消费，在大萧条和战争时期被缩减的消费需求很快活跃起来。在供给方面，最少在初期，竞争的限制还没有造成危害。在战后，首要的任务是重建。而对许多发达国家来说，下一步是现代化，补偿多年以来的投资不足，赶超那些先进的、称霸全球的美国企业。很明显，当时的投资主要是用于复兴和追赶，需要的技术变革是属于增长型的。如我们所论述的那样，关联体系很擅长处理这种类型的技术变革。所以在初期，市场在资源配置方面的作用能够被管制所替代。但是，随着竞争和破坏的作用在世界经济中越来越重要，关联体系的成本就显露出来了。[19]

在重建热潮中，经济增长在20世纪50—60年代非常迅速，利益集团之间在分配蛋糕的问题上就容易达成一致，因为每年的增量很大，所以很多分歧都可以掩盖。但是增长速度一旦减慢，利益分歧就扩大了。工会成员的要求更多了，政府雇员、农民、教师、学生、老人、穷人……都要求得到更多的份额。公司的保险柜打开了，工资成本飞涨；政府也被迫增加开支，在60年代政府预算中的转移支付和补贴项目迅速增加，在发达国家中，这些开支占GDP的比例从1960年的9.7%增长到1970年的15.1%，[20]上升了一半以上。政府和企业用有限的预算来满足公民和员工不断增长的要求，结果就是通货膨胀的加快。[21]

1973 年，欧佩克（OPEC）的国家石油价格上升了 4 倍，给正在滞胀中挣扎的西方国家经济带来了新的问题。许多产业需要重组，但是在关联体系中，没有足够的价格信号，难以判别哪些企业应该关闭。还有，这个体系通常会援救而不是关闭那些困难的企业，部分是因为企业是社会保障体系的组成部分，部分是因为利益集团有很强的政治影响力。由于缺乏足够的信息来分辨企业的优劣，也不能形成统一的政治意识来推动必要的破坏，经济体就逐渐变得虚弱了。

但是，尽管关联资本主义体系在经济增长放缓后难以分配好蛋糕，产生了内部压力，也不能从衰败行业中及时把资源撤出来，影响了效率的改进，不过该体系内部的稳定性还是很强。因为有很多人从体系中获得好处，而被排斥的人缺乏组织和影响力，所以那些关联体系根深蒂固的国家还是很难被内部矛盾打破。不过，此时从外界来了新的挑战，最终促成了变革，这就是布雷顿森林体系的解体。

《布雷顿森林协定》成功地促进了贸易量的增长，使各国的经济要面对越来越激烈的外国竞争，同时该协定最终又没有完全阻止国际资本流动，加深了竞争的程度。我们有必要了解一下《布雷顿森林协定》失败的原因，因为恰恰是协定上最初的漏洞给资本流动提供了机会，使得最初的裂缝逐渐增大，最终导致了关联资本主义的垮台。

在布雷顿森林，凯恩斯建议对资本实行义务的合作控制。比如说，假如某些法国的富人能够逃避法国的资本控制，把财富转移到美国，那么，合作控制体制要求美国政府有义务将其归还给法国当局，只有这样严格的措施才能使资本控制体系天衣无缝。但是由于美国代表团的压力，尤其是银行家的压力，使得这个建议在最终文件中被打了折扣并失去作用，成了控制体系上的一条裂纹。

在 20 世纪 50 年代后期，一个市场在伦敦兴起，其优点是摆脱了政府的干预和控制。当时的背景是，英国政府为了保卫英镑的币值，限制英国的银行给非英镑区国家的贸易活动提供融资。而银行为了满足贷款的需要，同时又回避这个控制措施，就利用外国储户在它们那里的美元存款发放美元贷款。由此诞生了欧洲美元市场，在开始时只是一个短期的美元存贷款市场。[22]

欧洲美元市场的发展在古巴导弹危机期间受到了刺激，当时的苏联银行担心它们在美国的账户被查封，把大笔美元存款转移到伦敦。而英国的金融当局正被英镑的疲软和保持资本控制搞得焦头烂额，欧洲美元市场成了重建伦敦的金融中心地位的天赐良机。结果，他们对欧洲市场采取宽松政策，并在需要的时候提供法律和监管方面的支持。

但是，对欧洲美元市场的最大支持却是来自美国，尽管这个支持并不是自愿的。在20世纪60年代，越南战争导致美国的财政赤字上升，在美国以外持有的美元数量激增。为了防止美元更多地外流，美国政府开始对购买外国证券的美国人征收一种与利息等价的税收，从而使得外国人在美国借款的年利率增加了一个百分点。[23]结果就导致外国借款人纷纷转向欧洲债券市场。

随着美元外流的问题日益严重，美国政府强化了阻止公民向外国人提供借款的措施。1965年，美国要求本国银行“自愿”限制向国外的贷款，然后推广到其他金融机构，1968年成为强制措施。作为规避资本管制的对策，美国银行也开始利用它们的海外美元存款给外国人提供美元贷款。而且它们很快发现，欧洲市场还可以让它们规避国内的金融限制，例如从大萧条时期开始实施的存款准备金要求，以及存款利率封顶的限制等。美国的银行不是唯一被吸引到欧洲市场的机构，对很多跨国公司来说，欧洲市场是一个存放海外取得的美元收入的合适场所，不用担心其使用被政府的行为所限制。

尽管在某些时候会给美国和英国带来不方便，但欧洲美元市场还是茁壮成长。市场是在英国的土地上，但很多重要的参与者却是美国人。所以任何一个国家都不能单方面关闭它，而两个国家的金融中心也正在为自己的国际地位而竞争，显然也不会轻易去关闭它。

随着世界贸易的增长，国际游资也开始增加。那些跨国公司可以延迟或者提前收付款的时间，贸易往来的发票也可以增开或者少开（例如，一个打算在国外保留资本的进口商可以要求供应商开具比真实价值更高的发票，然后把多余的部分——发票中增开的部分——存到自己的外国账户中），这些都增加了游资。欧洲市场提供了一个资本可以自由流入流出而不受国家管制的通道。在《布雷顿森林协定》最终解体之前，尽管有正式的资本管制措施，但欧洲市场已经可以为一些国家的大企业提供足够的融资，而不受任何国家的管制束缚。

随着资本的流动性加强，政府的某些政策也开始失去控制。政府原本可以通过保持低利率来扶持某些特殊产业，但是在《布雷顿森林协定》要求的固定汇率制度下，假如该国的储蓄者可以把钱转移到欧洲市场，而被国内金融机构拒绝的企业也可以从欧洲市场获得贷款，那么政府的调控能力就会受到威胁。与此相似的是，一些宏观经济的调节措施——例如通过高利率来控制通货膨胀——实施起来也更加困难，因为高利率会吸引大量的资本流入。

到 1971 年，美国政府取消了 35 美元兑换 1 盎司黄金的承诺，布雷顿森林体系最终崩溃。尽管该体系崩溃的直接原因与我们这里的话题无关，但跨国资本流动却加速了这个进程。当时各国政府都看到自己的政策能力受到局限，强烈要求加强联合的资本控制，采取措施约束欧洲市场这个他们眼中的投机活动的策源地。但是这一次，美国看到了重建世界金融中心地位的机会，坚决支持完全开放的政策。1973 年，向国会提交的美国总统经济报告这样反映了官方的看法：

> 限制必然带来扭曲的影响，不管是在商品和服务贸易，还是在资产（资本账户）上的限制都是如此。在为改革后的国际金融体系制定管理规则时，应该保持这种一视同仁的态度。相反，以前的（布雷顿森林）体系却把对贸易及其他经常项目的控制和对资本流动的控制割裂开来。[24]

国际资本流动不再是贱民，美国的热情也不再停留在原则上，它很清楚通过作为日益庞大的国际资本流动的中介，其金融业将获得巨大的商业机会。[25]美国成了资本流动的传教士，在国际论坛上鼓吹开放政策，放弃限制资本流动的协同行动。由于世界上最大的经济体不再愿意控制资本流动，而欧洲市场又已经在事实上开展着大量的跨国交易，各国此时除了开放别无选择。到 20 世纪 80 年代末期，大多数发达国家已经放开了跨境资本流动。

关键在于，布雷顿森林体系规定的对于贸易而不对于资本的半开放政策，给政府留下了干预的空间，可以控制国内的金融市场，但这只有在各国执行协同政策的前提下才能实现。由于某些国家希望发展自己的金融产业，协同被打破了，以牺牲金融来促进贸易的策略从长期来看也并不可行。

正如凯恩斯所担心的那样，资本的跨国流动给政府带来了束缚，我们有必要再阐述一下这种束缚。与人们通常指责的不同，外国投资者其实并不愚蠢地指望各国政府会盲目地采取一致政策，他们并不要求各国拥有同样的社会保险制度、同样的证券法、同样的商标、同样的食品、同样的剧场……他们只是要求政府的决策是透明的，是有利于该国的经济利益的——毕竟这才可以使他们对于投资的安全性有最大的信心。

政府经常抱怨，做短期投机生意的投资者并不理解政府的政策，把资产卖掉以后就离开，这样的抱怨就如同公司的经理抱怨股票市场低估了他们的价值一样。实际上，投资者要精明得多，他们的离开往往显示政府的政策不够透明或者偏向某些利益集团。由于外国投资者对于国内政治完全插不上手，如果他们认为某项政策实际上对该国经济有害（因此政府的态度才不够公开），那么他们表达自己的反对态度的唯一武器就是离开。所以，他们并不是对政府的政策不理解或者不清楚，而是理解得太透彻了。

当然，外国投资者的大量撤离将导致该国的汇率迅速下跌，为了挽回局势，政府必须向公众解释为什么这些政策是无害的，或者改变不利的政策。这就是对政府的约束。对于关联体系中的政府来说，它们就不能够继续向大企业提供补贴信贷，或者提高整个产业的垄断程度。这样的行动对整个经济是有害的，也只能在有资本控制来保护和掩盖的时候才能实施。

如同我们在第 3 章所描述的那样，大企业不再受保护，竞争就加剧了，创新的重要性上升了。信息和电信技术的改进，管理水平的提高，使得公司不再满足于增长型的变革。而关联体系在促进创新型变革方面的无效就暴露出来，加剧了原来的问题——例如这个体系不能在增长率下降以后提供相对客观的剩余分配办法，也无法及时把资源从衰败的行业和企业中解放出来。考虑到世界市场迅速增长的前景，各国都深知不能单方面从世界经济中退出，这样，它们必须加强自己的竞争力，否则就要坐视自己的民族产业消亡。至少在这三个因素的打击之下，各国开始明白必须打破关联体系所依赖的管制基础，自由市场的地位重新上升。

由于竞争得到认同，对国内金融市场的恶意忽视也成了历史。我们已经揭示了一个历史片段，很好地说明了当权者希望发展金融市场的制度基础时所发生的事情：在 20 世纪 90 年代，在 103 个开设股票市场的国家里，制定禁止内部交易的法规的国家数从 34 个增加到 87 个，而有效执行这一法规的国家数增长得更快，从 9 个增加到 38 个。有效的执行通常都紧随在资本流动开放之后，显示出开放是促进监管改革的一个重要因素。[26] 在这个时期里，金融市场在世界各地普遍出现繁荣并不是巧合，因为它们需要的都只是拆除原有的政治障碍。

## 对经济安全的影响

关联体系的安全是建立在缺乏竞争的基础上，因此，我们有必要看看体系的破坏是否会影响人们的经济安全。我们讲述过，意大利体系是如何依靠政府补贴来维持，而政府的补贴则来自更多的国债、税收和通货膨胀。国际资本流动加强后，所有这些收入的来源将受到限制。因为资本在国际流动的时候，当然希望流向待遇更好的地区，如果某个国家出现巨大的财政赤字，就意味着该国现在或者未来将提高税收或通货膨胀率，那么资本自然就会从预算松弛的国家流出。

当然，面对资本的大量流出，政府的第一个反应往往是考虑重新实行资本控制，但是在新的环境里这样做是有问题的。第一，资本控制只能限制国内的资本流出去，不能强迫国外的资本流进来，实际上还会吓跑对流动性要求比较高的外国投资人。第二，在开放的国际资本市场上，一个贸易开放的国家很难完全控制资本流动，一旦宣布对资本实行控制，那么出口企业低开发票和进口企业增开发票的行为很快就会蔓延全国。要想制止这些行为，只会增加要公民负担的行政成本，而不会完全阻止资本外流。也许和本书的作者一样，很多来自意大利的学生都能清楚地记得，在1987年，意大利人需要填写多么冗长复杂的表格，才能兑换外汇来支付美国大学的申请费。

如果没有资本控制的协同行动，一个国家单方面也不能有效限制。这样，意大利也被迫放弃了控制，重新调整国内的财政政策。这个过程也是欧盟在政治上的强制性要求，因为1991年的《马斯特里赫特条约》要求加入欧洲货币联盟的国家保持良好的财政收支。意大利必须把财政赤字控制到GDP的3%以下，使得政客们在勒紧腰带时也有了更多的借口。但是，把意大利的变化全部归功于《马斯特里赫特条约》是不对的，因为在一个资本流动的世界里，意大利实际上并无选择。如果不加入欧元区，意大利将更难以挽留资本外流，将被迫执行更严厉的财政控制。

由于政府原来的毫无节制的钱包现在突然变空了，整个保障体系也被迫调整。1991年，“临时”性失业保险的补贴减少了，而提供保险和延长期限的条件也变得更加严格。1992年，邮局和铁路这样的国有机构被改制成公司，这个变化看上去似乎是走过场，但是公司在资不抵债的时候是可以清算的。而国有企业也不能再指望政府的救助。财政上的约束不但限制了政府的干预，而且欧盟也开始惩罚为企业提供补贴的国家。这样，国有企业自身第一次真正面临倒闭的可能性，不能再奢望充当“最后的雇主”。

还有其他的变化。1995年和1997年的养老金改革使得国家不再过分慷慨，提前退休制度也被取消。为了减少改革给员工带来的痛苦，政府让员工选择他们未来储存的“企业养老金”的去向，从而削减了企业可以利用的廉价资金。

随着掩盖问题的政府补贴消失，关联资本主义的低效率更加明显。业主们现在失去了内部的廉价资金，也不能再把冗余的员工扔给政府，于是他们到议会去游说，要求取消以前加在他们身上的束缚。于是，主张放松管制的右翼党派得到了更多支持，政府也开始满足企业的需要，例如最近就给予企业更大的雇佣和解聘员工的自由。

总之，意大利和其他国家一样，变得更加市场化，更加灵活，更加有效率。这当然损害了曾经在关联体系中受到保护的大同盟，他们失去了昨日的舒适和安全。但是以前被关联体系所排斥和剥夺的大批人却获得好处——包括那些未来的企业家、年轻人和外国人。正如我们在第 3 章中所介绍的那样，社会在各个方面都得到了改进，社会可以更好地利用每个公民的才智，而不是仅仅依靠一个有特权但受到束缚的大众的才智。

## 思想和经济实力的关系

在研究关联体系的经济与金融的兴衰历史中，我们更多强调了经济力量和政治力量的重要性，但是忽略了思想的作用。相反，有的学者则把 20 世纪的经济发展视为思想之间的碰撞，凯恩斯对哈耶克，弗里德曼和施蒂格勒对马克思，等等。凯恩斯自己就暗示过他支持这种看法：

> 经济学家以及政治哲学家之思想，姑且不论其对错，其力量之大往往出乎常人意料。事实上统治世界者，就只是这些思想而已。许多实践者自以为不受任何学理之影响，却往往成了某个已故经济学家的奴隶。狂人执政，自以为得天启示，实则其狂想之来，乃得自若干年以前的某个学人……然而早些晚些，不论是好是坏，危险的倒不是既得权益，而是思想。[27]

我们不否认思想确实发挥了重要作用，但是历史与戏剧一样，时势造英雄。除非客观条件已经成熟，得到利益团体的支持或者推翻原来的利益团体，否则拥护某个思想的政治家并不能执政当权。哈耶克在 1944 年写下《通向奴役之路》一书，对于管制经济进行了尖锐的批判，但是直到 1979 年，玛格丽特·撒切尔掌握政权，才有一个主要国家的政府愿意来实践他的思想。是他的思想需要如此漫长的时间才能被人们所接受，还是由于客观环境不成熟呢？

是当时的经济和政治环境为玛格丽特·撒切尔和罗纳德·里根这样魅力非凡的政治家扫清了通向权力的道路。里根的两大经济成就是放松管制和抑制通货膨胀，但实际上航空和汽车运输业的放松管制是发生在他的前任民主党人吉米·卡特在任期间，而且是卡特任命了保罗·沃尔克担任联邦储备委员会的主席，此人后来成为抑制通货膨胀的真正英雄。我们的观点是，在人们眼中的市场救世主出现之前，有利于市场的倾向就已经出现了。如上文所述，市场的复兴与关联体系的弱点有很大的关系——不能有效分配剩余，加剧了通货膨胀；不能在产业重组中重新配置资源，特别是在遭受1973年式的石油危机打击的时候。同时，由于伦敦和纽约为世界金融中心的地位而竞争，国际资本流动增加了，更突显了关联体系的问题。而布雷顿森林体系的崩溃则标志着管制或者关联资本主义开始走向终结。

可以说，思想并非不重要，当客观环境允许时，思想可以为行动提供很好的模式，此外思想还有其他作用，比如给既定的政治议案提供一个学术性的包装，或者为离经叛道的事情伸张道义。想想看，即使是菲利普四世这样肆无忌惮的人，在掠夺圣殿骑士团的财物之前也需要先毁坏他们的名誉，做好道德上的宣传。否则，群众就可能不再保持沉默和无知，而认识到他的赤裸裸的掠夺本质。也许通过阅读我们的著作，读者们可以更好地认识到那些隐藏在公共利益的幌子下、通过反市场运 动实现的私利。

政治家也并非不重要。很少有人能像撒切尔夫人那样，在面对激进的工会组织时表现出坚定不移的决心，也很少有人拥有里根那样悦耳的嗓音，能够把复杂的议题变成简单而激昂的口号。但是，过分夸大他们的作用而忽略经济上的实力是危险的，例如，有很多人希望建立新的、类似于布雷顿森林体系的国际制度安排，来减少资本的跨境流动，但是他们没有认识到，资本的自由流动是保证他们所享有和歌颂的经济自由化的关键。而限制资本流动可能让我们退回到关联资本主义时代。那些只信任现在的政治家和他们支持的自由市场主张的人，如果没有认识到与他们有关的经济实力，就不会意识到有这样的危险。

还有最后一点需要注意的地方。对于那些在关联体系内部的人来说，世界是比较安全的，有的人以此为由来批评整个市场经济，认为其不能提供同样的安全。[28]在某些方面，这的确难以反驳，因为内部人的安全来自他们的特权。这也就是许多人要反对开放政策，或者广义的“全球化”的部分原因。在关联体系下，社会的外围成员承担了很多风险，包括短期的经济波动和长期的不可避免的衰退。如果我们把内部人和外围成员作为一个整体来看，再考虑到不改革是没有出路的，就不能武断地说经济的市场化会带来更多的风险。

有时候还会出现一些其他争论。例如在批判市场的时候指出，竞争要求员工有危机感，需要增加他们在市场经济中承担的风险。[29]提出这些批评的人——他们的逻辑是，竞争要求员工经常受到饥饿的威胁，否则他们就会偷懒——其实非常不了解员工。按照他们的逻辑，由于竞争要求每个人都做得"最好"，所以世界将无情地向那些最缺乏社会保险的国家看齐，发达国家的人们要有普遍的担心，因为来自发展中国家的"不公平"竞争将迫使发达国家减少社会保障。

但是我们一旦抛弃这种陈旧的关于激励的看法，上述担心就完全不必要。其实，害怕并不是最好的激励手段，而且在很多情况下是无效甚至有害的。如果员工对自己的未来更加放心，他可能更愿意投资与企业有关的人力资本，工作会更积极、更有创造力。所以有了更好的社会保障，一个国家的生产效率可以更高。在长期里，决定竞争成败的关键因素是生产率，所以那些不给自己的公民提供社会保障的国家不可能最终获胜，也不可能迫使其他国家的社会保障水平降到没有。因此，尽管竞争确实使某些非正式的保险变得更加困难，但绝对不是要取消所有的社会保障。

相反，发达国家的员工需要担心的是他们现在享受的某些社会保险实际上有些过分了，这里面包含了在关联体系时期，在市场缺乏竞争的时候通过利益集团的交易得到的部分。这些过分的部分当然会受到来自发展中国家的竞争压力，其实与过高的工资承受的压力没有本质区别。

这也提出了另一个话题，那就是现有的社会保障体系是按照过去的要求设计的——是按照管制的竞争体系的要求设计的。而市场经济带来了原来的关联体系中所没有的一些风险，如何让国民更好地防范这些新的风险将是接下来两个章节的议题。

## 小 结

我们的论述又回到了起点。在本书的第一部分，我们描述了金融领域在最近发生的变化以及给人们的生活带来的影响，然后探讨了什么样的历史条件帮助金融市场克服了过去制约它发展的政治束缚，随着金融市场开始起步，我们又提出金融的发展潮流有出现倒退的可能性，并讲述了在 20 世纪 30 年代发生倒退的历史环境。在本章我们所描述的主要内容是，在大萧条以后，关联资本主义体系建立起来，为公民提供了社会保障，这个体系是为了应付压力而产生的，没有考虑长远发展的需要。关联体系开始的时候运转良好，但在长期里缺乏创新，问题逐渐暴露。由于在 20 世纪 60 年代后期到 70 年代早期出现了宏观经济的变化，金融市场与国际竞争开始复兴，这个体系不能再适应，并且已经在很多国家作古。

我们从中吸取的教训是，市场不是万能的，反市场的联盟可以建立起来并得到壮大，是由于市场有缺陷。市场在近年出现复兴，很大程度上要归功于偶然发生的宏观经济失调，暴露了关联体系的弱点，而且，市场是在历经了数十年的压制之后才出现的复兴。历史告诉我们的好消息是，要限制竞争，需要很多主要国家采取一致行动，而我们可以依靠国家间的私利来打破这种一致行动。坏消息是，竞争在长期里可以消失。所以要捍卫自由市场，必须更加小心，我们首先要关注的就是今天对市场经济的威胁来自何方，答案请看下文的分析。

Saving Capitalism from the Capitalists

# 第四篇　如何巩固市场经济的政治基础

# 第 12 章　当前的挑战

将近两个世纪以来，学者和政治家们一直在探讨资本主义制度的未来。卡尔·马克思是其中最著名的批判者，他认为资本主义是个不稳定的体系，内部充满了矛盾，最终将导致自身的灭亡。而资本主义的支持者们则把这个制度看成是配置资源和分配报酬的最佳办法，甚至认为是人类经济体系进化过程的最高点，[1] 而不是某个中间阶段。在左右两派之间，还有很多人在寻找"第三条道路"，他们希望找到一个更人道、更温和的资本主义，或者一个更有市场活力的社会主义。

笔者在本书中所表达的观点，与上述思想都有很多共同点，但与其中任何一方都可谓和而不同，我们在很多方面自认为继承了芝加哥大学的传统。我们认为，理想的资本主义体制——在今天，更确切的说法是自由市场体制——的确是配置资源和分配报酬的最好制度，但是今天大多数国家所实行的资本主义体制远不是理想的形式，而是一种腐败的形式，在这种腐败的形式中，既得利益集团限制了市场竞争力量发挥其自然的、健康的作用。许多对资本主义的批评——例如，对工人的压迫，私人垄断的产生，贫富分化的加剧等——其实都是腐败的、非竞争性的资本主义体制造成的，而不是真正的自由市场体制存在的问题。

然而用这种理由来为资本主义辩护恐怕难以服众，正如社会主义者也可以宣称，虽然现行的社会主义在一定程度上变成了政治精英阶层压榨民众和侵吞国家利益的体制，但是这也不是社会主义自身的问题，而是出现了异常。

如果说，社会主义的根本缺陷在于过分相信人性的完美，过分相信人可以克服狭隘的个人主义而成为一个无私的社会成员，那么，资本主义的根本缺陷是否在于过分相信市场的完美，过分相信市场可以克服其成员狭隘的局部利益而保持自由的特征？

我们不相信资本主义制度有这种根本缺陷，因为我们认为通过政治上的支持，市场体制的自由性是可以保持下去的。本书的主要篇幅都是在论述为什么我们必须给予这种支持，原因在于，只有通过政府的看得见的手来建立和维护制度基础，才能使参与者保持信心、自由交易，市场才能繁荣起来。但是政府的行为又靠谁来推动呢？竞争性的、繁荣的市场可以给社会带来更好的产品和服务，更平等的商业机会，对所有的人都有好处，但是并没有某个人或者某一部分人可以从中获得巨大的特殊利益。这样，每个人都会希望搭便车，而指望别人去保卫这个制度，保卫市场的竞争性和公平环境。竞争性市场是一种公共品（就像空气一样，大家都需要但不能向大家收费），但是有些矛盾的是，要维护这个公共品不能仅仅指望政府，而必须依靠人们的联合行动。

现代资本主义体制的最大问题，并不是像马克思所预言的那样会在经济上自我毁灭，而是有可能丧失自身所依赖的政治基础。资本主义最大的政治敌人，并不是那些明确表示反对现行体制的工团主义者，而是那些西装革履的总裁们，他们的每句话都在赞美自由竞争市场，而实际上每个行动都在企图扼杀竞争市场。亚当·斯密早就认识到这种压制竞争的无情倾向，他写道："同业中人甚至为了娱乐或消遣也很少聚集在一起，但他们谈话的结果，往往不是阴谋对付公众便是筹划抬高价格。"[2] 不幸的是，在太多的国家，在太多的时候，政府都出面帮助这些商业勾结，限制市场竞争。

最典型的限制就是，在历史上的绝大多数时期，许多国家都束缚金融市场的发展。因为自由的金融市场不但会威胁到金融业的豪门，而且会把竞争扩张到工业利益集团的领域——这样，就有必要直接通过立法来压制它，或者不去发展金融市场所需要的制度基础。

在马克思和恩格斯发表《共产党宣言》的时候，他们已经认识到资本家会利用国家的力量来维护自己的地位，而政府在本质上是“管理整个资产阶级共同事务的委员会”。但他们认为这个问题是资产阶级民主制度所特有的，到了社会主义国家会自动消失。很不幸，所有社会主义革命的结果，不过是改换了社会精英阶层的身份，而且还加强了他们的手腕，不但消灭了经济上的竞争而且也消灭了政治上的竞争。

考虑到这些，自由市场的资本主义就不能被看作是一个必然的进化过程的最终阶段，而应该当成一株娇贵的作物，它需要人们的精心栽培，并防止既得利益集团野草的攻击。我们有必要研讨这些野草将来会从哪里蔓延起来，以做好防卫。

对市场的威胁来自两个不同的集团：既得利益集团，他们希望维持现有的地位，有压制任何潜在竞争威胁的强烈愿望；以及竞争的失意者，他们希望改变给他们带来困境的制度规则。维持自由市场的长期可行性就在于减少这两个集团继续反对市场的积极性，以及缩小他们反对行为的成功机会。

要减少利益集团成功的机会，并不是扩大政府的权力，反而是限制其采取破坏经济效率的干预活动的能力，因为这样的干预往往是为少数人服务，牺牲大多数公民的利益。正如缺乏效率的经济单位将由于竞争的压力被迫进行改革一样，缺乏效率的政府也可以得到改进，但这种改进的主要途径并不是通过政治舞台上的竞争，因为即使在民主制度里少数人也可能组织起来妨碍大多数人的利益，而是通过迫使其国民在经济舞台上的竞争来实现，其中最有效的一个办法就是对商品和资本流动保持对外开放。这样会使资产阶级感受到政府的保护性政策的不利影响，让他们变成支持自由市场改革方向的力量。在过去 30 年里，很多国家从一个中央控制的关联体系经济和严重管制的金融业转向一个自由市场经济和活跃的金融市场，正是世界贸易和资本流动双重增长的结果。

但是对外开放政策也要面对自己的政治反对派。技术革新和加剧的国际竞争将会造成全新种类的贫困人群。我们能战胜这些政治上的反对派吗？未来的几年里最大的政治挑战是什么呢？这些正是本章的话题。

## 利益集团可以被约束吗？

在叙述未来的挑战之前，我们先看一个例子，讲述合理的经济制度如何化解利益集团联合起来反对市场的动力，这就是19世纪美国破产法的发展历程。破产法在经济上所起的作用，一方面是给债权人提供一种收回权益的机制，另一方面是给债务人提供一种保险，把他们从过分沉重的债务负担里解放出来。当一个人的负债太多，几乎不可能还清的时候，他可能失去继续努力挣钱的动力，因为他呕心沥血得到的每一分钱都会马上跑到债权人的腰包里。所以，在某些情况下，通过破产程序来免除部分债务或者重新进行谈判，对于债权人和债务人双方都有好处。有了还清债务和保留自己产业的希望，债务人会工作得更加努力，而债权人也将取得某些偿还而不至于一无所获。

现代的破产法提供了一个帮助债务人解脱困境的机制。有些玄妙的是，在提供这种解除偿还义务的灵活机制的同时，破产法却在两个方面提高了财产的安全性。首先，由于存在减免债权的可能性，允许债权人预先收取相应的费用，从而加强了对他们财产的保护；同时，由于存在合法的破产机制，债务人就不再需要通过其他的政治手段来武断地取消一切债务。这样改善了财产的安全性和合同的神圣性。

在19世纪早期的美国，契约的环境还不够发达，一个债务人很容易通过申请破产以逃避责任。有关债务人的信息不灵通；没有什么监督机构；国民经济处于初创时期，没有发达的资产处置市场；国土面积很大，债务人可以通过搬家来洗脱从前的坏名声。如果在当时实行比较宽松的破产法，那债务人将更加不愿意履行偿还义务，债权人将被迫提高利率，使得能吸引到融资的投资项目更加稀少，信贷的枯竭将导致经济活动的萎缩。

结果，在19世纪的大部分时期里，美国并不存在正式的联邦破产法规，直到1898年才通过了《破产法》，为现行法律奠定了基础。那时，如果发生严重的经济危机，债务人的数量就会急剧上升，处境日益窘迫。当时的人就如此描述1837年的经济危机："社会已经使出了最后一着，没棋可下了。年轻人没有希望，成年人都游荡在大街上寻找打短工的机会，很少有人需要他们干活……现在这一代人在原则上、在希望上、在财务上都已经完全破产。”[3]贫困人群的政治压力迫使国会不得不做出反应，在 19 世纪的大多数时期，总是为了应付窘迫的经济状况而临时实施联邦破产法，过后又很快宣布废除。1799 年，美国同法国的战争导致了商业危机，而后通过了 1800 年的破产法，到 1803 年被废止。[4] 1837 年，出现了银行恐慌和经济萧条，之后通过了 1841 年的破产法，到 1843 年又被同一届国会废止。[5] 美国内战以后的经济萧条则导致了 1867 年破产法案的出台，此时已经做了很大的修订，但还是在 1878 年被废止。

从这些政治性的破产法案中获得好处的人非常多，例如，1841 年破产法颁布后有 33739 人受益，超过 90% 的人免除了债务，免除的债务总额达到 4.4 亿美元，以今天的价格计算简直是天文数字。[6]

虽然债权人强烈反对通过政治手段免除债务，但是政治家们很清楚不这样做的恶果。1821 年，马萨诸塞州参议员哈里森·奥提斯（Harrison Otis）在关于债务免除的讨论会上说：

> 如果现在拒绝他们的要求，那么当他们的人数增加了，正式地开展起一系列要求免除债务的行动时，后果会是什么呢？如果这些债务人自发地组织成各种团体，涌入大大小小的商业城市，团结在一起左右了选举结果，那么对有产者和政府来说，不是最可怕、最不祥的事情吗？假如各个阶层的公共和私人债务人没有其他选择，只有联合起来，利用国会选举来实现他们的自由，不是最危险的事情吗？[7]

由于私人契约不能在经济困难时期给债务人提供足够的赦免，导致债务人的数量太多，政治就只好干预。但是，假如一个债务人是在正常时期遇到困难，那就没有人出来帮助他。更重要的是，财产权利和私人契约的执行在大多数时间里还是有效的。

但是周期性地侵犯债权人的权利并不是个好办法，谁能保证有组织的债务人会仅仅满足于免除现在的债务呢？他们的斗争矛头是否会蔓延到其他形式的财产权利呢？通过政治干预的手段来免除债务实在是有玩火自焚的危险。

终于，更好的解决方案出现了。随着金融市场和机构的发展，信息和通信技术（比如电报）把全国连成一片（这样，债务人就不能靠逃到遥远的西部而洗清罪名了），资产处置的市场也发达起来，这些使得债权人能够更好地管理自己的贷款并保证偿还。同时，一些永久性的免除措施也越来越可能得到实施。这就是为什么在19世纪美国的立法过程中呈现这样的总体趋势，破产法尽管只是在短时期内实施，但还是越来越照顾债务人的利益，涵盖了越来越多的人，并给予了更多的免除。[8]

关键在于，人们找到了合适的解决方案，能够把市场的问题和政治的问题区分开来，同时又能兼顾二者的需要。因此，在考察我们未来需要面对的挑战时，很重要的一点就是要找到有创造性的办法，来妥善处理自由市场和政治之间的内在冲突，以免一方破坏另一方。

在研究解决方案之前，我们先来仔细研究未来面临的挑战。

## 政治环境和未来的挑战

最近发生的公司丑闻，以及所谓利益冲突问题——会计师、投资银行家和分析师这些人在扮演市场诚信的卫士时与自身利益的冲突，迫使人们不得不再次提出一个由来已久的疑问，那就是在市场经济中是否存在两个世界，一个是富豪们的，另一个是普通人的。环球电信公司CEO加里·温尼克（Gary Winnick）在企业走向破产时自己的收入却达到7.35亿美元，安然的CEO杰夫·斯基林（Jeff Skilling）在企业因为假账问题而崩溃之前三年的收入是1.12亿美元，泰科的丹尼斯·科斯罗斯基（Dennis Kozlowski）在被解聘和被控税务欺诈之前的收入是2.4亿美元，这些现象动摇了人们对市场的公平性与公正性的信心。人们其实并不是太在乎财富的差距，比如迈克尔·乔丹和老虎伍兹那样的体育明星也取得了天文数字的收入，却很少有美国人会质疑，他们亲眼看到了迈克尔·乔丹的天才表演，认为他的杰出才能确实值他所获得的收入。在繁荣时期，这对于美国的企业界也是一样的。但是，像安然或者环球电信这样的灾难，却使得人们怀疑公司领导人的贡献是否值他们的收入，使得人们怀疑金融分析师是否真正了解他们所追捧的股票，嫉妒和仇恨的情绪也就不免滋生起来。我们已经知道，正是在这样的公众对市场愈加不信任的环境中，反市场的势力更容易团结和行动。

公众对当前的经济衰退不满，加剧了“反全球化运动”对市场的长期不信任态度。这个运动有一部分是以前的保守主义在新时期的表现形式，同时也加入了很多反对世界市场的不公平性的团体。但是，并非所有该运动中的团体都很清楚他们在反对什么。有的人渴望保留现代经济要排斥的东西（例如人们的自由时间、友谊、家庭和人际交流）和要毁坏的东西（例如开放的空间和清洁的环境），他们害怕的是变化，而全球化不幸是最明显和最迅速的变化。还有一些更深刻的抗议者看到，某些国家在应付全球化的消极影响时还没有具备完善的基础设施，他们其实并不反对全球化自身，但是为了引起人们的关注，抗议全球化要比普通地倡议改善基础设施更容易进行宣传。

今天的政治家们也已经在自然而然地通过关税壁垒和国内补贴的办法来对付经济衰退，这种做法是非常短视的，完全没有汲取历史遗留的教训。比如，在提高钢铁制品关税之后，美国政府又通过议案大幅度提高了农业补贴。对于很多发展中国家而言，假如发达国家能够减少对本国农业的保护，它们宁可放弃来自发达国家的全部援助。而美国提高农业补贴的行为必将触怒它们，因为历史已经明白无误地指出，保护主义具有传染性，发展中国家的反应将是拒绝下调关税。

我们刚刚经历了昨夜令人陶醉的繁荣，正处在一个尚未完全清醒的危险时期。很多人在经济衰退后感到被欺骗了，开始起来反对市场。还有，即便世界经济或早或迟要走出衰退，新的挑战也将会来临，可能给社会造成严重的混乱，被人利用来压制市场，所以很重要的是认清这些挑战的面目。

## 技术的变革

很多世纪以来，技术的革新带来了新的产品和生产方式，使得工人和他们的技能过时。这种技术变革导致的调整并不是什么新鲜事，但是变革的速度已经大大加快。还有，这种情况已经影响到很多几百年来都变化不大的职业，而这些人还没有学会要担心他们未来的工作，所以这种政治影响可能更加严重。

随着计算机和软件技术的成熟，电脑所取代的已经不仅仅是烦琐的工作，而是包括很多以前需要多年经验积累才可以胜任的任务。例如，在过去绘图是建筑师的重要工作内容之一，但现在人们已经普遍使用计算机辅助设计软件，手工绘图完全没用了。相对于熟悉软件操作的年轻人而言，年长的建筑师处境非常不利，他们在手工绘图方面的能力和监督、指导年轻人的经验全都过时了。在这场职业竞争中，整整一代人都成了“残废”。

由于通信工具的改进，顾客现在得到了从前被中间人把持的信息和交易技术，这也造成有的工作机会消失。例如，股票经纪人就是利用他们掌握的研究报告来吸引顾客，让顾客委托他们来买卖股票——从中赚取不菲的佣金。但是现在的互联网股票经纪人可以给顾客提供大量的研究报告，收取佣金比例也大幅降低。旅行社也发现生意越来越难做，因为顾客现在的信息非常丰富，有时甚至能直接从航空公司和宾馆那里拿到更好的折扣。我们不是说所有的股票经纪人和旅行社都会一夜之间破产，但很多企业的确有可能被淘汰，继续生存下去的也必须完全改变现有的经营模式。

技术革新会给从事同一个职业的人带来不同的影响。以笔者自己的职业——大学教师来说，通过先进的通信手段，一位优秀的教授可以同时指导全国各地的很多学生。技术革新将会增加社会对这些明星教师的需求，而会降低对普通教师的需求，甚至对一些平庸的教师的需求可能完全消失。教师这个职业，其教学方法在数千年来并没有什么太大的变化，即使在经济最萧条的年代里教师们也很少担心自己的饭碗。但这种情况目前正在改变，新经济将增加社会对教育的需求，但不是对每一名教师的需求。

技术变革不但使得某些人的技能迅速过时，而且会带来许多全新的问题。例如，随着基因研究的进展，科学家们可以发现哪些人在未来有可能罹患某种疾病并导致早衰。这项技术具有重要意义，使得人们可以尽早预防或者找医生诊治。但是对于那些被确认容易罹患某种疾病的人而言，他们有可能更难以保住自己的工作，更难以得到保险，甚至更难以保持正常的社会关系。

假设你从医疗实验室那里得到一个坏消息：基因测试显示，你未来有可能得一种导致早衰的疾病，而且目前还没有有效的治疗方法。尽管你现在的自我感觉很好，但前景却非常黯淡。这时，如果你采取政治行动，要求政府给予帮助，你并不会失去什么，却有可能得到很多。如果你把同病相怜的人们都组织起来，就可以形成一个强大的政治势力。并且，你可能不仅仅满足于从政府得到救济，而是要争取对使用这种疾病检测技术进行限制（有人提出，不需要对检测技术进行限制，只需要把检测结果作为个人隐私就可以，这样做其实是不行的。因为检测结果良好的人会公开他的检测结果，那些不敢公开的人自然就可能有问题）。如果你成功地禁止了这项技术的使用，就维持了社会的原状——自然也就不用担心自己的工作和保险了。至于社会因此会受到损失，医药企业不能得到更多的数据来促进对疾病的研究，跟你本人的关系不大——毕竟，对于大多数患者而言，现实的利益远远超过他们可能拥有的奉献精神。

政治压力对新技术使用的限制并不是空穴来风，美国今天已经有 21 个州通过立法来限制在雇用员工的过程中利用基因记录，而实际上基因技术和有关的讨论都还很不成熟。

## 来自新兴国家的竞争

另外一种挑战来自遥远的国度。中国和印度这两个人口总和超过 25 亿的国家终于发展起来了，历史上从来没有这样多的人以这样快的速度富裕起来。尽管他们与其他很多发展中国家的人们一起为世界经济带来了很多好处，但是他们的高效率和低价格也带来了工作岗位的竞争，由此带来的新的社会紧张关系，必须得到解决。

发展中国家的挑战与技术革新不无关系，因为技术的进步将导致很多原来没有外来挑战的产业卷入竞争之中。比如下面的例子：一个纽约的普通秘书与一个孟买的普通秘书在文化程度、工作效率方面差不多，她们使用同样的电脑软件、同样的传真机、同样的电子邮件系统在互联网上交流，但是纽约秘书的收入却相当于她的印度同行的13倍。[9] 工资的差别部分地反映了两个地方的生活费用不同，但是即使有这些因素，印度秘书的收入还是只及纽约同行的一小部分。造成差别的原因实际上是由于秘书的工作是缺乏外国竞争的，由于对外国移民的严格限制和对孟买的留恋，印度的秘书不能随便去纽约，所以即使她愿意接受比较低的工资水平，这对纽约的秘书们的工资却并不构成威胁。

我们不是说秘书的工资是武断地决定的，与所有价格一样，秘书的工资也是由供需双方的力量决定的。影响秘书供给的因素之一，是她们从事其他工作的可能性，假设秘书的另外一种工作选择是做钢铁工人，因为存在一个世界性的钢铁市场（如果保守主义还没有能够关闭它），所以没有国家能够给工人支付超出其边际生产率的工资。这样，美国的钢铁工人得到的工资比印度的钢铁工人要高，主要是因为美国钢铁工人的生产效率更高。因此，由于美国的钢铁工人的生产效率更高，美国的秘书即便并不比印度的秘书生产效率更高，也可以得到更高的工资。所以，在美国，秘书得到更高的工资是因为她掌握了一个稀缺资源：劳力。但是秘书劳力的稀缺只是发生在美国，而不是全世界。随着技术的发展，各种各样的劳力可以在遥远的地方提供供给，原来的稀缺现象就可能发生改变。

随着通信费用的降低，一个打电话投诉收费问题的芝加哥人，可能把在半个地球以外接电话的一位菲律宾马尼拉的中年妇女当成美国人。在过去，这类处理顾客投诉的劳动密集型工作必须在本地进行，因此美国可以通过移民控制来缓解工作机会竞争的问题，但现在显然已经不能再用来限制电话应答的工作转移给外国人了。

不是所有的工作都要面临危险，但是大多数人所从事的大量日常性工作的竞争会加强。接下来，由于外国人熟悉了本地的规则，一些更高技能的工作的竞争也会增加。美国的大公司可以继续聘用会计师事务所的合伙人来帮助他们制定税收最小化战略，而小的企业主则可能通过互联网与了解美国法律的印度或者中国的会计师打交道。一位俄罗斯物理学家可以通过互联网完成一项研究任务，其费用只是西欧的物理学家的零头。当然，这样的跨国交易一开始必然有很多障碍，但是一旦信任和信心建立起来，就不存在什么天然的限制了。实际上，本书的一位作者就在某家公司做董事，该公司从金奈（Madras）为新加坡和英国的学生提供实时的、个别的数学教育辅导，这个公司吸引顾客的重要原因，是数学教育的权威英国剑桥大学为其提供了认证支持。

简短地说，在可贸易的产业，例如钢铁行业，其工人已经有数十年的时间面对和适应外国竞争，而在很多非贸易的服务行业中，很多员工并没有这样的经历。如果存在一个世界性的竞争市场，他们就不会得到现在这样多的收入，竞争会消灭他们的超额补助。这样，与美国的钢铁工人一样，这些新的竞争受害者将会行动起来。而且与实物商品不同，服务很难进行边境控制，所以服务行业的受损者一旦组织起来，就会要求采取更加严厉的措施来阻止外来竞争。

由于牵涉到自己的生存根本，他们会有很强的动力。当一个员工由于商业循环的原因失去工作时，他可以盼望在经济繁荣以后重新得到机会。但是，如果他所在的产业在技术上过时了或者被外国竞争挤垮了，那他有可能再也得不到工作机会。新型的风险将带来新型的经济贫困。在过去，贫困人群只要得到足够的补贴熬过萧条时期，就还可以对市场保留希望，但今天的员工如果永远地失去职业，那么微薄的补贴就不足以让他保留对市场的信念了，他需要一个全新的生活，而不是暂时的救济。

## 对发达经济的担心

发达国家担心来自发展中国家的廉价而不乏技能和教育的劳力的竞争，而后者则担心他们自己的产业会被发达国家的跨国公司在一夜之间挤垮，这些公司有全球性的品牌，有在市场竞争中磨砺的经营策略，又能够在全球范围内得到最廉价的能源和资本。发达国家的员工们认为发展中国家的廉价劳动力是不公平的威胁（他们对发展中国家的工人的工作条件和福利表示关心，其实只是掩盖对自己的工作机会的担心），同样，发展中国家的业主和经理们也认为发达国家拥有更好的基础设施是不公平的竞争条件。的确，双方都有自己的比较竞争优势，而且在一个开放的世界里，双方也都可以得到对方的优势，发达国家可以得到廉价劳动力，发展中国家可以建立更好的基础设施。但是在短期内，这些差别会带来混乱和不满，而发展中国家比发达国家更缺乏准备和条件。

在一些发展中国家，对于私有财产的尊重和建立市场的制度基础这些前提条件还没有具备，财产高度集中在大封建主或者垄断组织手中，特别是在采掘工业。这些国家不但不能适应活跃的竞争性市场，而且它们的政治集团对于发展所需要的基础设施也没有兴趣。

但是，即使在那些有较大和所有权分散的制造业和服务业的发展中国家，也不能保证有充分的支持竞争性市场的政治力量。原因很简单，在通常情况下，这些国家的很多企业都缺乏竞争性，这导致效率低下的利益集团有更强的动机来坚持保护主义，不但因为他们没有竞争优势，也因为他们没有希望获得一个更大的市场。我们的观点不仅仅是理论上的推论，因为在美国的钢铁行业，对保护主义最积极的推动者实际上就是那些更大、更老、更缺乏创新性和更没有效益的企业，而这些企业的高层管理者也通常都有很长的任期。[10]

在发展中国家，很多企业尽管有廉价劳动力，但是仍然没有效率，一个原因是它们长期受到保护，缺乏国内外的竞争，结果变得缓慢而臃肿。然而同样重要的是，这些企业没有被最好的经理人才管理。

我们来看一个例子。众所周知，美国的大企业通常都不是由自己的业主而是职业经理人负责经营。随着竞争的加强和技术变革的加速，对于高层管理者的要求也越来越多，在业绩不理想时，职业经理人更容易遭到解聘。近年来，美国有越来越多的 CEO 不能胜任工作，被解聘，被外来人员接替。在 20 世纪 70 年代早期，只有 10% 的 CEO 换届属于强迫离职，而到了 90 年代早期，这个比例增加了一倍以上。同样，在 70 年代早期，只有 15% 的新任 CEO

来自企业以外，到 90 年代早期也增加了一倍。[11]

这些证据说明，为了应付一个竞争激化的市场，企业的眼光必须更加长远，必须拥有优秀的经营人才，也需要更快地解聘那些不合格的经理。但是，实现这样的改变需要一个外部人控制的公司治理结构，只有当管理层不能控制企业的大部分投票权，董事会里的外部人可以有效发挥监督作用的时候，才更容易解聘经理人。[12]很不幸，这不是世界大多数国家现在的情况，很多企业依然被内部人控制，他们是通过继承而不是通过市场取得的权力。[13]我们已经知道，由家族继承人控制的企业通常来说会经营不力，[14]那么在一个快速变化和混乱的世界里，这些管理层将有更强的动力去挑唆贫困人群，要求加强保护。印度的“孟买俱乐部”就是一个典型的这种类型的组织，这是一个由老的商业家族的子孙组成的松散群体，他们强烈反对对外开放。

发展中国家的另外一个严重担心是对竞争受害者没有正式的保障体系。由于追求增长，很多国家忽略了建立一个可靠的社会保障体系来帮助国民应付经济风险。在政府预算中，转移支付和补贴的比例很小：一些新兴工业化国家只有发达国家 1/4 左右的水平。[15]例如，在 1998 年亚洲经济危机之前，韩国几乎没有失业保险制度，只是在面临工人的示威游行后才迅速建立起来。

当然，单单比较政府的社会开支比例可能带来误导，因为在发达国家中一些属于公共部门的开支（例如养老金），在这些新兴工业化国家中仍然放在私人部门里。这个区别部分地反映了这些新兴国家的观念，就是政府的作用只是建立市场的基础设施，而依靠社会体系的作用为经济衰退提供保险。这种观念在经济高速增长时期对这些国家是适用的，但是随着市场经济的发展，传统的社会体系会逐渐瓦解。例如，20 世纪 90 年代新加坡通过法律，授权父母可以起诉不赡养他们的子女，[16]这就很说明问题。法律其实并不能完全修复被市场割裂的社会关系，如果再缺乏有效的、明确的保障体系，那么国民将更加暴露在经济波动的风险之中。

发达国家必须正视发展中国家的这些脆弱环节，因为世界经济的联系越来越紧密，不管是商品还是服务，彼此的扰动更容易相互影响。还有，由于贸易重点由产品转向服务，彼此之间的相互依赖和专业化程度还会提高：要更换一家企业的会计顾问或者更换为企业提供系统软件维护的公司，要比更换钢铁供应商困难得多，而且要为服务建立库存作为缓冲也不容易。当然，企业可以通过在不同国家寻求服务来分散风险，但是这种分散化也有其成本和局限。

有一个关于这种相互依赖的典型例子：在2002年5月，印度和巴基斯坦的政府开始相互进行核战争的讹诈，两个国家的企业家开始担心外国的顾客会被吓跑，结果是印度和巴基斯坦的企业界都向自己的政府施加压力，要求缓和局势。商业利益就这样限制了政治行为。尽管全球化的趋势会给我们带来这些好处，但同时也使世界面临更大的相互依存的风险，这值得引起人们的注意。

## 人口老龄化

发达国家的人口迅速老龄化，对于资源的再分配带来深刻影响，我们在分析自由市场经济面对的政治威胁时不可低估。

由于出生率下降和预期寿命延长，发达国家的人口结构呈现迅速老龄化的趋势，人口增长率则接近于零。在1970年，美国5岁以下的儿童有1720万人，80岁以上的老人有370万人，到1995年时，这两个数字分别是1960万和810万，而到2040年时估计将达到2500万和2620万。[17]由于有大量移民涌入，美国并不是老龄化最快的国家。据估计，到2010年时，日本每3个处于劳动年龄段的成年人就要对应1位以上的老年公民，到2050年，每1.5名纳税人就要对应1位退休人员。而到那时，意大利的退休人员将比纳税的员工还要多。[18]

一个人数越来越少的工作者群体要养活一个规模越来越庞大的退休群体，因此，平均每名员工需要转移给那些老年人以支付他们既定的养老金的数量将持续增加，如果没有什么变化，未来的工作者给老年人的支付将变得越来越多，而自己未来预期的养老金会越来越少。这样会导致年老一代和年轻工作者之间的利益冲突，或者说，那些由于人数和组织而获得了政治权力的人和那些由于控制着人力资源而获得了经济权力的人之间的冲突。在历史上，政治权力和经济权力之间的不匹配会带来对财产权利安全性的威胁，这种威胁在未来仍然可能存在。

另一种形式的紧张来自资源的国际配置，如果经济的生产能力随着人口老龄化而下降，消费品就要依赖进口。考虑到这个因素，发达经济就必须对外投资，而不是像过去那样对其他的发达国家投资，而是对人口结构年轻的发展中国家投资，发展中国家需要吸收这些投资来发展生产能力。

还有，如果发达国家在发展中国家拥有巨大的金融资产，它们会要求保证这些资产权利的安全，在未来需要变现的时候不会被剥夺。但是我们知道，在历史上，当财产所有者有充分的政治参与性，当所有者的经济优势导致剥夺行为在长期里对剥夺者不合算的时候，政府对财产的尊重才开始出现，掠夺行为在政治上才被制止。很明显，发达国家的投资者在发展中国家几乎没有什么政治代表，至少在殖民主义时代以后是这样。所以在未来，他们在发展中国家的财产权利是否会得到尊重，将取决于这些国家剥夺财产所有者的权利在经济上是否合算。因此，人口老龄化问题会迫使发达国家更加依赖在发展中国家的投资，也更加依赖发展中国家要建立尊重财产权利的大气候，市场经济的制度基础在全球范围内得到充分发展符合我们共同的利益。

## 监管的国际合作

共同的利益让我们提出国际治理的问题。我们已经指出，一个国家的大工业和金融企业越是具有竞争力，对于市场的发展就越有好处，因为它们相对来说不需要依靠对自由市场的限制。在国际上，如果占据支配地位的政治势力同时在经济上也是很有效率的，那么对自由市场的发展就更加有利，因为这个支配势力将会推动其他国家开放边界。在 19 世纪，英国是工业最发达的国家，也是政治强国，在世界各地推广自由贸易。美国在二战之后也扮演着类似的角色。但是，当世界的政治领导地位正在转换，或者占支配地位的政治权力失去了其经济上的领导地位时，人们对待市场开放的观点就特别容易出现矛盾。

美国依然是世界经济的统治力量，同时是唯一的超级大国，但是这两个地位并非都是稳如泰山的。很明显，在钢铁制品关税和农业补贴的问题上，美国经济已经暴露了自己的弱点，并且因此违背了自己对开放贸易的承诺。如果这样的弱点更多会怎么样？美国还会继续支持自由市场吗？

当然，美国的态度只能代表它自己。由于不同的政治实体之间存在竞争，即使一个主要国家离开，市场依然可以继续前进。但是还存在一种危险，那就是国家之间的政治一体化，例如欧盟，这会减少政治上的竞争，使得联合的反市场行动更加现实。

在早期的时候，欧盟那时还称为欧洲经济共同体，其主要任务是去除欧洲国家之间的贸易壁垒，促进贸易和扩大市场。当时的欧共体专注于一个现实的、促进市场发展的目标，是一个进步的力量，它也促进了很多国家自由化的进程，因为在保证外国人自由进入的同时，这些国家也被迫为自己的公民创造更公平的市场环境，从而促进了竞争性市场的发展。

但是，当欧盟的目标从市场拓展和贸易自由化扩展到更广泛的管制和规划以后，其政策倾向有可能转为反对自由和加强干预（当然，我们也不应该忘记欧共体当初也实行过保守主义的农业政策）。

我们来推想一个比较极端但很有意义的案例。假设在一次严重的股灾之后，欧盟认为市场上的劣质企业太多了，决定收紧公司上市发行股票的规则，这个行动会导致新兴企业融资变得困难，而受到既得利益集团的欢迎。由于这个新的规则将同时在欧盟的各个国家实行，那么一个有潜力的欧洲新兴企业在本国和邻近的国家都不能得到融资，规则的执行就更有效力，毫无疑问，这会吸引各国的既得利益集团联合起来，积极推动类似的规则被整个欧盟采纳。相反，如果只有一个国家实施这个规则，那么新兴企业就可以到周边国家去争取融资。这样，企业可以向更友好的政治实体迁移，成为督促政府改善国内政策的力量。而当周边国家走向联合的时候，这种竞争带来的力量就会失效。

目前，欧盟的各个成员国在重大的经济政策变化上都拥有否决权，才保证了联盟的政策依然对市场的发展有利。但由于欧盟的成员增加，出现了缩小否决权使用范围的压力，这也可能加强联盟的政治垄断力，构成对市场的威胁。

## 小 结

在几十年不间断的市场体制成长之后，自由市场特别是自由金融市场驯服、转化并征服了其反对者，人们很容易感到志得意满。各国之间前所未有的相互开放，限制了国内的政客为既得利益集团服务的能力。而发达国家在二战以后建立起了广泛的社会保障体系，尽管在近年有所删减，但依然为绝大多数国民提供了保护。这样，就建立了防止反市场力量重新联合的缓冲机制，所有这些还不足以确保自由市场的车轮滚滚向前吗？

并不尽然。科学技术在迅速变革，它会重新评估人们现有的技能的价值，造就全新类型的贫困人群，而且会把来自发展中国家的竞争直接带到发达国家那些职业人士的家门口。虽然普通员工在短期面对的不确定性（是否有足够的补贴来应付经济衰退）消失了，但他们却要面临新的更长远的忧虑（他是否拥有足够的、更新的技能，可以继续工作下去，并能够在未来支付不断延长的老年生活的需要）。

发展中国家也面临激烈竞争，而且它们没有发达国家那样的、多年积累形成的稳定机制。发达国家和发展中国家都更加相互依赖，并且随着人口老龄化问题加剧这种依赖还会加强。这种相互依赖所带来的新的紧张关系应该如何处理，而不至于导致新的压制市场和反对开放的政治运动？这些是下一章的内容。

# 第13章　从资本家手中拯救资本主义

本书的基本观点是，自由市场体系或许是人类已知的最好的经济制度，但其政治基础却相当脆弱。在一个竞争性的自由市场经济里，无数不知名的参与者共同决定了价格水平，而价格又反过来决定应该生产什么产品，谁应该得到报酬。市场用“看不见的手”代替官僚和政客们进行这些决策。而这也使人们容易产生错觉，以为市场并不需要政府。但实际上，如果没有政府用“看得见的手”来建立和维护基础的制度和设施，保证参与者能够自由和自信地进行交易，市场也不可能繁荣起来。

这就是市场经济中政治紧张关系产生的根源：因为人们自发组织起来采取集体行动是有困难的，所以必须依靠政府的干预，也正是由于这种困难，人们难以保证政府能忠实地为公众利益服务。有组织的私人利益集团可能操纵时局，牺牲公众利益。历史上曾经发生过这样的糟糕场景，在保护贫困人群安全的幌子之下，既得利益集团压制了市场机制，保证了自己的安全，而受害者则是自由市场经济和所有可以从中获得机会的人。

在上一章，我们列举了一些危险，这些因素有可能导致发达国家和发展中国家的贫困人群迅速增加，我们还解释了什么类型的既得利益集团有最强烈的反对市场的动机，他们尤其会利用贫困人群的痛苦和愿望。

在分析这些威胁之后，我们现在来讨论解决方案。基本的政治紧张关系是市场经济体制本身固有的特征，因而我们并没有什么灵丹妙药。如果要政府采取强力措施，就可能带来这些措施被利益集团扭曲的风险；如果要政府保持中立，那么必要的制度基础就可能得不到充分发展，而市场在进行创造性破坏的时候就可能遭遇强大的政治反冲。我们想到的可行办法是提出一系列可以互相验证和平衡的建议，使政府能够支持市场的运转而不是进行强行干预。单独来看，每项建议似乎都是很温和的，甚至是缺乏效力的，但是结合在一起，它们会变成培育市场的有力武器。

我们的建议有四个基本点。第一，如果利益集团真正拥有竞争实力，而又没有压倒性的影响力，那他们对市场的态度会相对比较积极。所以，政策的第一个基本点就是，保证生产性资产的控制权不会集中到少数人手中，而且拥有控制权的人应该具有妥善经营资产的能力。第二，竞争必然会有失败者，对于贫困人群来说，一个保障体系是必需的，这个体系不但能简单地帮助贫困者度过经济危机，而且能够帮助他们在完全丧失原来的职业以后重新恢复过来。第三，保持对外开放，有助于约束政治干预的影响。当然，在极端情况下反市场的力量有可能强大起来，强迫实行封闭政策，这正是我们的一系列政策建议应该被结合使用的原因。最后，应该让公众更加清楚，他们能够从市场中得到什么好处，而看似无害的反竞争政策会给他们带来什么代价，使得大众不再总是消极地站在旁边充当看客。下面我们来逐一详细阐述。

## 削弱利益集团反对市场的积极性

我们不能忽视的事实是，经济实力会转化为政治实力。不管提出和采纳什么形式的竞选筹款改革，“金钱至上”的原则——有钱的人制定规则——在某种程度上总是适用的。但是，在如下两种情况下，经济权力和政治权力的联系尤其值得关注。第一，如果少数利益集团拥有很大的经济权力，他们就能依靠自己的政治影响来实现经济目的，而不需要建立透明的市场规则让所有人都能自由参与。对于一个还没有建立起完善的市场基础的国家来说，这个问题更加严重，因为民众拥护这个基础的呼声也比较小。第二，如果利益集团在经济上是没有能力的，他们就会积极采取行动来压制市场竞争，保护自己的位置，比前一种对市场的消极忽视更加危险。

这两种情况密切相关，请看如下的例子。印度的钻石贸易被古吉拉特邦一个简斯家族控制，在将近半个世纪的时间里，这些商人的工作对外十分保密，大量交易都发生在他们家族的各个成员之间，他们购买、切割、打磨和出售钻石，足迹遍及世界各地。这个家族的效率非常高，如今全球90%的钻石都是在印度加工，[1] 但他们彼此之间竟然没有符合法律规范的合同。这个体系在一个法制体系十分薄弱的国家里运转得很好，原因在于彼此的信任。任何人如果违背彼此之间默认的准则，就会被整个家族驱逐。但是，这个体系也有自己的问题，外面的人不能参与进来，而内部人则没有动力创建一套更加透明和便利的体系，当利润非常丰厚，而交易又局限在少数几个熟人之间的时候，很容易建立彼此的信任。

因此，一旦系统的运转出现问题，那交易权力过分集中就会带来非常坏的后果。目前已经出现了这种苗头，随着产业的扩展，越来越多的外人参与到这项贸易中，不久前一个送货人就带着价值1000万美元的钻石逃跑了；还有两个孟买商人在股票投机中把顾客的货款赔掉了（他们自己也感到非常羞愧，最终自杀）。[2] 但是，简斯家族的成员却依然不着急采取现代化和职业化的管理，不管它们有多么重要，因为这样做会给他们带来新的竞争。这样，变化的过程就非常缓慢，也许会太慢。问题的关键在于，即使经济权力的过分集中现在看起来是无害的，也不应该一直持续下去，尤其当少数特权者是以自己的方式来做生意、排斥改革的时候。

这意味着政策应该有两个目标：一是不要让经济权力过分集中，特别是针对发展中国家而言；二是确保掌握经济资源的人有妥善使用它们的能力。

这两个目标通常是一致的，当然并非绝对。例如，我们很清楚外来的竞争有助于提高企业的效率，而一个保护性的行业则没有改进的动力，它可以利用保护之下的垄断利润来争取更多的保护而不是进行必要的改革。印度的大使轿车（Indian Ambassador car，英国 Morris Oxford 的一个型号）在1957年引入，一直到2002年3月出售的汽车型号也没有改变，原因只是在于它在大部分时期里没有遇到什么外国竞争，也几乎没有国内竞争。即使是一个临时性的保护措施，例如最近的美国钢铁制品关税，虽然会在未来几年内取消，但都有可能产生缺乏竞争力的利益集团，他们会努力要求使这项贸易壁垒永久化。

但是为了在世界市场的层面上进行竞争，一个小国的企业不应该过分依赖本国的市场。例如芬兰的诺基亚公司在本国就有很强的影响力，这样的公司是否能够负责地利用其影响力，帮助其他企业更好地获得市场机会，还是限制别人的进入，以维护自己对国内资源的垄断，结果至关重要。我们要以此来决定是否需要采取其他的政策工具。

## 政治上的反垄断法

我们提供的政策工具之一是反垄断法。反垄断法是在产品市场的背景下建立的，那时的监管者要考虑的问题包括，一个企业是否占据很大比例的产出，是否存在外来的或初始的竞争能帮助降低价格……反垄断法的目的是阻止企业垄断某个行业，从消费者那里榨取超额利润。另一个有益的影响是防止企业满足于安逸的环境，保持竞争，促进它们提高效率。

但是，各国也应该考虑一个反垄断法的政治版本——限制一个企业发展得太大，免得形成太大的政治影响力，最后压制市场。要精确制定这类法律会面临很多困难，但在美国已经埋下了伏笔，尤其是在金融业。19 世纪 30 年代安德鲁·杰克逊对美国第二银行的抨击，1911 年拆分洛克菲勒的标准石油公司，1913 年建立联邦储备委员会以对抗摩根银行，1933 年颁布《格拉斯—斯蒂格尔法》以约束大银行的权力，以及正在进行的对微软公司的起诉，都可以视为一种隐含的政治性的反垄断法律行动。[3] 当然，这里存在一种风险，就是类似的法律可能被错误地用来对付政府所不喜欢的人。所以说，这种法律只有在我们的整体建议中通盘考虑时才有意义，或者说同时要考虑对政府的监督和制衡措施。

## 财产税

税收系统的改革是另外一个创造经济效率的压力的办法。在现行的所得税制度下，生产得越多交税越多，结果，生产效率很高的经理人不得不为他们的高效率交纳更高的税收，与政府分享。同时，政府也与能力不足的人分享一部分损失（通过更低的税收），这样有利于无效率的人。可以说，这种税收制度给那些浪费资源、扩大成本和错误投资决策的人提供了补助，吸收了他们的成本和损失，而高效率的经营者的部分超额回报则交给了政府，积极性受到打击。

但是，并非所有的税收制度都有这种作用，基于财产的税收（而不是基于收入）就可以发挥惩罚低效率的经营者，奖励高效率的经营者的作用。例如，我们对直接拥有生产性资产的人按资产价值的 1% 征收税收，一块价值 100 万美元的农地的税收就应该是 1 万美元。假如有来自城里的一个作家，她喜欢乡村的景致，但是耕作技术不高，只能从这块农地上得到 5000 美元的净收入，这样不但她所有的收入都要交给政府，而且还得另外找 5000 美元来补齐税款。如果她写的书销路不好，又无法申请得到农业补贴，那她就会把土地卖给那些有更好的耕作能力的人。

再假设，有一个农家小伙，他精通农业生产，可以从这同一块土地上得到 10 万美元的净收入，他只需要把收入的 1/10 用于交税。更重要的是，如果他改进了土地的生产效率，把收入增加到 15 万美元，所有增加的部分都归他自己，而在所得税体制下他只能留下其中的一部分。还有，他可以购买其他人的土地，扩大生产规模。这个农家小伙并没有什么动力去要求农业补贴或者对外国产品建立贸易壁垒：因为补贴会让那些效率不高的人继续经营，妨碍他扩大生产，而贸易壁垒会带来其他国家的报复，影响他的谷物出口。这样，财产税制度就有利于那些有效率的经营者，有利于支持市场的力量。[4]

有的读者会提出疑问，为什么一个自由的土地市场不能使资源得到有效配置呢，或者说，这个效率更高的农家小伙为什么以前不能买下这个低效率的作家的土地？原因在于，作家从土地中得到了非货币的心理收入，补偿了她在农业上的低效率，而这种心理收入是不用交税的。结果，即便她的心理收入不能弥补其货币收入的不足，这个农家小伙依然不容易购买她的土地。而且在现行的所得税制度下，心理收入不需要交税，但生产了货币收入的人却需要负担所有税收，如果其他条件都相同，那么货币收入的生产者为一件财产愿意支付的价格会低于享受心理收入的人愿意出售的价格。相似的是，现行的税收制度给那些从事耕种的人提供了个人补贴，有利于低效率的经营者继续维持。而如果把所得税制度改变成财产税制度，就会避免这些无效率的安排。

当然，这样的制度如何操作还有很多问题，例如，财产的价值如何评估？显然不能以现在的低效率经营者掌握下的资产价值来评价，这样会人为地降低财产价值和她需要交纳的税收。为避免鼓励低效率，评价的标准应该是在一个全国市场上的平均经营水平所产生的价值。现在已经有很多办法可以实现精确的评价。我们认为，在执行财产税时可能遇到的问题并不比执行所得税时所遇到的更复杂。

传统的意见是财产税打击了投资，如果满足关于税收征收时间的几个假设，这是事实：在税收收入等同的情况下，财产税对投资积极性的打击比所得税更大。但是，考虑到财产税能够促使所有权转移给更有效率的经营者，增进社会的整体福利，巩固自由市场体系，这点代价是值得的。这样，至少可以把部分税收负担从所得税转向财产税。

## 改善公司治理

在发达经济里，一些最重要的资产不是由所有者而是由职业经理人经营，当然这是指公司。一方面，这样的所有权与控制权分离促进了企业与经营者之间的匹配，提高了经营效率；另一方面，也带来了管理层与股东之间的利益冲突，可能影响经营效率。为了促进在所有者与控制者之间更健康地分享权力，需要对提供资金的投资人给予更大的法律保护。另外，其他的一些机制，例如独立董事、有效的审计、活跃的公司并购市场等都是必要的，只有这样才可以保证经理人为企业的价值最大化服务，如果表现无能则可以立刻撤换。而且，公司治理的重要性不仅仅在于提高投资者的价值，而且可以确保现代经济生活中最大和最有势力的参与者——大型企业，能够欢迎竞争而不是惧怕竞争。最近的丑闻表明，即使在最先进的市场经济里，在改善公司治理方面依然大有可为。

## 涉及控制权转让的遗产税

最后，还有一种财产控制权的转让形式——遗产，这种控制权大转让通常是无效率的，因为继承者除了出身之外往往没有其他的合格条件取得控制权。但是，如果严格限制富人处置自己的财富，有可能损害他先前创造财富的积极性，不过无效率的、过分集中的财富控制却要给社会增加各种成本。所以，我们需要这样一种遗产税，鼓励富人给他们的子女转移生产性资产的消极所有权（例如，一系列投资组合中的少数股权），而不鼓励转让积极的控制权。这样做还可以避免社会经济权力的过分集中，但主要目标还是争取控制权得到更有效率的分配。

在发展中国家，遗产税尤其重要，因为那里的土地所有权非常集中。另一个打破财产所有权集中的办法是默认所有子女获得平等的继承权，不管是男性还是女性，这种思想不是现在才发明的，我们至少可以追溯到英国的哲学家詹姆斯·哈林顿（参见第6章），他的思想对后人有深远影响，其中就包括威廉·潘恩（William Penn）（以及费城宪法）、托马斯·杰斐逊（以及弗吉尼亚宪法）和西奥多·罗斯福（以及反托拉斯法）。

## 贫困人群的安全网

当各州之间的运输被严格管制的时候，很多汽车运输公司日子非常好过，很少被迫退出。但是到1977年，州际商务委员会开始向所有的申请人提供授权以后，情况就改变了，在5年内，以前的公司有50%被迫退出。竞争给消费者带来了更低廉的价格和更有效的服务，但是也破坏了很多企业的经济稳定。[5]

竞争总会有失败者，失败对于创造性破坏的过程是必需的，然而对于很多受到影响的人却是痛苦的。经济调整的成本转嫁到他们身上的越多，贫困人群的数量越大，对于政治干预的要求就越强烈。

## 保护人而不是保护企业

贫困人群的要求完全可以理解，但是非常危险，因为很容易被人利用。正如我们所看到的钢铁工业的例子，受到影响的本来是面临失业的工人，结果变成了对现有企业的补贴，带来了很多负面影响。为了防止那些创造性破坏的受害者成为既得利益集团的人体盾牌，我们需要用其他办法给他们提供帮助，为此，我们要坚持一个原则，那就是保护人，而不是保护企业，以避免社会的救助被政治所利用。

比如，经济学家通常认为给失业员工提供补助的最好办法是给他们一次性地支付一笔收入，可以按照他们以前的工作年限为标准。这样的补助不会影响正常的竞争过程，可以使员工更有动力去寻找新的工作（因为他们得到的补助多少与他们未来需要多长时间找到新工作无关），同时缓解失业给他们带来的贫困。不幸的是，这样简单的办法却很少实施，恰恰是因为这种办法把员工的补贴与政治完全分离了。

## 事先设计保险体系

第二个避免社会救助被政治利用的原则是，在未来需要社会救助的事情发生之前设计救助办法，而不是等到事后，其原因我们将在下文详述。但是，政府却通常愿意等到大事当前才开始行动，而不是及早为未来的不确定性做好准备，因为在事后，救助的数量更容易估量，而且不需要在事前储备资源，以免挤掉其他开支。

提倡事先设计的一个原因很简单，即一个设计妥善的计划让人们有更大的安全感。还有，减少了贫困人群组织起来要求救助的需要。因为他们组织起来的政治活动通常都对市场不友好，所以，事先设计的救助计划就消除了对市场的一个巨大威胁。从我们对美国的破产法历史的简要描述中就可以得到佐证，一旦事先制定了灵活的法律，债务人在经济衰退时期就不需要再组织起来去要求救助了，同时他们可以在个别环境下获得减免，而不需要等待时机才能联合起来挑起政治事件。

在事后开展的救助其实不算保障，而是纯粹的再分配，而且会受到参与各方的政治权力的驱动而不是真正出于人们的现实需要。例如，《联邦紧急救助法》，是新政时期在1933—1935年实施的一项措施，给所有收入不能满足基本需要的人提供补助，数额达到36亿美元。由于美国在进入大萧条的时候根本没有失业保险，关于救助对象的决策完全是在事后才做出的。结果，各个县所接受的救济数量与该地区拥有的收音机数量成正比，即使排除了当地居民的财富的影响之后依然如此。[6] 真实的情况是，在20世纪30年代，拥有收音机的人在政治上消息更加灵通，也更热心于参加选举，这就表示更多的救济给予了那些有更强政治影响力的县，而且，文盲比较多的县得到的救济更少，也证明了消息更灵通的选民得到了更多的救助。虽然说，所有的救助行动都更多地取决于政治势力而不是经济需要，但是在事后安排的救助尤其容易受到政治的操纵。

这样，在危机发生以前就设计好一个救助体系，其最大的好处就在于不清楚哪些人会受到影响，影响有多大。大多数人并不清楚他们是否会成为这个制度的受益人，还是会成为替这个制度出钱的人，因此，他们就没有动力去扭曲这个制度，相反，还会希望这个制度的运转最有效率。而在事后，大家非常清楚谁会受益谁来支付，那么政治上的较量就非常厉害，在这种情况下安排的救助就容易被利益集团所操纵，而不是事先准备的保障。

发达国家现行制度的一个问题是，这些制度是在危机时期制定的，覆盖的只是特定人群，而不是普遍覆盖。很滑稽的是，美国的儿童、民族的未来，并非都拥有医疗保险，而政客们却忙不迭地为富有的老年选民们提供处方药福利。[7] 同样让人担心的是，很多工作家庭没有医疗保险。如果发生严重的危机，现有的制度想必可以补充这些福利，但那时又要通过政治行动来实现，伴随着我们已知的所有不良后果。还有，在美国，很多员工的医疗保险和养老金都和企业的生存有密切关系。在意大利同样如此，那些最大、最有政治影响力的企业的员工还有特殊福利，他们维护企业生存的动力尤其强劲。所以，社会保障体系需要深刻的改革——扩大受益人的范围，在保障者与个人之间建立更直接的关系，不要再把雇主这样的其他人卷入其中。

## 应付永久变革的保险

我们反思一下原有的保障体系的重心，这些保障是为了上一次战争而设计的，那是对付贫困的战争，对付经济周期带来的短期破坏的战争。但是，今天的员工有不同的顾虑，用经济学术语来说，他们现在担心的是结构性的变化，而不是周期性的变化。尽管在经济衰退时期，员工们的不确定性风险也增加了，但是他们还是更担心自己的工作和生活的长远未来，而且这种担心更加持久。在早期，贫困人群得到的救济主要是帮助他们克服经济周期的影响，但是今天的失业员工即便有这样的救济也不能对未来抱有信心，他们提出的问题是：我是否还可能掌握必要的技能，使自己继续有生产性？尤其是当我年老以后，是否还有健康的身体来适应变革？当我年老以后，是否有足够的积蓄继续保证幸福和充实的退休生活？

面对经济生活中长期的技术和竞争的变化趋势，政府应该提供怎样的保障，以减少贫困人群的数量呢？人们拥有的最宝贵财富往往是他们的人力资本，而在一个变动的世界中，政府能够给自己的公民提供的最大帮助，就是使他们能够创造和保持自己的人力资本的价值，因为有弹性的人力资本就是最好的保障。而对于那些不能适应变化的人，则应该提供最低限度的养老金作为安全网。

为了保证员工发展有适应能力的人力资本，很重要的是他们能够保持身体的健康，另外需要基础性通识教育来保证他们拥有不断学习的能力，而不是给他们灌输很快就会过时的东西，以及一个成人教育体系，在他们需要再培训的时候总能够提供服务。

在健康和基础教育方面，我们想要强调，很多研究都指出，未来的疾病（和学习障碍）在很早的时候就已埋下隐患。幼年的营养不良与某些老年疾病的过早出现有联系，例如冠心病和糖尿病。[8] 孕妇的某些不良习惯，例如酗酒和抽烟，也对后代的长期健康有影响。很不幸的是，这些问题在那些贫困的、没有得到良好教育的儿童身上更加严重，从而导致贫困和疾病的恶性循环。要打破这种循环，就必须给幼小的儿童提供更多资源，包括营养的供给，医疗检查和治疗以及家庭教育。这些措施会改善儿童的身体健康，有助于他们在未来保持竞争力。

我们再考虑人们如何才有足够的适应能力，可以掌握新的技能。由于现代社会的变化节奏加快，同时预期寿命又在延长，这个问题显得尤其突出：在美国，自1900年以来国民的预期寿命增长了29年，差不多等于整个工作年限。[9] 但是在此期间，绝大多数人为自己的生产性进行准备的方式却没有多大改变。尽管寿命增长了很多，但是很多人却和100年以前的人一样，在很小的时候就停止接受正规教育。当然，有更多的人得到了高学位——从1940年到1997年，高等教育的入学人数增加了10倍以上——还有很多人在工作中得到培训。[10]但是目前的教育似乎还是为人们的第一份工作设计的，尽管技术革新、竞争和更高的流动性已经使得绝大多数人的第一个工作甚至第一个职业，已经不再是他们的最后一个工作或者职业。

一个普通人大约在25岁左右就终止了系统的正规教育，这种教育给人们在参加工作以后的最初几年提供的信息太多，而为今后的半个世纪准备的知识又太少。如果在更早的时候停止正规教育，而在今后能够提供更多的再教育机会，让人们能够更加适应环境的变化，不是更好吗？

大学的商学院在这方面已经走在前面，他们为高级经理人提供公开的新课程，以确保他们在从前的MBA教育中得到的技能能够持续得到更新。但我们有理由反思整个高等教育体制，当初设计这个体制的时候，毕业生往往会在一个企业工作一辈子。而我们现在应该有更多的模式化的学位和终生的录取体制（至少在普通课程里）——以便学生能够根据自己的需要灵活挑选。

我们相信这样的灵活性的学位教育很快会开发出来，而教育家应该抓住这个机会。利用互联网进行远程教学可以让学生在全职工作的同时获得最新的知识，也降低了高等教育的成本。某些大学已经开设的MBA学位课程，其中只有几个星期的时间进行面对面的教育，而绝大多数交流都是通过讨论组、电子邮件和网上授课来完成，这种课程会得到推广。可以说，要帮助国民适应未来生活的更大不确定性，一个重要的工具就是高等教育的革命。如果改革成功，学生们花在校园里的时间将会减少，而大学生们看起来也更像人们在商店里看到的顾客那样——有老有小，或贫或富，来自社会的各个阶层。在美国，支持退伍军人上大学的《军人安置法案》（G. I. Bill），就显著减少了教育机会的不平等而提高了保障水平，[11]高等教育的改革有可能产生更大的影响。

我们所建议的提供保障的形式还有一个好处，就是利益集团将更难以控制资源的分配。实际上，与我们过去所描述的传统关联体系中补贴缺乏效率的情况不同，我们设计的保障制度让个人更加独立，从而削弱了利益集团的基础。一个人力资本的适应性很强的员工能够更好地利用他可能遇到的机会。这样一来，如果用正确方法提供保障，只会促进市场发展而不是阻碍。

最后，对于那些既没有愿望也没有能力适应职业变革的人，可以考虑让他们退休或者为社会做其他工作，为此我们需要一个可行的养老金制度。但是很不幸，今天的一代人正面临巨大的结构性变化，对于养老金的安全十分忧虑。

由于养老金体系和社会保障体系在很多国家是在经济衰退时期开始建立的，最开始得到津贴的人以前并没有缴过费，他们的津贴的来源是更年轻的一代人缴纳的社会保险，而这些现在缴纳保险金的人自己又在未来得到津贴。这种体系，被称为现收现付制，能够维持的前提是未来的人口和生产率的增长速度要快于需要支付的津贴的增长速度。但是，人口增长速度的减慢和老龄化意味着，发达国家现行的社会保障机制有可能不足以支付未来的人们的津贴。

政治家声称，现有的社会保障体系可以维持，不需要人口增长和生产率的巨大提高，不需要政府开支的大幅提高，我们对此表示怀疑。如果不发生奇迹，那唯一的办法只有把社会保障的成本和收益在不同年龄段的人之间更平等地进行重新分配。当然，没有政治家愿意承担风险，建议削减老年人的津贴而触犯这些有权势的人，同样也没有人愿意把维持现状的可怕后果透露给年轻的一代人。除非政治家们有足够的勇气，否则我们的养老金还将具有不确定性，使我们更难以适应变化。

我们关于社会保障和救济的很多论述都以发达国家的情况为背景，而它们现在的情况在很多方面要比发展中国家好得多。在很多发展中国家，正规的保障体系还很少，大量的保障都是依靠社会的习惯体系，例如大家庭和社区充当着经济波动的缓冲器。除了缺乏正规的社会保障体系以外，它们还缺乏很多其他的现代社会的制度安排，例如个人破产法律，来降低对竞争的失败者的惩罚。这些国家必须在未来建立必要的正规保险机制，来吸收越来越大的经济波动的风险。

引人注目的一点是，很多发展中国家在社会保障方面的开支水平很低，所以它们在创建正式的社会保障体制时有可能避免发达国家曾经犯过的错误：它们可以扩大保障的覆盖面，把保障数额控制在最低水平，而让公民自己选择是否需要扩大保障水平，它们还可以更多借助私人部门，而避免建立一个自我强化的官僚体制。

还有一个方面发展中国家也具有优势，在提高增长速度的同时，很多发展中国家重视了儿童的医疗和基础教育，对儿童的健康和教育体系在某些方面甚至胜过发达国家。在未来，这将有助于它们克服市场经济的内在风险。

## 削弱既得利益集团影响政府的能力

迄今，我们已经提出了减少利益集团和贫困人群反对市场的动力的建议，下面是关于如何削弱他们对政府的影响力的方法。

### 开放产品和资本市场

要削弱既得利益集团影响立法机构的权力，最有效的办法是向国际竞争开放国内市场，尤其是开放金融市场。这是我们对历史分析所得到的主要教训，在对开放政策的反对声音日益高涨的今天，这样的教训如何夸大都不会过分。当世界经济在整体上处于开放状态时，一个国家并没有动力单方面关闭贸易和资本流动，因为贸易和资本总是能找到钻空子的办法，除非是古巴或者朝鲜这样的极权政府。但是如果出现反对开放的大规模运动，即使只发生在几个大的国家，也容易诱使政治家采取封闭政策。这正是近年来越来越响亮、越来越浩大和激烈的反全球化抗议活动带来的危险。

面对这些抗议，经济学家的回答往往是强调国际贸易带来的效率收益——通过比较优势法则——如果各个国家都专注发展自己最擅长的产品，那么生产效率将在全世界范围内得到改进，使所有国家都得到好处。[12]另一方面，经济学家通常对于自由的国际资本流动表现得比较冷淡。我们并不能忽略贸易产生的效率收益的重要性，但同时要强调保持开放带来的另一种好处：削弱了国内利益集团的力量，而自由的资本流动在这方面非常重要。

对我们来说，为什么开放是有益的？答案非常简单，开放带来了外来的竞争——利益集团不能通过政治手段来约束这些外来者。保持对外开放的承诺迫使利益集团放弃用政治手段来维护自己的市场地位，而必须采取更硬的功夫：更有生产效率。由于美国不能控制英国的金融管制，欧洲市场得以发达起来，甚至威胁到美国的金融统治地位。最终，欧洲市场带来的竞争和选择促进了英国和美国金融市场的共同发展，也带动了世界其他国家。另一方面，开放迫使政治当局在提高普遍的国民经济福利方面展开竞争，否则，当局可能忽略不重要的大众而集中服务于少数有影响力的人的利益。开放有助于开放的经济在整体上获益。

对于在产品和金融市场上拥有良好基础设施的发达国家来说，开放给它们带来的好处很明显，但是对于不发达经济，突然的自由化是有风险的。虽然一个自由的市场导向的经济更有效率、更加公平，但是这些在保护伞下面生活了数十年的经济体，需要建立保证市场良好运转的基础设施。在短期内，把这样的经济置于国际竞争的风浪之中或许是有害的，部分是因为这会导致很多市场经济的推动力量不幸破产——比如职业人士、中小企业主、农民。

有人认为，大的发展中国家的正确做法是在建立市场经济的必要制度设施之前限制竞争。[13]但是这种渐进主义的政策有更大的风险：由于减慢了自由化的进程，改革可能陷入停滞状态。如果利益集团认识到基础设施和技能的提高会带来开放的竞争，那他们可能阻碍这些方面的进展。实际上，渐进主义者往往预测国内的金融业改革要领先于对外开放资本流动，而实践上往往是资本流动开放在前。[14]所以，对于一个发展中国家的改革政府来说，如何既做出提高竞争水平的承诺，又同时建立起市场的基础制度，的确是个挑战。

### 通过贸易区域提供动力

外围世界能够提供的最好帮助是改革的动力。在贸易区里更富有的国家可以提供很多办法来鼓励改革，而不用通过强迫。[15]例如，它们要求参加贸易区的成员国建立某些市场基础设施，那么正在申请加入的国家就产生实施改革的动力，而不是无限期地推迟。以在大的贸易区里拓展市场机会为诱饵（例如欧洲共同体或者北美自由贸易协定），这些国家促进了部分发展中国家或者转型经济国家深化内部改革。[16]例如，土耳其现在就不但致力于改善经济结构，而且更加尊重人权，包括对库尔德人的态度，以期达到欧盟的成员国标准，这是一个发人深省的事实。

当然，有的国家并不属于任何贸易区，但是我们同样可以尝试为它们的改革提供动力。发达国家可以为本国和世界市场的发展做出更大的贡献，例如，停止补贴本国的农业，降低纺织品之类的贸易壁垒。假如发达国家的保护主义减少，那么发展中国家的农民和小企业主就可能富裕起来，如同在发达国家的历史上那样，让他们成为推动本国建立活跃开放市场的力量。

## 公众觉悟

在本书中，我们一直指出，有组织的利益集团左右了政府的政策，而支持市场的力量，虽然在人数上占多数，但是更弱小和分散，通常不能对抗反市场的势力。那么本书，特别是本章的目标读者是谁呢？如果我们的建议对于有组织的利益集团不利，那么又有被政府采纳的希望吗？

承认特殊利益的权力，并不意味着我们认为公众和公众的意识不重要。在大萧条时期，反市场的政策能够实施，是因为公众过于相信市场存在根本性的缺陷。与此类似的是，在过去几十年里支持市场的政策也与人们对政府过去的浪费行为不满意有关。在出现公司丑闻和贪婪内幕的报道后，车轮又转了回来。真理其实在这些摇摆的中间某个地方，然而很不幸，真理通常是复杂的。政客们忽略公众的利益而不会遭到处罚，原因之一在于他们认为公众通常都不了解自己的利益所在，也不愿意劳神费力去弄明白。如果这些政客是正确的，那么我们这本书也就是有一点点教育价值而已。

但是，假如经济学家愿意努力传播他们的思想，而大众又愿意倾听，那么像我们这样的书就有机会给世界带来更大的影响。我们的目标是指出，政府干预对市场的运转是必要的，然而干预的本质往往倾向于为少数人服务，妨碍公众的利益。我们的目标是让更多的人能够像经济学家那样思考问题，让更多的人认识到，所谓日本汽车登记费，限制使用年龄超过 5 年的汽车上路，并不是保护环境的措施，而是对汽车公司的变相补贴。[17]

如果有更多的人认识到自由市场的好处，明白了这个体系的政治基础的脆弱，那么利益集团将更难以实现自己的图谋。而那些真心为公众服务的政客们（我们并不否认有这种人存在）在推动有利的改革进程时就会更加容易。世界也将变得更公平、更美好。

## 小　结

由于存在反对市场的政治势力，那么支持市场的政府又如何推行这些可能危及反对势力的政策措施呢？本章提出了一些建议。我们主张采用一个综合的方案，会影响到有关各方的积极性和他们左右政策的力量。特别是，我们建议确保生产性资产的所有权分配有效率而不集中，提高劳动力适应变革的能力，给极度贫困者提供社会保障，引进外来竞争来约束监管机构的权力。

我们所提出的建议都完全有实现的可能。之所以要发表这些建议，并不是因为我们要鼓吹自己的创见，而是因为它们都有被采纳的可能，并且作为一个整体方案，它们有助于提高市场经济的结构稳定性。

# 结 论

Saving Capitalism from the Capitalists

在经历了20多年的大规模私有化、放松管制和自由化以后，我们在这里谈论自由市场可能面临危险不免显得荒唐。实际上，即使是安然崩溃这样的事件，也被人们看成是市场过于自由的证据。因为在对能源等公用事业实行管制的“过去的好时光”里，那样的问题并不存在。

在本书里，我们提出了不同的观点。市场并不是太自由了，而且也不可能太自由：市场总是被束缚和压制，因为其政治基础非常脆弱。每个人都从自由竞争的市场中获益，但是要让这个体系保持竞争性和公平性，却没有人从中获得特殊的巨大利益。即便是资本家也不能从保卫市场中得到什么好处。然而，事实却是资本家不断要求政府保护他们免受竞争的威胁，从而常常成为资本主义最大的敌人。如果没有坚定的政治力量的支持，在既得利益集团的不断压力之下，市场总是被过分地约束，而从未曾享有过分的自由。

我们不是说市场不需要规则，我们理想的自由市场并不是热带雨林或者西部荒原，而是一个透明的、公平的赛场，每个人都有机会参与，而创造最大价值的人将获胜。为了保证赛场的平等，市场就需要规则。通常，这些规则是从竞争过程中产生的——例如自我管理的协会——但有时，规则需要一个最高当局来制定和实施。如果没有正确实施的规则，我们所拥有的就不是平等的竞赛场，而是丛林规则。

没有规则的赛场谈不上平等，但是太多的、不合适的规则却使赛场更加不平等，特别是当这些规则是在既得利益集团的压力下产生的时候（正如实际上经常发生的那样）。一个真正自由的、竞争性的市场应处在缺乏规则与过分管制之间某个适当尺度上。这个中间地带并不宽裕，所以最佳形式的资本主义是非常不稳定的，很容易退化成既得利益集团所治、所有和所享的制度。我们在历史上的大多数时期所经历的资本主义就是这种资本主义，而且很不幸，这依然是今天世界大多数地区所实行的资本主义体制。

但是，一个真正竞争性的市场并不是乌托邦，而是我们可以实现的目标。如果存在良好的金融市场，就可以给人们提供经济机会，如果有激烈的政治竞争，就可以约束利益集团的影响，在过去的 20 年里，我们已经踏上了迈向这个理想的进程并从中获益。资本的极大丰富正在逐渐洗刷资本主义的诸多罪恶，包括资本对劳动的统治，产业的过分集中，收入分配向资本所有者的过分倾斜，穷人缺乏机会……人们有了更多的机会自己创业，即便他们还在企业里工作，企业的专制特性也大大减少，员工的待遇得到了改善。

不过，所有这些成就并非不可逆转，市场不是完美的，监督市场的法律体系也不完美。像安然这样的变异发生了，人们在呼吁改善公司治理体系。但是，员工的损失和投资者的愤怒不应该成为大规模干预的借口：历史的经验证明，在这些情况下采取的干预总是错误的。现在的风暴将会平息——希望没有太大的破坏——但是我们如何保证不会有下一次严重的经济危机让市场的发展再倒退 50 年呢？

仅仅是在最近几年，经济学家才重新关注市场的制度基础，所以，大众对于市场的政治脆弱性是多么不了解也就不足为奇了。很多经济学家创造了很多完美的竞争市场的精巧模型，但是没有考虑这样的市场是如何产生、发展和衰亡的。之所以出现这样的偏向，有可能是因为绝大多数主要的学院派经济学家都生活在市场主导的国家。由于身在其中，他们没有顾虑到自己的市场经济的未来，也使得他们在那些非常需要优秀的经济学家指导的国家缺乏应有的影响。

10 年以前，一些国家正在经历从社会主义向市场经济的痛苦转变，部分西方经济学家被请来提供建议，他们认为当时的主要任务只是建立最基础的制度。例如，他们认为一旦国有资产被转化为私有财产，市场经济所必需的其他制度就会自然发展起来。但是，除非有政治势力的推动，很多经济制度是不能自发地产生和发展起来的。至于政治势力，不但要支持私有化的过程，而且要创造从自由市场中获益并支持市场体制的群体。这也正是亨利七世和亨利八世所做的事情，在无意识中，他们把从贵族和教会手里剥夺的土地“私有化”了。这样的事情在东欧的很多国家并没有发生过。我们需要更深入地了解市场的政治基础，才能更好地支持它。

不幸的是，并不只是在一个转型经济里才需要为自由市场体制而斗争，即便在最发达的国家里，每天也都需要这样的斗争。市场需要政治上的支持，但是其自身的运转却在削弱这种支持。结果，市场成了一个脆弱的制度，在过分的政府干预和过少的政府支持之中艰难前进。

今天，市场民主主义所面临的最大危险不是会演变成社会主义，而是会转化成关联资本主义，以降低风险为借口压制竞争。但是，我们不赞成政府采取无为而治的态度来避免这个结果，因为这会导致必要的制度基础得不到发展，影响市场的运转，把机会局限于少数特权人士，而且在经济衰退时期使市场更容易受到政治攻击。我们需要的是力量的平衡，而不是单一的模式在起作用。

因此，我们提供了一套相互平衡的建议，可以综合性地发挥作用，巩固市场的政治基础。我们的方案有助于减少利益集团反对市场的积极性；即使他们打算阻挠竞争，他们的力量也会被削弱；让公众不再害怕或者憎恨市场机制；让大众普遍认识到那些反对市场的人背后的特殊利益。

然而，最重要的也许是我们在全书中所透露的理念。政客们漠视公众利益，是因为公众通常不清楚共同利益是什么。如果我们这样的书能激发公众的觉悟，那么就可以减少一种重要的集体行动的成本——让大众明白事理的成本——并迫使政客们关注公众的利益。如果我们成功地说服了读者——或者是部分地说服了读者——那么本书的目的也就达到了。

# 注 释

## 引 言

[1] Muhammad Yunus, *Banker to the Poor: The Autobiography of Muhammad Yunus, Founder of the Grameen Bank* (London: Aurum Press, 1998), 46-48.

[2] 同上。

[3] 对搜寻基金的有关描述引自 Howard Stevenson 教授所著"Early Career LBOs Using the Search Fund Mode",HBS case note 9-897-092。并感谢凯文·塔维勒和吉姆·埃利斯接受我们的专访。

[4] Center for Entrepreneurial Studies at Stanford University, *Search Fund Study—2001*, www.gsb.stanford/ces/search_funds_strdy_2001.html.

[5] 源自 David Eltis 的著作,转引自 Kenneth Sokoloff 的"Institutions, Factor Endowments, and Paths of Development in the New World"(UCLA, working paper, 2000)。

[6] 亚当·斯密,《国富论》,上卷第 11 章,商务印书馆 1972 年版,第 243~244 页。

[7] Kathy He, Randall Morck, and Bernard Yeung, "Corporate Stability and Economic Growth" (New York University, working paper).

[8] Stanley Engerman and Kenneth Sokoloff, "Factor Endowments, Institutions, and Differential Paths of Growing among New World Economies: A View from Economic Historians of the United States," NBER historical working paper no. 66, 1994.

[9] D. Acemoglu, S. Johnson, and J. Robison, "The Colonial Origins of Comparative Development: An Empirical Study," *American Economic Review* 91 (2001): 1369-1401, on the differences in the nature of European rule based on mortality rates.

[10] 关于教育的问题,参见 Kenneth Sokoloff and Stanley L. Engerman, "Institutions, Factors Endowment, and Paths of Development in the New World," *Journal of Economic Perspective* 14 (2000): 217-232;关于融资的问题,参见 Stephen Haber, "Financial Markets and Industrial Development: A Comparative Study of Governmental Regulation, Financial Innova-

tion, and Industrial Structure in Brazil and Mexico, 1840-1930," in *How Latin America Fell Behind*, ed. Stephen Haber(Stanford, Calif.: Stanford University Press, 1997)。

[11] Gabriel Kirkpatrick, "Rural Credit in North Carolina." CUNA, www. cuna. org/dats/cu/resarch/irc/archive4_1. html.

[12] R. Kroszner and P. Strahan, "What Drives Deregulation? Economics and Politics of the Relaxation of Bank Branching Restrictions," *Quarterly Journal of Economics*, November 1999: 1437-1467, and Jith Jayaratne and Philip Strahan, "Entry Restrictions, Industry Evolution, and Dynamic Efficiancy: Evidence from Commercial Banking," *Journal of Law and Economics* 41 (1998): 239-274.

[13] 伯莱斯先生(Mr. Bryce,国际历史研究大会的主席)在 1913 年 4 月 3 日的讲话,转引自 E. Powell, *The Evolution of the Money Market* (1385-1915): *A Historical and Analytical Study of the Rise and Development of Finance as a Centralized Coordinated Force* (London: The Financial News, 1915), 704。

## 第 1 章

[1] 参见 Tom Wolfe, *The Bonfire of the Vanities* (New York: Farrar, Straus and Giroux, 1987), 229, 转引自 Daniel Fischel, *Payback: The Conspiracy to Destroy Michael Milken and His Revolution* (New York: Harper Business, 1995)。

[2] Louis D. Brandeis, *Other People's Money* (Washington, DC: National Home Library Foundation, 1933), 1.

[3] J. Stiglitz and A. Weiss, "Credit Rationing in Markets with Imperfect Information," *American Economic Review 71* (1981): 393-410.

[4] 有关抵押的研究,参见 Yuk Shee Chan and Ajan V. Thakor, "Collateral and Competitive Equilibria with Moral Hazard and Private Information," *Journal of Finance* 42 (1987): 345-364;D. Besanko and A. Thakor, "Collateral and Rationing: Sorting Equilibria in Monopolistic and Competitive Credit Markets," *International Economic Review* 28 (1987):671-689。

[5] 其实,达成这笔交易需要夏洛克对那名商人怀有仇恨,否则他就不会真正去索取那一磅肉,那么追偿抵押品的威胁就不可信了。

[6] T. Jappelli, M. Pagano, and M. Bianco, "Courts and Banks: Effects of Judicial Enforcement of Credit Markets," CEPR working paper no. 3347, April 2002. Similar studies include M.

Chiuri and T. Jappelli, "Credit Market Imperfections and Home Ownership: A Comparative Study," CEPR discussion paper no. 2717, 2001; D. Fabbri and Mario Padula, "Judicial Costs and Household Debt," working paper, Center for Studies in Economics and Finance, University of Salerno, Italy, 2001; Lee Alston, "Farm Foreclosure Moratorium Legislation: A Lesson from the Past," *American Economic Review* 74, no. 3 (1984): 445–458; and R. Gropp, J. Scholz, and M. White, "Personal Bankruptcy and Credit Supply and Demand," *Quarterly Journal of Economics* 112 (1997): 217–251.

[7] Gropp, Scholz, and White, "Personal Bankruptcy and Credit Supply and Demand," 217–251.

[8] Hernando de Soto, *The Mystery of Capital: Why Capitalism Triumphs in the West and Fails Everywhere Else* (New York: Basic Books, 2000).

[9] M. Petersen and R. Rajan, "The Benefits of Lending Relationships: Evidence from Small Business Data," *Journal of Finance* 49 (1994): 3–37.

[10] Luigi Guiso and Luigi Zingales, "The Rise of Bank Relationships," University of Chicago, WP, 1999.

[11] Naomi Lamoreaux, *Insider Lending: Banks, Personal Connections and Economic Development in Industrial New England* (Cambridge, U. K.: Cambridge University Press, 1994).

[12] R. G. Rajan, "Insiders and Outsiders: The Choice between Informed and Arm's Length Debt," *Journal of Finance* 47 (1992): 1367–1400.

[13] 参见 Pujo Committee report，转引自 Brandeis, *Other People's Money*, 31。

[14] E. J. Hobsbawm, *The Age of Capital, 1848–1885* (New York: New American Library, 1979), 242.

[15] Harris Corporation, *Business History Review*, "Founding Dates of the 1994 Fortune 500 U. S. Companies," spring 1996, 69–90.

[16] J. Fear, "German Capitalism," in *Creating Modern Capitalism: How Entrepreneurs, Companies, and Countries Triumphed in Three Industrial Revolutions*, ed. T. McCraw (Cambridge, Mass.: Harvard University Press, 1997), 181.

[17] R. W. Fogel, *The Fourth Great Awakening and the Future of Egalitarianism* (Chicago: University of Chicago Press, 2000), 112, and the references there.

[18] T. McCraw, "American Capitalism," in *Creating Modern Capitalism*, 320.

[19] A. Chandler, *Scale and Scope: The Dynamics of Industrial Capitalism* (Cambridge, Mass.: Belknap Press, 1990), 18.

[20] R. Chernow, *Titan: The Life of John D. Rockefeller* (New York: Random House, 1998), 226.

[21] Chandler, *Scale and Scope*, 25.

[22] Chernow, *Titan*, 288.

[23] Chandler, *Scale and Scope*, 25.

[24] Chernow, *Titan*, 265.

[25] David Blau, "A Time Series Analysis of Self-Employment in the United States," *Journal of Political Economy* 95, no. 3 (1987): 445–468.

[26] 有关模型参见 R. Rajan and L. Zingales, "The Firm as a Dedicated Hierarchy: A Theory of the Origins and Growth of Firms," *Quarterly Journal of Economics* 116 (2001): 805–852。

[27] Chandler, *Scale and Scope*, 598.

[28] L. Stole and J. Zwiebel, "Organizational Design and Technology Choice under Intra-Firm Bargaining," *American Economic Review* 86 (1996): 195–223, for a model of overstaffing by the owners to appropriate rents.

[29] 简单地说,垂直集中型企业使用多种激励措施,通过内部的竞争和官僚化的办事程序来降低业务对员工的依赖性,同时又利用晋升机会来避免他们过于懈怠。参见 R. Rajan and L. Zingales, "The Firm as a Dedicated Hierarchy"。

[30] Claudia Goldin and Lawrence Katz, "The Returns to Skill in the United States across the Twentieth Century," NBER working paper 7126, 1999.

[31] Dani Rodrik, "Democracies Pay Higher Wages," NBER working paper 6364, 1998.

## 第 2 章

[1] 有关自由化对收益率的影响,参见 Anusha Chari and Peter Henry, "Does Diversification Drive Stock Price Revaluation?" Stanford research paper no. 1677, 2001;有关自由化对投资的影响,参见 Peter Henry, "Stock Market Liberalization, Economic Reform and Emerging Market Equity Price," *Journal of Finance* 55 (2000): 529–564。

[2] 从技术上讲,衍生工具是一些合同,其价值取决于(衍生于)另外一种普通证券的价值。

例如，对微软公司股票的买入期权就是一种衍生工具，该期权的持有人有权利（而不是义务）在预先规定的时间里（比如3个月里），以规定的价格（比如50美元）买入微软公司的股票。假如在3个月里，微软公司的股票价格都低于50美元，那持有人就不需要行使该期权。但是假如价格高于50美元，那持有人就要行使期权，并获得行使时实际价格高于50美元的那部分收益。

[3] 这个案例的材料主要来自 Peter Tufano，"How Financial Engineering Can Advance Corporate Strategy," *Harvard Business Review* 79 (1996), and on Donald Collat and Peter Tufano, "The Privatization of Rhone-Poulenc," Harvard Business School Case 9-295-049。

[4] Kenneth Froot, "The Market for Catastrophic Risk: A Clinical Examination," NBER working paper 8110.

[5] 数据来源于 Dun and Bradstreet 网站。

[6] M. Petersen and R. Rajan, "Does Distance Still Matter? The Information Revolution in Small Business Lending," *Journal of Finance*, forthcoming (2002).

[7] Clayton Christensen, *The Innovators' Dilemma: When New Technologies Cause Great Firms to Fail* (Boston: Harvard Business School Press, 1997).

[8] 最近的一项研究对比了34个国家在1985～1998年的公司财务报表，发现总体来说美国的会计报表透明度最高。参见 Utpal Bhattacharya, Hazem Daouk, Michael Welker, "The World Price of Earnings Opacity," Indiana University working paper, 2002。

[9] M. Lang, K. Lins, and D. Miller, "ADRs, Analysts, and Accuracy: Does Cross Listing in the U. S. Improve a Firm's Information Environment and Increase Market Value?" University of Utah, working paper, 2002.

[10] R. Morck, B. Yeung, and W. Yu, "The Information Content of Stock Markets: Why Do Emerging Markets Have Synchronous Stock Price Movements?" *Journal of Financial Economics* 58 (2000): 215-260.

[11] Jeffrey Wurgler, "Financial Markets and the Allocation of Capital," *Journal of Financial Economics* 58 (2000): 187-214.

[12] 参见"Market Says No to UniCredito-Commerz. Alliance,"选自 *II Corriere della Sera*（意大利文），*Corriere della Sera*, September 4, 2001. "UniCredito Concerned over Share Price Fall," *Financial Times* (London), September 10, 2001, 24。

[13] "Borsa: UniCredito (+5.9%) strappa dopo rottura trattative Commerzbank," AFX News

Limited, September 11, 2001.

[14] Mark L. Mitchell and Kenneth Lehn, "Do Bad Bidders Become Good Targets?" *Journal of Political Economy* 98 (1990): 372–398.

[15] 这被称为格罗斯曼—斯蒂格利茨悖论(Grossman–Stiglitz paradox),参见 Sanford Grossman and Joseph Stiglitz, "On the Impossibility of Informationally Efficient Markets," *American Economic Review* 80, no. 3 (1980): 393.

[16] B. Black, "Does Corporate Governance Matter? A Crude Test Using Russian Data," Stanford Law School, working paper, 2000.

[17] 同上。

[18] Alexander Dyck and Luigi Zingales, "Private Benefits of Control: An International Comparison," NBER working paper no. 8211, 2002.

[19] 参见 R. La Porta, F. Lopez–de–Silanes, and A. Shleifer, "Corporate Ownership around the World," *Journal of Finance* 54, no. 2 (1999): 471–517。通过跨国比较研究,他们首先证明了制度基础的不发达会导致所有权的集中。

[20] 对该领域的早期研究,参见 Rafael La Porta, Florencio Lopz de Silanes, Andrei Shleifer, and Robert W. Vishny, "Law and Finance," *Journal of Political Economy* 106 (1998): 1113。有关私有收益和法律保护之间的相关性研究,参见 Dyck and Zingales, "Private Benefits of Control."

[21] Dyck and Zingales, "Private Benefits of Control."

[22] Leora Klapper and Inessa Love, "Corporate Governance, Investor Protection, and Performance in Emerging Markets," World Bank, working paper, 2002.

[23] Michael C. Jensen, "Agency Costs of Free Cash Flow, Corporate Finance and Takeovers," *American Economic Review* 76 (1986): 323–339.

[24] G. Zachary, "His Way," *Wall Street Journal*, June 2, 1994.

[25] 以下材料主要来源于 G. Baker, "Beatrice: A Study in the Creation and Destruction of Value," *Journal of Finance* 47, no. 3 (1992): 1081–1120。

[26] 同上,第 1096 页。

[27] O. J. Blanchard, F. Lopez–de–Silanes, and A. Shleifer, "What Do Firms Do with Cash Windfalls?" *Journal of Financial Economics* 36 (1994): 337–360.

[28] 同上,第 358 页。

[29] 同上。

[30] Darin Clay, " The Role of Institutional Investors" (University of Chicago, Ph. D. diss., 2001).

[31] 同上。

[32] 我们对该问题的研究与 MIT 的 Stewart Myers 合作完成。

[33] Steven Kaplan and Per Stromberg, " How Do Venture Capitalists Choose and Monitor Investments?" University of Chicago, WP, 2000.

[34] Josh Lerner, "Ventre Capitalists and the Oversight of Private Firms," *Journal of Finance* 50 (1995): 301–318.

[35] 同上。

[36] Steven Kaplan and Per Stromberg, " How Do Venture Capitalists Choose and Monitor Investments?"

[37] M. Gorman and W. Sahlman, "What Do Venture Capitalists Do?" *Journal of Business Venturing* 4 (1989): 231–248.

## 第3章

[1] 1970 年的数据参见 R. Rajan and L. Zingales, "The Great Reversals: The Politics of Financial Development in the 20th Century," *Journal of Financial Economics* (forthcoming); 2000 年的数据来自 Federation International pour Bourse Valeurs.

[2] 1970 年的数据参见 R. Rajan and L. Zingales, "The Great Reversals"; 2000 年的数据来自 Federation International pour Bourse Valeurs.

[3] *Bank for International Settlements Quarterly Review*, March 2002.

[4] Council of Economic Advisers, *Economic Report of the President* (Washington, DC: U. S. Government Printing Office, February 2002), 412.

[5] 同上,第 261 页。

[6] Louis D. Brandeis, letter to Robert W. Bruere, *Columbia Law Review* 31 (1922): 7.

[7] Louis D. Brandeis, *Other People's Money* (Washington, DC: National Home Library Foundation, 1933), 62.

[8] Joel Seligman, *The Transformation of Wall Street* (Boston: Northeastern University Press, 1995), 42.

[9] 有关法案的制定是由于政治压力而不是经济推动的证据，参见 George Benston, *The Separation of Commercial and Investment Banking* (Oxford: Oxford University Press, 1990); Randall Kroszner and Raghuram G. Rajan, "Is the Glass Steagall Act Justified?: Evidence from the U. S. Experience with Universal Banking, 1921–1933," *American Economic Review* 84 (1994): 810–832。

[10] 有关风险投资的数据参见 J. Lerner, *Venture Capital and Private Equity: A Casebook* (New York: Wiley, 2000)。根据国际货币基金组织（国际金融统计）的数据，1997 年意大利的毛固定资产投资大约 324.9 万亿里拉，按当时的汇率计算为 1840 亿美元。

[11] PricewaterhouseCoopers/Venture Economics/National Venture Capital Association MoneyTree Survey. www. pwcglobal. com/cy/eng/about/press-rm/PressRelCurrent/Money_Tree. html.

[12] Fischel, *Payback: The Conspiracy to Destroy Michael Milken*, 24.

[13] 1977 ~ 1986 年的数据参见 B. Holmstrom and S. Kaplan, "Corporate Governance and Merger Activity in the U. S.: Making Sense of the 1980s and the 1990s," *Journal of Economic Literature* 15, no. 2 (2001), 121–144。

[14] *Christian Science Monitor*, "Time Might Be Right for a Hunk of Junk," February 11, 2002.

[15] 在通常情况下，大宗交易的价格并不划算。由于交易量很大，证券需要在经纪商手中持有一段时间才能全部转卖出去。另外，经纪商也可能担心大主顾拥有他们不了解的某些信息，因此要求以更优惠的价格给这种风险提供补偿。

[16] 有关固定佣金制度的取消带来的影响，更详细的描述参见 M. Blume, J. Siegel, and D. Rottenberg, *The Revolution on Wall Street: The Rise and Decline of the New York Stock Exchange* (New York: Norton, 1993)。

[17] P. Gompers and A. Metrick, "Institutional Investors and Equity Prices," *Quarterly Journal of Economics* 116, no. 1 (2001): 295–260; J. Poterba and A. Samwick, "Stock Ownership Patterns, Stock Market Fluctuations, and Consumption," *Brookings Paper on Economic Activity* 2 (1985): 295–357; and *Statistical Abstract of the United States, 2001*, Washington, DC: U. S. Bureau of the Census (2001): 739.

[18] *Statistical Abstract of the United States, 2001*, table 1214.

[19] Holmstrom and Kaplan, "Corporate Governance and Merger Activity in the U. S."

[20] James M. Poterba, "The Rate of Return to Corporate Capital and Factor Shares: New Estimates Using Revised National Income Accounts and Capital Stock Data," NBER working pa-

per no. W6263, 1999.

[21] William Shepherd, "Causes of Increased Competition in the U. S. Economy, 1939-1980," *Review of Economics and Statistics* 64, issue 4 (1982): 613-626, cited in David Audretsch and A. Roy Thurik, "What's New about the New Economy? Sources of Growth in the Managed and Entrepreneurial Economies," discussion paper 44, ERIM, 2000.

[22] *Economic Report of the President* (1998, 2001).

[23] David Audretsch and A. Roy Thurik, "What's New about the New Economy?"

[24] G. Dosi, "Sources, Procedures and Microeconomic Effects of Innovation," *Journal of Economic Literature* 26 (1988): 1120-1171; and Frederic Pryor, "Will Most of Us Be Working for Giant Enterprises by 2028?" *Journal of Economic Behavior and Organization* 44, no. 4 (2000): 363-382.

[25] B. Carlsson, *The Rise of Small Business: Causes and Consequences*, cited in W. J. Adams, ed., *Singular Europe: Economy and Policy of the European Community after 1992* (Ann Arbor: University of Michigan Press, 1992), 145-169.

[26] Erik Bynjolfson, Thomas W. Malone, Vijay Gurbaxani, and Ajit Kambil, eds., *The Impact of the Modern Corporation* (New York: Columbia University Press, 1994); and Nicholas Komninos, *The Effect of Information Technology on Average Firm Size and the Degree of Vertical Integration in the Manufacturing Sector* (American University, Ph. D. diss., 1994).

[27] 以下内容主要来自"The Record Industry Takes Fright," *Economist*, January 29, 2000, 69。

[28] 同上。

[29] 同上。

[30] 参见 *Statistical Abstract of the United States, 2001*,第 377 页。这些数据是根据 1978~1998 年间 18~34 岁的人所拥有过的工作数量来测算的。

[31] 参见 David Jaeger and Ann Stevens, "Is Job Stability in the United States Falling? Reconciling Trends in the Current Population Survey and Panel Study of Income Dynamics," NBER working paper no. 6650, 1998。这种不稳定有的或许是由于某些公司在 20 世纪 80~90 年代的业务重组中取消了中间管理层的缘故。

[32] R. Rajan and L. Zingales, "The Firm as a Dedicated Hierarchy: A Theory of the Origins and Growth of Firms," *Quarterly Journal of Economics* 116 (2001): 805-852.

[33] Tim Jackson, *Inside Intel: Andy Grove and the Rise of the World's Most Powerful Chip Company* (*New York: Penguin Group*, 1997).

[34] Amar V. Bhide, *Origin and Evolution of New Business* (New York: Oxford University Press, 2000), 94.

[35] Martin Caree, Andre van Stel, Roy Thurik, and Sander Wennekers, "Economic Development and Business Ownership: An Analysis Using Data of 23 OECD Countries in the Period 1976–1996," *Small Business Economics*, June 2000; David M. Blau, "A Time-Series Analysis of Self-Employment in the United States," *Journal of Political Economy* 95, no. 3 (1987): 445–467; and D. B. Audretsch, M. A. Carree, A. J. van Stel, and A. R. Thurik, "Impeded Industrial Restructuring: The Growth Penalty," Institute for Development Strategies, research paper, October 2000.

[36] B. Carlsson, "The Evolution of Manufacturing Technology and Its Impact on Industrial Structure: An International Study," *Small Business Economics* 1 (1980): 21–37; and B. Carlsson, "Small Business, Entrepreneurship, and Industrial Dynamics," in *Are Small Firms Important? Their Role and Impact*, ed. Z. Acs (Dordrecht, Netherlands: Kluwer Academic Publishers, 1999), 99–110.

[37]通用汽车公司年度报告。

[38] Rebecca Blumenstein and Fara Warner, "GM Seeks to Make Delphi Unit Independent," *Wall Street Journal*, August 4, 1998.

[39] 这些资料来自 S. Davis and J. Haltiwanger, "The Distribution of Employees by Establishment Size: Patterns of Change and Co–movement in the United States, 1962–85" (University of Chicago, 1989, mineo)。一个机构或单位拥有的人数和一个企业拥有的人数并不完全一样,但总体趋势应该是相同的。

[40] Pryor, "Will Most of Us Be Working for Giant Enterprises by 2028?"

[41] 这个问题首先由 Armen Alchian and Harold Demstetz 提出,参见"Production, Information Costs and Economic Organization," *American Economic Review* 62 (1972): 777–795。

[42] 核心资源理论最早来自一些社会学家对权力来源的研究,例如 Richard Emerson, "Power Dependence Relations," *American Sociological Review* 27 (1963): 31–41。管理学的理论家进一步发展了这个学说,重点强调企业的竞争力就是核心资源,参见 Birger Wernerfelt, "A Resource Based View of the Firm," *Strategic Management Journal* 5 (1984):

171-180, and G. Hamel and C. Pralahad, "The Core Competence of the Corporation," *Havord Business Review* 68 (1990): 79-91。在经济学方面的早期研究是由 S. Grossman and O. Hart 完成,他们强调财产的所有权是权力的来源,并提出了支配权力为什么要采取非合同形式的问题,参见"The Costs and Benefits of Ownership: A Theory of Vertical and Lateral Integration," *Journal of Political Economy* 94 (1986): 691-719。在这以后的理论研究就不再把财产的所有权当成支配权力的唯一来源,而同时注意到其他因素的作用(参见 R. Rajan and L. Zingales, "Power in a Theory of the Firm," *Quarterly Journal of Economics* 112 [1998]: 387-432, or Bengt Holmstrom, "The Firm as a Subeconomy," *Journal of Law, Economics, and Organization* 15 [1999]: 74-102)。

[43] 本段落的数据来自 *Statistical Asstract of the United States, 2001*, table 593。

[44] Rebecca Demsetz, "Human Resources Needs in the Evolving Financial Sector," *Current Issues*, Federal Reserve Bank of New York, vol. 3, no. 13, November 1997.

[45] Larry Hunter, Annette Bernhardt, Katherine Hughes, Eva Skuratowicz, "It's Not Just the ATMs: Technology, Firm Strategies, Jobs, and Earnings in Retail Banking," Wharton Financial Institutions Center, working paper, 2000.

[46] 感谢 Mark Knez 为这个案例的贡献。

[47] L. Katz and K. Murphy, "Changes in Relative Wages, 1963-1987: Supply and Demand Factors," *Quarterly Journal of Economics* 107 (February 1992): 33-78.

[48] 参见 Paul Beaudry and David Green, "Changes in U. S. Wages 1976-2000: Ongoing Skill Bias or Major Technological Change?" NBER working paper no. 8787。有一个疑问是,如果说人力资本变得越来越重要了,那为什么在 20 世纪的大部分时间里资本和劳动在分配中所占的份额却依然保持相对稳定呢?(参见 Thomas Piketty and Emmanual Saez, "Income Inequality in the United States, 1913-1998," NBER working paper no. w8467, 2001)。一个可能的解释是,劳动的资本密集程度提高了,这部分反映了资本的供应更加充足,另外一个可能的解释是劳动得到的部分补偿有了更多的选择机会。

[49] 关于处理软信息时遇到的组织问题,参见 Jeremy Stein, "Information Production and Capital Allocation: Decentralized vs. Hierarchical Firms," *Journal of Finance*, October 2002; and A. Berger, N. Miller, M. Petersen, R. Rajan, and J. Stein, "Does Function Follow Organizational Form? Evidence from the Lending Practices of Large and Small Banks," NBER working paper w8752, 2002。关于银行取消中间管理职位的研究,参见 Hunter et

al. , "It's Not Just the ATMs. " 关于工业企业取消中间管理层,组织结构扁平化和分散化的研究,参见 R. Rajan and J. Wulf, "The Flattening Firm," University of Chicago, working paper, 2002。

[50] "John Meriwether by the Numbers," *Institutional Investor*, November 1996, 62.

[51] "John Meriwether by the Numbers" 记录了所罗门兄弟公司的 CEO Derek Maughan 与 Lazard Freres 公司的 Gerald Rosenfeld 之间的谈话。Maughan 问 Rosenfeld,他最担心所罗门公司发生什么事情,Rosenfeld 说,"由于梅里韦瑟走了,那些得力的员工有可能也会离开。"但是 Maughan 却说:"不可能,那些人都离不开所罗门公司。"

[52] 在这场危机发生时,在所罗门的老板是 John Gutfreund,他还经常到交易大厅走动,但是他的继任者就比较喜欢高高在上了。

[53] *Economist*, April 8, 2000, 76.

[54] C. Prendergast, "The Provision of Incentives in Firms," *Journal of Economic Literature* 37, no. 1 (March 1999): 7–63.

[55] Piketty and Saez, "Income Inequality in the United States, 1913–1998".

[56] Robert Fogel, *The Fourth Great Awakening and the Future of Egalitarianism* (London: University of Chicago Press, 2000), 219.

## 第 4 章

[1] International Financial Risk Institute, "Not Just One Man–Barings," Http://newrisk. ifci. ch/137550. htm.

[2] 有关的模型参见 Douglas Diamond and Raghuram Rajan, "Liquidity Risk, Liquidity Creation and Financial Fragility: A Theory of Banking," *Journal of Political Economy* 109 (2001): 287–327。

[3] 有关的模型参见 S. Myers and R. Rajan, "The Paradox of Liquidity," *Quarterly Journal of Economics* 113, no. 3 (August 1998)。

[4] 描述市场有效性的一个办法是价格等于基本价值,另一个办法是很难获得超出风险收益以上的超额利润。对此的经典论述参见 Eugene Fama, "Risk, Return, and Equilibrium," *Journal of Political Economy* 78, no. 1 (February 1971): 289–298; and Eugene Fama, "Efficient Capital Markets II," *Journal of Finance* 46, no. 5 (December 1991): 1575–1617。

[5] L. Roshental and C. Young, "The Seemingly Anomalous Price Behavior of Royal Dutch Shell and Unilever nv/plc," *Journal of Financial Economics* 26 (1990):123-141. K. Froot and E. Debora, "How Are Stock Prices Affected by the Location of Trade?" *Journal of Financial Economics* 53 (1999): 189-216.

[6] 根据如下资料整理:O. Lamont and R. Thaler, "Can the Market Add and Subtract? Mispricing in Tech-Stock Carve-outs," working paper, University of Chicago, 2000。同时参见 Brad Cornell and Qiao Liu, "The Parent Company Puzzle: When Is the Whole Worth Less Than One of the Parts?" *Journal of Corporate Finance* 7, no. 6 (2000): 341-366; Michael Schill and Chunsheng Zhou, "Pricing an Emerging Industry: Evidence from Internet Subsidiary Carve-guns," and Mark Mitchell, Todd Pulvino, and Erik Stafford, "Limited Arbitrage in Equity Markets," *Journal of Finance* 32, no. 2 (February 2002)。关于互联网泡沫的有先见之明的论述,参见 Michael J. Mandel, *The Coming Internet Depression: Why the High-Tech Boom Will Go Bust, Why the Crash Will Be Worse Than You Think, and How to Prosper Afterward* (New York: Basic Books, 2000)。

[7] 另外一个难堪的问题是"你为什么要告诉我们?"假如有人向你兜售《怎样在股市上轻松成为百万富翁》之类的书籍,你就应该向他提出这个问题。

[8] Michael C. Jensen, "Some Anomalous Evidence Regarding Market Efficiency," *Journal of Financial Economics* 6 (1978): 95-101.

[9] 对于有效市场测试的批评性意见,参见 L. Summers, "Does the Stock Market Raionally Reflect Fundamental Values?" *Journal of Finance* 41, issue 3 (1986): 591-600。关于市场非理性问题的优秀著作,参见 Robert Shiller, *Irrational Exuberance* (New York: Broadway Books, 2001)。

[10] 最初期的工作参见 A. Shleifer and R. Vishny, "The Limits to Arbitrage," *Journal of Finance* 52, no. 1 (1997), 35-56。

[11] Carol Loomis, "A House Built on Sand," *Fortune Magazine*, October 26, 1998, and David Shirreff, "Five Days That Shook the World," *Euromoney* (November 10, 1998).

[12] Eli Ofek and Matthew Richardson, "DotCom Mania: A Survey of Market Efficiency in the Internet Sector," working paper, New York University, 2001.

[13] Justin Baer, "Buyback, Palm Distribution Boost 3Com Shares," *Chicago Sun Times*, May 9, 2000.

[14] Ofek and Richardson, "DotCom Mania."

[15] 套利行为不能得到实施的另一个原因在于,要进行套利,投资者必须借入 Palm 的股票,然后卖出。由于 3COM 只出售了 5% 的股份,市场上的 Palm 公司的股票很稀少,而且多数被个人投资者所持有,他们通常不会出借。这样一来,要借入 Palm 公司的股票虽说不是绝对办不到,但也非常昂贵。

[16] Lamont and Thaler, "Can the Market Add and Subtract?," 27.

[17] 有关的例子,参见默顿·米勒(Merton Miller)在美国金融学会(American Finance Association)的主席发言(Merton Miller, "Debt and Taxes," *Journal of Finance* 32 (1977): 261–275)。

[18] Ofek and Richardson, "DotCom Mania."

[19] 在一项研究中发现,公司股票上市之初,分析师的追捧会提高投资人的初期回报,参见 Raghuram Rajan and Henri Servaes, "Analyst Following of Initial Public Offerings," *Journal of Finance* 52 (1997): 507–529。

[20] Ofek and Richardson, "DotCom Mania."

[21] 参见 Barbara Donnelly and Michael Sesit, "U. S. Bears Bets May Roil Japan's Turmoil," *Wall Street Journal*, April 17, 1990。更广泛地说,某只股票引入卖空期权会导致该股票的市场价格下降 5%,参见 Sorin Sorescu, "The Effect of Options on Stock Prices: 1973–1995," *Journal of Finance* 55 (2000): 487–514。

[22] R. Wermers, "Mutual Fund Herding and the Impact on Stock Prices," *Journal of Finance* 54, no. 2 (1999): 584.

[23] Judy Chevalier and Glenn Ellison, "Risk Taking by Mutual Funds as a Response to Incentives," *Journal of Political Economy* 105, no. 6 (December 1997): 1167–1200.

[24] Randall Morck, Andrei Shleifer, and Robert Vishny, "The Stock Market and Investment: Is the Market a Sideshow?" *Brookings Paper on Economic Activity* 2 (1990): 157–202.

[25] Oliver Blanchard, Changyong Rhee, and Lawrence Summers, "The Stock Market, Profit, and Investments," *Quarterly Journal of Economics* 108 (1990): 115–137.

[26] 同上。

[27] James Poterba 对下文的评论:"The Stock Market and Investment: Is the Market a Sideshow?" *Brookings Paper on Economic Activity* 2 (1990): 208–213.

[28] 参见 www.globalfindata.com。

[29] 所有的非住宅投资数据,参见 Council of Economic Advisers, *Economic Report of the President*, 2002, 342。2002 年全年的数据是根据前 3 个季度估算的。

[30] Nicholas George, "Sonera Abandons 3G Plans and Returns License," *Financial Times*, August 10, 2001.

[31] Dan Roberts, "Glorious Hopes on a Trillion-Dollar Scrapheap," *Financial Times*, September 5, 2001。

[32] 其中,8090 亿美元来自银团贷款,4150 亿美元来自债券市场,5000 亿美元来自私募和公开股票发售,参见 Roberts, "Glorious Hopes"。

[33] G. Kaminsky and C. Reinhart, "The Twin Crises: The Causes of Banking and Balance of Payments Problems," *American Economic Review* 89 (1999): 473-500.

## 第 5 章

[1] Kenneth Sokoloff and Stanley L. Engerman, "Institutions, Factor Endowments and Paths of Development in the New World," *Journal of Economic Perspectives* 3 (2000): 217-232.

[2] 经济学家 Raymond Goldsmith 研究了 35 个国家在 1860 ~ 1963 年期间的有关数据,得出了非常谨慎的结论,"从这几十年的时间跨度上看,经济发展和金融发展之间存在粗略的对应关系","一些国家的数据记录一致显示,在经济增长更快速的时期金融产业的发展速度也高于平均水平"。参见 Raymond Goldsmith, *Financial Structure and Development* (New Haven, Conn.: Yale University Press, 1969), 48。

[3] 或者像剑桥大学的经济学家琼·罗宾逊(Joan Robinson)所说的,"企业走到哪里,金融就跟到哪里。"

[4] R. King and R. Levine, "Finance and Growth: Schumpeter Might Be Right," *Quarterly Journal of Economics* 108 (1993): 734.

[5] 同上。

[6] R. Rajan and L. Zingales, "Financial Dependence and Growth," *American Economic Review* 88, no. 3 (1998): 559-586.

[7] J. Jayaratne and P. Strahan, "Entry Restrictions, Industry Evolution and Dynamic Efficiency: Evidence from Commercial Banking," *Journal of Law and Economics* 41, no. 1 (1998): 239-273.

[8] S. Black and P. Strahan, "The Division of Spoils: Rent-Sharing and Discrimination in a

Regulated Industry," *American Economic Review* 91, no. 4 (2001): 814–831.

[9] J. Jayaratne and P. Strahan, "The Finance-Growth Nexus: Evidence from Bank Branch Deregulation," *Quarterly Journal of Economics* 111 (1996): 639–670.

[10] 其实,还存在一个担心。我们的例子中有一个假设,就是在列车到来时铁轨没有改变。有人会提出,也许是预计到经济增长加速,金融的需求会增加,各州才放松了银行系统的管制。倘若如此,那放松管制就只是发生在经济增长之前,而不是导致增长加速的必然原因。所幸的是我们也可以排除这种可能性,如果各州是预计到金融的需求增加才放松管制的,那在管制放松后银行的贷款金额就应该大量增加。但实际情况并非如此。真实的情况是,放松管制带来了更好的信用评估,改进了银行的资产配置,对贷款的总金额并没有太大的影响。导致银行贷款损失减少和经济增长加速的原因是银行的贷款质量提高了。

[11] Campbell Harvey and Christian Lundblad, "Does Financial Liberalization Spur Growth?" NBER working paper no. 8245, 2001.

[12] Sandra Black and Philip Strahan, "Entrepreneurship and bank Credit Availability" (MIT, March 2001, mimeo).

[13] Rajan and Zingales, "Financial Dependence and Growth."

[14] L. Guiso, Paola Sapienza and Luigi Zingales, "Does Local Financial Development Matter?" NBER working paper no. 8923, 2002.

[15] 以下的描述主要来自 Stephen Haber 的研究,他是斯坦福大学的经济史学家。

[16] Carlos Marichal in *How Latin America Fell Behind: Essays in the Economic Histories of Brazil and Mexico, 1800–1914*, ed. Stephen Haber (Stanford, Calif.: Stanford University Press, 1997), 122.

[17] 同上。

[18] 同上,第 122~123 页。

[19] Stephen Haber, *How Latin America Fell Behind*, 157.

[20] 同上。

[21] 同上,第 159 页。

[22] Stephen Haber, "Industrial Concentration and the Capital Markets: A Comparative Study of Brazil, Mexico, and the United States," *Journal of Economic History* 51, no. 3 (1991), 559–580.

[23] Stephen Haber, *How Latin America Fell Behind*, 159.

[24] 同上。

[25] 同上,第 151 页。

[26] 同上,第 152 页。

[27] 同上,第 153 页。

[28] 同上,第 156 页。

[29] 同上,第 153 页。

[30] 同上,第 162 ~ 163 页。

[31] 同上。

[32] Stephen Haber, "Industrial Concentration and the Capital Markets," 562.

[33] 同上,第 574 页。

[34] 以下的案例来自 Jim Levinsohn and Wendy Petropoulos, NBER working paper no. 8348, 2001。

[35] 即便排除其他经济发展方面的地区差异,这个影响依然存在,参见 L. Guiso, Paola Sapienza and Luigi Zingales, "Does Local Financial Development Matter?" NBER working paper no. 8923, 2002。

[36] 在排除一个国家的人均 GDP 和近期的增长率的因素之后,这种相关关系依然存在。一个明显的解释是亿万富翁们多数都拥有公开上市的公司,当所在国的股票市场高涨时他们的财富也急剧增加。而继承性的亿万富翁们也大都拥有股票——比如福特、西门子公司等——但是每百万居民中拥有的继承性的亿万富翁的人数与股票市场的规模之间的相关关系却很弱。更重要的是,即便我们采用与股票市场的价值规模没有直接关系的金融发展指标——比如每百万居民中拥有的上市公司数量,上述相关关系依然存在。而会计准则更好的国家,自我成功的亿万富翁的人数也更多。

[37] Randall Morck, David Strangeland, and Bernard Young, "Inherited Wealth, Corporate Control, and Economic Growth: The Canadian Disease?" in *Concentrated Capital Ownership*, ed. R. K. Morck (Chicago: University of Chicago Press, 2000).

[38] 同上。

[39] Francisco Perez-Gonzalez, "Does Inherited Control Hurt Performance?" Columbia University, working paper, 2002.

[40] Joseph A. Schumpeter, *The Theory of Economic Development: An Inquiry into Profits, Capital,*

*Credit, Interest, and the Business Cycle* (New Brunswick, London: Transaction Publishers, 1993), 96.

[41] Asli Demirguc-Kunt and Enrica Detragiache, "Financial Liberalization and Financial Fragility," *Proceedings of the Annual World Bank Conference on Development Economics*, 1998.

[42] 同上,Demirguc-Kunt and Detragiache 的研究显示,金融市场被束缚的国家在遭受银行危机之后经济增长率还更高。

## 第6章

[1] 本章得到了 Candice Prendergast 的很大帮助。部分研究来自 Abhijit Banerjee 的成果。

[2] D. North and B. Weingast, "Constitutions and Commitment: The Evolution of Institutions Governing Public Choice in Seventeenth-Century England," *Journal of Economic History* 49, no. 4 (1989): 803-832.

[3] 参见 Gary Becker, "A Theory of Competition among Pressure Groups for Political Influence," *Quarterly Journal of Finance* 98, no. 3 (1983): 371-400。他认为,缺乏经济效率的政策会和提高经济效率的政策展开竞争,最终会失败。我们的观点是,如果条件允许,那经济效率高的所有者比没有效率的所有者能更好地支配权力。在封建社会的大部分时间里,效率高的所有者没有能够支配权力的原因是他们缺乏组织,政府对市场的压制,以及专制权力的影响。参见 S. Myers and R. Rajan, "The Paradox of Liquidity"的观点,非流动的资产特别不容易被剥夺。

[4] Jack Weatherford, *The History of Money: From Sandstone to Cyberspace* (New York: Crown, 1997), 65.

[5] Malcolm Barber, *The New Knighthood: A History of the Order of the Temple* (London: Cambridge University Press, 1994), 268.

[6] 同上,第 266 页。

[7] 同上,第 270 页。

[8] Barbara Tuchman, *A Distant Mirror: The Calamitous 14th Century* (New York: Ballantine Books, 1979), 42-44, and Weatherford, *History of Money*, 69.

[9] Malcolm Barber, *The New Knighthood*, 298.

[10] Richard Pipes, *Property and Freedom* (New York: Knopf, 1999), 17-18.

[11] North and Weingast, "Constitutions and Commitment."

[12] Henry Hallam, *Constitutional History of England* (New York: Harper and Brothers, 1876), 26.

[13] Bruce Carruthers, *City of Capital: Politics and Markets in the English Financial Revolution* (Princeton, N. J. : Princeton University Press, 1996), 122.

[14] North and Weingast, "Constitutions and Commitment," 822–824.

[15] North and Weingast, "Constitutions and Commitment."

[16] Carruthers, *City of Capital*, 122.

[17] S. E. Finer, *The History of Government*, vol. 3 (London: Oxford Press, 1997), 1271.

[18] H. Pirenne, *Economic and Social History of Mediaeval Europe* (New York: Harcourt, Brace and World, 1937), 63.

[19] Lawrence Stone, *Crisis of the Aristocracy* (Oxford: Clarendon Press, 1956), 97.

[20] C. G. A. Clay, *Economic Expansion and Social Change: England, 1500–1700* (Cambridge, U. K. : Cambridge University Press, 1984), 70.

[21] 同上,第 83 页。

[22] 关于乡绅们有更大的积极性利用新知识,参见 H. J. Habakkuk, "The Market for Monastic Property, 1539–1603," *Economic History Review* 10, no. 3 (1987): 362–380, and Clay, *Economic Expansion and Social Change*。本段引自 R. H. Tawney, "The Rise of the Gentry, 1558–1640," *Economic History Review* 11 (1949): 16。

[23] G. G. Coulton, *The Mediaeval Village* (Cambridge, U. K. : Cambridge University Press, 1925), 13.

[24] 同上,第 39 页。

[25] Stone, *Crisis of the Aristocracy*, 121.

[26] Finer, *The History of Government*,1338.

[27] 很多历史学家都引用 Arthur Young 的调查。参见 Robert Allen, *Enclosure and the Yeoman: The Agricultural Development of the South Midlands, 1450–1850* (Oxford: Clarendon Press, 1992),其中有 Arthur Young 的研究目录。

[28] 令人信服的分析参见 Allen, *Enclosure and the Yeoman*。

[29] 关于生产率提高的过程,参见 Gregory Clark, "Yields per Acre in English Agriculture, 1250–1860: Evidence from Labor Inputs," *Economic History Review* 44 (1991): 445–460, 有关争论参见 Allen, *Enclosure and the Yeoman*。

[30] Tawney, "The Rise of the Gentry," 75.

[31] Hallam, *Constitutional History of England*, 55.

[32] 同上。

[33] Hallam, *Constitutional History of England*, 36–37.

[34] Hallam, *Constitutional History of England*, 35, 38.

[35] 同上,第151页。

[36] Hallam, *Constitutional History of England.*

[37] Pipes, *Property and Freedom*, 33.

[38] 我们并不清楚,哪一部分乡绅反对君主。但是很明显,对查理一世的反对主要集中在低层的乡绅中,也涉及部分贵族和上层乡绅。

[39] G. Negley and J. Patrick, *The Quest for Utopia: An Anthology of Imaginary Societies* (New York: Henry Schuman, 1952), 383.

[40] Allen, *Enclosure and the Yeoman*, 305–306.

[41] Fredrick Dietz, *An Economic History of England* (New York: Henry Holt and Company, 1942), 263.

[42] 同上,第267页。

[43] Allen, *Enclosure and the Yeoman.*

[44] Finer, *The History of Government*,1325.

[45] Robert Brenner, "Agrarian Class Structure and Economic Development," in *The Brenner Debate*, ed. T. H. Aston and C. H. E. Philipin (Cambridge, U. K.: Cambridge University Press, 1985).

[46] Patrick Karl O'Brien, "Path Dependency, or Why Britain Became an Industrialized and Urbanized Economy Long before France," *Economic History Review* 49 (1996): 240.

[47] Peter McPhee, "The French Revolution, Peasants, and Capitalism," *American Historical Review* 94 (1989): 1265–1280.

[48] 这一观点的早期阐述,参见 R. Rajan and L. Zingales, "Which Capitalism? Lessons from the East Asian Crisis," *Journal of Applied Corporate Finance* 11 (1998): 40–48。

[49] 作者进行了有关的回归分析。

[50] 在一个财产权利不能有效执行的环境里,一个有能力的领主最好是把财富"埋藏"在地下,偶尔拿出来犒赏农民,而不要换成现金给他们拿走。

[51] Kenneth Sokoloff and Stanley L. Engerman, "Institutions, Factor Endowments, and Paths of Development in the New World," *Journal of Economic Perspective* 3 (2000): 217–232.

[52] John P. Powelson, *The Story of Land: A World History of Land Tenure and Agrarian Reform* (Cambridge, Mass.: Lincoln Institute of Land Policy, 1998), 89.

[53] Abhijit Benerjee and Lakshmi Iyer, "History, Institutions, and Economic Performance: The Legacy of Colonial Land Tenure Systems in India," MIT, working paper, 2002.

[54] 有关解决方式的发展理论,参见 D. Acemoglu, S. Johnson, and J. Robinson, "The Colonial Origins of Comparative Development: An Empirical Study," *American Economic Review* 91 (2001): 1369–1401。

[55] 参见 Maxim Boycko, Andrei Shleifer, and Robert Vishny, *Privatizing Russia* (Cambridge: Massachusetts Institute of Technology, 1995)。事后的分析总是更正确。但是公平地说,由于没有一个成熟的企业家阶层,俄罗斯的改革者在当时缺乏帮助,也没有过去的经验可以参考。相反,制度经济学最近的很多进展倒是要感谢俄罗斯的改革实践。

[56] Richard Ehrenberg, *Capital and Finance in the Age of the Renaissance: A Study of the Fuggers and Their Connections* (New York: Harcourt, 1928).

## 第7章

[1] E. Glaeser, S. Johnson, and A. Shleifer, "Coase vs. the Coasians," *Quarterly Journal of Economics* 116, no. 3 (2001): 853–899.

[2] Alexander Dyck and Luigi Zingales, "Private Benefits of Control: An International Comparison," NBER working paper no. 8771, 2002.

[3] Glaeser, Johnson, and Shleifer, "Coase vs. the Coasians."

[4] Dyck and Zingales, "Private Benefits of Control."

[5] Glaeser, Johnson, and Shleifer, "Coase vs. the Coasians."

[6] Carol J. Simon, "The Effect of the 1933 Securities Act on Investor Information and the Performance of New Issues," *American Economic Review* 79, no. 3 (1989): 295–318.

[7] R. La Porta, F. Lopez-de-Silanes, A. Shleifer, and R. Vishny, "Investor Protection and Corporate Valuation," *Journal of Finance* 57, no. 3 (2002): 1147–1171.

[8] U. Bhattacharya and H. Daouk, "The World Price of Insider Trading," *Journal of Finance* 57 (2002): 75–108.

[9] Paul Halpern, Michael Trebilcock, and Stuart Turnbull, "An Economic Analysis of Limited Liability in Corporate Law," *University of Toronto Law Review* 117 (1980): 30.

[10] Mancur Olson, *The Logic of Collective Action: Public Goods and the Theory of Groups* (Cambridge, Mass.: Harvard University Press, 1971), and G. Stigler, "Theory of Economic Regulation," *Bell Journal of Economics* 2 (1971): 3–21。

[11] 有三位杰出的经济学家对这项研究有过贡献,并仍然活跃在研究领域,包括 Sam Peltzman ("Toward a More General Theory of Regulation," *Journal of Law and Economics* 19, no. 2 [1976]: 211–240),Richard Posner ("Taxation by Regulation," *Bell Journal of Economics* 2 [1971]: 22–50),Gary Becker ("A Theory of Competition among Pressure Groups for Political Influence," *Quarterly Journal of Finance* 98, no. 3 [1983]: 371–400)。

[12] 1997 年的数据来自 The Taxi and Limousine Commission. www.schallerconsult.com/taxi/intro.htm。

[13] 理性无知的术语来自 Anthony Downs 的著作 *An Economic Theory of Democracy* (New York: Harper & Brothers, 1957)。

[14] 对这些观点的扩展,参见 R. Rajan and L. Zingales, "The Tyranny of Inequality: An Inquiry into the Adverse Consequences of Power Struggles," *Journal of Public Economics* 76 (2000): 521–558。

[15] Randall Morck, David Strangeland, and Bernard Young, "Inherited Wealth, Corporate Control, and Economic Growth: The Canadian Disease?" in *Concentrated Capital Ownership*, ed. R. K. Morck (Chicago: UOF Press, 2000), 347.

[16] Tarun Khana and Krishna Palepu, "Is Group Affiliation Profitable in Emerging Markets?" *Journal of Finance* 55, no. 2 (2000):867–891.

[17] Simeon Djankov, Rafael La Porta, Florencio Lopez de Silanes, and Andrei Shleifer, "The Regulation of Entry," NBER working paper no. 7892, 2000.

[18] 这种负相关关系在统计上是显著的,在排除人均 GDP 的影响后的回归分析表明该相关关系依然存在。

## 第 8 章

[1] Rondo Cameron, *Banking in the Early Stages of Industrialization* (London: Oxford University Press, 1967), 102.

[2] 同上,第 103 页。

[3] 同上,第 104 ~ 106 页。

[4] Rondo Cameron, *France and the Economic Development of Europe, 1800–1914* (Princeton, N. J. : Princeton University Press, 1961), 84;David Landes, "French Entrepreneurship and Industrial Growth in the Nineteenth Century," *The Journal of Economic History* 9, no. 1 (May 1949), 45–61.

[5] Cameron, *France and the Economic Development of Europe*, 86, 98, 99.

[6] 同上,第 100 页。也可参见 Niall Ferguson, *The House of Rothschild: The World's Banker 1849–1999* (New York: Viking, 1999), 61.

[7] 同上,第 103 页。

[8] Cameron, *Banking in the Early Stages of Industrialization*, 105; Ferguson, *The House of Rothschild*, 62–64.

[9]同上; Cameron, *France and the Economic Development of Europe*, 106.

[10] Ferguson, *The House of Rothschild*, 82–87.

[11] Cameron, *Banking in the Early Stages of Industrialization*, 104.

[12] 同上,130.

[13] Elizabeth Plautet, *The Role of Banks in Monitoring Firms: The Case of Credit Mobilier* (New York: Routledge, 1999), 14.

[14] Ferguson, *The House of Rothschild*, 86–87.

[15] The more it changes, the more it is the same thing.

[16] Alessandro Aleotti, *Borsa e Industria* (Milan: Edizioni Comunita, 1900), 99.

[17] R. Kroszer and P. Strahan, "What Drives Deregulation? Economics and Politics of the Relaxation of Bank Branching Restrictions," *Quarterly Journal of Economics* 114, no. 4 (November 1999): 1437–1467.

[18] 同上。

[19] M. Petersen and R. Rajan, "Does Distance Still Matter? The Information Revolution in Small Business Lending," *Journal of Finance*(forthcoming,2002).

[20] Kroszer and Strahan, "What Drives Deregulation?"

[21] J. Jayaratne and P. Strahan, "The Finance-Growth Nexus: Evidence from Bank Branch Deregulation," *Quarterly Journal of Economics* 111 (1996): 639–670.

[22] Sofia A. Perez, "From Cheap Credit to the EC: The Politics of Financial Reform in Spain," in *Capital Ungoverned*, ed. Michael Loriaux et al. (Ithaca, N. Y.: Cornell University Press, 1997).

[23] 同上,第 170 页和第 190 页。

[24] John Zysman, Governments, *Markets, and Growth: Finance and the Politics of Industrial Change* (Ithaca, N. Y.: Cornell University Press, 1983), 155–156.

[25] 同上,第 157 页。

[26] 同上,第 129 页。

[27] Nigel Adama, "L'État c'est nous," *Euromoney*, October 1980, 110, cited in Zysman, *Governments, Markets, and Growth*, 114.

[28] 同上,第 133 页。

[29] 由于产品市场的竞争,这些企业现在的利润更少,需要的投资增加。还有,金融市场上的竞争将使得传统的金融家所依赖的长期客户关系的重要性降低。两方面的因素都导致融资更加不易。

[30] Frances Rosenbluth, *Financial Politics in Contemporary Japan* (Ithaca, N. Y.: Cornell University Press, 1989).

[31] 关于债券委员会的详细论述,参见 Mark Ramseyer, "Explicit Reasons for Implicit Contracts: The Legal Logic to the Japanese Main Bank System," in *The Japanese Main Bank System*, ed. M. Aoki and H. Patrick (New York: Oxford University Press, 1994), 238–239, and Rosenbluth, *Financial Politics in Contemporary Japan*。

[32] Rosenbluth, *Financial Politics in Contemporary Japan*, 146.

[33] 同上,第 149 页。

[34] 同上,第 56 页。

[35] 同上,第 163 页。

[36] 具体来说,是上市公司的股票发行金额与毛固定资产投资的比例,固定资产投资包括全国的投资,而不只是公司投资。

[37] 参见 R. Rajan and L. Zingales, "The Great Reversals: The Politics of Financial Development in the 20th Century," *Journal of Financial Economics* (forthcoming,2002)。贸易开放度的计算办法是进出口总额除以 GDP。在制作本图时,考虑到工业化程度更高的国家应该有更大的股票市场,我们进行了调整。然后以调整结果(通过对这些国家的股票

市场市值与GDP的比值按照一个常数和1913年时的工业化指标进行回归)为纵坐标,以工业化水平和开放度的乘积为横坐标来制图。开放度乘以工业化水平的意思是,开放会削弱利益集团反对金融发展的阻力,而不会无中生有地创造金融需求。

[38] 我们在分析开放与金融发展的相关关系时,用外生的贸易变量来描述开放,比如一个国家的人口。参见H. Svaleryd and J. Vlachos, "Market for Risk and Openness to Trade: How Are They Related?" *Journal of Public Economics* 57, no. 2 (2002), 364-395。他们发现,开放引起了金融发展,而没有金融发展引起开放的证据。

[39] Randall Morck, David Strangeland, and Bernard Young, "Inherited Wealth, Corporate Control, and Economic Growth: The Canadian Disease?" in *Concentrated Capital Ownership*, ed. R. K. Morck (Chicago: University of Chieago Press, 2000).

[40] 同上。

## 第9章

[1] Barry J. Eichengreen, *Globalizing Capital: A History of the International Monetary System* (Princeton, N. J.: Princeton University Press, 1996), and Peter Temin, *Lessons from the Great Depression* (Cambridge, Mass.: MIT Press, 1989).

[2] Eichengreen, *Globalizing Capital*, 31.

[3] William H. McNeill, *The Pursuit of Power: Technology, Armed Force and Society since AD 1000* (Chicago: University of Chicago Press, 1982), 339.

[4] Eichengreen, *Globalizing Capital*, 4.

[5] Temin, *Lessons from the Great Depression*, 11. Charles Feinstein, Peter Temin, and Gianni Toniolo, *The European Economy between the Wars* (Oxford: Oxford University Press, 1997).

[6] Charles Maier, *In Search of Stability: Explorations in Historical Political Economy* (Cambridge, U. K.: Cambridge University Press, 1987), 87.

[7] Maier, *In Search of Stability*, 84.

[8] Franklin D. Roosevelt, *Public Papers and Addresses*, vol. 2 (New York: Russel & Russel, 1933), 11-12.

[9] Franklin D. Roosevelt, *Public Papers and Addresses*, vol. 3 (New York: Russel & Russel, 1934), 414.

[10] Franklin D. Roosevelt, *Public Papers and Addresses*, vol. 5 (New York: Russel & Russel,

1936), 232-233.

[11] Roosevelt, *Public Papers and Addresses*, vol. 2, 264-265.

[12] 近期的出色调查,参见 Kevin H. O'Rourke and Jeffery G. Williamson, *Globalization and History: The Evolution of the Nineteenth-Century Atlantic Economy* (Cambridge, Mass.: MIT Press, 1999)。

[13] David M. Kennedy, *Freedom from Fear: The American People in Depression and War, 1929-45* (New York: Oxford University Press, 1999), 179.

[14] Roosevelt, *Public Papers and Addresses*, vol. 2, 202.

[15] Luigi Zingales, "The Survival of the Fittest or the Fattest: Exit and Financing in the Trucking Industry," *Journal of Finance* 53 (1998): 905-938.

[16] Denis A. Breen, "The Monopoly Value of Household-Goods Carrier Certificates," *Journal of Law and Economics* 20 (1977): 153-185.

[17] Sam Peltzman, "Toward a More General Theory of Regulation," *Journal of Law and Economics* 19(1976): 211-240, and "The Economic Theory of Regulation after a Decade of De-regulation," *Brookings Paper on Economic Activity: Microeconomics* (1989): 1-41。这些研究表明,管制的结果是,被管制的公司和其他利益团体都获得了与各自的政治力量相当的好处。

[18] Nancy L. Rose, "Labor Rent Sharing and Regulation: Evidence from the Trucking Industry," *Journal of Political Economy* 95 (1998): 1146-1178.

[19] Kennedy, *Freedom from Fear*, 177.

[20] McNeill, *The Pursuit of Power*, 346.

[21] G. Borgatta, "La politica monetaria nel sistema corporativo," *Annali di Economica* 12 (Padova, 1937): 257.

[22] Gianni Toniolo, "Crisi economica e smobilizzo pubblico delle banche miste (1930-1934)," in *Industria e bance nella grande crisi 1929-1934*, ed. G. Toniolo (Milano: Etas Libri, 1978).

[23] 同上,第 330 页。

[24] P. Mazzucchelli in *Rivista Bancaria* (1933), cited in *Alessandro Aleotti*, *Borsa e Industria*, 117.

[25] Toniolo, "Crisi economica e smobilizzo pubblico delle banche miste," 329.

[26] 1946年,意大利议会建立了专门委员会来决定国有控股公司IRI的命运,当时的工业家协会主席对委员会陈述道,“从经济的角度,如果我们认为私人部门可以吸收IRI,那我们完全同意立刻清算IRI,让私人部门买过去。但是在今天,我们并不认为有哪一家私人公司有能力购买,例如Ansoldo就不行。”出自Ministero per la Costitiente, 1946, p. 89,转引自F. Barca and S. Trento, “La Parabola delle partecipazioni statali: Una missione tradita,” in *Storia del capitalismo Italiano*, ed. F. Barca (Rome: Donzelli Editore, 1997)。

[27] Toniolo, “Crisi economica e smobilizzo pubblico delle banche miste,” 331.

[28] Marcello de Cecco and Giovanni Ferri, *Le banche d' affari in Italia* (Bologna: Il Mulino, 1996).

[29] Barca and Trento, “La Parabola delle partecipazioni statali,” 194.

[30] Giancarlo Galli, *Il Padrone dei padroni* (Milano: Garzanti, 1995).

[31] G. Ferri and S. Trento, “La dirigenza delle grandi bancje e delle grandi imprese: Ricambio e legami,” in *Storia del capitalismo Italiano*, ed. F. Barca (Rome: Donzelli Editore, 1997).

[32] Galli, *Il Padrone dei padroni*, 74.

[33] 同上,第83页。

[34] Napoleone Colajanni, *Il capitalismo senza capitale* (Milano: Sperling and Kupfer, 1991), 64,转引自Galli, *Il Padrone dei padroni*, 83。

[35] Galli, *Il Padrone dei padroni*, 9.

[36] Barca and Trento, “La Parabola delle partecipazioni statali.”

[37] Marcello De Cecco, *Saggi di politica monetaria* (Milan: Giuffre, 1968), 40.

[38] M. Pagano, F. Panetta, and L. Zingales, “Why Do Companies Go Public? An Empirical Analysis,” National Bureau of Economic Research, working paper, 1995.

[39] M. Pagano, F. Panetta, and L. Zingales, “Why Do Companies Go Public? An Empirical Analysis,” *Journal of Finance* 53 (February 1998): 27–67.

[40] M. Aoki, H. Patrick, and P. Sheard, “The Japanese Main Bank System: An Overview,” in *The Japanese Main Bank System*, ed. M. Aoki and H. Patrick (New York: Oxford University Press, 1994), and T. Hoshi and A. Kashyap, *Corporate Finance and Government in Japan* (Cambridge, Mass.: MIT Press, 2001), 59, table 3.2.

[41] J. M. Ramseyer and F. M. Rosenbluth, *The Politics of Oligarchy* (New York: Cambridge

University Press, 1995), 104.

[42] 引自 Hoshi and Kashyap, *Corporate Finance and Government in Japan*, 29。

[43] 同上,第 58 页。

[44] Aoki, Patrick, and Sheard, "The Japanese Main Bank System," 44.

[45] 数据来自 J. Teranishi, "Loan Syndication in War-Time Japan," in *The Japanese Main Bank System*, ed. M. Aoki and H. Patrick (New York: Oxford University Press, 1994), 57, table 2.2。

[46] 这是一个卡特尔组织,根据 T. Hoshi and A. Kashyap 的研究,没有参加 1931 年协定的证券公司依然在承销业务上展开激烈竞争,并继续承销无担保债券。因此,无担保债券的灾难并不是市场本身造成的,而是由于卡特尔组织的束缚。参见 Hoshi and Kashyap, *Corporate Finance and Government in Japan*, 31。

[47] Tetsuji Okazaki (1991), 382, cited in Hoshi and Kashyap, *Corporate Finance and Government in Japan*, 61.

[48] Hoshi and Kashyap, *Corporate Finance and Government in Japan*, 80.

[49] Lucian Bebchuk and Mark J. Roe, "A Theory of Path Dependence in Corporate Ownership and Governance," *Stanford Law Review* 52 (1999): 127–170,发展了关于管制导致这些结果的理论。

[50] Mark. J. Roe, *Strong Managers, Weak Owners: The Political Roots of American Corporate Finance* (Princeton, N. J.: Princeton University Press, 1994).

[51] G. Benston, "The Origins and Justification for the Glass-Steagall Act," in *Universal Banking in the United States: What Could We Gain? What Could We Lose?* ed. A Saunders and I. Walter (New York: Oxford University Press, 1994).

[52] Paul G. Mahony, "The Political Economy of the Securities Act of 1933," working paper no. 00-11, Social Science Research Network, 2000, 8.

[53] R. Kroszner and R. Rajan, "Organization on Structure and Credibility: Evidence from the Commercial Bank Securities Activities before the Glass-Steagall Act," *Journal of Monetary Economics* 39 (1997): 475–516.

[54] Mahony, "The Political Economy of the Securities Act of 1933."

[55] 一般的论证参见 George J. Benston, *The Separation of Commercial and Investment Banking: The Glass-Steagall Act Revised and Reconsidered* (New York: OPU, 1990),系统性的论证

参见 R. Kroszner and R. Rajan, "Is the Glass-Steagall Act Justified? A Study of the U. S. Experience with Universal Banking before 1933," *American Economic Review* 84 (September 1994): 810-832。

[56] Kroszner and Rajan, "Organization on Structure and Credibility."

[57] Roe, *Strong Managers*, *Weak Owners.*

[58] Benston, "Origins and Justification for the Glass-Steagall Act," 38.

[59] Mahony, "The Political Economy of the Securities Act of 1933."

## 第 10 章

[1] Standard and Poor's, "U. S. Steel Tariffs: Who Gains, Who Loses, and at What Price?," March 14, 2002.

[2] AISI, "The New Steel Industry," www. steel. org/facts/newsindus. htm.

[3] 雇佣人数的数据来自 Bureau of Labor Statistics, *National Current Employment Statistics*, www. bls. gov/webapps/legarcy/cesbtabl. htm。生产的数据来自 American Iron and Steel Industry, *1997 Annual Statistical Report*。

[4] Alan Greenspan, chairman, Federal Reserve Board, before the Senate Banking Committee, July 28, 1999.

[5] W. H. Barringer and K. J. Pierce, 256-257, cited in B. Linsey, D. Griswold, and A. Lucas, "The Steel 'Crisis' and the Cost of Protectionism," Cato Institute, trade briefing paper, April 16, 1999, 6.

[6] www. steelnet. org.

[7] *Economist*, "Anger over Steel," March 11, 2002.

[8] *Economist*, "Romancing Big Steel," February 14, 2002.

[9] W. H. Barringer and K. J. Pierce, 112, cited in Dan Ikenson, "Steel Trap: How Subsidies and Protectionism Weaken the U. S. Steel Industry," Cato Institute, trade briefing paper, March 1, 2002, 5.

[10] 参见"Rep. Brown Joins Calls for Immediate Assistance to Steel Industry,"2001 年 12 月 19 日,众议员的新闻发布,转引自 Ikenson, "Steel Trap," 3。

[11] Dan Ikenson, "Steel Trap."

[12] Gosnell (1937), 321-329, cited in Frances Fox Piven and Richard Cloward, *Regulating the*

*Poor*: *The Functions of Public Welfare* (New York: Vintage, 1971), 62.

[13] Piven and Cloward, *Regulating the Poor*, 63.

[14] 有关 Ponzi 的更多介绍参见 www. mark–knutson. com。

[15] David McCullough, *The Path between Seas*: *The Creation of the Panama Canal*, *1870–1914* (London: Simon and Schuster, 1977).

[16] 参见 Marco Pagano and Paolo Volpin, "The Political Economy of Finance," CEPR discussion paper no. 3231, 2002。他们发展出一个有意思的模型,管理层和员工联合起来欺诈投资人,使管理层的位置更加稳定,而员工的工作也更加安全。不过我们所强调的是,在萧条时期,反市场的舆论更为普遍,更容易联合起来。

[17] Vito Tanzi and Ludger Schknecht, *Public Spending in the 20th Century*: *A Global Perspective* (Cambridge, U. K. : Cambridge University Press, 2000), 31.

[18] 同上。

[19] Peter Gourewitch, *Politics in Hard Times*: *Comparative Responses to International Economic Crises* (Ithaca, N. Y. : Cornell University Press, 1986).

[20] Harold Wilensky and Lowell Turner, *Democratic Corporatism and Policy Linkages*: *The Interdependence of Industrial*, *Labour-Market*, *Incomes*, *and Social Policies in Eight Countries* (Berkeley: Institute of International Studies, University of California, Berkeley, 1987), 12.

[21] Steven Nickell, "Unemployment and Labor Market Rigidities: Europe versus North America," JOEP 11, no. 3 (summer 1997): 55–74.

[22] U. Bhattacharya and H. Daouk, "The World Price of Insider Trading," *Journal of Finance* 57, no. 1 (2002): 75–108.

[23] Kristian Rydqvist and Kenneth Hogholm, "Going Public in the 1980s: Evidence from Sweden," *European Financial Management* (1995): 287–315.

[24] Paul Gompers, "Grandstanding in the Venture Capital Industry," *Journal of Financial Economics* 42 (1996): 133–156.

[25] Rafael La Porta, Florencio Lopez-de-Silanes, and Andrei Shleifer, "Government Ownership of Banks," NBER working paper no. 7620, 2000.

[26] Dimitri Vittas and Yoon Je Cho, "Credit Policies: Lessons from East Asia," The World Bank, 1994.

[27] 同上。

[28] Michael Loriaux, "Socialist Monetarism and Financial Liberalization in France," in *Capital Ungoverned*, *ed.* Michael Loriaux et al. (Ithaca, N. Y.: Cambridge University Press, 1997), 143.

[29] 同上。

[30] 关于大型官僚机构在为小企业提供融资方面的困难,参见 A. Berger, N. Miller, M. Petersen, R. Rajan, and J. Stein, "Does Function Follow Organizational Form? Evidence from the Lending Practices of Large and Small Banks," NBER working paper w8752, 2002。关于国有制对信贷资源配置的影响,参见 Paola Sapienza, "What Do State-Owned Firms Maximize? Evidence from Italian Banks," Northwestern University, working paper, 2002.

[31] E. Helleiner, *States and the Reemergence of Global Finance: From Breton Woods to the 1990's* (Ithaca, N. Y.: Cambridge University Press, 1994), and Robert Skidelsky's Keynes: Robert Skedelsky, *John Maynard Keynes: Fighting for Freedom 1937–1946* (New York: Viking, 2001).

[32] 参见 Keynes (1980), 149,转引自 Helleiner, *States and the Reemergence of Global Finance*, 34。对于投资真正有影响的利率是指长期利率,今天人们已经不再一致认为政府可以轻易操纵长期利率。

[33] Helleiner, *States and the Reemergence of Global Finance*, 35.

[34] 同上,第 39 页。

[35] Pauly.

[36] Peter G. Peterson, *Gray Dawn: How the Coming of Age Will Transform America and the World* (New York: Times Books, 1999), 77.

## 第 11 章

[1] 这些数据及本节其他未特别注明的数据均来自 Stephen Prowse, "Alternative Models of Financial System Development," Federal Reserve Bank of Australia, 1996.

[2] Rafael La Porta, Florencio Lopz-de-Silanes, Andrei Shleifer, and Robert W. Vishny, "Legal Determination of External Finance," *Journal of Finance* 52, no. 3 (1997): 1131–1150.

[3] Julian Franks and Colin Mayer, "Bank Control, Takeovers and Corporate Governance in Germany," *Journal of Banking & Finance* 22 (1998): 1231–1480.

[4] Christoph von Greyerz, "Accounting in Swiss Company Laws", *Der Schweizer Treuhander*

(March 1984): 85–88.

[5] Prowse, "Alternative Models of Financial System Development," 122, citing 1989 OECD study.

[6] Utpal Bhattacharya, Hazem Daouk, Michael Welker, "The World Price of Earnings Opacity."

[7] Graham Searjent, "Why Daimler Went Red Over a Share Quote in New York," *Times* (London), October 7, 1993.

[8] Martin Hellwig, "Economics and Politics of Corporate Finance and Control," in *Corporate Governance: Theoretical and Empirical Perspectives*, ed. Xavier Vives (Cambridge: Cambridge University Press, 2000), 109.

[9] Steven N. Kaplan, "Top Executive Rewards and Firm Performance: A Comparison of Japan and the United States," *Journal of Political Economy* 102, no. 3 (June 1994): 510–546.

[10] C. Kester and T. Lueherman, "The Myth of Japan's Low Cost of Capital," *Harvard Business Review* 70, no. 3 (May 1, 1992): 130–140.

[11] 这个类比来自 Raaj Sah and Joseph Stiglitz 的研究，"The Architecture of Economic Systems: Hierarchies and Polyarchies," *American Economic Review* 76, no. 4 (September 1986)。参见 Franklin Allen, "Stock Markets and Resource Allocation," in *Capital Markets and Financial Intermediation*, ed. Colin Mayer and Xavier Vives (Cambridge, U. K.: Cambridge University Press, 1993)。

[12] B. Black and R. Gilson, "Venture Capital and the Structure of Capital Markets: Banks versus Stock Markets," *Journal of Financial Economics*, 47 (1998). Jörg Kukies, "Stock Markets for High-Technology Firms and Venture Capital Financing: Evidence from Europe" (University of Chicago, Ph. D. diss., 2001).

[13] Kukies, "Stock Markets for High-Technology Firms and Venture Capital Financing."

[14] Paul Carroll, *Big Blues: The Unmaking of IBM* (New York: Crown, 1993), P. 76.

[15] Kristian Rydqvist and Kenneth Hogholm, "Going Public in the 1980s: Evidence from Sweden," *European Financial Management* 1, no. 3 (1995): 287–315.

[16] Sandra Black and Philip Strahan, "Entrepreneurship and bank Credit Availability" (MIT, March 2001, mimeo).

[17] 本案例的描述主要来自 Richard Pascale and Thomas P. Rholen, "The Mazda Turn-

*around*," *Journal of Japanese Studies* 9, no. 2 (1983): 219–263,以及 Hoshi and Kashyap (1994)。除非特别提示,所有的数据均来自他们的研究。

[18] 原始数据来自 Penn World Tables。

[19] 关于关联体系和市场体系的相对优势比较,参见 R. Rajan and L. Zingales, "Which Capitalism? Lessons from the East Asian Crisis," *Journal of Applied Corporate Finance* 11, no. 3 (fall 1998): 40–48.

[20] Vito Tanzi and Ludger Schknecht, *Public Spending in the 20th Century: A Global Perspective* (Cambridge, U. K.: Cambridge University Press, 2000).

[21] 很早以前就出现了关于通货膨胀是一种政治现象的观点,但表达比较模糊,早期的研究参见 E. M. Bernstein and I. G. Patel, "Inflation and Economic Development," IMF Staff Papers, 1953;Lester Thurow, *The Zero-Sum Society: Distribution and the Possibilities for Economic Change* (New York: Basic Books, 1980)。

[22] Helleiner, *States and the Reemergence of Global Finance: From Breton Woods to the 1990's*, 85.

[23] Barry J. Eichengreen, *Globalizing Capital: A History of the International Monetary System* (Princeton, N. J.: Princeton University Press, 1996), 129.

[24] U. S. government (1973), 128, cited in Helleiner, *States and the Reemergence of Global Finance*, 106.

[25] Helleiner, *States and the Reemergence of Global Finance*, 114.

[26] Graciela Kaminsky and Sergio Schmukler, "Short-Run Pain, Long-Run Gain: The Effects of Financial Liberalization," working paper, World Bank, 2002.

[27] Daniel Yergin and Joseph Stanislaw, *The Commanding Heights: The Battle between Government and the Marketplace That Is Remaking the Modern World* (New York: Touchstone, 1999).

[28] 以前的批评主要来自 Karl Polanyi, *The Great Transformation* (Boston: Beacon Hill, 1994)。更新的批评者包括 Dani Rodrik, *Has Globalization Gone Too Far?* (Washington D. C.: Institute for International Economics, 1997)。

[29] 有关的经典论述,参见 Karl Polanyi, *The Great Transformation*。

## 第12章

[1] Francis Fukuyama, *The End of History and the last Man* (New York: Free Press, 1992).

[2]《国富论》,上册,第 10 章。

[3] Ralph Waldo Emerson (May 1837), quoted in Charles Warren, *Bankruptcy in United States History* (Cambridge, Mass.: Harvard University Press, 1935), 56.

[4] Ian Domowitz and Elie Tamer, "Two Hundred Years of Bankruptcy: A Tale of Legislation and Economic Fluctuations," Institute for Policy Research at Northwestern University, working paper, 1997.

[5] Erik Berglof and Howard Rosenthal, "The Political Economy of American Bankruptcy: The Evidence for Roll-Call Voting, 1800–1978" (paper presented at UCLA, Political Economy of Contractual Obligations, 1999).

[6] Noel F. Regis, *A History of the Bankruptcy Law* (Washington, D. C.: C. H. Potter & Co., 1919), 143–144.

[7] C. Warren, *Bankruptcy in United States History* (Cambridge, Mass.: Harvard University Press, 1935), 37.

[8] 同上,第 8 页。

[9] 原始数据来自 R. Freeman and R. Oostendorop, "Occupational Wages around the World Database," NBER (www. nber. org/oww)。

[10] Stefanie Lenway, Randall Morck, and Bernard Yeung, "Rent Seeking, Protectionism, and Innovation in the American Steel Industry," *Economic Journal* 106 (1996): 410–421.

[11] M. Huson, R. Parrino, and L. Starks, "Internal Monitoring Mechanisms and CEO Turnover: A Long-Term Perspective," *Journal of Finance* 56 (2001): 2265–2298.

[12] Robert Parrino, "CEO Turnover and Outside Succession: A Cross-sectional Analysis," *Journal of Financial Economics* 46 (1997): 165–197, and Michael s. Weisbach, "Outside Directors and CEO Turnover," *Journal of Financial Economics* 20 (1988): 431–461.

[13] R. La Porta, F. Lopez-de-Silanes, and A. Shleifer, "Corporate Ownership around the World," *Journal of Finance* 54, no. 2 (1999): 471–517.

[14] Francisco Perez–Gonzalez, "Does Inherited Control Hurt Firm Performance?" Columbia University, working paper, 2002.

[15] Vito Tanzi and Ludger Schknecht, *Public Spending in the 20th Century: A Global Perspective* (Cambridge, U. K.: Cambridge University Press, 2000), 123.

[16] Nicholas Barr, *The Welfare State as Piggy Bank: Information, Risk, Uncertainty, and the*

*Role of the State* (Oxford: Oxford University Press, 2001), 269.

[17] U. S. Bureau, of the Census, *Population Projections of the United States by Age, Sex, Race and Hispanic Origin: 1995 to 2050* (Washington, DC: U. S. Bureau of the Census, February 1996).

[18] Peter G. Peterson, *Gray Dawn: How the Coming of Age Will Transform America and the World* (New York: Times Books, 1999), 72, taxpayer per pensioner on p. 36.

## 第13章

[1] Manjeet Kripalani, "Polishing India's Diamond Business," *Business Week*, September 11, 2000.

[2] 同上。

[3] 关于美国如何限制金融业过分强大的讨论,参见 Mark. J. Roe, *Strong Managers, Weak Owners: The Political Roots of American Corporate Finance* (Princeton, N. J.: Princeton University Press, 1994)。

[4] 当然,也有可能构造一个例子,使得有效率的生产商也有更大的动力去游说来争取补贴(例如,假如补贴与产量挂钩)。但我们的直觉是,一个更大的自由市场对于有效率的生产者来说更有价值,由于市场很大,他们应该不太害怕本地的竞争;还有,高效率的生产者花时间去游说的机会成本更高;最后,如果倒闭的损失很大,那缺乏效率的生产者去游说的积极性应该是最强的。

[5] Luigi Zingales, "The Survival of the Fittest or the Fattest: Exit and Financing in the Trucking Industry," *Journal of Finance* 53 (1998): 905–938.

[6] David Stomberg, "Radio's Impact on Public Spending," Stockholm School of Economics, working paper, 2001.

[7] 参见 R. W. Fogel, *The Fourth Great Awakening and the Future of Egalitarianism* (Chicago: University of Chicago Press, 2000), 209。该研究显示,现在有65岁以上的老人的家庭和没有65岁以上的老人的家庭的收入的中值是相同的。由于需要赡养的人更少,他们的人均消费能力就更高。

[8] David Barker, "In Utero Programming of Chronic Disease," *Clinical Science* 95, no. 2 (1998): 115–128. David Barker, "Maternal and Fetal Origins of Coronary Heart Disease," *Journal of the Royal College of Physicians* 28, no. 6 (1994): 544–551. David Barker,

"The Fetal Origins of Adult Hypertension," *Journal of Hypertension* Supplement 10, no. 7 (1992): S39-44.

[9] U. S. Bureau of the Census, *Historical Statistics of the United States, Colonial Times to 1970* (Washington, DC: U. S. Bureau of the Census, 1975), 55.

[10] *Statistical Abstract of the United States, 1999* (Washington, DC: U. S. Bureau of the Census, 1999), 194.

[11] K. Olson, *The G. I. Bill, the Veterans, and the Colleges* (Lexington: University of Kentucky Press, 1974), and T. Skocpol, "The G. I. Bill and U. S. Social Policy, Past and Future," in the *Welfare State*, ed. E. Paul, F. Miller, and J. Paul (New York: Cambridge University Press, 1977).

[12] 关于自由贸易的优点,经济学家们撰写了两本非常优秀的著作,参见 Douglas Irwin, *Free Trade under Fire* (Princeton, N. J.: Princeton University Press, 2002), Jagdish Bhagwati, *Free Trade Today* (Princeton, N. J.: Princeton University Press, 2002)。不同意见,参见 Dani Rodrik, *Has Globalization Gone Too Far?* (Washington, D. C.: Institute for International Economics, 1997)。

[13] 关于这个观点的深入研究,参见 Joseph Stiglitz, *Globalization and Its Discontents* (New York: Norton, 2002)。我们在这里不再用更多笔墨为全球化进行辩护,有关的普及性书籍可以参见 Thomas Friedman, *The Lexus and the Olive Tree* (New York: Farrar, Straus and Giroux, 1999), John Micklethwait and Adrian Wooldridge, *A Future Perfect: The Challenge and the Hidden Promise of Globalization* (New York: Crown Business, 2000)。

[14] Graciela Kaminsky and Sergio Schmukler, "Short-Run Pain, Long-Run Gain: The Effects of Financial Liberalization," World Bank, working paper, 2002.

[15] 当然,这些贸易区域本身是一种不正常的状态。在长时期里,我们还是希望它们可以让位于自由贸易。

[16] 这些贸易壁垒对于世界贸易的确有负面影响。如果它们在长期里可以消失当然是最好的,但是在短期里,它们的存在还是有意义。

[17] 关于这些费用的描述,参见 Phil Spender, "Second Hand Vehicle Imports Equals Doom?" *Economic Times* (Mumbai), January 18, 2000。

# 参考文献


Acemoglu, D., Johnson, S., and Robinson, J. 2001. The colonial origins of comparative development: An empirical study. *American Economic Review* 91,1369–1401.

Adama, N. 1980. L' Etat c' est nous. *Euromoney* (October), 110.

Alchian, A., and Demsetz, H. 1972. Production, information costs and economic organization. *American Economic Review* 62, 777–795.

Aleotti, A. 1990. *Borsa e industria, 1861-1989: Gnto omni de rapponi difficult*. Milan: Edizioni Comunita.

Allen, F. 1993. Stock markets and resource allocation. In Mayer, C., andVives, X. (Eds.), *Capital markets and financial intermediation.* Cambridge: Cambridge Uni-versity Press.

Allen, R. 1992. *Enclosure and the yeoman: The agricultural development of the south midlands, 1450–1850*. Oxford: Clarendon Press.

Alston, L. 1984. Farm foreclosure moratorium legislation: A lesson from the past. *American Economic Review* 74, 445–458.

American Iron and Steel Industry, "The New Steel Industry," *www.steel.orgl facts/ powerlnewsteel. htm.*

American Iron and Steel Industry: 1997. *Annual Statistical Report.*

Anonymous. 1996. Founding dates of the 1994 Fortune 500 U.S. companies. *Business History Review* 70, no. 1, 69–90.

Anonymous. 2000. "The Knowledge of Monopolies: Patent Wars." *Economist*, 8 April, 76.

Anonymous. 2001. Market says no to UniCredito-Commerz Alliance. *Il Corriere delta Sera* (Italian), 4 September.

Anonymous. 2001. Borsa: UniCredito (+5.9%) strappa dopo rottura trattative Commerzbank. *AFX News Limited*, 11 September.

Anonymous. 2002. Anger over steel. *The Economist Global Agenda*, 11 March.

Anonymous. 2002. "Romancing big steel." *Economist* 362 (16 February), 52.

Aoki, M., Patrick, H., and Sheard, P. 1994. The Japanese main bank system: An overview. In Aoki, M., Patrick, H. (Eds.), The *Japanese main bank system*. New York: Oxford University Press.

Audretsch, D. B., Caree, M. A., van Stel, A. J., andThurik, A. R. 2001. Impeded industrial restructuring: the growth penalty. Unpublished research paper. Bloomington, Ind.: Institute for Development Strategies.

Audretsch, D. B., and Thurik, A. R. 2000. What's new about the new economy? Sources of growth in the managed and entrepreneurial economies. Discussion paper 44. Rotterdam: Erasmus Research Institute of Management.

Baer, J. 2000. Plans for Palm, buyback help boost 3Com shares. *Chicago Sun-Times*, 10 May, 27.

Baker, G. 1992. Beatrice: A study in the creation and destruction of value. *The Journal of Finance* 47, 1081–1120.

Banerjee, A., and Iyer, L. 2002. History, Institutions and Economic Performance: The Legacy of Colonial Land Tenure Systems in India. Unpublished working paper, Cambridge, Mass.: MIT.

Barber, M., 1994. *The new knighthood: A history of the order of the temple.* London: Cambridge University Press.

Barber, T. 2001. UniCredito concerned over share price fall. *Financial Times* (London) 10 September, 27.

Barca, F, and Trento, S. 1997. La parabola delle partecipazioni statali: Una missione tradita. In Barca, F. (Ed.), *Storia del Capitalismo Italiano*. Rome: Donzelli.

Barker, D. 1992. The fetal origins of adult hypertension. *Journal of Hypertension Supplement* 10, S39–44.

Barker, D. 1994. Maternal and fetal origins of coronary heart disease. *Journal of the Royal College of Physicians* 28, 544–551.

Barker, D. 1998. In utero programming of chronic disease. *Clinical Science* 95, 115–128.

Barr, N. 2001. *The welfare state as piggy bank: Information, risk, uncertainty, and the role of the state*. Oxford: Oxford University Press.

Beaudry, P., and Green, D. 2002. Changes in U.S. wages 1976–2000: Ongoing skill bias or major technological change? Working paper 8787. Cambridge, Mass.: National Bureau of Economic Research.

Bebchuk, L., and Roe, M. J. 1999. A theory of path dependence in corporate ownership and governance. *Stanford Law Review* 52,127–170.

Becker, G. 1983. A theory of competition among pressure groups for political influence. *Quarterly Journal of Economics* 98, 371–400.

Bell, D. 1999. The coming of post-industrial society. New York: Basic Books.

Benston, G. 1990. *The separation of commercial and investment banking: The Glass-Steagall Act revisited and reconsidered.* Oxford: Oxford University Press.

Benston, G. 1994. The origins and justification for the Glass-Steagall Act. In Saunders, A., and Walter, I. (Eds.), *Universal banking in the United States:What could we gain*? (pp. 31–69). New York: Oxford University Press.

Berger, A., Miller, N., Petersen, M., Rajan, R., and Stein, J. 2002. Does function follow organizational form? Evidence from the lending practices of large and small banks. Working paper 8752. Cambridge, Mass.: NBER.

Berglof, E., and Rosenthal, H. 1999. The political economy of American bankruptcy: The evidence for roll-call voting, 1800–1978. Working paper on political economy. Cambridge, Mass.: MIT.

Bernstein, E. M., and Patel, I. G. 1953. Inflation and economic development. Unpublished staff paper. Washington, DC: International Monetary Fund.

Besanko, D., and Thakor, A.V. 1987. Collateral and rationing: Sorting equilibria in monopolistic and competitive credit markets. *International Economic*

*Review* 28, 671–689.

Bhagwati, J. 2002. *Free trade today*. Princeton, N.J.: Princeton University Press.

Bhattacharya, U, and Daouk, H. 2002. The world price of insider trading. *Journal of Finance* 57, 75–108.

Bhattacharya, U., Daouk, H., and Welker, M. 2002.The world price of earnings opacity. Working paper. Bloomington, Ind.: Indiana University.

Bhide,A.V. 2000. *Origin and evolution of new business*. New York: Oxford University Press.

Black, B. 2000. Does corporate governance matter? A crude test using Russian data. *University of Pennsylvania Law Review* 149, 2131–2150.

Black, B. and Gilson, R. 1998. Venture capital and the structure of capital markets: Banks versus stock markets. *Journal of Financial Economics* 47, 243–277.

Black, S., and Strahan, P. 2001. The division of spoils: Rent-sharing and discrimination in a regulated industry. *American Economic Review* 91, 814–831.

Black, S., and Strahan, P. 2002. Entrepreneurship and bank credit availability. *Journal of Finance* (forthcoming).

Blanchard, O. J., Lopez-de-Silanes, F, and Shieifer, A. 1994. What do firms do with cash windfalls? *Journal of Financial Economics* 36, 337–360.

Blanchard, O., Rhee, C., and Summers, L. 1990. The stock market, profit, and investments. *Quarterly Journal of Economics* 108,115–137.

Blau, D. 1987. A time series analysis of self-employment in the United States. *Journal of Political Economy* 95, 445–468.

Blume, M., Siegel, J., and Rottenberg, D. 1993. *For the revolution on Wall Street: The rise and decline of the NewYork Stock Exchange*. New York: Norton.

Blumenstein, R., and Warner, F. 1998. GM to make Delphi unit independent. *Wall Street Journal*, 4 August, A3.

Borgatta, G. 1937. La politica monetaria nel sistema corporativo. *Annali di Economica* 12, 257.

Boycko, M., Shieifer, A., and Vishny, R. 1995. *Privatising Russia.* Cambridge, Mass.: MIT.

Brandeis, L. D. 1922. Letter to Robert W. Bruere. *Columbia Law Review* 31, 7.

Brandeis, L. D. 1933. *Other people's money*. Washington, DC: National Home Library Foundation.

Breen, D. A. 1977.The monopoly value of households-goods carrier certificates. *Journal of Law and Economics* 20, 153–185.

Brenner, R. 1985. Agrarian class structure and economic development. In Aston, T. H., and Philipin, C. H. E. (Eds.), *The Brenner debate*. Cambridge: Cambridge University Press.

Bureau of Labor Statistics. *National Current Employment Statistics*, www.bls.gov/ webapps/legacy/cesbtabl.htm.

Bynjolfson; E., Malone,T.W, Gurbaxani,V., and Kambil, A. 1994. *The impact of the modern corporation*. NewYork: Columbia University Press.

Cameron, R. 1961. *France and the economic development of Europe, 1800–1914*. Princeton, N.J.: Princeton University Press.

Cameron, R. 1967. *Banking in the early stages of industrialization*. London: Oxford University Press.

Canan, E. 1976. *The wealth of nations* (Book I, Chapters 10 and 11). Chicago: University of Chicago Press.

Caree, M., van Stel,A.,Thurik, R., andWennekers, S. 2000. Economic development and business ownership: an analysis using data of 23 OECD countries in the period 1976–1996. *Small Business Economics* 19, no. 3 (November), 271–290.

Carlsson, B. 1989.The evolution of manufacturing technology and its impact on industrial structure: An international study. *Small Business Economics* I, 21–37.

Carlsson, B. 1992. The rise of small business: Causes and consequences. In Adams, W. J. (Ed.), *Singular Europe, economy and policy of the European community after 1992*. Ann Arbor, Mich.: University of Michigan Press, 145–169.

Carlsson, B. 1999. Small business, entrepreneurship, and industrial dynamics. In Acs, Z. (Ed.), *Are small firms important? Their role and impact*. Dordrecht: Kluwer Academic Publishers, 99–110.

Carroll, P. 1993. *Big blues: The unmaking of IBM*. NewYork: Crown Publishing.

Carruthers, B. 1996. *City of capital: Politics and markets in the English financial revolution.* Princeton, N.J.: Princeton University Press.

Chan,Y. S., and Thakor, A.V. 1987. Collateral and competitive equilibria with moral hazard and private information. *Journal of Finance* 42, 345–364.

Chandler, A. 1990. *Scale and scope: The dynamics of industrial capitalism.* Cambridge, Mass.: Belknap Press.

Chan, A., and Henry, P. 2001. Does diversification drive stock price revaluation? Research paper 1677. Stanford, Calif.: Stanford University.

Chernow, R. 1998. *Titan: The life of John D. Rockefeller*. NewYork: Random House.

Chevalier, J., and Ellison, G. 1997. Risk-taking by mutual funds as a response to incentives. *Journal of Political Economy* 105, no. 6,1167–1200.

Chew, L. "Not just one man—Barings." Case study. International Financial Risk Institute, http://risk.ifci.ch/137550.htm.

Chiuri, M., and Jappelli,T. 2001. Credit market imperfections and home ownership: A comparative study. Discussion paper 2717. London: CEPR.

Christensen, C. 1997. *The innovators' dilemma: When new technologies cause great firms to fail.* Boston: Harvard Business School Press.

Clark,G. 1991.Yields per acre in English agriculture, 1250–1860: Evidence from labor inputs. *Economic History Review* 44, 445–460.

Clay, C. G. A. 1984. *Economic Expansion and Social Change: England 1500–1700.* Cambridge: Cambridge University Press, p. 70.

Clay, D. 2001. The role of institutional investors. Ph.D. dissertation. Chicago: University of Chicago Graduate School of Business.

Colajanni, N. 1991. *Il Capitalismo Senza Capitals*. Milan: Speriing and Kupfer, 64.

Collat, D., and Tufano, P. 1994. The privatization of Rhone-Poulenc. Case 9–295–049. Boston: Harvard Business School.

Cornell, B., and Liu, Q. 2001. The parent company puzzle? When is the whole worth less than one of the parts? *Journal of Corporate Finance* 7, no. 4, 341–366.

Coulton, G. G. 1925. *The mediaeval village*. Cambridge: Cambridge

University Press.

Council of Economic Advisers. *1998. Economic Report of the President.* Washing-ton, DC: United States Government Printing Office.

Council of Economic Advisers. 2001. *Economic Report of the President.* Washington, DC: United States Government Printing Office.

Council of Economic Advisers. 2002. *Economic Report of the President.* Washington, DC: United States Government Printing Office, Table B-77, 412.

Council of Economic Advisers. 2002. The United States in the international economy. *Economic Report of the President.* Washington, DC: United States Govern-ment Printing Office, 261.

Davis, S., and Haltiwanger, J. 1989. The distribution of employees by establishment size: Patterns of change and co-movement in the United States, 1962–85. Unpublished working paper. Chicago: University of Chicago.

De Cecco, M. 1968. *Saggi di Politico Monetaria.* Milan: Giuffrre.

De Cecco, M., and Ferri, G. 1996. *Le Banche D'Affari in Italia.* Bologna: II Mulino.

Demirguc-Kunt, A., and Detragiache, E. 1998. Financial liberalization and financial fragility. Working paper #1917. Washington, DC: World Bank Group.

Demsetz, R. 1997. Human resources needs in the evolving financial sector. *Current Issues in Economics and Finance* (Federal Reserve Bank of New York) 3 no. 13, 1–6.

De Soto, H. 2000. *The mystery of capital: Why capitalism triumphs in the West and fails everywhere else.* New York: Basic Books.

Diamond, D., and Rajan, R. 2001. Liquidity risk, liquidity creation and financial fragility: A theory of banking. *Journal of Political Economy* 109, 287–327.

Dietz, F. 1942. *An economic history of England.* New York: Henry Holt and Company.

Djankov, S., La Porta, R., Lopez-de-Silanes, F., and Shleifer, A. 2000. The regulation of entry. Working paper 7892. Cambridge, Mass.: NBER.

Domowitz, I., and Tamer, E. 1997. Two hundred years of bankruptcy: A tale of legislation and economic fluctuations. Unpublished working paper. Evanston, I11.: Northwestern University Institute for Policy Research.

Donnelly, B., and Sesit, M. 1990. U.S. bears bets may roil Japan's turmoil. *Wall Street Journal*, 17 April, C1.

Dosi, G. 1988. Sources, procedures and microeconomic effects of innovation. *Journal of Economic Literature* 26, 1120–1171.

Downs, A. 1957. *An economic theory of democracy*. NewYork: Harper & Brothers.

Dyck, A., and Zingales, L. Cambridge, Mass.: 2002. Private benefits of control: An international comparison. Working paper 8711. Cambridge, Mass.: NBER.

Ehrenberg, R. 1928. *Capital and finance in the age of the renaissance: A study of the fuggers and their connections*. NewYork: Harcourt.

Eichengreen, B. J. 1996. *Globalizing capital: A history of the international monetary system*. Princeton, N.J.: Princeton University Press.

Emerson, R. 1963. Power dependence relations. *American Sociological Review* 27, 31–41.

Fabbri, D., Padula, M. 2001. Judicial costs and household debt. Unpublished working paper. Salerno: Center for Studies in Economics and Finance, University of Salerno.

Fama, E. 1971. Risk, return, and equilibrium. *Journal of Political Economy* 79, no. 1, 30–57.

Fama, E. 1991. Efficient capital markets II. *Journal of Finance* 46 no. 5,1575–1617.

Fear, J. 1997. German capitalism. In McCraw, T. (Ed.), *Creating modern capital-ism: How entrepreneurs, companies, and countries triumphed in three industrial revolutions* (p. 181). Cambridge, Mass.: Harvard University Press.

Feinstein, C. H.,Temin, P., andToniolo, G. 1997. *The European economy between the wars*. New York: Oxford University Press.

Ferguson, N. 1999. *The house of Rothschild: The world's banker 1840–1090.* New York: Viking.

Ferri, G., and Trento, S. 1997. La dirigenza delle gnpdi bancje e delle grandi imprese: Ricambio e legami. In Barca, F. (Ed.), *Storia del Capitalismo Italiano.* Rome: Donzelli.

Finer, S. E. 1997. *The history of government III.* London: Oxford University Press. 1271,1325,and 1338.

Fischel, D. 1995. *Payback: The conspiracy to destroy Michael Milken and his financial revolution.* New York: HarperCollins.

Flanagan, C. S. 2001. *Search fund study—2001.* Stanford, Calif.: Stanford Business School Center for Entrepreneurial Studies.

Fogel, R. W. 2000. *The fourth great awakening and the future of egalitarianism.* Chicago: University of Chicago Press.

Franks, J., and Mayer, C. 1998. Bank control, takeovers and corporate governance in Germany. *Journal of Banking and Finance* 22,1231–1480.

Freeman, R., and Oostendorop, R. 2000. Occupational wages around the world database. Cambridge, Mass.: NBER (www.nber.org/oww).

Friedman,T. 1999. *The Lexus and the olive tree.* New York: Farrar, Straus, and Giroux.

Froot, K. 2001. The market for catastrophic risk: A clinical examination. Working paper 8110. Cambridge, Mass.: NBER.

Froot, K., and Daboora, E. 1999. How are stock prices affected by the location of trade. *Journal of Financial Economics* 53,189–216.

Fukuyama, F. 1992. *The end of history and the last man.* New York: Free Press.

Galli, G. 1995. *Il Padrone Dei Padroni.* Milan: Garzanti, Milano.

George, N. 2001. Sonera abandons 3G plans and returns license. *Financial Times*, 10 August.

Glaeser, E., Johnson, S., and Shieifer, A. 2001. Coase vs. the Coasians. *Quarterly Journal of Economics* 116, 853–899.

Goldin, C., and Katz, L. 1999. The returns to skill in the United States across the twentieth century. Working paper 7126. Cambridge, Mass.: NBER.

Goldsmith, R. 1969. *Financial structure and development.* New Haven,

Conn.:Yale University Press.

Gompers, P. 1995. Optimal investment, monitoring, and the staging of venture capital. *Journal of Finance* 50, 1461–1490.

Gompers, P. 1996. Grandstanding in the venture capital industry. *Journal of Financial Economics* 42, 133–156.

Gompers, P., and Metrick, A. 2001. Institutional investors and equity prices. *Quarterly Journal of Economics* 116, 229–260.

Gorman, M., and Sahlman,W. 1989. What do venture capitalists do? *Journal of Business Venturing* 4, 231–248.

Gourevitch, P. 1986. *Politics in hard times: Comparative responses to international economic crises*. Ithaca N.Y.: Cornell University Press.

Gropp, R., Scholz, J., and White, M. 1997. Personal bankruptcy and credit supply and demand. *Quarterly Journal of Economics* 112, 217–251.

Grossman, S., and Hart, O. 1986. The costs and benefits of ownership: A theory of vertical and lateral integration. *Journal of Political Economy* 94, 691–719.

Grossman, S., and Stiglitz, J. 1980. On the impossibility of informationally efficient markets. *American Economic Review* 70, 393–408.

Guiso, L., Sapienza, P., and Zingales, L. 2002. Does local financial development matter? Working paper 8923. Cambridge, Mass.: NBER.

Guiso, L., and Zingales, L. 1999. The rise of bank relationships. Unpublished working paper. Chicago: The University of Chicago Graduate School of Business.

Habakkuk, H. J. 1987. The market for monastic property, 1539–1603. Economic *History Review* 10, 362–380.

Haber, S. 1991. Industrial concentration and the capital markets: A comparative study of Brazil, Mexico, and the United States. *Journal of Economic History* 51, 559–580.

Haber, S. 1997. *How Latin America fell behind: Essays on the economic histories of Brazil and Mexico, 1800–1914*. Stanford, Calif.: Stanford University Press.

Hallam, H. 1876. *Constitutional history of England.* New York: Harper and Brothers.

Halpern, P.,Trebilcock, M., and Turnbull, S. 1980. An economic analysis of limited liability in corporate law. *University of Toronto Law Review* 117, 30.

Halverson, G. 2002. Time might be right for a hunk of junk. *Christian Science Monitor*, II February, 20.

Hamel, G., and Pralahad, C. 1990. The core competence of the corporation. *Harvard Business Review* 68, 79–91.

Harvey, C., Lundblad, C., and Bekaert G. 2001. Does financial liberalization spur growth? Working paper 8245, Cambridge, Mass.: NBER.

He, K., Morck, R., and Yeung, B. 2002. Corporate stability and economic growth. Unpublished working paper. New York: New York University.

Helleiner, E. 1994. *States and the reemergence of global finance: From Bretton Woods to the 1990's*. Ithaca, N.Y: Cornell University Press.

Hellwig, M. 2000. Economics and politics of corporate finance and control. In Vives, X. (Ed.), *Corporate governance: Theoretical and empirical perspectives* (Cambridge: Cambridge University Press. 109).

Henry, P. 2000. Stock market liberalization, economic reform and emerging market equity prices. *Journal of Finance* 55, 529–564.

Hobsbawm, E. J. 1979. *The age of capital 1848-1885*. New York: New American Library.

Holmstrom, B. 1999. The firm as a subeconomy. *Journal of Law Economics and Organization* 15, 74–102.

Holmstrom, B., and Kaplan, S. 2001. Corporate governance and merger activity in the U.S.: Making sense of the 19808 and the 1990s. *Journal of'Economic Perspectives* 15 Cambridge, Mass.: 121–144.

Hoshi,T, and Kashyap, A. 2001. Corporate Finance and Government in Japan. No. 2, MIT Press.

Hunter, L., Bernhardt, A., Hughes, K., and Skuratowicz, E. 2000. It's not just the ATMs: Technology, firm strategies, jobs, and earnings in retail banking. Working paper. Philadelphia :Wharton Financial Institutions Center.

Huson, M., Parrino, R., and Starks, L. 2001. Internal monitoring mechanisms and CEO turnover: A long-term perspective. *Journal of Finance* 56 no. 6, 2265–

2298.

Ikenson, D. 2002. Steel trap: How subsidies and protectionism weaken the U.S. steel industry. Trade Briefing Paper No. 14. March I.Washington, DC: Cato Institute, 3, 5.

Irwin, D. 2002. *Free trade under fire*. Princeton, N.J.: Princeton University Press.

Jackson, T. 1997. *Inside Intel: Andy Grove and the rise of the world's most powerful chip company*. New York: Penguin Group.

Jaeger, D., and Stevens, A. 1998. Is job stability in the United States falling? Reconciling trends in the current population survey and panel study of income dynamics. Working paper 6650. Cambridge, Mass.: NBER.

Jeanneau, S. 2002. Derivatives. *Bank for International Settlements Quarterly Review*, March, 32.

Jappelli,T, Pagano, M., and Bianco, M. 2002. Courts and banks: Effects of judicial enforcement of credit markets. Working paper 3347. London: CEPR.

Jayaratne, J., and Strahan, P. 1996. The finance-growth nexus: Evidence from bank branching deregulation. *Quarterly Journal of Economics* 111, 639–670.

Jayaratne, J., and Strahan, P. 1998. Entry restrictions, industry evolution, and dynamic efficiency: Evidence from commercial banking. *Journal of Law and Economics* 41,239–274.

Jensen, M. C. 1978. Some anomalous evidence regarding market efficiency. *Journal of Financial Economics* 6, 95–101.

Jensen, M. C. 1986. Agency costs of free cash flow, corporate finance and takeovers. *American Economic Review* 76, 323–339.

Kaminsky, G., and Reinhart, C. 1999.The twin crises: the causes of banking and balance of payments problems. *American Economic Review* 89, 473–500.

Kaminsky, G., and Schmukler, S. 2002. Short-run pain, long-run gain: The effects of financial liberalization. Working paper. Washington, DC: The World Bank.

Kaplan, S. N. 1994. Top executive rewards and firm performance: A comparison of Japan and the United States. *The Journal of Political Economy* 102,

510–546.

Kaplan, S., and Stromberg, P. 2000. How do venture capitalists choose and monitor investments? Unpublished working paper. Chicago: The University of Chicago.

Katz, L., and Murphy, K. 1992. Changes in relative wages, 1963–1987: Supply and demand factors. *Quarterly Journal of Economics* 107, 33–78.

Kennedy, D. M. 1999. *Freedom from fear: The American people in depression and war 1929–45*. New York: Oxford University Press.

Kester, C., Lueherman,T. 1992. The myth of Japan's low cost of capital. *Harvard Business Review* 70, no. 3,130–140.

Khanna,T, and Palepu, K. 2000. Is group affiliation profitable in emerging *markets? Journal of Finance* 55, 867–891.

King, R., and Levine, R. 1993. Finance and growth: Schumpeter might be right. *Quarterly Journal of Economics* 108, 734.

Kirkpatrick, G. Rural credit in North Carolina. Credit Union National Association (CUNA) Archivist. http://www.cuna.org/data/cu/research/irc/archive4_i.html.

Klapper, L., and Love, I. 2002. Corporate governance, investor protection, and performance in emerging markets. Unpublished working paper. Washington, DC: The World Bank.

Komninos, N. 1994. The effect of information technology on average firm size and the degree of vertical integration in the manufacturing sector. Ph.D. dissertation. Washington, DC: The American University.

Kripalani, M. 2000. Polishing the diamond business. *Business Week* (international ed.), 11 September, 26.

Kroszner, R., and Rajan, R. G. 1994. Is the Glass-Steagall Act justified? Evidence from the U.S. experience with universal banking, 1921–1933. *American Economic Review* 84, 810–832.

Kroszner, R., and Rajan, R. G. 1997. Organization structure and credibility: Evi- dence from the commercial bank securities activities before the Glass-Steagall Act. *Journal of Monetary Economics* 39, 475–516.

Kroszner, R., and Strahan, P. 1999. What drives deregulation? Economics and politics of the relaxation of bank branching restrictions. *Quarterly Journal of Economics* 114 no. 4,1437–1467.

Kukies, J. 2001. Stock markets for high technology firms and venture capital financing: Evidence from Europe. Ph.D. dissertation. Chicago: The University of Chicago Graduate School of Business.

Lamont, O., and Thaler, R. 2000. Can the market add and subtract? Mispricing in tech-stock carve-outs. Unpublished working paper. Chicago: The University of Chicago.

Lamoreaux, N. 1994. Insider lending: Banks, personal connections and economic development in industrial New England. Cambridge: Cambridge University Press.

Landes, D. 1963. A chapter in the financial revolution of the nineteenth century: The rise of French deposit banking. *Journal of Economic History* 23, 224–231.

Lang, M., Lins, K., and Miller, D. 2002. ADRSs, analysts, and accuracy: Does cross listing in the U.S. improve a firm's information environment and increase market value? Unpublished working paper. Salt Lake City: University of Utah.

La Porta, R., Lopez-de-Silanes, F., and Shieifer, A. 2000. Government ownership of banks. Working paper 762. Cambridge, Mass.: NBER.

La Porta, R., Lopez-de-Silanes, F., and Shieifer, A. 1999. Corporate ownership around the world. *Journal of Finance* 54, 471–517.

La Porta, R., Lopez-de-Silanes, F., Shieifer, A., and Vishny, R. W. 1997. Legal determinants of external finance. *Journal of Finance* 52,1131–1150.

La Porta, R., Lopez-de-Silanes, F., Shleifer,A., and Vishny, R.W. 1998. Law and finance. *Journal of Political Economy* 106,1113–1155.

La Porta, R., Lopez-de-Silanes, F., Shieifer, A., and Vishny, R.W. 2002. Investor protection and corporate valuation. *Journal of Finance* 57,1147–1171.

Lenway, S., Morck, R., and Yeung, B. 1996. Rent seeking, protectionism, and innovation in the American steel industry. *The Economic Journal* 106, 410–421.

Lerner, J. 1995. Venture capitalists and the oversight of private firms. *Journal of Finance* 50, 301–318.

Lerner, J. 2000. *Venture capital and private equity:A casebook.* New York: Wiley.

Levinsohn, J., and Petropoulos, W. 2001. Creative destruction or just plain destruction?: The U.S. textile and apparel industry since 1972.Working paper 8348. Cambridge, Mass.: NBER.

Linsey, B., Griswold, D., and Lucas, A. 1999. The steel "crisis" and the costs of protectionism. Trade briefing paper no. 4, April 16. Washington, DC: Cato Institute. 6.

Loomis, C. 1998. A house built on sand. *Fortune Magazine* 138, no. 8, 110–116.

Loriaux, M. 1997. Socialist monetarism and financial liberalization in France. In Loriaux M. (Ed.), *Capital ungoverned: Liberalizing finance in interventionist states* Ithaca, N.Y.; Cornell University Press, 143.

Mahony, P. G. 2000. The political economy of the Securities Act of 1933. Working paper #00-11. Social Science Research Network (www.ssrn.com).

Maier, C. S. 1987. *In search of stability: Explorations in historical political economy*. Cambridge: Cambridge University Press.

Mandel, M. J. 2000. *The coming Internet depression:Why the high-tech boom will go bust, why the crash will be worse than you think, and how to prosper afterward*. New York: Basic Books.

McCarthy, F.T. 2000. The record industry takes fright. *The Economist*, 29 January, 69.

McCraw, T. 1997. American capitalism. In McCraw, T. (Ed.), *Creating modern capitalism: How entrepreneurs, companies, and countries triumphed in three industrial revolutions*. Cambridge: Harvard University Press, 320.

McCullough, D. 1977. *The path between seas: The creation of the Panama Canal, 1870–1914*. London: Simon and Schuster.

McNeill,W. H. 1982. *The pursuit of power: Technology, armed force and society since AD 1000*. Chicago: University of Chicago Press.

McPhee, P. 1989. The French revolution, peasants, and capitalism. *American*

*Historical Review* 94,1265–1280.

Meriwether, J. 1996. By the numbers. *Institutional Investor*, November, 62.

Micklethwait, J., and Wooldridge, A. 2000. *A future perfect: The challenge and the hidden promise of globalization.* New York: Crown Business.

Miller, M. 1977. Debt and taxes. *Journal of Finance* 32, no. 2, 261–275.

Mitchell, M. L., and Lehn, K. 1990. Do bad bidders become good targets? *Journal of Political Economy* 98, 372–398.

Mitchell, M., Pulvino, T, and Stafford, E. 2002. Limited arbitrage in equity markets. *Journal of Finance* 57, no. 2, 551–584.

Morck, R., Shieifer, A., and Vishny,R. 1990. The stock market and investment: Is the market a sideshow? *Brookings Papers on Economic Activity* 2,157–202.

Morck, R., Strangeland, D., and Yeung, B. 2000. Inherited wealth, corporate control, and economic growth: The Canadian disease? In Morck, R. K. (Ed.), *Concentrated Capital Ownership.* Chicago: University of Chicago Press.

Morck, R., Yeung, B., and Yu,W. 2000. The information content of stock markets:Why do emerging markets have synchronous stock price movements? *Journal of Financial Economics* 58, 215–260.

Myers, S., and Rajan, R. 1998.The paradox of liquidity. *Quarterly Journal of Economics* 113, no.3,733–773.

Negley, G., and Patrick, J. 1952. *The quest for Utopia: An anthology of imaginary societies.* New York: Henry Schuman.

Nickell, S. 1997. Unemployment and labor market rigidities: Europe versus North America. *Journal of Economic Perspectives* 11, 55–74.

North, D., and Weingast,B. 1989. Constitutions and commitment; The evolution of institutions governing public choice in seventeenth-century England. *The Journal of Economic History* 49, 803–832.

O'Brien, P. K. 1996. Path dependency, or why Britain became an industrialized and urbanized economy long before France. *Economic History Review* 49, 213–249.

Ofek, E., and Richardson, M. 2001. DotCom mania: a survey of market efficiency in the Internet sector. Unpublished working paper. New York: New York Uni-versity.

Olson, K. 1974. The G.I. Bill, the veterans, and the colleges. Lexington, Ken. University of Kentucky Press.

Olson, M. 1971. *The logic of collective action: Public goods and the theory of groups*. Cambridge, Mass.: Harvard University Press.

O'Rourke, K. H., and Williamson, J. G. 1999. *Globalisation and history: The evolution of nineteenth-century Atlantic economy*. Cambridge, Mass.: MIT Press.

Pagano, M., Panetta, F., and Zingales, L. 1998.Why do companies go public? An empirical analysis. *Journal of Finance* 53, 27–67.

Pagano, M., and Volpin,P., 2002. The political economy of finance. Discussion paper 3231. London: CEPR.

Parrino, R. 1997. CEO turnover and outside succession: A cross-sectional analysis. *Journal of Financial Economics* 46,165–197.

Pascale, R., and Rohlen,T. P. 1983. The Mazda turnaround. *Journal of Japanese Studies* 9, 219–263.

Peltzman, S. 1976. Toward a more general theory of regulation. *Journal of Law and Economics* 19, 211–240.

Peltzman, S. 1989. The economic theory of regulation after a decade of de-regulation. *Brookings Papers on Economic Activity*, Microeconomics 1989,1–41.

Perez, S. A. 1997. From cheap credit to the EC: The politics of financial reform in Spain. In Loriaux, M. (Eds.), *Capital ungoverned: Liberalizing finance in interventionist states*. Ithaca, N.Y: Cornell University Press.

Perez-Gonzalez, F. 2002. Does inherited control hurt performance? Unpublished working paper. New York: Columbia University.

Petersen, M., and Rajan, R. 1994. The benefits of lending relationships: Evidence from small business data. *Journal of Finance* 49, 3–37.

Petersen, M., and Rajan, R., 2002. Does distance still matter? The information revolution in small business lending. *Journal of Finance, December*, 57.

Peterson, G. P. 1999. *Gray dawn: How the coming of age will transform America and the world*. New York: Times Books.

Piketty, T, and Saez, E., 2001. Income inequality in the United States, 1913–1998. Working paper 8467. Cambridge, Mass.: NBER.

Pipes, R. 1999. *Property and freedom*. New York: Alfred A. Knopf.

Pirenne, H. 1937. *Economic and social history of mediaeval Europe*. New York: Harcourt, Brace and World, Inc.

Piven, F. F., and Cloward, R. 1971. *Regulating the poor: The functions of public welfare*. New York: Vintage.

Plautet, E. 1999. *The role of banks in monitoring firms: The case of Crédit Mobilier.* New York: Routledge.

Polanyi, K. 1944. *The great transformation*. Boston: Beacon Hill.

Posner, R. 1971.Taxation by regulation. *Bell Journal of Economics* 2, 22–50.

Poterba, J. 1990. The stock market and investment: Is the market a sideshow? *Brookings Papers on Economic Activity* 2, 208–213.

Poterba, J. 1999. The rate of return to corporate capital and factor shares: New estimates using revised national income accounts and capital stock data. Working paper 6263. Cambridge, Mass.: NBER.

Poterba, J., and Samwick, A. 1995. Stock ownership patterns, stock market fluc-tuations, and consumption. *Brookings Papers on Economic Activity* 2, 295–357.

Powell, E. 1915. *The evolution of the money market (1385–1915):A historical and analytical study of the rise and development of finance as a centralized coordinated force.* (London) *The Financial News*.

Powelson, J. P. 1988. *The story of land: A world history of land tenure and agrarian reform*. Cambridge: The Lincoln Institute of Land Policy.

Prendergast, C. 1999. The provision of incentives in firms. *Journal of Economic Literature* 37, 7–63.

Prowse, S. 1996. Alternative models of financial system development. Sydney: RBA Annual Conference Volume 1996–06, Federal Reserve Bank of Australia.

Pryor, F. 2000. Will most of us be working for giant enterprises by 2028? *Journal of Economic Behavior and Organization* 44, 363–382.

Rajan, R. G. 1992. Insiders and outsiders: The choice between informed and arm's length debt. *Journal of Finance* 47, 1367–1400.

Rajan, R., and Servaes, H. 1997. Analyst following of initial public offerings.

*Journal of Finance* 52, 507–529.

Rajan, R., and Wulf, J. 2002. The flattening firm: Evidence from panel data on the changing nature of corporate hierarchies. Unpublished working paper. Chicago: University of Chicago Graduate School of Business.

Rajan, R., and Zingales, L. 1998. Financial dependence and growth. *American Economic Review* 88, 559–586.

Rajan, R., and Zingales, L. 1998. Power in a theory of the firm. *Quarterly Journal of Economics* 112, 387–432.

Rajan, R., and Zingales, L. 1998.Which capitalism? Lessons from the East Asian crisis. *Journal of Applied Corporate Finance* 11, 40–48.

Rajan, R., and Zingales, L. 2000. The tyranny of inequality: An inquiry into the adverse consequences of power struggles. *Journal of Public Economics* 76, 521–558.

Rajan, R., and Zingales, L. 2001. The firm as a dedicated hierarchy: A theory of the origins and growth of firms. *Quarterly Journal of Economics* 116, 805–852.

Rajan, R., and Zingales, L. 2002. The great reversals: the politics of financial development in the 20th century. *Journal of Financial Economics* (forthcoming).

Ramseyer, M. 1994. Explicit reasons for implicit contracts: The legal logic to the Japanese main bank system. In Aoki, M., Patrick, H. (Eds.), *The Japanese main bank system*. New York: Oxford University Press, 231–257.

Ramseyer, J. M., and Rosenbluth, F. M. 1995. *The politics of oligarchy*. New York: Cambridge University Press.

Regis, N. F. 1919. *A history of the bankruptcy law*. Washington, DC: Potter & Co.

Roberts, D. 2001. Glorious hopes on a trillion-dollar scrapheap. *Financial Times* (London), 5 September, 12.

Rodrik, D. 1997. Has globalization gone too far? Unpublished working paper. Washington, DC: Institute for International Economics.

Rodrik, D. 1998. Democracies pay higher wages. Working paper 6364. Cambridge, Mass.: NBER.

Roe, M. J. 1994. *Strong managers, weak owners: The political roots of*

*American corporate finance*. Princeton, N.J.: Princeton University Press.

Roosevelt, F. D. 1933. Public Papers and Addresses. New York: Russel & Russel.

Roosevelt, F. D. 1934. Public Papers and Addresses. New York: Russel & Russel.

Roosevelt, F. D. 1936. Public Papers and Addresses. New York: Russel & Russel.

Rose, N. L. 1998. Labor rent sharing and regulation: Evidence from the trucking industry 95,1146–1178.

Rosenbluth, Frances. 1989. *Financial politics in contemporary Japan*. Ithaca, N.Y: Cornell University Press.

Roshental, L., and Young, C. 1990. The seemingly anomalous price behavior of Royal Dutch Shell and Unilever nv/plc. *Journal of Financial Economics* 26, 123–141.

Rydqvist, K., and Hogholm, K. 1995. Going public in the 198os: Evidence from Sweden. *European Financial Management* 1, 287–315.

Sah, R., and Stiglitz,J. 1986. The architecture of economic systems: Hierarchies and polyarchies. *The American Economic Review* 76 no. 4, 716–727.

Sapienza, P. 2002. What do state-owned firms maximize? Evidence from Italian banks. Unpublished working paper. Evanston, I11.: Northwestern University.

Schill, M., and Zhou, C., 2001. Pricing an emerging industry: Evidence from Internet subsidary carve-outs. *Financial Management*, 30, no. 3, 5–35.

Schumpeter, J. A. 1993. *The theory of economic development: An inquiry into profits, capital, credit, interest, and the business cycle*. New Brunswick, London: Transaction Publishers.

Searjent, G. 1993. Why Daimler went red over a share quote in New York. *The Times* (London), 7 October.

Seligman, J. 1995. *The transformation of Wall Street*. Boston: Northeastern Uni-versity Press.

Sen, A. 1999. *Development as freedom*. New York: Knopf.

Sharkey III, A. G. The Power of the New Steel Industry. American Iron and

Steel Industry, http://www.steel.org/facts/power/newsteel.htm.

Shepherd, W. 1982. Causes of increased competition in the U.S. economy, 1939–1980. *Review of Economics and Statistics* 64, 613–626.

Shiller, R. 2001. *Irrational exuberance*. New York: Broadway Books.

Shirreff, D. 1998. The Eve of Destruction. *EuroMoney* 355, 34.

Shleifer.A., and Vishny, R.W. 1997. The limits to arbitrage. *Journal of Finance* 52, no. 1,35–56.

Simon, C. J. 1989. The effect of the 1933 Securities Act on investor information and the performance of new issues. *American Economic Review* 79, 295–318.

Skidelsky, robert. 2001. *John Maynard Keynes: Fighting for freedom 1937–1946*. New York: Viking.

Skocpol,T. 1997. The G.I. bill and U.S. social policy, past and future. In Paul, E., Miller, F, Paul, J. (Eds.), *The welfare state*. NewYork: Cambridge University Press.

Sokoloff, K. 2000. Institutions, factor endowments, and paths of development in the new world. Unpublished working paper. Los Angeles: UCLA.

Sokoloff, K., and Engerman, S. L. 2000. History Lessons. Institutions, factors endowment, and path of development in the new world. *Journal of Economic Perspective* 3,217–232.

Sokoloff, K., and Engerman, S. L. 1994. Factor endowments, institutions, and differential paths of growth among new world economies: A view from economic historians of the United States. Historical working paper 66. Cambridge, Mass.: NBER.

Sorescu, S. 2000. The effect of options on stock prices: 1973 to 1995. *Journal of Finance* 55,487–514.

Spender, P. 2000. Second-hand vehicle imports equal doom? *The Economic Times* (Mumbal), 18 January.

Stein, J. 2002. Information production and capital allocation: Decentralized vs. hierarchical firms. *Journal of Finance* 57.

Stevenson, H. 1996. Early career LBOs using the search fund model. Case

Note 9-897-092. Boston: Harvard Business School.

Stigler, G. 1971.Theory of economic regulation. *Bell Journal ofEconomics* 2, 3-21.

Stiglitz, J. E. 2002. *Globalization and its discontents*. New York: W. W. Norton.

Stiglitz, J., and Weiss.A. 1981. Credit rationing in markets with imperfect information. *American Economic Review* 71, no. 3, 393-410.

Stole, L. A., and Zwiebel.J., 1996. Organizational design and technology choice under intra-firm bargaining. *American Economic Review* 86,195-223.

Stone, L. 1965. *Crisis of the aristocracy*. Oxford: Clarendon Press.

Stromberg, D. 2001. Radio's impact on public spending. Unpublished working paper. Stockholm: Stockholm School of Economics.

Summers, L. 1986. Does the stock market rationally reflect fundamental values? *Journal of Finance* 41, 591-600.

Svalaeryd, H., and Vlachos, J. 2002. Market for risk and openness and to trade: How are they related? *Journal of International Economics* 57, no. 2, 369-395

Tanzi.V., and Schuknecht, L. 2000. *Public spending in the 20th century: A global perspective*. Cambridge: Cambridge University Press.

Tawney, R. H. 1941. The rise of the gentry, 1558-1640. *The Economic History Review* n, no. 1, 1-38.

Temin, P. 1989. *Lessons from the Great Depression*. Cambridge, Mass.: MIT Press.

Teranishi, J. 1994. Loan syndication in war-time Japen. In Aoki, M., Patrick, H. (Eds.), *The Japanese main bank system*. New York: Oxford University Press, 57 table 2.2.

Thurow, L, 1980. *The zero-sum society: Distribution and the possibilities for economic change*. New York: Basic Books.

Toniolo, G. 1978. Crisi economica e smobilizzo pubblico delle banche miste (1930-1934). In Toniolo, G. (Ed.), *Industria e Banca Nella Grande Crisi 1920-1034*. Milan: Etas Libri.

Tuchman, B. 1979. *A distant mirror: The calamitous 14th century*. New York:

Bal-lantine Books.

Tufano, P. 1996. How financial engineering can advance corporate strategy. *Harvard Business Review* 74, no. 1,136–146.

U.S. Bureau of the Census. 1975. *Historical Statistics of the United States, Colonial Times to 1970.* Washington, DC: U.S. Bureau of the Census.

U.S. Bureau of the Census. 1996. *Population of the United States by Age, Sex, Race, and Hispanic Origin: 1995 to 2050*. Washington, DC: U.S. Bureau of the Census, Cur- rent Population Reports, Series P-25, No. 1130.

U.S. Bureau of the Census. 1999. *Statistical Abstracts of the United States*. Washington, DC: U.S. Bureau of the Census.

U.S. Census Bureau. 2001. *Statistical Abstract of the United States*. Washington, DC: US Census Bureau, table 1214.

Vittas, D., and Cho,Y.J. 1994. *Credit policies: Lessons from EastAsia*. Washington, DC: The World Bank.

Von Greyerz, C. 1984. Accounting in Swiss company law. *Der Schweizer Treuhander*, 85–88.

Watters, T, Vastola, P., Beroud, 0., Anankina, E., Yoshimura, M., Saimen, T., Qu, H.,Takara, R., Parker, C., and Sprinzen, S., 2002. U.S. steel tariffs: who gains, who loses, and at what price? *Standard and Poor's*. 14 March, www.standardand-poors.com/nordic/pdfs/ussteeltarins.pdf.

Warren, C. 1935. *Bankruptcy in United States history*. Cambridge, Mass.: Harvard University Press.

Weatherfbrd, J., 1997. *The history of money: From sandstone to cyberspace.* New York: Crown Publishers.

Weisbach, M. S. 1988. Outside directors and CEO turnover. *Journal of Financial Economics* 20, 431–461.

Wermers, R. 1999. Mutual fund herding and the impact on stock prices. *Journal of Finance* 54, 584.

Wernerfelt, B. 1984. A resource-based view of the firm. *Strategic Management Journal* 5, 171–180.

Wilensky, H., and Turner, L. 1987. Democractic corporatism and policy linkages: The interdependence of industrial, labor-market, incomes, and social policies in eight countries. Working paper. Berkeley, Calif.: University of California Institute of International Studies.

Wolfe,T. 1987. *The bonfire of the vanities*. New York: Farrar, Straus and Giroux.

Wurgler, J. 2000. Financial markets and the allocation of capital. *Journal of Financial Economics* 58,187–214.

Yergin, D., Stanislaw, J. 1999. *The commanding heights: The battle between government and the marketplace that is remaking the modern world.* New York: Touchstone.

Yunus, M. 1998. *Banker to the poor: The autobiography of Muhammad Yunus, Founder of the Grameen Bank*. London: Aurum Press.

Zachary, G. 1994. His way—How "barbarian" style of Philippe Kahn led Borland into jeopardy. *The Wall Street Journal*, 2 June,A1.

Zingales, L. 1998. The survival of the fittest or the fattest: Exit and financing in the trucking industry. *Journal of Finance* 53, 905–938.

Zysman, J. 1983. *Governments, markets, and growth: Finance and the politics of industrial change*. Ithaca, N.Y.: Cornell University Press.